Die gemeinsame Sorge geschiedener Eltern
nach der Reform des Kindschaftsrechts

Europäische Hochschulschriften

Publications Universitaires Européennes
European University Studies

Reihe II
Rechtswissenschaft

Série II Series II
Droit
Law

Bd./Vol. 4051

PETER LANG
Frankfurt am Main · Berlin · Bern · Bruxelles · New York · Oxford · Wien

Julia Liebthal

Die gemeinsame Sorge geschiedener Eltern nach der Reform des Kindschaftsrechts

PETER LANG
Europäischer Verlag der Wissenschaften

Bibliografische Information Der Deutschen Bibliothek
Die Deutsche Bibliothek verzeichnet diese Publikation in der Deutschen Nationalbibliografie; detaillierte bibliografische Daten sind im Internet über <http://dnb.ddb.de> abrufbar.

Zugl.: Kiel, Univ., Diss., 2004

D 8
ISSN 0531-7312
ISBN 3-631-52848-5

www.peterlang.de

Meinen Eltern

„Partner können sich trennen, aber Eltern bleiben immer Eltern“

(Leitsatz der Trennungsberatung)

Inhaltsverzeichnis

§ 1 Einleitung

Am 1.7.1998 ist das Kindschaftsrechtsreformgesetz in Kraft getreten, mit dem wesentliche Teile des Familienrechts eine Neuregelung erfuhren. Ein Schwerpunkt der Reform war die Neustrukturierung des Sorgerechts nach der Trennung bzw. Scheidung der Eltern.

Bereits 1982 hatte das Bundesverfassungsgericht die damalige Regelung des § 1671 IV S.1 BGB a.F. für verfassungswidrig erklärt und vom Gesetzgeber eine Normierung der gemeinsamen Sorge geschiedener Eltern verlangt. Zwar entwickelte sich in der Folge anhand der Kriterien des Bundesverfassungsgerichts eine rege Rechtsprechung zum gemeinsamen Sorgerecht geschiedener Eltern. Rechtlich war der Zustand auf Dauer so jedoch nicht haltbar und eine Reformierung des Sorgerechts unumgänglich.

Im Rahmen der Neuregelung des Sorgerechts hat sich der Gesetzgeber nicht damit begnügt, die richterrechtlich entwickelten Voraussetzungen für die gemeinsame Sorge festzuschreiben. Vielmehr hat er gleichzeitig versucht, die Rechte der Kinder und Eltern zu stärken, die Eingriffsmöglichkeiten des Staates einzuschränken und bestehende Ungleichbehandlungen zwischen ehelichen und nichtehelichen Kindern abzubauen. Im Ergebnis hat das zu weitreichenden Veränderungen im Bereich des Sorgerechts nach der Trennung bzw. Scheidung der Eltern geführt. So hat der Gesetzgeber das Sorgerechtsverfahren nunmehr als Antragsverfahren ausgestaltet, dessen Einleitung grundsätzlich in der Hand der Eltern liegt. Daneben hat er auch Veränderungen im Verfahrensrecht vorgenommen.

Die konkrete Ausgestaltung des neuen Rechts wurde sowohl von nationalen als auch internationalen rechtlichen Entwicklungen maßgeblich beeinflußt. Viele Überlegungen des Reformgesetzgebers finden ihren Ursprung im Verfassungsrecht, in Entscheidungen des Bundesverfassungsgerichts bzw. in internationalen Übereinkommen, wie der UN-Kinderrechtskonvention. Darüber hinaus spielen gerade im Familienrecht familiensoziologische Erwägungen eine große Rolle. In den letzten Jahrzehnten ist die Familie zum Forschungsobjekt der verschiedensten Professionen geworden. Den in anderen Wissenschaftsbereichen gewonnenen Erkenntnissen in der Familienforschung kann sich der Gesetzgeber bei der Gesetzgebung nicht verschließen. Seine Sichtweise ist vornehmlich von dem jeweiligen Forschungsstand geprägt, wie er in den anderen Disziplinen vorherrscht. Für ein umfassendes Verständnis der Reform ist daher erforderlich, auch diese Bereiche zu beleuchten und ihre Auswirkungen auf die Reform aufzuzeigen.

In der Literatur ist die Reform weitgehend begrüßt worden[1]. Die Neuregelung zentraler Inhalte der Reform wurde seit Jahren als überfällig angesehen[2]. Insbesondere das Bemühen um Gleichstellung zwischen ehelichen und nichtehelichen Kindern wurde positiv hervorgehoben[3]. Kritisiert wurde demgegenüber die Gewichtung zwischen den Eltern- und den Kindesrechten[4]. Bereits rein quantitativ seien die Regelungen, die Kinderrechte normierten, in der Minderzahl[5]. Enttäuscht wurde die Reform als „Elternrechtsreform" betitelt[6]. Die eigentliche Kindesperspektive werde verdrängt, dadurch daß der Gesetzgeber die Eltern per se als Garanten für die Kindesinteressen ansehe[7]. Mit einer Verbesserung der Stellung der Kinder im Falle der Trennung bzw. Scheidung der Eltern sei deshalb nicht, zumindest nicht innerhalb kürzester Zeit, zu rechnen. Die Reform ziele vielmehr auf einen langfristigen Einstellungswandel, der sich nicht nur bei den sich trennenden Eltern, sondern auch bei den beteiligten Professionen vollziehen müsse[8]. Der Erfolg der Reform hinge folglich in entscheidender Weise davon ab, wie Familiengerichte und Jugendämter die Reform auffaßten und anwendeten[9].

Fünf Jahre nach Inkrafttreten der Reform ist es Zeit, Bilanz zu ziehen und die Veränderungen, die die Kindschaftsrechtsreform für das Sorgerechtsverfahren nach der Trennung bzw. Scheidung der Eltern gebracht hat, umfassend zu bewerten. Obwohl die Kindschaftsrechtsreform auch in vielen anderen Bereichen zu Veränderungen geführt hat, konzentriert sich die vorliegende Arbeit auf den Bereich des Sorgerechts, insbesondere den Bereich des gemeinsamen Sorgerechts nach der Scheidung bzw. Trennung der Eltern. Diese Schwerpunktsetzung folgt zum einen der des Gesetzgebers. Immerhin stellte das Sorgerechtsverfahren nach der Scheidung bzw. Trennung der Eltern nicht nur für den Gesetzgeber einen wichtigen Bereich der Reform dar[10], sondern entwickelte sich im Gesetzgebungsverfahren zu einem der meist umstrittenen Punkte[11]. Zum anderen ist die Frage, was mit dem Kind nach der Trennung der Eltern geschieht,

---

[1] *Willutzki*, Kind-Prax 1998, 8; *Fegert*, Jugendhilfe 1998, 145 (151).
[2] *Fegert*, Jugendhilfe 1998, 145 (151).
[3] *Salzgeber*, FPR 1998, 80 (81); *Fegert*, Jugendhilfe 1998, 145; *Willutzki*, Kind-Prax 1998, 8.
[4] *Willutzki*, Kind-Prax 1998, 8; *Gerstein*, Kind-Prax 1998, 106 (109).
[5] *Fegert*, Jugendhilfe 1998, 145.
[6] Deutscher Familiengerichtstag FamRZ 1997, 337
[7] *Fegert*, Jugendhilfe 1998, 145.
[8] *Dickmeis*, ZfJ 1998, 193 (202); *Gerth*, Kind-Prax 1998, 15 (17); *Bode*, FamRZ 1999, 1400 (1403); *Mühlens*, Kind-Prax 1998, 3 (5); *Willutzki*, Kind-Prax 2000, 45.
[9] *Willutzki*, Kind-Prax 1998, 8 (10); *ders.*, FPR 1998, 94 (98).
[10] BT-Drucks. 13/4899, S.29.
[11] BT-Drucks. 13/8511, S. 66; *Mühlens*, Kind-Prax 1998, 3; *Niepmann*, MDR 1998, 565 (566); *Dickmeis*, ZfJ 1998. 193 (197); *Schwab/Wagenitz*, FamRZ 1997, 1377 (1379); *Willutzki*, Rpfleger 1997, 336 (337); *ders.*, Kind-Prax 2000, 45; *Borsche*, Theorie und Praxis der Sozialen Arbeit 1998, 135 (136); *Greßmann*, Kind-Prax 1998, 35 (36); *Klingemann*, Jugendhilfe 1998, 173 (175); *Rummel*, RdJB 1998, 156 (157f).

von erheblicher Bedeutung. Es handelt sich nicht um eine abstrakte Rechtsfrage. Sie betrifft vielmehr einen ganz sensiblen Bereich, nämlich das Leben des Kindes und seiner Eltern unmittelbar. Die Entscheidung kann bestimmend sein für die künftige Beziehung des Kindes zu seinen Eltern wie auch für die gesamte Zukunft der Familie. Die Änderungen des Gesetzes werden hier für Kinder wie Eltern am deutlichsten spürbar[12].

Angesichts dieser gravierenden Bedeutung für die betroffenen Personen ist von besonderer Relevanz, wie das Gesetz in der Rechtspraxis umgesetzt wird, das heißt in welcher Weise und Ausprägung die Betroffenen mit dem Gesetz konfrontiert werden. Schwerpunkt der Arbeit bildet daher eine Richterumfrage, die im Jahr 2001 an den schleswig-holsteinischen Amtsgerichten sowie am Schleswig-Holsteinischen Oberlandesgericht durchgeführt wurde (§ 6). An der Befragung haben die Richterinnen und Richter mit erfreulichem Einsatz teilgenommen. Die Rücklaufquote betrug 70,6%.

Ziel der Umfrage war es, die Kindschaftsrechtsreform dahingehend zu bewerten, ob sie sich in der Praxis bewährt hat. Dafür sollte zum einen ein möglichst repräsentatives Bild der derzeitigen gerichtlichen Sorgerechtspraxis entworfen werden. Es ging darum, herauszufinden, wie die Praxis mit den Neuregelungen umgeht, welche Bedeutung sie den Neuerungen zumißt und wo eventuell Mißstände herrschen. Von besonderem Interesse war dabei, ob sich im Umgang mit den Neuregelungen bereits ein allgemeingültiger Konsens herausgebildet hat, ob also zumindest für Schleswig-Holstein von einer einheitlichen Rechtsanwendung gesprochen werden kann.

Über die rein beschreibende Komponente hinaus sollte die Befragung zum anderen auch Aufschluß über die Hintergründe der Rechtsanwendung geben. Dazu wurden die Teilnehmer nach ihrer persönlichen Haltung zur Reform bzw. zu einzelnen Wertungen des Gesetzgebers gefragt. Mit Hilfe dieser Aussagen sollte der Rückhalt der Reform innerhalb der Richterschaft bewertet werden. Interessant war, ob und inwiefern die Teilnehmer mit den Zielen der Reform und deren Umsetzung übereinstimmen. Zudem sollte überprüft werden, ob sich Differenzen in der Rechtsauslegung möglicherweise mit unterschiedlichen Einstellungen begründen lassen. Anhand beider Komponenten sollte die Reform letzten Endes bewertet und eventueller Verbesserungsbedarf aufgezeigt werden.

Der empirischen Untersuchung vorangestellt ist zum einen eine eingehende Darstellung der Reform (§ 3) samt historischem Abriß (§ 2). Zudem enthält die Arbeit Ausführungen zu den rechtlichen Vorgaben (§ 4) sowie zu dem Familienleitbild des Gesetzgebers (§ 5). Die Arbeit schließt mit einem Ausblick (§ 8) auf eine mögliche künftige Fortentwicklung des Rechts.

---

[12] BT-Drucks. 13/8511, S.65.

Im folgenden soll zunächst ein historischer Abriß über das gemeinsame Sorgerecht die Einmaligkeit der jetzigen Sorgerechtsregelung belegen, bevor die Kindschaftsrechtsreform von der rechtlichen, sozialwissenschaftlichen und praktischen Seite her beleuchtet wird und die Ergebnisse der empirischen Untersuchung betrachtet werden.

§ 2 Historische Entwicklung der gemeinsamen Sorge

Die Frage nach der Zuweisung des Sorgerechts für minderjährige Kinder infolge der Scheidung der Eltern stellte sich dem Gesetzgeber nicht erst am Ende des 19. Jahrhunderts bei der Schaffung des Bürgerlichen Gesetzbuchs. Bereits das gemeine Recht, das auf das römische Recht zurückgeht, welches im 15. und 16 Jahrhundert übernommen und den Bedürfnissen der Zeit angepaßt worden war[13], enthielt Regelungen zur Übertragung des Sorgerechts im Scheidungsfall[14]. Der Gedanke an ein gemeinsames Sorgerecht nach der Scheidung konnte sich in der Wissenschaft aber erst ab dem Zeitpunkt entwickeln, als das Sorgerecht auch während der Ehe beiden Elterteilen zustand[15]. Denn solange die Eltern nicht einmal während der Ehe, das heißt in Zeiten des gemeinsamen Einverständnisses, die Sorge über ihre Kinder gemeinsam ausübten, bestand kein Anlaß, über eine gemeinsame Ausübung im Konfliktfall des Scheiterns der Ehe nachzudenken.

I. Alleinverantwortlichkeit eines Elternteils während der Ehe und nach der Scheidung – das Sorgerecht von 1900 bis 1953

Der Gesetzgeber ging bei der Verabschiedung des BGB 1896[16], unter Zugrundelegung einer christlich[17]-patriarchalischen[18] Sichtweise, zwar von einer elterlichen – nicht wie im Mittelalter[19] von einer väterlichen – Gewalt gegenüber minderjährigen Kindern aus, das heißt Vater und Mutter standen im Verhältnis zu den gemeinschaftlichen, ehelichen Kindern theoretisch auf derselben Stufe[20]. Das Recht des Vaters als Familienoberhaupt verdrängte jedoch regelmäßig das der Mutter[21]. Die Ausübung der elterlichen „Gewalt“, die die Personen- und die Vermögenssorge sowie die Vertretung und die Nutznießung am Kindesvermögen umfaßte, stand grundsätzlich dem Vater zu (§§ 1627, 1630, 1649 BGB von 1900). Die Rechte der Mutter wurden erst dann rechtlich relevant, wenn der Vater an der Ausübung verhindert war (§ 1684 I BGB von 1900). Im Scheidungsfall blieb es bei dieser strikten Zuteilung der elterlichen Gewalt an einen Elternteil, wobei das Scheidungsverschulden sowie das Alter und Geschlecht des Kindes als maßgebliche Entscheidungskriterien herangezogen wurden (§ 1635 I S.1 BGB von 1900).

---

[13] *Palandt-Heinrichs*, Einleitung, Rn.4.
[14] *Staudinger-Coester*, 12.Aufl., § 1671 Rn. 7; *Mugdan*, Motive Bd.4., S. 333.
[15] *Schwoerer*, FamRZ 1956, 242.
[16] *Deinert*, DAVorm 1998, Sp. 197.
[17] *Mugdan*, Motive Bd.4., S. 301.
[18] *Deinert*, DAVorm 1998, Sp. 197 (202).
[19] die Munt, *Schwab*, in: Handwörterbuch zur dt. Rechtsgeschichte Bd. II, „Kind“, Sp. 717 (718).
[20] *Jakobs/Schubert*, Beratungen, S. 48.
[21] *Jakobs/Schubert*, Beratungen, S. 48.

Im Laufe der Zeit wandelten sich die Kriterien und der Gegenstand der Zuweisung. Die einzelfallbezogene gerichtliche Entscheidung anhand des Kindeswohls (§ 81 I EheG von 1938[22]; § 74 II EheG von 1946[23]) löste die rein schematische Zuteilung[24] gemäß § 1635 I BGB von 1900 ab, ohne daß dadurch jedoch die Bedeutung des Scheidungsverschuldens wesentlich geschmälert wurde (§ 81 III EheG von 1938; § 74 IV EheG von 1946). Der Gegenstand der Zuweisung wurde von der bloßen Personensorge[25] auf das Vertretungsrecht in Personensorgeangelegenheiten[26] ausgedehnt. In allen übrigen Bereichen behielt der Vater sein Alleinentscheidungsrecht[27]. Der Ausgangsgedanke der Alleinverantwortlichkeit eines Elternteils wurde jedoch nie in Frage gestellt. Für eine gemeinsame Sorge war kein Platz.

II. Richterrechtliches gemeinsames Sorgerecht während der Ehe – das Sorgerecht von 1953 bis 1958 unter der Prämisse des Art. 3 II GG

Erst als mit Inkrafttreten des Grundgesetzes am 24.5.1949[28] die Regelung der elterlichen Gewalt während der Ehe (§ 1627 BGB von 1900) nicht mehr mit dem Gleichberechtigungsgrundsatz des Art 3 II GG vereinbar war und neu überdacht werden mußte[29], war die Möglichkeit gekommen, auch die Sorgerechtsregelung anläßlich der Scheidung zu hinterfragen.

Die vom Verfassungsgesetzgeber in Art 117 GG für die Umsetzung der Gleichberechtigung zwischen Mann und Frau im einfachen Recht gesetzte Frist bis zum 1.4.1953 hielt der Gesetzgeber im Familienrecht nicht ein[30]. Das Gleichberechtigungsgesetz[31] wurde erst am 18.6.1957 verabschiedet und trat am 1.7.1958 in Kraft. Für die Zwischenzeit erklärte das Bundesverfassungsgericht am 18.12.1953[32] alle gegen Art 3 II GG verstoßenden Normen für verfassungswidrig mit der Folge, daß die entstandenen gesetzlichen Lücken mit Richterrecht zu füllen waren[33]. Einig war man sich über die Nichtigkeit von § 1627 BGB von 1900[34]. Die Ausübung der elterlichen Gewalt während der Ehe stand seitdem

[22] RGBl. 1938 I, S. 807ff.
[23] Amtsblatt des Kontrollrates in Deutschland S.77.
[24] *Staudinger-Coester*, 12.Aufl. (1992), § 1671, Rn. 9.
[25] *Mugdan*, Motive Bd.4., S. 333.
[26] BGHZ 3, 220 (222f).
[27] *Staudinger-Coester*, 12.Aufl. (1992), § 1671, Rn. 8.
[28] BGBl. 1949 I, S.1ff.
[29] *Palandt-Lauterbach*, 12. Aufl. (1954), § 1627, Vorbem.
[30] *Deinert*, DAVorm 1998, Sp. 257 (259).
[31] BGBl. 1957 I, S. 609ff.
[32] BVerfGE 3, 225 (248).
[33] *Deinert*, DAVorm 1998, Sp. 257 (260).
[34] *Kropholler*, Richterrecht, S. 48.

Vater und Mutter gemeinschaftlich zu[35]. Welche Auswirkungen dieses Urteil aber auf die Sorgerechtsregelung nach der Scheidung hatte, war weitgehend unklar.

Für die Personensorge wurde weiterhin § 74 EheG angewendet[36], eine Norm, die – durch das Kontrollratsgesetz vom 20.2.1946[37] infolge der Entnazifizierung eingeführt – den § 81 EheG von 1938 dahingehend modifizierte, daß dem vormundschaftlich genehmigten[38], einverständlichen Willen der Eltern entscheidungsrelevante Bedeutung zugemessen wurde. Ansonsten blieb es jedoch bei den früheren Grundsätzen, nämlich der Zuweisung der Personensorge an einen Elternteil unter maßgeblicher Berücksichtigung des Kindeswohls und des Scheidungsverschuldens[39]. Inwiefern § 74 EheG auch zur Grundlage für die Zuweisung der Vermögenssorge gemacht werden konnte, deren automatisches Belassen beim Vater nicht mehr mit Art. 3 II GG vereinbar war, war angesichts der Stellung des neuen EheG als Besatzungsstatut[40] umstritten. Überwiegend wurde die Anwendung des § 74 EheG abgelehnt[41]. Folge dieser Meinung war, daß es mangels Rechtsgrundlage für die Zuweisung der Vermögenssorge bei der gemeinsamen Ausübung nach der Scheidung verblieb[42].

Für den Bereich der Vermögenssorge galt so zum ersten Mal das gemeinsame Sorgerecht auch nach der Scheidung. Daß darin jedoch nur eine Notlösung und keinesfalls ein neuer Ansatz für Sorgerechtsentscheidungen nach der Scheidung gesehen wurde, zeigte sich, als die ersten Eltern dem Gericht einen Vorschlag zur Genehmigung vorgelegten, in dem sie die gemeinsame Personensorge für die Zeit nach der Scheidung beantragten[43]. Das Vormundschaftsgericht mußte bei seiner Sorgerechtsentscheidung gemäß dem Wortlaut des § 74 I EheG („welchem von ihnen die Sorge für die Person ... zustehen soll") hinsichtlich der Personensorge immer eine Entscheidung zugunsten eines Elternteils treffen. Ü-

---

[35] *Palandt-Lauterbach*, 12. Aufl. (1954), § 1627, Vorbem.; OLG Celle, NJW 1953, 829 (829f); OLG Hamm, NJW 1953, 1226; OLG Stuttgart, NJW 1955, 1721; BGH, FamRZ 1959, 456 (457).
[36] *Kropholler*, Richterrecht, S. 49.
[37] Amtsblatt des Kontrollrates in Deutschland, S.77.
[38] *Deinert*, DAVorm 1998, 197 (214).
[39] *Staudinger-Coester*, 12.Aufl. (1992), § 1671, Rn. 10.
[40] *Palandt-Lauterbach*, 12. Aufl. (1954), Einl. 1 vor EheG.
[41] So: OLG Hamm, NJW 1953, 1226 (1226f); OLG Stuttgart, NJW 1955, 1721; dass., FamRZ 1956, 113; LG Göttingen, FamRZ 1956, 152; LG Hildesheim, FamRZ 1956, 89; *Haase*, FamRZ 1956, 90; a.A.: LG Kassel, NJW 1953, 989; LG Hamburg, MDR 1953, 748; *Palandt-Lauterbach*, 12. Aufl. (1954); § 74 EheG, Vorbem., Anm.2 und § 1685, Vorbem.; *Finke*, NJW 1953, 606 (610); *Bosch*, FamRZ 1955, 111
[42] *Kropholler*, Richterrecht, S. 50.
[43] OLG Hamburg, FamRZ 1956, 241.

ber den Inhalt einer elterlichen Einigung sagte das Gesetz demgegenüber nichts[44].

Der Gedanke, daß die Scheidung nichts an dem Sorgerecht der Eltern ändern sollte, für die Zeit nach der Ehescheidung mithin dieselben Regelungen gelten sollten wie während der Ehe, war den Richtern jedoch fremd. Sie gingen davon aus, daß mit der Scheidung auch die rechtliche Einheit der Familie beendet werde. Aufgrund des ihrer Ansicht nach aus dem Gesetz resultierenden Grundsatzes der Alleinverantwortlichkeit müsse bei der Scheidung ein Elternteil bestimmt werden, der künftig das Sorgerecht inne habe[45]. Einzig eine klare Entscheidung über die sorgeberechtigte Person diene dem Kindeswohl[46]. Zulässiger Inhalt der elterlichen Einigung könne daher nur die Entscheidung darüber sein, wem von beiden künftig die Personensorge zustehen solle[47].

Gegen diese Ansicht regte sich in der Literatur nur wenig Widerstand. Allein Schwoerer[48] berief sich darauf, daß das Eltern-Kind-Verhältnis von der Scheidung nicht unmittelbar berührt werde. Die Notwendigkeit einer Sorgerechtsentscheidung ergebe sich aus rein tatsächlichen, nicht aus rechtlichen Gründen, nämlich aus der Trennung und der Uneinigkeit der Eltern. Die Alleinsorge nach der Scheidung hätte daher im Regelfall durchaus ihre Berechtigung. Ein ausnahmsloses, allgemeingültiges Prinzip dürfe man dem aber nicht entnehmen. Vielmehr seien bei Einigkeit der Eltern laut Zielsetzung des EheG von 1946 staatliche Eingriffe auf ein notwendiges Minimum zu beschränken, wobei das Kindeswohl als Richtschnur diene. Ein gutes Einvernehmen der Eltern, das in dem Willen zur gemeinsamen Ausübung des Sorgerechts nach der Scheidung zum Ausdruck komme, sei aber gerade von größtem Wert für das Kind, zumal dem Gericht die Möglichkeit, Änderungsentscheidungen zu treffen, bliebe. Zudem würden die Eltern mit der gemeinsamen Ausübung des Sorgerechts nach der Scheidung in besonderem Maße ihrem Elternrecht aus Art. 6 II S.1 GG entsprechen. Die bloß freiwillige Beteiligung des nichtsorgeberechtigten Elternteils an wesentlichen Entscheidungen sei nicht nur rechtlich, sondern auch psychologisch aufgrund des Übergewichts des Alleinsorgeberechtigten nicht vergleichbar mit der gemeinsamen Sorge, bei der beide Teile gleiche Rechte hätten. Eine auf die gemeinsame Sorge gerichtete Einigung der Eltern sei daher nicht nur im Einzelfall zulässig, sondern auch die „menschenwürdigste Lösung“[49].

---

[44] *Schwoerer*, FamRZ 1956, 242.
[45] OLG Hamburg, FamRZ 1956, 241.
[46] OLG Hamburg, FamRZ 1956, 241; *Palandt-Lauterbach*, 12. Auflage (1954), § 1685, Vorbem.
[47] OLG Hamburg, FamRZ 1956, 241; *Palandt-Lauterbach*, 12. Auflage (1954), § 74 EheG, Anm.3.
[48] *Schwoerer*, FamRZ 1956, 242.
[49] *Schwoerer*, FamRZ 1956, 242.

III. Gesetzliches gemeinsames Sorgerecht während der Ehe – das Gleichberechtigungsgesetz von 1958

Als 1958 das Gleichberechtigungsgesetz[50] in Kraft trat und den gesetzlosen Zustand beendete, wurden die Hoffnungen derer enttäuscht, die auf eine gesetzliche Klärung der offenen Frage zur gemeinsamen Sorge nach der Ehescheidung gewartet hatten.

Durch die Rückführung der Regelungen des Ehegesetzes ins BGB – die gerichtliche Sorgerechtsentscheidung nach der Ehescheidung ist seit diesem Zeitpunkt in § 1671 BGB geregelt – änderte sich für das Sorgerecht nach der Ehescheidung in der Sache wenig. Zwar wurde die gesamte elterliche Sorge zum Regelungsgegenstand des § 1671 BGB[51]. Die Rechtsunsicherheit hinsichtlich der Regelung der Vermögenssorge nach der Scheidung fand somit ein Ende. Eine Konkretisierung dessen, was Inhalt der – durch das Gleichberechtigungsgesetz in seiner Bedeutung sogar noch gestärkten[52] – elterlichen Einigung sein könne, wurde jedoch nicht vorgenommen[53]. Der Wortlaut der neuen Regelung ließ zu, daß die Sorge teils dem einen, teils dem anderen oder teilweise beiden Eltern gemeinsam übertragen wurde – auch wenn letzteres nicht erwünscht war[54]

Angesichts der nun vermehrt auftretenden Elternvorschläge, in denen die Eltern die gemeinsame elterliche Gewalt nach der Scheidung verlangten, entwickelte sich eine Rechtsprechung[55], die sich am Urteil zu § 74 EheG von 1946[56] orientierte und einen auf die gemeinsame Sorge nach der Scheidung gerichteten Elternvorschlag für unzulässig erachtete. Begründet wurde dies mit dem von § 74 I S.1 EheG von 1946 nur geringfügig abweichenden Wortlaut des § 1671 I BGB von 1958, wonach das Vormundschaftsgericht bestimmen müsse, „welchem Elternteil die elterliche Gewalt über ein gemeinschaftliches Kind zustehen" solle. Wenn aber das Vormundschaftsgericht selbst die gemeinsame Sorge nach der Scheidung nicht anordnen könne, dann könne es auch nicht einen Elternvorschlag mit entsprechendem Inhalt genehmigen[57].

---

[50] BGBl. 1957 I, S. 609.
[51] *Staudinger-Coester*, 12.Aufl. (1992), § 1671, Rn. 11; *Beitzke*, FamRZ 1958, 7 (11).
[52] *Staudinger-Coester*, 12.Aufl. (1992), § 1671, Rn. 11.
[53] *Schwoerer*, FamRZ 1960, 122.
[54] *Beitzke*, FamRZ 1958, 7 (11).
[55] OLG Celle, NJW 1960, 151; OLG Stuttgart, FamRZ 1960, 365; OLG Neustadt/W, FamRZ 1964, 91f; BayObLG, FamRZ 1964, 523f; LG Stade, MDR 1960, 147, LG Tübingen, FamRZ 1960, 121f; LG Mannheim, FamRZ 1967, 492.
[56] OLG Hamburg, FamRZ 1956, 241.
[57] LG Tübingen, FamRZ 1960, 121 (122); OLG Celle, NJW 1960, 151; OLG Neustadt/W, FamRZ 1964, 91 (92); LG München, FamRZ 1972, 378 (379).

Der Ansicht, daß es weiterhin der gesetzlichen Zuweisung des Sorgerechts an einen Elternteil bedurfte, schloß sich auch der größte Teil der Rechtslehre an[58]. Die zunächst nur von Schwoerer vertretene Gegenansicht stützte sich darauf, daß der Wortlaut keineswegs eindeutig sei, schließlich hieß es in § 1671 IV S.1 BGB „Die elterliche Gewalt soll *in der Regel* einem Elternteil übertragen werden". Zudem würde selbst die Rechtsprechung bei elterlichem Einvernehmen Modifizierungen zulassen[59]. Ihr wurde entgegengehalten, daß sich die Einschränkung „in der Regel" allein auf § 1671 IV S.2 BGB beziehe. Abweichungen vom Grundsatz der Alleinzuständigkeit eines Elternteils seien danach nur ausnahmsweise in den Fällen erlaubt, in denen das Sorgerecht zwischen den Eltern aufgeteilt werde. Die gemeinsame Ausübung der elterlichen Gewalt sei demgegenüber nicht vorgesehen[60].

Daß sich am 11.12.1970 zum ersten Mal ein Gericht gegen die herrschende Meinung wendete und einem auf die gemeinsame Sorge nach der Scheidung gerichteten Elternvorschlag unter Berufung auf den nicht eindeutigen Wortlaut des § 1671 IV S.1 BGB und die aus Art. 6 II GG und der Friedensfunktion des Rechts resultierenden Subsidiarität staatlicher Eingriffe stattgab[61], führte zwar in der Rechtslehre zu neuen Überlegungen[62], fand aber in der Rechtsprechung zunächst keine Nachahmung[63].

IV. Diskussion um das gemeinsame Sorgerecht nach der Scheidung – das Erste Eherechtsgesetz 1977

Erst als das Familienrecht während der Vorbereitungen zum Ersten Eherechtsgesetz[64] erneut auf den Prüfstand gestellt wurde, mehrten sich die Stimmen sowohl in der Literatur[65], als auch in der Rechtsprechung[66], die für die Zulässigkeit eines einvernehmlichen, auf die gemeinsame Sorge gerichteten Elternvorschlags im Rahmen der Scheidung plädierten.

---

[58] *RGRK-Meyer*, 10./11. Aufl. (1964), § 1671, Anm. 16; *Erman- Ronke*, 3. Aufl. (1962), § 1671, Anm. 7 b); *Gernhuber*, 1964, § 56 II 1, S. 609.
[59] *Schwoerer*, FamRZ 1960, 122.
[60] LG Tübingen, FamRZ 1960, 121 (122); OLG Celle, NJW 1960, 151; BayObLG, FamRZ 1964, 523; LG München, FamRZ 1972, 378 (379).
[61] LG Mannheim, FamRZ 1971, 185.
[62] Vgl. *Lüderitz/Lenzen*, FamRZ 1971, 625; *Evans-von Krbek*, FamRZ 1975, 20.
[63] LG München, FamRZ 1972, 378 (379); LG Köln, FamRZ 1974, 99 (100).
[64] BGBl. 1976 I, S. 1421.
[65] *Evans-von Krbek*, FamRZ 1977, 371 (373); *Treitz*, Auflösung der Elternehe, S. 52ff; *Knieper*, JZ 1976, 158.
[66] LG Wiesbaden, FamRZ 1977, 60 (61); LG Bremen, FamRZ 1977, 402 (403); OLG Düsseldorf, FamRZ 1978, 266; KG, FamRZ 1979, 340f.

Dabei wurden Zweifel an der Auslegung der herrschenden Meinung nicht nur aus dem Wortlaut[67] und dem Sinn und Zweck der Vorschrift[68] hergeleitet. Auch verfassungsrechtliche Bedenken an der Vereinbarkeit der ausnahmslosen Alleinverantwortlichkeit mit dem Elternrecht aus Art. 6 II S.1 GG wurden stärker. Während einige versuchten, durch verfassungskonforme Auslegung[69] oder durch Analogieschlüsse[70] den Wortlaut des § 1671 BGB von 1958 mit Art. 6 II S.1 GG in Einklang zu bringen, verneinte das LG Bremen[71] die Verfassungsmäßigkeit von § 1671 BGB von 1958 und legte die Frage dem Bundesverfassungsgericht zur Entscheidung vor, die jedoch wegen Erledigung – die Mutter zog ihren Antrag zurück und verlangte die Alleinsorge – nie entschieden wurde.

Mit Inkrafttreten des Ersten Eherechtsgesetz[72] am 1.7.1977 wurde das Ehescheidungsrecht grundlegend reformiert. Seitdem gilt bei der Ehescheidung statt des Verschuldens- das Zerrüttungsprinzip[73]. Auch wurde das Verbundverfahren eingeführt, wonach zwingend mit jedem Scheidungsverfahren ein Sorgerechtsverfahren über minderjährige Kinder als Folgesache von Amts wegen eingeleitet wurde. Die Entscheidung erfolgte regelmäßig durch einheitliches Urteil (§ 623 I S.1 i.V.m. § 621 I Nr.1 ZPO von 1977)[74].

Eine Lösung des Streits um die Bedeutung eines einvernehmlichen, auf die gemeinsame Sorge gerichteten Elternvorschlags im Rahmen eines Sorgerechtsverfahrens war aber vom Ersten Eherechtsgesetz nicht zu erwarten. Der Gesetzgeber nahm das elterliche Sorgerecht ausdrücklich aus seinen Reformbestrebungen aus, soweit es über eine Anpassung an das neue Scheidungsrecht hinausging. Eine Neuregelung blieb weiteren Gesetzesvorhaben vorbehalten[75].

---

[67] LG Wiesbaden, FamRZ 1977, 60 (61); KG, FamRZ 1979, 340; OLG Düsseldorf, FamRZ 1978, 266 (267).

[68] LG Wiesbaden, FamRZ 1977, 60 (61f) ; KG, FamRZ 1979, 340.

[69] LG Wiesbaden, FamRZ 1977, 60 (62); OLG Düsseldorf, FamRZ 1978, 266 (267); AG Lübeck, FamRZ 1982, 428; AG Groß Gerau, NJW 1981, 1279 (1280); *Moritz*, ZblJugR 1981, 11 (15f).

[70] *Evans-von Krbek*, FamRZ 1977, 371 (373).

[71] LG Bremen, FamRZ 1977, 402 (403).

[72] BGBl. 1976 I , S.1421.

[73] *Staudinger-Coester*, 12.Aufl. (1992), § 1671, Rn. 12.

[74] *MüKo-Hinz*, § 1671 Rn. 6.

[75] BT-Drucks. 7/4361, S. 51.

V. Verbot der gemeinsamen Sorge nach der Ehescheidung – das Sorgerechtsgesetz 1980

Erst mit dem Sorgerechtsgesetz[76], das am 1.1.1980 in Kraft trat, griff der Gesetzgeber – nach knapp 25 Jahren, die der Streit bereits währte! – in das Geschehen ein.

Dabei wurde ein aus dem Jahre 1973 stammender, in der damaligen Legislaturperiode aber nicht mehr verabschiedeter Regierungsentwurf zugrunde gelegt und überarbeitet. Aufgrund der sich durch die jahrelangen Beratungen gefestigten Standpunkte fanden die durchweg positiven Erfahrungen, die andere Staaten, insbesondere die USA, mit dem gemeinsamen Sorgerecht nach der Scheidung gemacht hatten, keinen Eingang mehr in das Gesetzgebungsverfahren[77]. Vielmehr entschied sich der Gesetzgeber mit der ausnahmslosen Regelung des § 1671 IV S.1 BGB von 1980 zugunsten der herrschenden Meinung und legte fest, daß die elterliche Sorge nach der Scheidung zwingend auf einen Elternteil zu übertragen sei. Dadurch versuchte er ausdrücklich, einen Schlußstrich unter die Diskussion um das gemeinsame Sorgerecht nach der Ehescheidung zu ziehen und die Tendenz zur gemeinsamen Sorge nach der Scheidung zu stoppen[78]. Das Kind sei nach der Scheidung auf klare Verhältnisse angewiesen, die nur mit der Entscheidung zugunsten eines Elternteils gewährleistet werden könnten. Durch die gemeinsame Sorge nach der Scheidung würde eine notwendige Entscheidung nur unnötig herausgezögert, was zu Lasten des Kindes ginge. Wer trotz der Alleinsorge den ehemaligen Ehepartner an Entscheidungen, die das gemeinsame Kind betreffen, beteiligen wolle, könne dies auf rechtsgeschäftlichem Wege durch Vollmachten tun[79].

Doch anders als es sich der Gesetzgeber wahrscheinlich erhofft hatte, verstummten die Stimmen, die an dem gemeinsamen Sorgerecht nach der Scheidung festhielten, nicht. Vielmehr mehrten sich die Zweifel an der Verfassungsmäßigkeit des neuen § 1671 IV S.1 BGB[80], so daß es zur erneuten Vorlage an das Bundesverfassungsgericht kam[81].

---

[76] BGBl. 1979 I, S. 1061ff.

[77] *Fehmel*, FamRZ 1980, 758.

[78] BT-Drucks. 8/2788, S. 63.

[79] BT-Drucks. 8/2788, S. 63.

[80] KG, FamRZ 1980, 821; *Fehmel*, FamRZ 1980, 758 (761); *ders.*, FamRZ 1981, 645 (646); *Diedrichsen*, NJW 1980, 1 (9); *ders.*, NJW 1980, 2420.

[81] KG, FamRZ 1980, 821; AG Königstein, FamRZ 1980, 483; AG Bergisch-Gladbach, FamRZ 1980, 1156 (LS).

VI. Entwicklung der gemeinsamen Sorge nach der Ehescheidung seit der Entscheidung des Bundesverfassungsgerichts vom 3.11.1982

Am 3.11.1982 erklärte das Bundesverfassungsgericht[82] den zwingenden Grundsatz der Alleinzuständigkeit eines Elternteils nach der Scheidung wegen Verstoßes gegen das Elternrecht aus Art 6 II S.1 GG für verfassungswidrig. Für den Fall, daß die erziehungsfähigen Eltern einvernehmlich die gemeinsame Sorge wünschten und dieser Wille mit dem Kindeswohl vereinbar sei, seien keine Gründe ersichtlich, die eine Ablehnung der gemeinsamen elterlichen Sorge nach der Scheidung rechtfertigten. § 1671 IV S.1 BGB sei somit wegen Verstoßes gegen das Grundgesetz nichtig.

Nach nur knapp zwei Jahren vermeintlicher Rechtsklarheit lag die Entwicklung des gemeinsamen Sorgerechts nach der Scheidung damit wieder in der Hand der Richter.

Zwar bestand seit dem Urteil des Bundesverfassungsgerichts Einigkeit darüber, daß unter bestimmten Voraussetzungen ein gemeinsames Sorgerecht nach der Scheidung gesetzlich zulässig sei. Auch boten die Kriterien, die das Bundesverfassungsgericht in seiner Urteilsbegründung genannt hatte, Anhaltspunkte, an denen sich die Richter bei der Entscheidungsfindung orientieren konnten und auch – wenn auch nur in geringem Maße[83] – orientierten[84]. Dennoch wurde dieser letztlich gesetzlose Zustand nach anfänglicher Ablehnung gesetzgeberischen Handlungsbedarfs[85] für immer unbefriedigender gehalten[86]. Fand sich in der Rechtsprechung doch kein Konsens über die genauen Voraussetzungen des gemeinsamen Sorgerechts. Teilweise gab man sich damit zufrieden, daß die erziehungsgeeigneten Eltern den Willen hatten, das Sorgerecht gemeinsam auszuüben und dem keine Gründe des Kindeswohls entgegenstanden[87]. Teilweise wurde darüber hinaus gefordert, daß der Richter positiv zu der Überzeugung gelangt sei, die Eltern könnten die Erziehung gemeinschaftlich zum Wohle des

[82] BVerfGE 61, 358 = NJW 1983, 101 = FamRZ 1982, 1179.

[83] Laut einer justizstatistischen Sondererhebung für den Zeitraum 1.7.1994 bis 30.6.1995 wurde den Eltern das Sorgerecht nur in 17.07% der Fälle gemeinsam belassen, BT-Drucks 13/4899, S.37.

[84] OLG Frankfurt, FamRZ 1983, 758f; KG, FamRZ 1983, 1055 (1057); AG Berlin-Charlottenburg, FamRZ 1983, 420; *Knöpfel*, NJW 1983, 905 (907); *Luthin*, FamRZ 1983, 420; *Schmidt-Ränsch*, FamRZ 1983, 17.

[85] *Schmidt-Räntsch*, FamRZ 1983, 17; *Knöpfel*, NJW 1983, 905 (907).

[86] *Limbach*, Die gemeinsame Sorge geschiedener Eltern in der Rechtspraxis, S.77

[87] *MüKo-Hinz*, 2. Auflage, § 1671 Rn. 72; *Johannsen/Henrich-Jaeger*, 1. Auflage, § 1671, Rn. 79.

Kindes wahrnehmen[88]. An einer einheitlichen Rechtsprechung fehlte es mithin. Auch der Gesetzgeber nahm sich dieser Problematik zunächst nicht an.

VII. Wiedervereinigung

Neue Impulse für eine Reformierung des Kindschaftsrechts kamen erst, als mit der Wiedervereinigung Deutschlands am 3.10.1990 zwei unterschiedliche Rechtssysteme miteinander in Einklang gebracht werden mußten.

Gerade im Familienrecht hatten sich das Recht der Bundesrepublik Deutschland und der Deutschen Demokratischen Republik auseinanderentwickelt. So war das Familienrecht in der DDR am 20.12.1965 in ein eigenständiges Gesetzbuch, das Familiengesetzbuch (FGB), überführt worden, das in weiten Teilen vom BGB abwich. Ursprünglich sah zwar auch das FGB kein gemeinsames Erziehungsrecht – das Pendant zum westdeutschen Sorgerecht (§ 45 I FGB) – nach der Scheidung vor. Vielmehr mußte wie im Westen das Gericht im Rahmen des Scheidungsurteils über das Erziehungsrecht eines der Ehegatten entscheiden, § 25 I FGB. Im Zuge der Vorbereitungen zur Wiedervereinigung wurde das FGB jedoch noch schnell reformiert. Dabei wurde unter anderem die Ausgestaltung des Erziehungsrechts nach der Scheidung neu überdacht und die Möglichkeit eines gemeinsamen Erziehungsrechts sowohl nach der Scheidung als auch generell für Eltern nichtehelicher Kinder eingeführt.

Ziel war es, den Beitrittsländern zumindest für eine gewisse Übergangszeit ein eigenständiges Familienrecht zu erhalten[89]. Das Ziel wurde jedoch nicht erreicht, da der Einigungsvertrag (Art. 230 EGBGB) festlegte, daß die neuen Bundesländer ab dem Beitritt grundsätzlich das westdeutsche Recht anzuwenden hätten. Für das Kindschaftsrecht fanden daher ab dem Beitritt die Regelungen des Vierten Buchs des BGB Anwendung, Art 234 §1 EGBGB. Da das 1. Familienrechtsänderungsgesetz vom 20.7.1990 erst am 1.10.1990 in Kraft trat, galt es damit nur für zwei Tage.

Durch Maßgaben, Ausnahmen und Übergangsvorschriften[90] des Einigungsvertrages, die dem Vertrauensschutz[91] der DDR-Bevölkerung Rechnung trugen, verlor das reformierte FGB aber auch nach dem Beitritt in einzelnen, nicht nur die Vorschriften nichtehelicher Kinder betreffenden Bereichen, seine Bedeutung

---

[88] OLG Frankfurt, FamRZ 1983, 758; KG, FamRZ 1983, 1055 (1057); *Schmidt-Räntsch*, FamRZ 1983, 17; *Knöpfel*, NJW 1983, 905 (907); *Kropholler*, NJW 1984, 271, 274; *Puls*, ZfJ 1984, 8 (12).
[89] *Schwab*, Familienrecht, Rn. 16.
[90] BT-Drucks. 13/4899, S.42.
[91] *Schwab*, Familienrecht, Rn. 16.

nicht vollständig[92]. In diesen Teilbereichen herrschte seitdem die Situation des interlokal unterschiedlichen Rechts – ein Zustand, der dem Ziel der Wiedervereinigung widersprach, zwei Staaten nach Jahrzehnten der Trennung wieder zu einem einheitlichen Staat zusammenzuführen. Der Gesetzgeber war folglich gehalten, durch Reformierung des westdeutschen Rechts eine Rechtslage herzustellen, die für beide Teile Deutschlands verbindlich war[93].

Als dann auch das Bundesverfassungsgericht insbesondere im Nichtehelichenrecht an mehreren Stellen die Unvereinbarkeit westdeutschen Rechts mit der Verfassung aufdeckte[94] und seine Urteile mit dem Appell an den Gesetzgeber verband, tätig zu werden – ihm 1995 sogar eine Abmahnung erteilte und eine Frist bis zum Ablauf der 13. Legislaturperiode Ende 1998 setzte[95] – , war die Zeit für den Gesetzgeber gekommen, sich erneut mit dem Kindschaftsrecht und damit auch mit dem Sorgerecht zu beschäftigen.

Mit der Kindschaftsrechtsreform vom 1.7.1998 findet die gemeinsame Sorge nach der Scheidung erstmals ihren gesetzlichen Niederschlag. Seit den ersten Überlegungen zu diesem Thema sind über 40 Jahre vergangen.

---

[92] *Borsche*, Theorie und Praxis der sozialen Arbeit 1998, 135 (136).
[93] *Dickmeis*, ZfJ 1998, 193 (195).
[94] BVerfG, FamRZ 1991, 913; BVerfG, FamRZ 1995, 789.
[95] BVerfG, FamRZ 1995, 789.

§ 3 Kindschaftsrechtsreform

1998 war das Jahr der Reformen im Familienrecht. Der Gesetzgeber vollzog endlich den Schritt, der sich schon seit der Entscheidung des Bundesverfassungsgerichts 1982 angedeutet hatte und der mit der Zeit durch innerstaatlichen und internationalen Druck immer unausweichlicher und drängender geworden war. Zum 1.7.1998 traten neben dem am 25.9.1997 vom Deutschen Bundestag verabschiedeten Kindschaftsrechtsreformgesetz[96], dem der Bundesrat am 17.10.1997 zustimmte, das Eheschließungsrechtsgesetz[97], das Beistandschaftsgesetz[98] und das Kindesunterhaltsgesetz[99] in Kraft. Bereits am 1.4.1998 war das Erbrechtsgleichstellungsgesetz[100] geltendes Recht geworden.

I. Entwicklung der Reform

Schon in den Koalitionsvereinbarungen für die 12. Legislaturperiode (1990 – 1994) war die Reform des Familienrechts aufgenommen[101] und vom damaligen Bundesjustizminister Klaus Kinkel bei der Eröffnung des 9. Deutschen Familiengerichtstages am 23.10.1991 angekündigt worden[102]. Die Bundesregierung erteilte Forschungsaufträge und gründete die Arbeitsgruppe Nichtehelichenrecht[103].

In den Koalitionsvereinbarungen der 13. Legislaturperiode (1994 - 1998) ging man genauer auf das Reformvorhaben ein, wobei unter anderem die gemeinsame Sorge als wichtiger Regelungsbereich aufgeführt wurde[104]. Ein entsprechender Referentenentwurf wurde jedoch erst im August 1995 an die Länder und die beteiligten Verbände geschickt.

Nach Auswertung der Stellungnahmen am 28.2.1996 verabschiedete die Bundesregierung den Entwurf und brachte ihn als Regierungsentwurf in die parlamentarischen Beratungen ein[105]. Dieser enthielt bereits den § 1671 BGB in der jetzigen Fassung, sah aber insbesondere noch keine flankierenden Verfahrens-

---

[96] BGBl. 1997 I, S. 2942ff vom 16.12.1997.
[97] BGBl. 1998 I, S.833 ff vom 4.5.1998.
[98] BGBl. 1997 I, S. 2846ff vom 4.12.1997.
[99] BGBl. 1998 I, S. 666ff vom 6.4.1998.
[100] BGBl. 1997 I, S. 2968ff vom 16.12.1997.
[101] BT-Drucks. 13/4899, S.29; *Borsche*, Theorie und Praxis der Sozialen Arbeit 1998, 135 (136).
[102] *Willutzki*, Rpfleger 1997, 336.
[103] *Mühlens/Kirchmeier/Greßmann*, Das neue Kindschaftsrecht, S. 32.
[104] BT-Drucks. 13/4899, S. 29; *Borsche*, Theorie und Praxis der Sozialen Arbeit 1998, 135 (136).
[105] BR-Drucks. 180/96; *Mühlens, Kirchmeier, Greßmann*, Das neue Kindschaftsrecht, S. 33; *Salgo*, FamRZ 1996, 449.

vorschriften, wie z.B. den § 613 I S.1 ZPO vor. Auch der § 1687 BGB erhielt erst im Laufe des Gesetzgebungsverfahrens seine jetzige Gestalt.

Im Anschluß an die erste Lesung vom 20.6.1996[106] wurde der Entwurf an den federführenden Rechtsausschuß sowie an den mitberatenden Ausschuß für Familie, Senioren, Frauen und Jugend überwiesen, die über den Entwurf – teilweise auch öffentlich – berieten und Sachverständigenanhörungen durchführten[107]. Die am 10.9.1997 vom federführenden Rechtsausschuß beschlossene Fassung[108] wurde dem Deutschen Bundestag zur dritten Lesung vorgelegt und am 25.9.1997 als Gesetzesbeschluß verabschiedet. Am 17.10.1997 stimmte der Bundesrat dem Gesetzesentwurf zu[109].

Das Sorgerecht gehörte dabei bis zuletzt zu einem der umstrittensten Gebiete der Reform[110]. Insbesondere an der Abschaffung des Entscheidungsverbundes gemäß § 623 ZPO zwischen Scheidungs- und Sorgerechtsverfahren sowie an der Ausgestaltung eines Antragsverfahrens schieden sich die Geister[111]. Nachdem die ursprünglichen Anträge von SPD[112] und Fraktion Bündnis 90/Die Grünen[113] vom Rechtsausschuß abgelehnt worden waren[114], brachten sowohl die SPD als auch die Fraktion Bündnis 90/Die Grünen noch am 25.9.1997 einen Änderungs-[115] bzw. einen Entschließungsantrag[116] ein, die ein jeweils vom Gesetzentwurf abweichendes Sorgerechtsverfahren vorsahen.

Während die Fraktion Bündnis 90/Die Grünen an einer zwingenden gerichtlichen Sorgerechtsentscheidung anläßlich der Ehescheidung festhielt[117], verlangte die SPD für das gemeinsame Sorgerecht anstelle eines gerichtlichen Sorgerechtsverfahrens zumindest einen Sorgeplan[118]. Darin sollten die Eltern wesentliche Bereiche, wie das Aufenthalts-, das Umgangs- und das Unterhaltsrecht,

---

[106] *Mühlens/Kirchmeier/Greßmann*, Das neue Kindschaftsrecht, S. 33.
[107] *Mühlens/Kirchmeier/Greßmann*, Das neue Kindschaftsrecht, S. 33; *Dickmeis*, ZfJ 1998, 193 (195).
[108] BT-Drucks. 13/8511.
[109] *Mühlens/Kirchmeier/Greßmann*, Das neue Kindschaftsrecht, S. 34.
[110] BTDrucks. 13/8511 S. 66; *Mühlens*, Kind-Prax 1998, 3; *Niepmann*, MDR 1998, 565 (566); *Dickmeis*, ZfJ 1998. 193 (197); *Schwab / Wagenitz*, FamRZ 1997, 1377 (1379); *Willutzki*, Rpfleger 1997, 336 (337); *Borsche*, Theorie und Praxis der Sozialen Arbeit 1998, 135 (136); *Greßmann*, Kind-Prax 1998, 35 (36); *Klingemann*, Jugendhilfe1998, 173 (175); *Rummel*, RdJB 1998, 156 (157f).
[111] *Dickmeis*, ZfJ 1998. 193 (197); *Willutzki*, Kind-Prax 1998, 8 (9); DRiZ 1995, 490 (491).
[112] BT-Drucks. 13/1752.
[113] BT-Drucks. 13/3341.
[114] BT-Drucks. 13/8511, S. 63f.
[115] BT-Drucks. 13/8558.
[116] BT-Drucks. 13/8570.
[117] BT-Drucks. 13/8570, S.1 und 3.
[118] BT-Drucks. 13/8558, S.1 und 3.

regeln. Ziel war es, ein Mindestmaß an elterlicher Kooperationsfähigkeit und -willigkeit gesetzlich festzuschreiben[119]. Daneben sollte das Gericht befugt sein, einvernehmliche Alleinsorgeanträge der Eltern am Kindeswohl zu messen[120]. Beide Anträge wurden abgelehnt und haben keinen Eingang in das Gesetz gefunden.

Auch wenn in der Literatur die Reform nicht unbedingt als „Jahrhundertwerk"[121] bezeichnet wird, so hat sie doch gerade in dem Bereich des Sorgerechts weitreichende Neuerungen mit sich gebracht[122].

II. Ziele des Gesetzgebers

Maßgeblich für die Veränderungen waren vor allem die vom Gesetzgeber mit der Reform verfolgten Ziele: Die Verbesserung der Stellung des Kindes, die Stärkung der Elternverantwortung unter anderem durch Vermeidung unnötiger Eingriffe des Staates und die Gleichstellung von ehelichen und nichtehelichen Kindern[123].

Diese Ziele wurden vom federführenden Rechtsausschuß ausdrücklich begrüßt und zum Maßstab eigener Überlegungen gemacht. Er setzte aber teilweise andere Schwerpunkte.

So stimmte der Ausschuß grundsätzlich mit der Zielsetzung überein, die Stellung des Kindes zu stärken – konkret also die Rechte des Kindes zu betonen und das Kindeswohl zu fördern. Er konkretisierte die vage Absichtserklärung[124] der Bundesregierung aber dahingehend, daß besonders die Stellung des Kindes als Rechtssubjekt stärker als im Regierungsentwurf berücksichtigt werden müsse[125]. Außerdem wurde in diesem Zusammenhang ausdrücklich darauf verwiesen, daß Ziel der Reform sei, die Beziehung des Kindes zu beiden Elternteilen aufrecht zu erhalten[126], was als Bekenntnis zur gemeinsamen Sorge der Eltern nach der Trennung gedeutet wurde[127].

---

[119] BT-Drucks. 13/8558, S.3.
[120] BT-Drucks. 13/8558, S.1 und 3.
[121] *Willutzki*, Kind-Prax 1998, 8.
[122] *Schwab*, FamRZ 1998, 457; *Willutzki*, Rpfleger 1997, 336 (337); *ders.*, Kind-Prax 1998, 8 (9); *Diedrichsen*, NJW 1998, 1977 (1985), siehe auch unten § 3 III.
[123] BTDrucks. 13/4899 S.1; *Oelkers*, ZfJ 1999, 263; *Borsche*, Theorie und Praxis der Sozialen Arbeit 1998, 135 (136).
[124] *Diedrichsen*, NJW 1998, 1977 (1978).
[125] BR-Drucks. 180/1/96, S.1.
[126] BT-Drucks. 13/8511, S.64; BR-Drucks. 180/1/96, S.2.
[127] *Diedrichsen*, NJW 1998, 1977 (1978).

Auch mit der Stärkung der Rechtsposition der Eltern erklärte sich der Ausschuß – soweit dies mit den Kinderrechten vereinbar ist – einverstanden, forderte aber als Ausgleich für die Vermeidung unnötiger staatlicher Eingriffe eine stärkere Hervorhebung der elterlichen Verantwortung. Außerdem sollte die Elternautonomie von freiwilligen Beratungs- und Hilfsangeboten flankiert werden[128].

Neben dem bereits von der Bundesregierung hervorgehobenen Ziel, die rechtlichen Unterschiede zwischen ehelichen und nichtehelichen Kindern abzubauen, erwähnte der Rechtsausschuß noch ein weiteres Ziel und ergänzte somit die Ziele der Reform. Durch Vermeidung von Überschneidungen und Doppelregelungen sollte es zu einer Vereinfachung des Rechts kommen[129].

III. Überblick über die Gesetzesänderungen

Die Kindschaftsrechtsreform umfaßt die Bereiche des Sorge-, des Umgangs-, des Abstammungs-, des Namens-, des Adoptions- und des Verfahrensrechts sowie des Betreuungsunterhalts[130].

Im folgenden soll auf die Änderungen des elterlichen Sorgerechts anläßlich der Trennung oder Scheidung der Eltern näher eingegangen werden. Bei der Neufassung dieses Normenkomplexes beschränkte sich der Gesetzgeber nicht auf das materielle Recht, sondern flankierte die materiellrechtlichen Neuregelungen mit Änderungen im Verfahrens- sowie im Kinder- und Jugendhilferecht[131].

1) Einführung eines Antragsverfahrens und Lösung vom Zwangsverbund

Bedeutendste Neuerung im Recht der elterlichen Sorge nach der Trennung oder Scheidung ist die grundlegende Entscheidung des Gesetzgebers zugunsten eines Antragsverfahrens. Damit verzichtet er auf die bis dato in Form des Zwangsverbundes bestehende Einleitung eines Sorgerechtsverfahrens von Amts wegen[132].

Seit der Reform liegt es grundsätzlich in der Autonomie der Eltern, ob es zu einem gerichtlichen Sorgerechtsverfahren kommt. Dabei wird nicht mehr zwischen Scheidung und nicht nur vorübergehender Trennung differenziert (so in §§ 1671, 1672 BGB von 1980). Für verheiratete Eltern sowie für Eltern aus nichtehelichen Lebensgemeinschaften gilt grundsätzlich, daß im Fall der Scheidung bzw. Trennung nur noch dann gerichtlich über das elterliche Sorgerecht

---

[128] BR-Drucks. 180/96 (Beschluß), S.30f und 36f; BT-Drucks. 13/8511, S.64.
[129] BT-Drucks. 13/8511, S.64.
[130] BT-Drucks. 13/4899, S.30; *Wiesner*, ZfJ 1998, 269 (270); *Niepmann*, MDR 1998, 565; *Mühlens*, Kind-Prax 1998, 3.
[131] *Mühlens*, Kind-Prax1998 3 (5).
[132] S.o. § 2 IV.

entschieden wird, wenn mindestens ein Elternteil einen Antrag stellt. Unterbleibt ein entsprechender Antrag, ändert sich an dem vor der Trennung respektive Scheidung bestehenden Sorgerecht nichts[133], mit anderen Worten, es verbleibt bei der gemeinsamen Sorge[134]. Inhalt eines Antrags kann somit immer nur die Übertragung der Alleinsorge sein[135].

Verfahrensrechtlich zieht die Einführung des Antragsverfahrens in § 1671 BGB, wie bereits erwähnt, den Verzicht auf den Zwangsverbund nach sich, das heißt auf den zwingenden Entscheidungsverbund zwischen Scheidungs- und Sorgerechtsverfahren. Nicht jede Scheidung führt nunmehr zwangsläufig zu einem Sorgerechtsverfahren. Zwar kann auch nach der Reform bei rechtzeitigem Sorgerechtsantrag über das Sorgerecht im Verbund mit der Scheidung entschieden werden gemäß § 623 II Nr.1 i.V.m. 621 II S.1 Nr.1 ZPO[136], es ist aber nicht mehr zwingend vorgeschrieben. Statt eines Zwangsverbundes besteht jetzt ein bloßer Antragsverbund[137]. Scheidungs- und Sorgerechtsverfahren können daher seit der Reform auf dreierlei Weise zeitlich aufeinander folgen:

Zunächst kann der Sorgerechtsantrag bereits in der Trennungsphase gestellt und entschieden werden, ohne daß schon die Scheidung beantragt wurde. Das Sorgerechtsverfahren ist eigenständig.

Es kann aber auch beim Entscheidungsverbund zwischen Scheidungs- und Sorgerechtsverfahren bleiben, wenn der Sorgerechtsantrag im Rahmen der Scheidung gestellt wird und rechtzeitig bei Gericht eingeht[138]. Rechtzeitig ist ein Antrag immer dann, wenn er während der Rechtshängigkeit der Scheidungssache anhängig gemacht wird oder wenn die Sache bereits vor dem Scheidungsverfahren anhängig gemacht, aber noch nicht entschieden worden ist. In so einem Fall wird vermutet, daß der Antragsteller eine Scheidungsfolgenregelung begehrt[139]. Die Verfahren werden miteinander verbunden. Die Verbundvorschriften des § 623 II S.1 ZPO sind zwingendes Recht[140]. Das Sorgerechtsverfahren wird Folgesache, auch wenn der Antrag nicht nur für den Fall der Scheidung gestellt wurde[141]. Der Antragsteller hat jedoch die Möglichkeit, die Abtrennung des Sorgerechtsverfahrens aus dem Scheidungsverbund zu verlangen, § 623 II S.2

[133] *Mühlens*, Kind-Prax1998 3 (5).
[134] *Lüderitz*, Familienrecht, Rn. 919.
[135] *Palandt-Diederichsen*, § 1671, Rn.11.
[136] *Greßmann*, Kind-Prax 1998, 35.
[137] BT-Drucks. 13/4899, S. 71.
[138] *Oelkers*, FuR 2002, 210.
[139] BT-Drucks. 13/4899, S. 74 und 122.
[140] OLG München, FamRZ 2000, 166 (167); OLG Zweibrücken, JurBüro 2000, 649; *Oelkers*, FuR 2002, 210.
[141] OLG Brandenburg, ZfJ 2003, 35.

ZPO. Das abgetrennte Verfahren ist dann zwingend als isoliertes Verfahren fortzuführen, § 623 II S.4 ZPO.

Schließlich kann ein Alleinsorgeantrag auch erst nach vollzogener Scheidung – unter Umständen viele Jahre später – gestellt werden. Eine Verbindung der Verfahren findet nicht statt.

2) Partielle Alleinsorge

Mit der Neufassung des § 1671 BGB hat der Gesetzgeber zugleich von dem kritisierten[142] Prinzip der Unteilbarkeit der Personensorge – dem sogenannten Alles-oder-nichts-Prinzip[143] – Abstand genommen[144] und die Übertragung von Teilen der Personensorge auf einen Elternteil zugelassen. Der antragstellende Elternteil kann nunmehr seinen Antrag auf Alleinsorge von vornherein auf Teile der elterlichen Sorge beschränken. Dabei spielt keine Rolle mehr, ob es sich um Bereiche der Vermögens- oder der Personensorge handelt – anders noch die vorherige Regelung gemäß § 1671 IV S.2 BGB a.F.

Diese Möglichkeit eines partiellen Alleinsorgeantrags ergibt sich ausdrücklich aus § 1671 I BGB. Auch das Gericht hat die Möglichkeit, dem Antrag nur insoweit stattzugeben, wie das Kindeswohl die Übertragung der Alleinsorge erfordert, und es ansonsten bei der gemeinsamen Sorge zu belassen[145]. Diese Dispositionsfreiheit beruht auf dem verfassungsrechtlichen Übermaßverbot. Denn immerhin wird mit der Übertragung der Alleinsorge auf einen Elternteil dem anderen automatisch sein Sorgerecht entzogen[146]. Der Staat darf also nur insoweit über die elterliche Sorge entscheiden, wie Streit zwischen den Eltern besteht[147]. Rechtlich läßt sich die Befugnis des Gerichts, hinter dem Antrag zurückzubleiben, auf eine analoge Anwendung des § 308 ZPO stützen[148].

Eine Aufteilung der gemeinsamen Sorge zwischen den Eltern in der Form, daß beiden für Teilbereiche die alleinige Sorge zugewiesen wird, ist nur bei reziproken Anträgen möglich[149].

Im Gegensatz zu dem Verfahren nach § 1628 BGB, mit dem bei Meinungsverschiedenheiten der Eltern das Gericht eingeschaltet und für den konkreten

---

[142] *Rummel*, ZfJ 1997, 202 (212 und 214); *Willutzki*, RPfl 1997, 336 (338); *FamRefK-Rogner*, § 1671, Rn.14.
[143] *FamRefK-Rogner*, § 1671, Rn.12; *Mühlens*, Kind-Prax 1998, 3 (5).
[144] *Palandt-Diederichsen*, § 1671 Rn. 4.
[145] *Schwab*, FamRZ 1998, 457 (459 und 465); *Staudinger-Coester*, § 1671, Rn. 102.
[146] *Palandt-Diederichsen*, § 1671, Rn.12.
[147] BT-Drucks. 13/4899, S.99.
[148] *Palandt-Diederichsen*, § 1671, Rn.5.
[149] *Palandt-Diederichsen*, § 1671, Rn.6.

Streitpunkt eine gerichtliche Entscheidung begehrt werden kann, wird bei der partiellen Alleinsorge ein Teilbereich der elterlichen Sorge aus dem Sorgerecht herausgelöst und einem Elternteil für die Zukunft übertragen[150]. Letzteres kann nur unter den Voraussetzungen des § 1696 BGB abgeändert werden [151]. Während § 1628 BGB also eine situationsgebundene Einzelentscheidung über die Regelung partieller Sorgepflichten ist, handelt es sich bei § 1671 BGB um einen Eingriff in die elterliche Verantwortung über einen unbegrenzten Zeitraum[152]

3) Ausgestaltung der gemeinsamen Sorge nach der Trennung oder Scheidung

Mit der Trennung oder Scheidung ändern sich für das Kind die tatsächlichen Lebensumstände. Das Kind kann nicht wie vorher mit beiden Elternteilen zusammenleben. Seinen Lebensmittelpunkt hat es in der Regel bei einem Elternteil[153]. Der persönliche Kontakt zwischen den Eltern ist naturgemäß begrenzt[154]. Die gemeinsame Sorge, so wie sie vor der Trennung oder Scheidung bestand, kann meist nicht weiterpraktiziert werden.

Der Gesetzgeber hat dieser veränderten Lebenssituation Rechnung tragen wollen und deshalb die Norm des § 1687 BGB in das Gesetz aufgenommen. Darin konkretisiert er seine Vorstellungen von der gemeinsamen Sorge nach der Trennung oder Scheidung. Ziel war es, durch eine praktikable Ausgestaltung der gemeinsamen elterlichen Sorge nach der Trennung oder Scheidung Konflikte zwischen den Eltern zu vermeiden[155], um so dem Kind den Kontakt zu beiden Elternteilen zu erhalten[156].

Um das nach der Trennung oder Scheidung oft fragile Vertrauensverhältnis zwischen den Eltern nicht mit ständigen Auseinandersetzungen über Detailfragen zu belasten, legt § 1687 I S.2 BGB fest, daß der Elternteil, bei dem das Kind aufgrund elterlichen Einverständnisses oder gerichtlicher Entscheidung seinen gewöhnlichen Aufenthalt hat, in allen Fragen des täglichen Lebens alleine entscheiden darf. Nur bei Angelegenheiten, die von erheblicher Bedeutung für das Kind sind, ist eine gemeinsame Entscheidung der Eltern notwendig[157]. Damit wird der gemeinsamen Sorge ein hohes Konfliktpotential genommen: Die Eltern

---

[150] BT-Drucks. 13/4899, S.99; OLG Zweibrücken, FamRZ 2001, 186.

[151] *Oelkers*, FuR 2002, 168 (169).

[152] OLG Zweibrücken, FamRZ 2001, 186; AG Holzminden, FamRZ 2002, 560 (561); *Oelkers*, FuR 2002, 106 (108).

[153] *Schwab*, Familienrecht, Rn. 668; *Lüderitz*, Familienrecht, Rn. 906, 920.

[154] *Palandt-Diedrichsen*, 59. Auflage (2000), § 1687, Rn.2; *Lüderitz*, Familienrecht, Rn. 906, 920.

[155] *Johannsen/Henrich-Jaeger*, § 1687, Rn. 1.

[156] *Palandt-Diedrichsen*, 59. Auflage (2000), § 1687, Rn. 3, 17; *Mühlens*, Kind-Prax1998 3 (6).

[157] *Mühlens*, Kind-Prax1998 3 (6).

müssen nicht ständig miteinander kommunizieren. Außerdem wird die Gefahr gemindert, daß der Elternteil, bei dem das Kind wohnt, das Gefühl vermittelt bekommt, der andere könne sich in sein tägliches Leben einmischen und ihn kontrollieren[158].

Was unter Alltagsangelegenheiten zu verstehen ist, wird in § 1687 I S.3 BGB legal definiert: Alltagsangelegenheiten kommen häufig vor und haben im Gegensatz zu Angelegenheiten von erheblicher Bedeutung keine schwer abzuändernden Auswirkungen auf das Kind[159]. Entscheidungskriterium ist somit die Häufigkeit und die Abänderbarkeit der Entscheidung[160]. Die Formulierung „Angelegenheiten von erheblicher Bedeutung" ist auf Vorschlag des Rechtsausschusses in Anlehnung an § 1628 BGB in das Gesetz aufgenommen worden[161]. Auf die zu § 1628 BGB entwickelten Kriterien kann insofern zurückgegriffen werden[162]. Beispiele für Angelegenheiten von erheblicher Bedeutung sind Entscheidungen zum Schulbesuch, zur beruflichen Ausbildung, zum religiösen Bekenntnis, zur medizinischen Versorgung etc[163]. Ob eine Entscheidung für das Kind erheblich ist, ist nicht subjektiv bezogen auf das jeweilige Kind, sondern anhand eines objektiven Maßstabes festzustellen[164].

Trotz der detaillierten Regelung des § 1687 I BGB bleibt es den Eltern unbenommen, sich gegenseitig Vollmachten zu erteilen und so den Bereich der gemeinsamen Entscheidungen zu erweitern[165]. Auch darf der Elternteil, bei dem das Kind nicht seinen gewöhnlichen Aufenthalt hat, gemäß § 1687 I S.4 BGB in Angelegenheiten der täglichen Betreuung alleine entscheiden, solange sich das Kind bei ihm aufhält. Gedacht ist an Entscheidungen, die im Rahmen der vom Umgangsrecht geforderten Besuche des Kindes anfallen[166], wie Fragen der Ernährung, der regelmäßigen Medikamenteneinnahme, das Bestimmen der Schlafenszeiten oder Fragen des Fernsehkonsums[167]. Die Alleinentscheidungsbefugnis gilt jedoch nur, wenn sich das Kind mit Einwilligung des obhutberechtigten Elternteils oder aufgrund einer gerichtlichen Entscheidung bei dem umgangsbe-

[158] *Willutzki*, RPfleger 1997 336 (337); *ders.*, Kind-Prax 1998, 8 (10); *ders.*, Kind-Prax 2000, 45 (47).
[159] *Mühlens*, Kind-Prax1998 3 (6); *Willutzki*, Kind-Prax 1998, 8 (10).
[160] BT-Drucks 13/8511, S. 75; *Palandt-Diedrichsen*, § 1687, Rn. 7; *Oelkers*, FuR 2002, 106 (108).
[161] BT-Drucks 13/8511, S. 74f.
[162] *Johannsen/Henrich-Jaeger*, § 1687, Rn. 3.
[163] *Johannsen/Henrich-Jaeger*, § 1687, Rn. 4; *Oelkers*, FuR 2002, 106 (108) m.w.N..
[164] *Palandt-Diederichsen*, § 1687 Rn. 6.
[165] *Staudinger-Salgo*, § 1687. Rn.13; *Johannsen/Henrich-Jaeger*, § 1687, Rn.11.
[166] *Palandt-Diederichsen*, § 1687 Rn. 12.
[167] *Oelkers*, FuR 2002, 106 (109).

rechtigten Elternteil aufhält[168]. Des weiteren besteht ein in § 1687 I S.5 i.V.m. § 1629 I S.4 BGB festgelegtes Notvertretungsrecht[169].

Das Gericht kann gemäß § 1687 II BGB die Befugnisse nach § 1687 I S.2 und 4 BGB aus Gründen des Kindeswohls von Amts wegen einschränken oder aufheben[170]. Den Eltern verbleibt die Möglichkeit, falls sie sich nicht einigen können, nach § 1671 BGB die ganze oder teilweise Übertragung des Sorgerechts auch für die Zukunft[171] oder nach § 1628 BGB die Übertragung der Entscheidungsbefugnis für den streitigen Einzelfall zu verlangen[172].

4) Wandel vom Eingriff zur Beratung – die Förderung eigenständiger Konfliktlösung

Mit der Einführung des Antragsverfahrens hat sich der Gesetzgeber für eine erhöhte Elternautonomie ausgesprochen. Dieses Prinzip findet sich auch im Verfahrensrecht wieder. Unter der Prämisse, daß eigenverantwortlich gefundene, einvernehmliche Lösungen besser sind als gerichtlich aufgezwungene[173], hat der Gesetzgeber es zur Aufgabe des Staates gemacht, die Eltern bei der Suche nach einvernehmlichen Lösungen zu unterstützen[174]. Ein Einvernehmen der Eltern im Vorfeld ist dafür nicht erforderlich. Der Staat ist vielmehr gerade da gefordert, wo Streit zwischen den Eltern herrscht[175]. Zwar darf der Staat die Eltern nicht bevormunden, sie sollen bei ihrer Entscheidung jedoch auch nicht allein gelassen werden. Aus diesem Grund hält der Gesetzgeber eine frühzeitige Information über Beratungsangebote für erforderlich[176], damit die Eltern diese auch annehmen können. Insgesamt findet somit eine Verlagerung von der Staatsintervention hin zu autonomer Konfliktregelung der Eltern statt[177].

Daneben soll durch die staatlichen Hilfsangebote sichergestellt werden, daß sich die Eltern bewußt und in Kenntnis der rechtlichen Gestaltungsmöglichkeiten für die von ihnen gewählte Sorgerechtsform entscheiden[178]. Damit kommt der staatlichen Unterstützung zusätzlich eine gewisse Kontrollfunktion zu, welche auf

---

[168] *Oelkers*, FuR 2002, 106 (109).
[169] *Palandt-Diederichsen*, § 1687 Rn. 14.
[170] *Palandt-Diederichsen*, § 1687 Rn. 16.
[171] *Palandt-Diederichsen*, § 1687 Rn. 4.
[172] BT-Drucks 13/8511, S.75; *Palandt-Diederichsen*, § 1687 Rn. 4.
[173] *Weber*, ZfJ 2000, 361 (362).
[174] BT-Drucks. 13/4899, S. 75.
[175] *Weber*, ZfJ 2000, 361 (362).
[176] BT-Drucks. 13/8511, S. 66.
[177] *Wiesner*, Kind-Prax 1999, 44 (45).
[178] BT-Drucks. 13/4899, S. 160; BT-Drucks. 13/8511, S.66, 78; *Mühlens*, Kind-Prax 1998, 3 (5).

Anraten des Rechtsausschusses[179] in Form von Anhörungen, Hinweisen auf Beratung und Beratung Eingang in das Gesetz fand. Das noch im Regierungsentwurf vorgesehene reine Antragsverfahren ohne jegliche Art staatlicher Reglementierung hat sich nicht durchgesetzt[180].

Mit der Schwerpunktsetzung bei der Beratung verfolgt der Reformgesetzgeber ein Ziel, das bereits die Entwicklung des Kinder- und Jugendhilfegesetzes von 1990[181] beherrschte[182]: Der Staat soll sich im wesentlichen als Eingriffsinstanz zurückziehen. Dem aus Art 6 II S.2 GG resultierenden Wächteramt des Staates soll weniger durch Intervention des Gerichts, als vornehmlich durch Unterstützung der Eltern in Form von Beratung Genüge getan werden[183]. Konkreten Niederschlag hat dieser Ansatz sowohl im Verfahrens- als auch im Kinder- und Jugendhilferecht gefunden.

a) Gerichtliche Anhörungen

Gerichtliche Anhörungen von Eltern und Kindern waren bereits vor der Kindschaftsrechtsreform in den §§ 50 a, b FGG für alle das Kind betreffenden Verfahren normiert. Ebenso sah § 49 a I Nr.2 FGG die Anhörung des Jugendamtes vor. Da infolge des Zwangsverbundes das Sorgerechtsverfahren automatisch Folgesache des Scheidungsverfahrens war, kam es in jedem Scheidungsverfahren auch zu einer gerichtlichen Anhörung von Eltern, Kind und Jugendamt.

Mit der Abkehr vom Zwangsverbund sind Scheidungs- und Sorgerechtsverfahren nicht mehr automatisch gekoppelt. Da das Scheidungsverfahren selbst nicht die Person des Kindes betrifft, greifen die §§ 49 a, 50 a, b FGG bei einem isolierten Scheidungsverfahren nicht mehr ein. Um sicherzustellen, daß sich die Eltern, die keinen Sorgerechtsantrag stellen, dennoch bewußt für die eine oder andere Sorgerechtsform entscheiden[184], mußte eine neue Regelung geschaffen werden. Mit der Einführung des § 613 I S.2 ZPO hat der Gesetzgeber dem Rechnung getragen und die Pflicht des Gerichts festgeschrieben, die Eltern im Scheidungsverfahren zum Recht der elterlichen Sorge anzuhören. Dadurch soll gewährleistet werden, daß die Eltern nicht aus vordergründigen Motiven, z.B. um die Scheidung zu beschleunigen, auf die Stellung eines Alleinsorgeantrags verzichten[185]. Nach Vorstellung des Gesetzgebers soll das Gericht zudem durch

---

[179] BT-Drucks. 13/8511, S.66.

[180] *Willutzki*, Kind-Prax 1998 8 (9); *ders.*, FPR 1998, 94 (96); *Wiesner*, ZfJ 1998, 269 (271);

[181] BGBl. 1990 I, S. 1163ff.

[182] *Weber*, Jugendhilfe 1998, 166 (167); *Willutzki*, Kind-Prax 1998, 135 (136); *Wiesner*, Kind-Prax 1999, 44 (45).

[183] *Kohler*, ZfJ 1999, 128 (132); Stellungnahme des AGJ, ZfJ 1999, 134; *Willutzki*, Kind-Prax 1998, 135 (137); *Leutheuser-Schnarrenberger*, Kind-Prax 1998, 21.

[184] BT-Drucks. 13/8511, S. 66, 78.

[185] BT-Drucks. 13/4899, S.160; *Bergmann/Gutdeutsch*, FamRZ 1999, 422 (423).

die Anhörung die Informationen erhalten, die gegebenenfalls die Einleitung eines Verfahrens wegen Kindeswohlgefährdung gemäß § 1666 BGB rechtfertigen[186].

Auf die gesetzliche Fixierung einer Anhörung des Kindes oder des Jugendamtes im Rahmen des Scheidungsverfahrens wurde verzichtet. Es bleibt bei den Anhörungserfordernissen von Kind und Jugendamt im Sorgerechtsverfahren (§ 50 b bzw. § 49 a I Nr.9 FGG).

b) Gerichtliche Hinweise auf Beratungsmöglichkeiten des Jugendamtes

Um die Eltern frühzeitig über die Beratungsangebote des Jugendamtes zu informieren, ist im Rahmen der Kindschaftsrechtsreform eine Verzahnung zwischen gerichtlichem Verfahren und außergerichtlicher Beratung vielerorts im Gesetz verankert worden.

Im Scheidungsantrag sind die Eltern zur Angabe verpflichtet, ob minderjährige Kinder vorhanden sind, § 622 II S.1 Nr.1 ZPO. Diese Information leitet das Gericht gemäß § 17 III SGB VIII unter Angabe von Namen und Adresse an das Jugendamt weiter, welches sich von sich aus an die Eltern wendet und ihnen ein Beratungsangebot unterbreitet, § 17 II SGB VIII.

Ist das Scheidungsverfahren eröffnet und kommt es zu einer mündlichen Verhandlung, begründet § 613 I S.2 ZPO die Verpflichtung des Gerichts, die Eltern erneut auf das Beratungsangebot des Jugendamtes hinzuweisen. Für Verfahren, die die Person des Kindes betreffen, wie z.B. das Sorgerechtsverfahren, ergibt sich eine entsprechende Hinweispflicht aus § 52 I S.2 FGG.

Daneben soll auch der Richter in allen Verfahren, die die Person des Kindes betreffen, auf ein Einvernehmen der Beteiligten hinwirken, § 52 I S.1 FGG, also insbesondere die Eltern bei der Entwicklung eines einvernehmlichen Konzepts für die elterliche Sorge nach der Trennung respektive Scheidung beraten[187]. Für den Fall, daß das Gericht die Möglichkeit einer außergerichtlichen Einigung sieht – selbst wenn die Eltern noch gar keine Beratung in Anspruch genommen haben oder die Beratung noch nicht zum Erfolg geführt hat – hat es das Verfahren auszusetzen. Damit soll der Vermittlung eine Chance gegeben werden, vorausgesetzt, die Verzögerung führt nicht zu einer Benachteiligung des Kindeswohls, § 52 II FGG.

---

[186] BT-Drucks. 13/4899, S.161; *Bergmann/Gutdeutsch*, FamRZ 1999, 422 (423); *Hoppenz*, § 613 ZPO, Rn.3.

[187] *Wabnitz*, ZfJ 2000, 336 (339).

c) Aufgaben des Jugendamtes

Auch für das Jugendamt hat sich durch die Kindschaftsrechtsreform die bisherige Beratungspraxis geändert. War früher vom Jugendamt in jedem Scheidungs- und Sorgerechtsverfahren ein Bericht zu erstellen (§ 50 SGB VIII), muß seit der Reform danach differenziert werden, ob es sich um ein reines Scheidungsverfahren handelt oder ob ein Antrag auf Alleinsorge gestellt wurde und somit – eventuell im Verbund – ein Sorgerechtsverfahren anhängig ist.

Bleibt es bei einem isolierten Scheidungsantrag der Eltern, wendet sich das Jugendamt aufgrund des gerichtlichen Hinweises über die Rechtshängigkeit des Scheidungsverfahrens gemäß § 17 III SGB VIII an die Eltern, um ihnen Beratung und Unterstützung bei der Entwicklung eines einvernehmlichen Konzepts für die Wahrnehmung der elterlichen Sorge anzubieten, § 17 II SGB VIII. Ziel ist es, die Eltern an ihre Verantwortung gegenüber dem Kind zu erinnern[188] und sie im Interesse des Kindes bei einer einvernehmlichen Lösung[189] – günstigstenfalls der gemeinsamen Ausübung des Sorgerechts[190] – zu unterstützen. Die Trennungs- und Scheidungsberatung ist seit der Reform als Anspruchsleistung zugunsten der Eltern ausgestaltet[191]. Ob sie davon Gebrauch machen, steht ihnen frei[192].

Eine eigenständige Beratung des Kindes durch das Jugendamt ist nicht vorgesehen. Das Kind ist aber bei der jugendamtlichen Beratung der Eltern – falls sie denn stattfindet – angemessen zu beteiligen, § 17 II 1.HS SGBVIII.

Anders sieht es aus, wenn ein Sorgerechtsantrag gestellt wurde. In diesem Fall hat das Jugendamt nach § 50 SGB VIII an dem familienrechtlichen Verfahren mitzuwirken, unabhängig davon, ob die Eltern eine Beratung wünschen[193].

Neben der gerichtlichen Anhörung des Jugendamtes gemäß § 50 I SGB VIII i.V.m. § 49 a FGG, die bereits vor der Reform Teil jedes Sorgerechts- aber auch jedes Scheidungsverfahrens war[194], umfaßt die Mitwirkungsaufgabe im Sorgerechtsverfahren wie bisher eine Mitteilungspflicht. Das Jugendamt unterrichtet gemäß § 50 II SGB VIII das Gericht über angebotene und erbrachte Leistungen, bringt erzieherische und soziale Gesichtspunkte zur Entwicklung des Kindes bzw. des Jugendlichen ein und weist auf weitere Möglichkeiten der Hilfe hin[195].

---

[188] *Wabnitz*, ZfJ 2000, 336 (342).
[189] *Weber*, ZfJ 2000, 361; *Wabnitz*, ZfJ 2000, 336 (342).
[190] *Wabnitz*, ZfJ 2000, 336 (339).
[191] BT-Drucks. 13/8511, S. 66, 81.
[192] BT-Drucks. 13/4899, S. 75.
[193] *Harnach-Beck*, FPR 1998, 230 (231).
[194] S.o. § 3 III 4 a).
[195] *Hauck/Noftz-Bohnert*, § 50, Rn.9.

Ziel ist es, durch eine umfassende Darstellung der Lebensverhältnisse des Kindes dem Gericht eine Entscheidungshilfe an die Hand zu geben und das Gericht bei allen Maßnahmen, die die Personensorge betreffen, zu unterstützen[196].

Dabei ist dem Jugendamt freigestellt, in welcher Form es das Gericht unterrichtet, ob es also eine gutachterliche Empfehlung zugunsten der einen oder anderen Sorgerechtsform bzw. zugunsten eines Elternteils ausspricht oder nicht. In Fortführung der Ansätze aus dem Kinder- und Jugendhilfegesetz[197] wird das Jugendamt nicht mehr als weisungsgebundener „Helfer des Gerichts"[198] abqualifiziert, sondern ihm wird eine selbständig und eigenverantwortlich zu erfüllende sozialpädagogische Aufgabe zuerkannt[199]. Infolgedessen entscheidet das Jugendamt eigenständig nach sozialen Gesichtspunkten, in welcher Art und Weise es das Gericht unterrichtet[200]. Es ist nicht an Ermittlungsaufträge des Gerichts gebunden[201]. Fachlich sind das Familiengericht und das Jugendamt somit gleichgeordnet, auch wenn letztlich das Gericht die Entscheidung trifft[202].

Wie weit die Prüfungskompetenz des Jugendamtes bei einvernehmlichen Sorgerechtsanträgen geht, ist umstritten. Überwiegend wird in Anlehnung an § 1671 II Nr.1 BGB vertreten, daß die Jugendämter wie die Gerichte an den einvernehmlichen Willen der Eltern gebunden seien[203]. Solange keine Anhaltspunkte dafür vorlägen, daß die Vereinbarung das Kindeswohl gefährde, gebe es keinen Anlaß, den Willen der Eltern zu hinterfragen.

5) Der Verfahrenspfleger

Lange Zeit umstritten war, wie man die Rechte des Kindes, insbesondere auch seine Stellung im Verfahren, stärken könne. Das Institut eines Verfahrenspflegers als „Anwalt des Kindes"[204] war zwar im Gespräch, der Bundesrat lehnte dessen Einführung jedoch überwiegend aus Kostengründen ab[205]. Der Recht-

---

[196] *Wabnitz*, ZfJ 2000, 336 (337); *Oelkers*, FuR 2002, 210 (214).
[197] *Willutzki*, Kind-Prax 1998, 135 (136).
[198] *Wabnitz*, ZfJ 2000, 336 (341).
[199] OLG Schleswig, FamRZ 1994, 1129 (1130); *Münder/Jordan/Kreft/Lakies/Lauer/Proksch/Schäfer*, § 50, Rn. 1; *Schellhorn*, § 50, Rn.5; *Hauck/Noftz-Bohnert*, § 50, Rn.3; *Wabnitz*, ZfJ 2000, 336 (341); *Oelkers*, FuR 2002, 210 (214); *Kaufmann/Plate*, Kind-Prax 2000, 113 (113f).
[200] *Wabnitz*, ZfJ 2000, 336 (341); *Willutzki*, Kind-Prax 1998, 135 (136); *Münder/Jordan/Kreft/Lakies/Lauer/Proksch/Schäfer*, § 50, Rn.3 und 9; *Kaufmann/Plate*, Kind-Prax 2000, 113 (114).
[201] *Harnach-Beck*, FPR 1998, 230 (231); *Münder/Jordan/Kreft/Lakies/Lauer/Proksch/Schäfer*, § 50, Rn.4; *Schellhorn*, § 50, Rn.5; *Hauck/Noftz-Bohnert*, § 50, Rn.63.
[202] *Wabnitz*, ZfJ 2000, 336 (341).
[203] *Harnach-Beck*, FPR 1998, 230 (231).
[204] Zum Begriff siehe Salgo, Der Anwalt des Kindes, S.17.
[205] BT-Drucks. 13/4899, S. 162.

sausschuß betonte demgegenüber die Notwendigkeit eines Verfahrenspflegers[206]. In § 50 FGG hat die Figur des Verfahrenspflegers nunmehr Eingang in das Gesetz gefunden.

Durch den Verfahrenspfleger sollen die Kindesinteressen als eigene Position in das Verfahren eingebracht werden. Zwar gibt es beim Sorgerechtsverfahren, als Verfahren der freiwilligen Gerichtsbarkeit, viele verfahrensrechtliche Vorschriften, durch die sichergestellt werden soll, daß das Kindeswohl in die gerichtliche Entscheidung mit einfließt, wie z.B. den Amtsermittlungsgrundsatz (§ 12 FGG), die Anhörung des Kindes (§ 50 b FGG) und des Jugendamtes (§ 49 a FGG), die Hinzuziehung von Sachverständigen und das Widerspruchsrecht des Minderjährigen über 14 Jahre (§ 1671 II Nr.1 BGB)[207]. Dies erschien dem Gesetzgeber jedoch nicht in allen Fällen als ausreichend[208]. Um zu verhindern, daß das Kind zu einem Verfahrensobjekt degradiert wird – zumal es in der Regel in den seine Person betreffenden Verfahren kein formell Beteiligter ist – und um der grundrechtlichen Position des Kindes ausreichend Rechnung zu tragen[209], hat sich der Gesetzgeber zur Einführung des neuen Instituts des Verfahrenspflegers entschlossen[210].

IV. Vertiefung ausgewählter Einzelaspekte

1) Neufassung des § 1671 BGB

§ 1671 BGB

(1) Leben Eltern, denen die elterliche Sorge gemeinsam zusteht, nicht nur vorübergehend getrennt, so kann jeder Elternteil beantragen, daß ihm das Familiengericht die elterliche Sorge oder einen Teil der elterlichen Sorge allein überträgt.

(2) Dem Antrag ist stattzugeben, soweit
1. der andere Elternteil zustimmt, es sei denn, daß das Kind das vierzehnte Lebensjahr vollendet hat und der Übertragung widerspricht, oder
2. zu erwarten ist, daß die Aufhebung der gemeinsamen Sorge und die Übertragung auf den Antragsteller dem Wohl des Kindes am besten entspricht.

(3) Dem Antrag ist nicht stattzugeben, soweit die elterliche Sorge aufgrund anderer Vorschriften abweichend geregelt werden muß.

---

206 BT-Drucks. 13/8511, S. 68.
207 BT-Drucks. 13/4899, S. 129 und 162.
208 BT-Drucks. 13/4899, S. 129.
209 BT-Drucks. 13/4899, S. 129.
210 Näheres s.u. § 3 IV 2.

Durch das Kindschaftsrechtsreformgesetz hat sich die Konzeption der elterlichen Sorge bei Trennung bzw. Scheidung der Eltern von Grund auf gewandelt. Zum ersten Mal seit Einführung des BGB liegt die Entscheidung, ob nach der Trennung oder Scheidung gerichtlich über die elterliche Sorge entschieden werden soll, in der Hand der Eltern. Auf ein gerichtliches Eingreifen von Amts wegen hat der Gesetzgeber weitestgehend verzichtet. Mit der Trennung bzw. Scheidung der Eltern ändert sich also grundsätzlich nicht die bestehende gemeinsame Sorge. Zu einem gerichtlichen Sorgerechtsverfahren kommt es erst, wenn ein Elternteil in einem Antrag bei Gericht die Übertragung der alleinigen Sorge begehrt[211].

a) Grundvoraussetzungen

Grundvoraussetzungen für ein gerichtliches Sorgerechtsverfahren nach § 1671 I BGB sind neben einem Alleinsorgeantrag mindestens eines Elternteils, daß die Eltern das Sorgerecht gemeinsam innehaben und dauerhaft getrennt leben[212].

Der Alleinsorgeantrag ist eine konstitutive Voraussetzung für die richterliche Regelungsmöglichkeit. Er ist sowohl Verfahrensakt für die Verfahrenseinleitung auf Übertragung des Sorgerechts als auch materieller Sachantrag, der dem Gericht das Entscheidungsthema vorgibt und über den es nicht hinaus kann[213]. Mindestens ein Elternteil muß bei Gericht beantragen, ihm die elterliche Sorge für ein minderjähriges Kind ganz oder teilweise zu übertragen. Die Übertragung des Sorgerechts auf den anderen Elternteil kann der Antragsteller nicht verlangen[214]. Ein entsprechender Antrag kann aber bei Vorliegen eines gleichlautenden Antrags des anderen Elternteils als Zustimmung zu demselben gewertet werden[215].

Weder das Kind noch das Jugendamt sind berechtigt, einen Sorgerechtsantrag zu stellen[216]. Dem Gericht bleibt es hingegen auch ohne Sorgerechtsantrag unbenommen, bei Hinweisen u.a. des Jugendamtes oder des Kindes, die darauf schließen lassen, daß von der elterlichen Entscheidung eine Gefahr für das Kindeswohl ausgeht, von Amts wegen ein Verfahren nach § 1666 BGB einzuleiten

---

[211] OLG Hamm, FamRZ 1999, 393 (393f); OLG Nürnberg, FamRZ 1999, 673 (674); *Schwab*, Familienrecht, Rn. 666; *Pieper*, FuR 1998, 1 (4).

[212] *Schwab*, FamRZ 1998, 457 (460); *Palandt-Diederichsen*, § 1671, Rn.8ff.

[213] OLG Brandenburg , ZfJ 2002, 72 ; *Staudinger-Coester*, § 1671, Rn. 44; *Palandt-Diederichsen*, 59. Auflage (2000), § 1671, Rn.11; *Johannsen/Henrich-Jaeger*, § 1671, Rn.20; a.A. *FamRefK-Rogner*, § 1671, Rn. 11, wonach der Antrag primär verfahrenseinleitend wirkt.

[214] *Schwab*, FamRZ 1998, 457 (460); *Palandt-Diedrichsen*, § 1671, Rn. 11; *Oelkers*, FuR 2002, 168 (169).

[215] *Palandt-Diedrichsen*, § 1671, Rn. 11.

[216] BT-Drucks. 13/4899, S. 98; *Johannsen/Henrich-Jaeger*, § 1671, Rn. 17; *FamRefK-Rogner*, § 1671, Rn. 4; *Schwab*, FamRZ 1998, 457 (460).

und gegebenenfalls eine Entscheidung über das elterliche Sorgerecht zu treffen[217]. Angesichts der engen Voraussetzungen, unter denen eine Kindeswohlgefährdung im Sinne des § 1666 BGB angenommen werden kann[218], wird dies aber die Ausnahme sein.

Unterlassen die Eltern die Antragstellung, bleibt es bei dem gemeinsamen Sorgerecht, wie es vor der Trennung bzw. Scheidung der Eltern bestand[219]. Denn ein Sorgerechtsverfahren nach § 1671 BGB setzt zwingend voraus, daß die Eltern des Kindes das Sorgerecht gemeinsam innehaben[220]. Für andere Sorgerechtskonstellationen besteht die Möglichkeit, die gerichtliche Entscheidung nach § 1696 BGB abändern zu lassen[221].

Wie es zu der gemeinsamen Sorge gekommen ist – ob sie also automatisch durch die Heirat der Eltern begründet wurde, ob sie nach der Scheidung fortbestand oder ob die nicht miteinander verheirateten Eltern eine Sorgeerklärung gemäß § 1626 a I Nr.1 BGB abgegeben haben – ist unerheblich[222]. Mit der konsequenten Einführung eines Antragsverfahrens ist die vormals bestehende Differenzierung zwischen von Amts wegen eingeleiteten Sorgerechtsverfahren bei der Scheidung verheirateter Eltern (§ 1671 BGB von 1980) und Antragsverfahren bei Trennung nichtehelicher Lebensgemeinschaften (§ 1672 BGB von 1980) obsolet geworden[223]. Die Scheidung hat mit der Kindschaftsrechtsreform ihre Bedeutung als Anknüpfungspunkt für das Sorgerechtsverfahren verloren. Maßgeblich ist nun in allen Fällen die nicht nur vorübergehende Trennung, d.h. das Fehlen einer häuslichen Gemeinschaft zwischen den Elternteilen im Sinne des § 1567 I BGB[224]. Voraussetzung ist, daß die Trennung bereits vollzogen ist[225]. Eine bloß beabsichtigte Trennung reicht nicht aus.

---

217 BT-Drucks. 13/4899, S. 98; *Johannsen/Henrich-Jaeger*, § 1671, Rn. 17; *FamRefK-Rogner*, § 1671, Rn. 4; *Oelkers*, FuR 2002, 168 (169).
218 *Oelkers*, FuR 2002, 106 (110).
219 *Schwab*, Familienrecht, Rn. 666.
220 *FamRefK-Rogner*, § 1671, Rn. 5; *Palandt-Diedrichsen*, § 1671, Rn. 9.
221 *StaudingerCoester*, § 1696, Rn.17.
222 *FamRefK-Rogner*, § 1671, Rn. 5; *Johannsen/Henrich-Jaeger*, § 1671, Rn.3 und 13; *Schwab*, FamRZ 1998, 457 (461).
223 BT-Drucks. 13/4899, S.98.
224 OLG Brandenburg, ZfJ 2002, 72; *Johannsen/Henrich-Jaeger*, § 1671, Rn. 15; *Schwab*, FamRZ 1998, 457 (461); *Lüderitz*, Familienrecht, Rn. 923; *Motzer*, FamRZ 1999, 1101.
225 *Johannsen/Henrich-Jaeger*, § 1671, Rn. 15; *FamRefK-Rogner*, § 1671, Rn. 6; *Motzer*, FamRZ 1999, 1101 (1102).

b) Voraussetzungen für die Stattgabe eines Antrags

Verfahrenstechnisch ist das Gericht an den Alleinsorgeantrag gebunden[226]. Es darf ihm lediglich – vollständig oder teilweise[227] – stattgeben oder ihn zurückweisen[228].

Wann das Gericht inhaltlich einem Antrag stattzugeben hat, richtet sich nach § 1671 II BGB. Anders als vor der Reform darf das Gericht nicht mehr in jedem Fall eine umfassende Abwägung der Entscheidung am Kindeswohl vornehmen. Wie weit die inhaltliche Bindung reicht, hängt davon ab, ob der andere Elternteil dem Antrag gemäß § 1671 II Nr.1 BGB zugestimmt, oder ob er bzw. das mindestens 14-jährige Kind ihm widersprochen hat (§ 1671 II Nr.2 BGB).

aa) § 1671 II Nr.1 BGB

Hat der andere Elternteil dem Alleinsorgeantrag zugestimmt und liegt kein Kindeswiderspruch vor, ist das Gericht grundsätzlich an den Antrag gebunden und muß ihm ohne weitere Sachprüfung stattgeben[229] – das heißt ohne Richtigkeitskontrolle, Auswahlermessen und ohne Überprüfung der Motive der Eltern[230] sowie des Kindeswohls. Es besteht sozusagen ein „Rechtsanspruch auf die gewünschte Entscheidung“ [231]. Als Zustimmung reicht dabei aus, daß sich die Erklärungen der Eltern inhaltlich decken[232].

Erst wenn die elterliche Entscheidung das Kindeswohl gefährdet, ist der Staat über die stille Verweisung des § 1671 III BGB auf die §§ 1666 und 1666 a BGB[233] berechtigt aber auch verpflichtet, den einvernehmlichen Antrag abzulehnen[234] und von Amts wegen ein Verfahren einzuleiten[235]. Der Verdacht einer Kindeswohlgefährdung muß sich allerdings auf konkrete Anhaltspunkte stüt-

[226] OLG Brandenburg, ZfJ 2002, 72.
[227] S.o. § 3 II 2).
[228] *Schwab*, FamRZ 1998, 457 (465).
[229] BGH, DA-Vorm 2000, 704 (707); *Johannsen/Henrich-Jaeger*, § 1671, Rn. 20; *FamRefK-Rogner*, § 1671, Rn. 15; *Palandt-Diederichsen*, § 1671, Rn.13; *Schwab*, FamRZ 1998, 457 (461); *Pieper*, FuR 1998, 1 (4); *Oelkers*, FuR 2002, 168 (170).
[230] OLG Rostock, FamRZ 1999, 1599; *Palandt-Diedrichsen*, § 1671, Rn. 13; *Coester*, FamRZ 1995, 1245 (1247).
[231] *Bündenbender*, AcP 197 (1997), 197 (224).
[232] *Johannsen/Henrich-Jaeger*, § 1671, Rn. 23.
[233] BT-Drucks. 13/4899, S. 98 und S. 100; OLG Hamm, ZfJ 1999, 226 (227); *Palandt-Diedrichsen*, § 1671, Rn.13 und 19; *Lüderitz*, Familienrecht, Rn. 926; *Pieper*, FuR 1998, 1 (4).
[234] *FamRefK-Rogner*, § 1671, Rn. 16.
[235] BGH, DAVorm 2000, 704 (707); AG Rheinbach, FamRZ 2000, 511.

zen[236]. Die einzige Prüfung, die das Gericht bei Einigkeit der Eltern vornehmen darf, ist mithin die Negativkontrolle[237], ob eine Kindeswohlgefährdung ausgeschlossen werden kann. Die Hürde für ein gerichtliches Eingreifen liegt folglich höher als vor der Reform (§ 1671 III S.1 BGB a.F.), wo von einem übereinstimmenden Elternvorschlag bereits zum Wohl des Kindes abgewichen werden konnte[238].

Anfangs wurde die sehr hoch angesetzte Eingriffsschranke von Schwab[239] in Zweifel gezogen und ein Eingreifen des Gerichts schon aus Kindeswohlgesichtspunkten und nicht erst bei einer Gefährdung des Kindeswohls für zulässig erachtet. Begründet wurde dies mit der durch die Kindschaftsrechtsreform neu eingeführten Vorschrift des § 1697 a BGB, nach der das Gericht dem Kindeswohl verpflichtet sei[240]. Eine Entscheidung, die dem Kindeswohl widerspreche, sei mit der Pflicht aus § 1697 a BGB nicht vereinbar und dürfe vom Gericht nicht getroffen werden. Letztlich gelte also dieselbe Eingriffsschranke wie vor der Reform.

Auch wenn der Wortlaut des § 1671 III BGB einer Verweisung auf § 1697 a BGB nicht entgegensteht, da er nur von „anderen Vorschriften" spricht, ohne diese zu nennen, ist zu bedenken, daß es sich bei § 1697 a BGB systematisch um eine Auffangnorm[241] handelt, die der Gesetzgeber für den Fall geschaffen hat, daß keine staatlichen Eingriffsvoraussetzungen normiert wurden[242]. Abgesehen davon, daß § 1697 a BGB somit gar keiner Verweisung bedarf, ist anerkannt, daß § 1671 III BGB zumindest auf die §§ 1666 und 1666 a BGB verweist[243]. Die Voraussetzungen, unter denen das Gericht eingreifen darf, sind also durchaus gesetzlich festgelegt. Dabei entsprach es dem ausdrücklichen Willen des Gesetzgebers, die Grenze staatlichen Eingreifens erst bei der Kindeswohlgefährdung zu ziehen. In seinen Motiven wies er darauf hin, daß § 1666 BGB eine ausreichende Rechtsgrundlage für vom Elternwillen abweichende Entscheidungen bilde[244]. Diese bewußte Einschränkung der Staatsmacht zugunsten der Elternautonomie würde konterkariert, ließe man einen Verweis auf § 1697 a BGB zu.

---

236 *Johannsen/Henrich-Jaeger*, § 1671, Rn. 30.
237 OLG Hamm, ZfJ 1999, 226 (227); *FamRefK-Rogner*, § 1671, Rn. 16.
238 OLG Hamm, ZfJ 1999, 226 (227); *Johannsen/Henrich-Jaeger*, § 1671, Rn. 30.
239 *Schwab*, FamRZ 1998, 457 (461).
240 *Schwab*, FamRZ 1998, 457 (461).
241 *Palandt-Diedrichsen*, § 1697 a, Rn. 2.
242 BT-Drucks. 13 / 4899, S. 110.
243 BT-Drucks. 13/4899, S. 98 und S. 100; OLG Hamm, ZfJ 1999, 226 (227); *Palandt-Diedrichsen*, § 1671, Rn.19; *Lüderitz*, Familienrecht, Rn. 926; *Pieper*, FuR 1998, 1 (4).
244 BT-Drucks., 13/4899, S. 99.

Mittlerweile scheint auch Schwab von seiner extensiven Interpretation des § 1671 III BGB abgerückt zu sein. Zwar verweist er in diesem Zusammenhang immer noch auf § 1697 a BGB, erwähnt aber zugleich das Erfordernis einer Kindeswohlgefährdung[245].

bb) § 1671 II Nr.2 BGB

Liegt ein Kindeswiderspruch vor oder fehlt es an der Zustimmung des anderen Elternteils – sei es, daß er sich gar nicht geäußert hat, sei es, daß er einen zumindest in Teilen gegenläufigen Antrag gestellt hat –, muß das Gericht dem Alleinsorgeantrag stattgeben, wenn „die Aufhebung der gemeinsamen Sorge und die Übertragung auf den Antragsteller dem Wohl des Kindes am besten entspricht".

(1) Der Kindeswiderspruch gemäß § 1671 II Nr.1 BGB

Dem mindestens 14-jährigen Kind ist durch § 1671 II Nr.1 BGB das Recht eingeräumt, einem einverständlichen Elternantrag im Sinne des § 1671 II Nr.1 BGB zu widersprechen. Für die Ausübung des Widerspruchsrechts ist nicht erforderlich, daß das Kind dem Gericht einen vom Alleinsorgeantrag der Eltern abweichenden Vorschlag unterbreitet[246]. Vielmehr reicht aus, daß es zum Ausdruck bringt, mit dem Antrag nicht einverstanden zu sein.

Übt das Kind sein Widerspruchsrecht aus, wird dadurch dem Gericht die Möglichkeit eröffnet, den Alleinsorgeantrag trotz Zustimmung des anderen Elternteils auf seine Kindeswohlverträglichkeit im Sinne des § 1671 II Nr.2 BGB zu überprüfen[247]. Das Widerspruchsrecht des Kindes stellt jedoch kein Vetorecht dar[248], durch das dem Gericht eine Entscheidung zugunsten des Alleinsorgeantrags versagt wird. Das Gericht wird lediglich von der strikten Bindung an den einvernehmlichen Elternwillen befreit und es wird eine Sachprüfung zugelassen.

(2) Kriterien für die Stattgabe eines Alleinsorgeantrags

Liegt kein einvernehmlicher Elternwille vor oder hat das Kind widersprochen, sieht der Gesetzgeber für die Stattgabe des Antrags, das heißt für die Aufhebung der gemeinsamen Sorge und Übertragung des Sorgerechts auf einen Elternteil,

---

245 *Schwab*, Familienrecht, Rn. 676.
246 *Johannsen/Henrich-Jaeger*, § 1671, Rn. 28.
247 *Johannsen/Henrich-Jaeger*, § 1671, Rn. 27; *FamRefK-Rogner*, § 1671, Rn. 20.
248 *Johannsen/Henrich-Jaeger*, § 1671, Rn. 27; *FamRefK-Rogner*, § 1671, Rn. 20.

ein Doppeltes vor: Zum einen muß das Gericht die Erwartung hegen, daß die Aufhebung der gemeinsamen Sorge dem Kindeswohl am besten entspricht. Zum anderen muß dem Gericht die Sorgerechtsübertragung auf den Antragsteller für das Kindeswohl am dienlichsten erscheinen. Fehlt eine der beiden Voraussetzungen, bleibt es bei der gemeinsamen Sorge selbst dann, wenn ein Elternteil diese nicht will[249] – wie es durch die Antragstellung bereits in gewissem Maße indiziert ist[250] – oder wenn das Gericht zwar festgestellt hat, daß die gemeinsame Sorge die schlechtere Lösung für das Kind ist, der Antrag auf Alleinsorge aber von dem „weniger geeigneten" Elternteil gestellt wurde[251].

Während der Gesetzgeber ausweislich der Begründung des Regierungsentwurfs[252] offenbar von zwei eigenständigen, isoliert vorzunehmenden Prüfungsschritten ausging – worin ihm die Rechtsprechung[253] und die herrschende Literatur[254] folgten – wendet sich Coester[255] gegen eine strikte Zweistufigkeit. Durch sie werde die hermeneutische Verknüpfung beider Aspekte verkannt. Es komme zu kindeswohlwidrigen Ergebnissen[256]. Ob die Aufhebung der gemeinsamen Sorge dem Kindeswohl am besten entspreche, könne nicht losgelöst von dem Vergleichsmodell der beantragten Alleinsorge beurteilt werden[257]. Eine Trennung führe dazu, daß bei hinreichendem Funktionieren der gemeinsamen Sorge die alternative Alleinsorge nicht mehr überprüft werde, selbst wenn sie eventuell besser für das Kind sei[258]. Ebenso bleibe es bei der gemeinsamen Sorge, wenn dem Alleinsorgeantrag allein aus Gründen, die in der Person des Antragstellers liegen, nicht stattgegeben werden könne und der andere Elternteil keinen Alleinsorgeantrag gestellt habe[259]. Zur Vermeidung solcher Ergebnisse sei eine einheitliche Entscheidung anhand von zwei bzw. drei Vergleichsgrößen zu treffen, bestehend aus Überlegungen zur Weiterführung der gemeinsamen Sorge, zur Alleinsorge des Antragstellers und gegebenenfalls zur Alleinsorge des anderen Elternteils, wenn er einen Alleinsorgeantrag gestellt hat[260].

---

[249] *Schwab*, FamRZ 1998, 457.
[250] *FamRefK-Rogner*, § 1671, Rn. 18; *Lüderitz*, Familienrecht, Rn. 927.
[251] *Schwab/Wagenitz*, FamRZ 1997, 1377 (1380); *Schwab*, FamRZ 1998, 457 (457 und 462); *Rummel*, RdJB 1998, 156 (161).
[252] BT-Drucks. 13/4899, S.99.
[253] OLG Hamm, ZfJ 1999, 226 (227); dass., FamRZ 1999, 38 (38 f); OLG Nürnberg, FamRZ 1999, 673 (674); AG Solingen, FamRZ 1999, 183; OLG Schleswig, NJW-RR 2000, 813 (813 f); OLG Zweibrücken, FamRZ 2001, 186; OLG Nürnberg, ZfJ 2002, 116 (118).
[254] *Johannsen/Henrich-Jaeger*, § 1671, Rn.32; *Niepmann*, MDR 1998, 565 (566); *Schwab*, FamRZ 1998, 457 (462); *Oelkers*, FuR 2002, 168 (170); *Rummel*, RdJB 1998, 156 (151); *Weisbrodt*, Kind-Prax 2000, 35 (40).
[255] *Staudinger-Coester*, § 1671, Rn.104 ff.
[256] *Staudinger-Coester*, § 1671, Rn.104.
[257] *Staudinger-Coester*, § 1671, Rn.104.
[258] *Staudinger-Coester*, § 1671, Rn.106.
[259] *Staudinger-Coester*, § 1671, Rn.107.
[260] *Staudinger-Coester*, § 1671, Rn.109.

Trotz der Kritik wird im folgenden an einem zweistufigen Aufbau festgehalten. Dadurch können die einzelnen Voraussetzungen besser verdeutlicht und die Schwierigkeiten und damit auch die Grenzen einer strikten Zweiteilung deutlicher aufgezeigt werden.

(a) Entscheidung auf der 1. Stufe: Alleinsorge oder gemeinsame Sorge

Auf der ersten Stufe stellt sich, wie oben bereits erwähnt, die Frage, welche Sorgerechtsform dem Kindeswohl am förderlichsten ist. Denn nur dann, wenn die Entscheidung zugunsten der Alleinsorge ausfällt, kommt nach Ansicht der herrschenden Meinung der Entzug der gemeinsamen Sorge überhaupt in Betracht. Angesichts der Tatsache, daß der Gesetzgeber anders als das Bundesverfassungsgericht keine positiven Kriterien für die gemeinsame Sorge aufgestellt hat, sondern es bis auf die Normierung der Negativkontrolle gemäß § 1671 III i.V.m. § 1666 BGB dabei beließ, die Aufstellung von Kriterien der Rechtspraxis zu überlassen[261], ist in Literatur und Rechtsprechung weiterhin fraglich, unter welchen Umständen die gemeinsame Sorge dem Kindeswohl besser entspricht als die Alleinsorge. Die auch nach der Reform verbliebene Unsicherheit über die Voraussetzungen der gemeinsamen Sorge konkretisiert sich an den Merkmalen der objektiven Kooperationsfähigkeit und der subjektiven Kooperationsbereitschaft der Eltern – Kriterien, die vom Bundesverfassungsgericht in seiner Entscheidung zum gemeinsamen Sorgerecht 1982 aufgestellt worden waren[262] und die einhellig von der Rechtsprechung angewandt wurden[263].

(aa) „Verordnete Harmonie"[264]

Teilweise werden die Erfordernisse von Kooperationsfähigkeit und Kooperationsbereitschaft nach der Kindschaftsrechtsreform als nicht so entscheidend für das gemeinsame Sorgerecht angesehen. Vielmehr wird auf die durch die Reform hervorgehobene, nach der Trennung fortbestehende Verantwortung der Eltern gegenüber ihren Kindern abgestellt. Daraus wird gefolgert, daß die Eltern generell verpflichtet seien, einen Konsens zu suchen und zu finden, vorausgesetzt sie seien beide erziehungsgeeignet[265]. Erst wenn ein gemeinsames Erziehungshandeln unzumutbar oder die Erwartung, daß ein gemeinsames Erziehungshandeln

---

[261] *Diederichsen*, NJW 1998, 1977 (1991).
[262] BVerfG, NJW 1983, 101.
[263] BGH, FamRZ 1993, 314 (315); OLG Hamm, FamRZ 1997, 48; dass., FamRZ 1996, 890; dass., FamRZ 88, 753 (754); OLG Bamberg, FamRZ 1995, 1509 (1510); OLG Frankfurt, FamRZ 1993, 1352; OLG Karlsruhe, FamRZ 1987, 89.
[264] *Born*, FamRZ 2000, 396 (397).
[265] OLG Zweibrücken, FamRZ 1999, 40 (41); OLG Köln, FamRZ 2000, 499; OLG Zweibrücken, FamRZ 2000, 506 (507); AG Chemnitz, FamRZ 1999, 321 (322f); AG Hamburg, FamRZ 2000, 499 (500); *Bode*, FamRZ 2000, 478.

Erfolg verspreche, unbegründet sei, sei die Alleinsorge als bessere Lösung anzusehen[266].

Da der Gesetzgeber trotz der allgemein bekannten Rechtsprechung vor der Reform keine Voraussetzungen für die gemeinsame Sorge geschaffen habe, dürften an die ungeschriebenen Merkmale der Kooperationsbereitschaft und -fähigkeit keine überhöhten Anforderungen gestellt werden[267]. Bei Streitigkeiten, die das Kind betreffen, hätten die Eltern die Pflicht, sich zu einigen. Dies komme auch in dem durch die Kindschaftsrechtsreform neugefaßten § 1626 I S.1 BGB zum Ausdruck. Immerhin habe der Gesetzgeber die Pflicht ausdrücklich vor das Recht der Eltern gestellt[268]. Die gemeinsame Sorge könne selbst dann die aus Sicht des Kindeswohls vorzuziehende Lösung sein, wenn sie dem Willen der Eltern widerspreche[269]. Schließlich bestünde die begründete Hoffnung, daß der elterliche Streit mit der Zeit nachlasse[270]. Zudem stelle nicht der Streit der Eltern die größte Belastung für das Kind dar, sondern der Kontaktabbruch zu dem nicht sorgeberechtigten Elternteil[271]. Dies könne dem Kind aber nur dann erspart bleiben, wenn nicht allzu leichtfertig die gemeinsame Sorge aufgrund der Verweigerungshaltung mindestens eines Elternteils aufgehoben werde[272].

Wann unter dieser Prämisse von dem gemeinsamen Sorgerecht abgewichen werden darf, dafür wurden unterschiedliche Maßstäbe entwickelt.

Das AG Chemnitz vertritt in einer Entscheidung[273] einen sehr strikten Ansatz. Fehlende Kooperationsbereitschaft könne grundsätzlich nie die Alleinsorge begründen. Mit der Stattgabe eines Alleinsorgeantrags in solchen Fällen würde das Gericht lediglich dem Kontaktabbruch zwischen Kind und nichtbetreuendem Elternteil Vorschub leisten[274]. Dies sei mit dem Kindeswohl nicht vereinbar. Die Aufhebung des gemeinsamen Sorgerechts bleibe den Fällen vorbehalten, in denen zum Beispiel ein Elternteil kein eigenes Interesse an dem Kind zeige, die Zustimmung zum Alleinsorgeantrag aber aus „Schikanegründen" verweigere. Denkbar sei die Alleinsorge auch dann, wenn dem nichtbetreuenden Elternteil

---

[266] OLG Zweibrücken, FamRZ 1999, 40 (41); OLG Köln, FamRZ 2000, 499; OLG Zweibrücken, FamRZ 2000, 506 (507).
[267] AG Chemnitz, FamRZ 1999, 321 (323).
[268] *Haase/Kloster-Harz*, FamRZ 2000, 1003 (1005).
[269] OLG Karlsruhe, FamRZ 1999, 801 (802); OLG Karlsruhe, FamRZ 2000, 1041 (1042); AG Hamburg, FamRZ 2000, 499 (500); OLG Zweibrücken, FamRZ 1999, 40 (41); *Haase/Kloster-Harz*, FamRZ 2000, 1003 (1005).
[270] OLG Hamm, FamRZ 1999, 38 (39).
[271] AG Chemnitz, FamRZ 1999, 321 (323); *Bode*, FamRZ 1999, 1400 (1402); *Rummel*, Kind-Prax 1998, 77 (80).
[272] *Haase/Kloster-Harz*, FamRZ 2000, 1003 (1005).
[273] AG Chemnitz, FamRZ 1999, 321ff.
[274] AG Chemnitz, FamRZ 1999, 321 (323).

die Eignung zum verantwortungsbewußten Umgang mit Kind und Sorgerecht fehle[275].

Der Großteil der Rechtsprechung differenziert hingegen danach, welche Bereiche von der mangelnden Kooperationsfähigkeit und -bereitschaft erfaßt sind[276]. In Anlehnung an § 1687 BGB hebt er die gemeinsame Sorge auf und gibt dem Alleinsorgeantrag statt, wenn sich die Eltern in nahezu allen Angelegenheiten von erheblicher Bedeutung nicht einigen können[277]. In diesen Fällen sei davon auszugehen, daß der Grundkonsens zwischen den Eltern zerstört[278] und ein sorgerechtliches Zusammenwirken unzumutbar sei[279]. Betreffe die Uneinigkeit indes alltägliche Angelegenheiten, rechtfertige dies nicht den Entzug der gemeinsamen Sorge. Denn anders als bei Angelegenheiten von erheblicher Bedeutung für das Kind fielen alltägliche Fragen gar nicht unter die Mitentscheidungsbefugnis im Rahmen des gemeinsamen Sorgerechts. Diesbezüglich sei also gar keine Kommunikation zwischen den Eltern erforderlich[280]. Uneinigkeit in diesem Bereich könne sich daher nicht auf die Sorgerechtsentscheidung auswirken. Das auch in diesen Fällen angelegte Konfliktpotential spreche nicht gegen die gemeinsame Sorge. Schließlich könne das Kind auch durch die Anordnung der Alleinsorge keineswegs von jeglichen Konflikten ferngehalten werden angesichts des dadurch nicht geklärten Umgangs- und Unterhaltsrechts[281]. Familiäre und familienrechtliche Beziehungen als Ausgangspunkt von Konflikten blieben auch bei der Alleinsorge bestehen[282].

Zusammenfassend läßt sich festhalten, daß nach dieser Strömung Streit zwischen den Eltern das gemeinsame Sorgerecht nicht notgedrungen ausschließt.

---

[275] AG Chemnitz, FamRZ 1999, 321 (322).

[276] OLG Oldenburg, FamRZ 1998, 1464; Hanseatisches OLG Hamburg, MDR 1999, 748 (749); OLG Hamm, FamRZ 1999, 38 (39); KG, FamRZ 1999, 737; OLG Bamberg, FamRZ 1999, 803; OLG Bamberg, FamRZ 1999, 1005 (1006); OLG München, FamRZ 1999, 1006 (1007); OLG Nürnberg, FamRZ 1999, 1160 (1161); OLG Hamm, FamRZ 1999, 1597 (1598); OLG Karlsruhe, FamRZ 2000, 111 (112); OLG Köln, FamRZ 2000, 509 (509f); OLG Karlsruhe, FamRZ 2000, 1041; OLG Köln, FuR 2000, 268; OLG Karlsruhe, FamRZ 2000, 1041; KG FamRZ 1999, 1518; so auch *Weisbrodt*, Kind-Prax 2000, 35 (40).

[277] OLG Hamm, FamRZ 1999, 737; OLG Bamberg, FamRZ 1999, 1005 (1006); OLG Nürnberg, FamRZ 1999, 1160 (1161); OLG Hamm, FamRZ 1999, 1597 (1598); OLG Karlsruhe, FamRZ 2000, 111 (112).

[278] OLG Oldenburg, FamRZ 1998, 1464; OLG Bamberg, FamRZ 1999, 803; Hanseatisches OLG Hamburg, MDR 1999, 748 (749); OLG Karlsruhe, FamRZ 2000, 1041.

[279] OLG Karlsruhe, FamRZ 2000, 1041 (1042); .

[280] OLG Nürnberg, FamRZ 1999, 1160 (1161); OLG Hamm, FamRZ 1999, 1597 (1598); OLG Karlsruhe, FamRZ 2000, 111 (112).

[281] OLG Bamberg, FamEZ 1999, 803; OLG Karlsruhe, FamRZ 2000, 111 (112); AG Chemnitz, FamRZ 1999, 321 (323); Bamberg FamRZ 1999, 803.

[282] OLG Karlsruhe, FamRZ 2000, 1041 (1042).

(bb) „Skeptiker“[283]

Dem steht die Ansicht gegenüber, die – in Anlehnung an die Rechtsprechung vor der Reform – an den Merkmalen der Kooperationsfähigkeit und -bereitschaft als Grundvoraussetzung für die gemeinsame Sorge festhält[284]. Die Merkmale der Kooperationsfähigkeit und -bereitschaft seien für die Aufrechterhaltung der gemeinsamen Sorge unverzichtbar[285]. Durch die Reform habe sich in dieser Hinsicht nichts geändert. Es fänden dieselben Maßstäbe Anwendung wie vorher[286]. Uneinigkeit zwischen den Eltern führe grundsätzlich zur Aufhebung des gemeinsamen Sorgerechts. Die gemeinsame Sorge dürfe nicht gegen den Willen der Eltern erzwungen werden. Denn eine erzwungene gemeinsame Sorge sei faktisch undurchführbar und dem Kindeswohl, welches alleiniger Maßstab der Entscheidung sei[287], abträglich[288]. Weitere Streitigkeiten seien zu erwarten. Schlimmstenfalls würden durch den Zwang zur Kommunikation die zwischen den Eltern bestehenden Aversionen geschürt. Diese könnten sich unbewußt auf das Kind übertragen und die Beziehung zum anderen Elternteil gefährden[289]. Lediglich in den Fällen, in denen die Verweigerung der Kooperation auf nicht nachvollziehbaren Gründen beruhe und willkürlich erscheine[290], sei ein gemeinsames Sorgerecht trotz Elternstreits überhaupt denkbar. Entsprechendes wurde bereits vor der Reform vertreten[291].

Begründet wird diese Ansicht mit der Fortgeltung des § 1627 BGB[292]. Danach setze die gemeinsame Sorge das Einvernehmen der Eltern voraus. Dem stünde auch nicht entgegen, daß § 1628 S.1 BGB ein gerichtliches Verfahren für den Fall normiert, daß sich Eltern, die das gemeinsame Sorgerecht innehaben, über Entscheidungen von erheblicher Bedeutung für das Kind streiten. Zum einen seien gerichtliche Verfahren aus Kindeswohlgesichtspunkten möglichst zu vermeiden, da das Kind durch fortwährende Verfahren belastet und verunsichert

---

283 *Born*, FamRZ 2000, 396 (398).

284 OLG Dresden, FamRZ 1999, 324 (325); OLG Frankfurt, FamRZ 1999, 392; KG, FamRZ 1999, 616; KG, FamRZ 1999, 808 (809); OLG Dresden, FamRZ 1999, 1156; OLG Düsseldorf, FamRZ 1999, 1157; OLG Stuttgart, FamRZ 1999, 1596; OLG Düsseldorf, FamRZ 1999, 1598; OLG Hamm, FamRZ 1999, 1600 (1600f); OLG Dresden, FamRZ 2000, 109 (110); KG, FamRZ 2000, 502; AG Bad Schwalbach, FamRZ 1999, 1158 (1159); *Oelkers*, ZfJ 1999, 263 (266).

285 OLG Stuttgart, FamRZ 1999, 1596; OLG Düsseldorf, FamRZ 1999, 1598.

286 OLG Frankfurt, FamRZ 1999, 392; OLG Stuttgart, FamRZ 1999, 1596.

287 KG, FamRZ 2000, 504; KG FamRZ 2000, 505.

288 OLG Frankfurt, FamRZ 1999, 392; KG, FamRZ 1999, 616; OLG Dresden, FamRZ 1999, 1156; *Luthin*, FamRZ 2000, 1042.

289 OLG Dresden, FamRZ 2000, 109 (110).

290 OLG Dresden, FamRZ 1999, 1156; dass., FamRZ 1999, 324 (325); dass., FamRZ 2000, 109 (110); OLG Stuttgart, FamRZ 1999, 1596.

291 OLG Bamberg, FamRZ 1997, 48; OLG Hamm, FamRZ 1997, 48.

292 OLG Frankfurt, FamRZ 1999, 392;

werde[293]. Zum anderen erfordere § 1628 S.1 BGB gerade, daß von der gemeinsamen Sorge an sich – abgesehen von der streitigen Einzelregelung – keine negativen Auswirkungen für das Kindeswohl ausgingen[294].

Die Vertreter dieser Ansicht lehnen also das gemeinsame Sorgerecht im Falle elterlicher Uneinigkeit grundsätzlich ab.

(cc) Grundlage: gemeinsame Sorge als Regelfall ?

Der Streitstand um die Aspekte der Kooperationsfähigkeit und -bereitschaft läßt sich in seiner ganzen Bedeutung erst dann verstehen, wenn man zu den Wurzeln der unterschiedlichen Meinungen vordringt. Im Grunde beruhen die beiden Positionen auf unterschiedlichen Ansichten zur Systematik des § 1671 BGB, konkret auf der Frage, ob der Gesetzgeber mit der Neufassung des § 1671 BGB die gemeinsame Sorge – entgegen seiner ausdrücklichen Beteuerung[295] – zum normativen Regelfall erheben wollte oder ob beide Sorgerechtsformen gleichberechtigt nebeneinander stehen sollten.

(i) Gemeinsame Sorge als Regelfall

Sieht man in der gemeinsamen Sorge nach der Kindschaftsrechtsreform ein Leitbild[296] oder hält sie sogar für den normativen Regelfall[297], dann läßt sich damit der generelle Vorrang der gemeinsamen Sorge gegenüber der Alleinsorge begründen.

Die gemeinsame Sorge wird grundsätzlich als dem Kindeswohl dienlich erachtet[298]. An ihren Entzug seien im Vergleich zu der Zeit vor der Reform höhere

---

[293] KG, FamRZ 1999, 616 (617); OLG Dresden, FamRZ 2000, 109 (110); OLG Frankfurt, FamRZ 2000, 510 (511).
[294] OLG Stuttgart, FamRZ 1999, 1596.
[295] BT-Drucks. 13/4899, S. 63.
[296] KG, FamRZ 1999, 737; dass., FamRZ 2000, 504; dass., FamRZ 2000, 505; OLG Brandenburg, FamRZ 1998, 1047 (1050).
[297] Hanseatisches OLG Hamburg, MDR 1999, 748; OLG Hamm, FamRZ 1999, 38 (39); OLG Stuttgart, FamRZ 1999, 39; OLG Hamm, FamRZ 1999, 393 (394); OLG Bamberg, FamRZ 1999, 803; OLG Bamberg, FamRZ 1999, 1005; OLG Nürnberg, FamRZ 1999, 1160; OLG Hamm, FamRZ 1999, 1597 (1597f); OLG Köln, FuR 2000, 268; AG Chemnitz, FamRZ 1999, 321 (322); *Liermann*, FamRZ 1999, 809; *Salzgeber*, Kind-Prax 1998, 43; *Schwab*, FamRZ 1998, 457 (462); *FamRefK-Rogner*, Vor § 1671, Rn. 15f; *Palandt-Diedrichsen*, § 1671, Rn. 17; *Motzer*, FamRZ 1999, 1001 (1003).
[298] *FamRefK-Rogner*, § 1671, Rn.18.

Anforderungen zu stellen[299]. Dem Familiengericht obliege eine besonders sorgfältige und sensible Prüfung des Übertragungsantrags[300].

Für die im Rahmen des § 1671 II Nr.2 BGB stattfindende Abwägung zwischen den Sorgerechtsformen hat das zur Folge, daß zunächst von der Förderlichkeit der gemeinsamen Sorge ausgegangen wird. Zu ihren Gunsten besteht eine gesetzliche Vermutung. Diese müsse im Einzelfall widerlegt werden, damit dem Alleinsorgeantrag stattgegeben werden könne. Derjenige, der von der gemeinsamen Sorge abweichen wolle, müsse daher zusammen mit der Antragstellung die Begründung liefern[301], warum die Alleinsorge entgegen der Vermutung dem Kindeswohl besser entspreche. Unter dieser Prämisse liegt es nahe, die Gründe, die für die Alleinsorge genannt werden, kritisch zu hinterfragen und nicht jede Begründung für die Stattgabe eines Alleinsorgeantrags ausreichen zu lassen. Mit diesen Erwägungen ist es vertretbar, daß selbst Konflikte zwischen den Eltern der Fortgeltung der gemeinsamen Sorge nicht notgedrungen entgegenstehen[302].

Begründet wird der Vorrang der gemeinsamen Sorge trotz anderslautender Gesetzesmotive damit, daß der Gesetzgeber ein Antragsverfahrens eingeführt habe[303]. Dadurch verbleibt es bei der gemeinsamen Sorge, solange kein Elternteil einen Alleinsorgeantrag stellt. Wenn aber eine bestimmte Rechtsfolge nur auf Antrag eintrete, sei dies systematisch eine Ausnahme zu der ansonsten bestehenden Regel[304], zumal die beantragte Regelung dem status quo überlegen sein müsse, damit ihr stattgegeben werden könne[305]. Der Gesetzgeber, der diese Konsequenz in seiner Gesetzesbegründung bestreitet[306], setze sich in Widerspruch zur Systematik[307]. Zudem seien die Motive des Gesetzgebers selbst nicht frei von Widersprüchen[308]. Einerseits verneine der Gesetzgeber den Vorrang der gemeinsamen Sorge. Andererseits stelle er fast im gleichen Atemzug fest, daß die einvernehmliche Regelung der kindlichen Angelegenheiten durch beide Elternteile für die betroffenen Kinder das Beste sei, wofür die gemeinsame Sorge

---

299 AG Chemnitz, FamRZ 1999, 321 (322); OLG Dresden, FamRZ 2000, 109 (110), das jedoch nur die Konsequenz zieht, daß die Verweigerung auf nachvollziehbaren Gründen beruhen muß und nicht willkürlich erscheinen darf, letztlich also die gleichen Anforderungen stellt wie vor der Reform.

300 *FamRefK-Rogner*, § 1671, Rn.18; *Liermann*, FamRZ 1999, 809.

301 OLG Stuttgart, FamRZ 1999, 39; *Liermann*, FamRZ 1999, 809; *Leutheusser-Schnarrenberger*, Kind-Prax 1998, 21.

302 S.o. § 3 IV 1 b) bb) (2) (b) (aa) Ansicht der „verordneten Harmonie".

303 OLG Nürnberg, FamRZ 1999, 1160; AG Chemnitz, FamRZ 1999, 321 (322).

304 OLG Dresden, FamRZ 2000, 109 (110); AG Chemnitz, FamRZ 1999, 321 (322).

305 OLG Hamm, FamRZ 1999, 1597 (1598); *Haase/Kloster-Harz*, FamRZ 2000, 1003 (1104).

306 BT-Drucks. 13/4899, S. 63.

307 OLG Hamm, FamRZ 1999, 1597 (1598).

308 OLG Hamm, FamRZ 1999, 1597 (1598); OLG Dresden, FamRZ 2000, 109(110); *Schwab*, FamRZ 1998, 457 (462) Fn.23; *ders.*, FS Gaul, S.717ff.

den Rahmen bereite[309]. Ferner komme in dem Ziel, mit der Neuregelung einen gesellschaftlichen Bewußtseinswandel zugunsten der gemeinsamen elterlichen Verantwortung nach der Trennung anzuregen[310], der Wille des Gesetzgebers zum Ausdruck, die gemeinsame Sorge zu fördern[311]. Die gesetzliche Begründung könne daher nur als Absichtserklärung gewertet werden. Bei der Auslegung des Gesetzes sei sie nur bedingt heranzuziehen[312].

(ii) Gleichberechtigte Sorgerechtsformen

Sieht man demgegenüber die beiden Sorgerechtsformen als gleichberechtigt an[313], ergibt sich aus dem Gesetz auch nicht die Vermutung, daß die gemeinsame Sorge dem Kindeswohl generell förderlicher sei als die Alleinsorge[314]. Aus der Gleichwertigkeit der Sorgerechtsformen resultiere vielmehr, daß an die eine Sorgerechtsform keine strengeren formalen Anforderungen gestellt werden dürften als an die andere[315]. Es müsse – wie vor der Reform – auf Grundlage der Beziehungen und Bindungen die beste Regelung für das Kindeswohl gefunden werden, ohne daß den Eltern eine „Beweislast" - aufgrund des Amtsermittlungsgrundsatzes im familiengerichtlichen Verfahren besser „Wertungslast"[316] – für die Förderlichkeit der Alleinsorge auferlegt werde[317]. Die gemeinsame Sorge müsse im konkreten Einzelfall die für das Kindeswohl bessere Alternative darstellen. Es bestehe kein Grund, die Anforderungen, die an die gemeinsame Sorge zu stellen seien, geringer zu halten als vor der Reform. Ein Zwang zur Kooperation bestünde nicht.

Für diese Ansicht wird angeführt, daß der Gesetzgeber zwar ein Antragsverfahren geschaffen habe. Diese Tatsache allein begründe jedoch keinen Vorrang der gemeinsamen Sorge, zumal der Gesetzgeber dies in seinen Motiven ausdrücklich abgelehnt habe[318]. Denn zum einen könne in der Praxis sehr wohl die Antragstellung zum Regelfall werden, wie auch bei Unterhaltsverfahren niemand

---

[309] BT-Drucks. 13/4899, S. 63.

[310] *Bode*, FamRZ 1999, 1400 (1403); *Leutheusser-Schnarrenberger*, Kind-Prax 1998, 21 (22).

[311] OLG Dresden, FamRZ 2000, 109 (110); *Bode*, FamRZ 1999, 1400 (1403).

[312] AG Chemnitz, FamRZ 1999, 321 (322).

[313] OLG Frankfurt, FamRZ 1999, 392; OLG Dresden, FamRZ 1999, 1156; OLG Rostock, FamRZ 1999, 1599; KG, FamRZ 2000, 502; OLG Schleswig, NJW-RR 2000, 813; Nach BGH-Entscheidung: OLG Zweibrücken, FamRZ 2000, 627 (629); OLG Hamm, FamRZ 2000, 1039 (1040); OLG Brandenburg, ZfJ 2002, 150.

[314] OLG Frankfurt, FamRZ 1999, 392.

[315] OLG Brandenburg, FamRZ 1998, 1047 (1048).

[316] *Schwab*, FamRZ 1998, 457 (463).

[317] OLG Frankfurt, FamRZ 1999, 392.

[318] OLG Frankfurt, FamRZ 1999, 392; OLG Dresden, FamRZ 1999, 1156.

bestreite, daß sie die Regel seien, obwohl sie von einem Antrag abhingen[319]. Zum anderen gebe es keine empirisch gesicherte Grundlage, welche Sorgerechtsform dem Kindeswohl besser diene. Dieser hätte es aber bedurft, wenn ein Vorrang der gemeinsamen Sorge hätte gesetzlich festgeschrieben werden sollen[320]. Außerdem gehe von einem gesetzlich festgelegten Vorrang auch immer die Gefahr aus, daß dadurch Inhalte zugunsten von Strukturen in den Hintergrund gedrängt werden könnten[321]. Maßgeblich sei aber gerade nicht, in welcher Sorgerechtsform es den Eltern gelinge, die Beziehung zu ihrem Kind auch nach der Trennung aufrechtzuerhalten. Entscheidend sei allein die gelebte Beziehung zwischen Eltern und Kind[322].

(dd) Entscheidung des BGH

Mit einer Entscheidung vom 29.9.1999[323] hat sich der BGH in diesen lebhaft umstrittenen Bereich eingeschaltet und Stellung bezogen. In seiner Entscheidung wendet sich der BGH gegen die Ansicht, daß der Gesetzgeber durch die Neufassung des § 1671 BGB ein Regel-Ausnahme-Verhältnis zugunsten der gemeinsamen Sorge normieren wollte und daß die Alleinsorge aus diesem Grunde nur als ultima ratio in Betracht zu ziehen sei[324]. Mit der Einführung eines Antragsverfahrens habe der Gesetzgeber allein das Ziel verfolgt, eine Regelung zu schaffen, die sowohl auf Ehen als auch auf Partnerschaften anwendbar sei. Außerdem soll den Eltern die freie Entscheidung darüber zukommen, ob ein Sorgerechtsverfahren eingeleitet werden soll oder nicht. Eine gesetzliche Vermutung zugunsten der gemeinsamen Sorge sollte nicht begründet werden[325], zumal sich Gemeinsamkeit nach Ansicht des BGH in der Realität nicht verordnen lasse[326].

Folgerichtig spricht sich der BGH anschließend gegen die Fortführung der gemeinsamen Sorge bei Konflikten und Spannungen zwischen den Eltern aus[327]. Dabei stimmt der BGH, wenn auch nicht ausdrücklich, mit dem Beschwerdegericht darin überein, daß der Umstand, ob sich die Streitigkeiten der Eltern auf Angelegenheiten von erheblicher Bedeutung beziehen oder auf Alltagsangelegenheiten, unmaßgeblich sei[328]. Entscheidend seien vielmehr die Auswirkungen

---

[319] BT-Drucks. 13/4899, S.61.
[320] BT-Drucks. 13/4899, S.63; OLG Frankfurt, FamRZ 1999, 392; KG, FamRZ 2000, 502.
[321] OLG Zweibrücken, FamRZ 2000, 627 (629).
[322] KG, FamRZ 2000, 502; OLG Zweibrücken, FamRZ 2000, 627 (629).
[323] BGH, FamRZ 1999, 1646ff = FuR 2000, 88ff = MDR 2000, 31ff.
[324] BGH, FamRZ 1999, 1646 (1647).
[325] BGH, FamRZ 1999, 1646 (1647).
[326] BGH, FamRZ 1999, 1646 (1647).
[327] BGH, FamRZ 1999, 1646 (1647).
[328] BGH, FamRZ 1999, 1646 für Beschwerdegericht (1646), für BGH (1648).

der fehlenden Einigung auf das Kind[329]. § 1671 II Nr.2 BGB lege das Kindeswohl als alleinigen Maßstab für die richterliche Entscheidung zugrunde. Zur Grundlage der richterlichen Entscheidung könnten daher nur die Entwicklung und das Wohl des Kindes gemacht werden, die im Rahmen einer Gesamtbeurteilung der Verhältnisse zu bewerten seien. In diesem Zusammenhang habe der Richter in jedem Einzelfall festzustellen, inwiefern sich fehlende Kooperationsfähigkeit und -bereitschaft negativ auf das Kindeswohl auswirkten[330].

(ee) Reaktionen in der Literatur

Die Entscheidung des BGH hat in der Literatur viel Zustimmung erfahren[331], wurde zum Teil aber auch heftig kritisiert[332].

Positiv hervorgehoben wurde, daß sich der BGH mit seiner Entscheidung gegen eine als erschreckend empfundene Tendenz der oberlandesgerichtlichen Rechtsprechung gewendet habe, den Eltern die gemeinsame Sorge in ideologischem Übereifer zu verordnen[333]. Der BGH habe mit seiner Entscheidung eine realistische Einschätzung der Trennungssituation getroffen und damit den Streit um die Kooperationsbereitschaft wieder auf den Boden der Tatsachen zurück geholt[334]. Eltern seien bei einer Trennung oft viel zu emotional belastet, als daß man davon ausgehen könne, sie würden trotz Einigkeit in Teilbereichen zum Wohl des Kindes einvernehmlich handeln können[335]. Das Kind würde unter jeglicher Art von Streitigkeiten leiden, unabhängig davon, ob sie sich auf der Eltern- oder Partnerschaftsebene abspielen bzw. Alltagsangelegenheiten oder solche von erheblicher Bedeutung betreffen[336]. Mithin bliebe den Gerichten im Sorgerechtsverfahren nur die Möglichkeit, eine sich an den individuellen Gegebenheiten orientierende Einzelfallentscheidung zu treffen[337].

Kritisiert wurde der BGH vor allem für seine Vorgehensweise, sich nicht mit der oberlandesgerichtlichen Rechtsprechung auseinandergesetzt zu haben. Immerhin werde in einem Großteil der vor dem BGH-Urteil ergangenen Entscheidungen eine entgegengesetzte Ansicht vertreten. Auf diese sei der BGH in sei-

---

[329] BGH, FamRZ 1999, 1646 (1648).
[330] BGH, FamRZ 1999, 1646 (1648).
[331] *Oelkers*, MDR 2000, 32; *Born*, FamRZ 2000, 396 (399); *Sittig/Störr*, FuR 2000, 199 (200); *Motzer*, FamRZ 2001, 1034 (1036).
[332] *Bode*, FamRZ 2000, 478; *Haase/Kloster-Harz*, FamRZ 2000, 1003.
[333] *Oelkers*, MDR 2000, 32; *Born*, FamRZ 2000, 396 (399).
[334] *Born*, FamRZ 2000, 396 (399).
[335] *Oelkers*, MDR 2000, 32 (33); *Born*, FamRZ 2000, 396 (399).
[336] *Oelkers*, MDR 2000, 32 (33); *Born*, FamRZ 2000, 396 (399).
[337] *Oelkers*, MDR 2000, 32 (32); *Sittig/Störr*, FuR 2000, 199 (201)

ner Urteilsbegründung nicht einmal ansatzweise eingegangen[338]. Insgesamt habe der BGH gerade die systematischen Argumente, die gegen eine Gleichwertigkeit der Sorgerechtsformen sprächen, zu wenig beachtet. Mit einem Hinweis auf die Gesetzesbegründung, die den BGH auch sonst nicht davon abhalte, anders zu entscheiden, und der sehr fragwürdigen, nicht näher durch wissenschaftliche Ergebnisse belegten Prämisse, daß Gemeinsamkeit nicht verordnet werden könne, habe der BGH die in Literatur und Rechtsprechung stark vertretene entgegengesetzte Meinung abgetan, nach der es sich bei der gemeinsamen Sorge nach der Kindschaftsrechtsreform um den gesetzlichen Regelfall handele[339].

(ff) Reaktionen in der Rechtsprechung

Auf den ersten Blick scheinen viele Oberlandesgerichte der Entscheidung des BGH gefolgt zu sein[340]. Sie stimmen dem BGH darin zu, daß das Gesetz keine Vorrangstellung der gemeinsamen Sorge vorsieht. Vor diesem Hintergrund knüpfen sie die gemeinsame elterliche Sorge an gewisse Voraussetzungen, insbesondere an die Kommunikation und die Kooperation der Eltern bezüglich der Belange der Kinder. Die gemeinsame Sorge setzt danach voraus, daß beide Eltern uneingeschränkt zur Pflege und Erziehung des Kindes geeignet sind, ein gemeinsamer Wille zur Kooperation besteht und keine sonstigen Gründe vorliegen, die es im Interesse des Kindeswohls gebieten, das Sorgerecht nur einem Elternteil zu übertragen. Das gemeinsame Sorgerecht ist aufzuheben, wenn die Eltern nicht die Fähigkeit und die Bereitschaft aufbringen können, in Angelegenheiten der Kinder zu deren Wohl zu kooperieren.

Bei näherer Betrachtung zeigt sich die Rechtsprechung allerdings trotz der eindeutigen Entscheidung des BGH bei weitem nicht einheitlich.

---

338 *Haase/Kloster-Harz*, FamRZ 2000, 1003; *Bode*, FamRZ 2000, 478.

339 *Bode*, FamRZ 2000, 478.

340 OLG Zweibrücken, FamRZ 2000, 627 (629); dass., FamRZ 2001, 182; OLG Stuttgart, FamRZ 2000, 632 (633); OLG Hamm, FamRZ 2000, 1039 (1040);. OLG Karlsruhe, FamRZ 2000, 1595, (1596); dass., FamRZ 2000, 1605 (1606); dass., FamRZ 2001, 1636; dass., FamRZ 2002, 1209; OLG Zweibrücken, FamRZ 2001, 182 (182 f); OLG Köln, FamRZ 2001, 183; OLG Hamm (1., 8. und 11. FamS), FamRZ 2001, 183; dass., FamRZ 2002, 565 (566); OLG Nürnberg, ZfJ 2002, 150 (151 f); dass., FamRZ 2002, 188 (189); OLG Brandenburg, FamRZ 2001, 1021; dass., ZfJ 2002, 150, dass., ZfJ 2002, 186; OLG München, FamRZ 2002, 189 (190); OLG Dresden, FamRZ 2002, 973 (974).

Nur wenige Gerichte widersprechen der Ansicht des BGH allerdings so offensichtlich wie das OLG Frankfurt am Main[341]. Dieses vertritt nach wie vor die Auffassung, daß von der gesetzlichen Ausgangslage der gemeinsamen elterlichen Sorge nur dann abgewichen werden sollte, wenn dies für das Kindeswohl unbedingt erforderlich sei. Das werde nicht nur daran deutlich, daß abgesehen von den Fällen der Sicherungsmaßnahmen nach §§ 1666, 1666a BGB auch im Scheidungsverfahren Sorgerechtsregelungen nicht mehr von Amts wegen erfolgten, sondern nur auf Antrag hin. Darüber hinaus stelle jede Entscheidung über die elterliche Sorge einen staatlichen Eingriff in das Elternrecht dar, der wie jeder Eingriff unter dem Vorbehalt der Verhältnismäßigkeit stehe. Der die gesamte Rechtsordnung beherrschende Grundsatz der Verhältnismäßigkeit, der in § 1666 a BGB seinen Niederschlag gefunden habe, gebiete es, nur in dem Umfang in die Rechte der Eltern einzugreifen, wie es für das Wohl der Kinder nötig sei. Allgemeine trennungs- und scheidungsbedingte Streitigkeiten zwischen den sorgeberechtigten Eltern rechtfertigten es daher nicht, die gemeinsame Sorge aufzuheben, da diese Schwierigkeiten sich mit zunehmendem Abstand von der Trennungs- und Scheidungssituation verringern werden. Zudem seien die Eltern verpflichtet, ihre eigenen Streitigkeiten hintan zu stellen und die Kinder aus diesen Streitigkeiten herauszuhalten. Die mangelnde Kommunikations- und Kooperationsfähigkeit der Elterngenüge im allgemeinen genüge schon deshalb nicht für die Anordnung der Alleinsorge, da die Ausübung der gemeinsamen Sorge nach § 1687 BGB sich auf einige wenige grundlegende Entscheidungen beschränke, die im Leben eines Kindes nur wenige Male vorkämen. Die für die Erziehung wichtigen Entscheidungen des täglichen Lebens treffe ohnehin der Elternteil, in dessen Obhut sich die Kinder befänden, allein.

Ähnliche Erwägungen finden sich auch in Entscheidungen anderer Gerichte[342].

Unter Hinweis auf die gemeinsame Elternverantwortung und die Verpflichtung der Eltern, zum Wohl des Kindes eine Kooperation und Konsensfindung zu versuchen, wird den Eltern das gemeinsame Sorgerecht trotz fehlender Kommunikation zwischen den Eltern belassen[343], teilweise verbunden mit einem offenen Appell an die Eltern, sich auf die gemeinsame Elternverantwortung zu besinnen und es wieder zu lernen, in Belangen des Kindes einvernehmlich zum Wohl des Kindes zusammenzuarbeiten[344]. Vereinzelt wird die gemeinsame Sorge auch weiterhin in Entscheidungen als „Leitbild des Gesetzgebers“[345] oder als „Regel-

[341] OLG Frankfurt/M, FamRZ 2002, 187; dass., FamRZ 2002, 1727.
[342] OLG Hamm, FamRZ 2000, 1602; OLG Naumburg, FamRZ 2002, 564 (565); OLG Brandenburg, FamRZ 2002, 567 (568); AG Burgwedel, FamRZ 2002, 631.
[343] OLG Karlsruhe, FamRZ 2000, 1041 (1042); OLG Naumburg, FamRZ 2002, 564 (565); OLG Brandenburg, FamRZ 2002, 567 (568); AG Burgwedel, FamRZ 2002, 631.
[344] OLG Brandenburg, FamRZ 2002, 567 (568).
[345] KG, FamRZ 2000, 504 (505); OLG Brandenburg, FamRZ 2002, 567 (568).

fall“ [346] betitelt. Häufig findet sich in Entscheidungen – gerade auch von Gerichten, die an sich mit dem BGH übereinstimmen – die Differenzierung danach, ob von den Konflikten Angelegenheiten von erheblicher Bedeutung für das Kind erfaßt sind oder nicht[347]. Der Grundkonsens sei erst dann zerstört, wenn sich die Eltern in Angelegenheiten der elterlichen Sorge mit erheblicher Bedeutung für das Kind nicht einigen könnten, da der Elternteil, bei dem sich das Kind aufhalte, gemäß § 1687 I BGB in Angelegenheiten des täglichen Lebens ohnedies die alleinige Entscheidungskompetenz habe.

Geringfügig enger sieht es das OLG Karlsruhe[348]. Nach dessen Ansicht ist die mangelnde Kooperation zwar das Indiz dafür, daß die Alleinsorge dem Kindeswohl am besten entspreche. Die Indizwirkung entfalle jedoch dann, wenn die fehlende Kommunikation zwischen den Elternteilen auf einer nicht verständlichen Verweigerungshaltung eines Elternteils beruhe und schädliche Auswirkungen durch diese Verweigerungshaltung auf das Kind ausgeschlossen werden könnten. Die fehlende Bereitschaft zur Kommunikation könne zur Übertragung der Alleinsorge nicht ausreichen, weil es sonst ein Elternteil in der Hand hätte, durch schlichte Verweigerung eine Übertragung der elterlichen Sorge auf sich zu erreichen. Die mangelnde Kooperationsbereitschaft gebiete daher nicht zwangsläufig und nicht als Regelfall die Aufhebung des gemeinsamen Sorgerechts. In diesem Zusammenhang verweist auch das OLG Karlsruhe auf die Bedeutung des § 1687 I BGB.

Letztlich ist also durch die Entscheidung des BGH nur vordergründig Rechtssicherheit eingetreten. Über den genauen Stellenwert der Kommunikationsfähigkeit und -bereitschaft im Rahmen der gemeinsamen elterlichen Sorge herrscht zumindest in der Rechtsprechung weiterhin Uneinigkeit.

In seiner Entscheidung zur Verfassungsmäßigkeit der Sorgeerklärung bei nichtehelichen Kindern gemäß § 1626 a BGB hat nunmehr auch das Bundesverfassungsgericht Stellung zu den Voraussetzungen des gemeinsamen Sorgerechts genommen und dabei an den von ihm aufgestellten Kriterien festgehalten[349]. Es lägen keine Anhaltspunkte dafür vor, daß das Regelungskonzept der gemeinsamen Sorge, das unter Kindeswohlgesichtspunkten einen Konsens zwischen den Eltern erfordere, gegen das Elternrecht verstoße[350]. Voraussetzung für die gemeinsame Sorge seien daher eine tragfähige soziale Beziehung zwischen den

---

[346] OLG Hamm, FamRZ 2000, 1602.

[347] OLG Köln, FamRZ 2000, 509 (509 f); OLG Hamm, FamRZ 2002, 565 (566); dass., FamRZ 2002, 1208; OLG Karlsruhe, FamRZ 2001, 1636; dass., NJW-RR 2001, 507 (508); dass., FamRZ 2002, 1209.

[348] OLG Karlsruhe, FamRZ 2002, 1209.

[349] BVerfG, FamRZ 2003, 285 (287).

[350] BVerfG, FamRZ 2003, 285 (288).

Eltern, ein Mindestmaß an Übereinstimmung und die Ausrichtung am Kindeswohl[351]. Damit hat das Bundesverfassungsgericht inzident den Vertretern der verordneten Harmonie eine Absage erteilt.

(b) Entscheidungskriterium für 2. Stufe: geeigneterer Elternteil

Die Frage, ob der Antragsteller die geeignetere Person ist, entspricht im wesentlichen der Prüfung, die auch im Rahmen des § 1671 BGB a.F. vorzunehmen war[352]. Insofern können für die Konkretisierung des unbestimmten Rechtsbegriffs des Kindeswohls die gleichen Entscheidungskriterien angelegt werden wie vor der Reform, als da wären das Förderungsprinzip, die Erziehungseignung der Eltern, der Kontinuitätsgrundsatz, die objektive Betreuungssituation, der Kindeswille und die gefühlsmäßigen Bindungen des Kindes[353]. Der Gesetzgeber hat ausdrücklich darauf hingewiesen, daß der Verzicht auf die explizite Erwähnung der Bindungen des Kindes im Gesetzestext keine Änderung der Bedeutung dieses Kriteriums bewirken solle[354].

c) Fazit

Mit der Kindschaftsrechtsreform findet erstmalig das gemeinsame Sorgerecht Eingang in das Gesetz. Auf Antrag hat das Gericht über das Sorgerecht der Eltern zu befinden. Sind sich die Eltern einig, ist das Gericht an den Elternwillen gebunden und darf nur im Falle des Kindeswiderspruchs bzw. der Kindeswohlgefährdung korrigierend eingreifen. Herrscht Uneinigkeit, die sich darin äußert, daß der Antragsgegner dem Alleinsorgeantrag nicht zustimmt oder einen Gegenantrag stellt, ist Maßstab der gerichtlichen Entscheidung das Kindeswohl. In Abweichung vom Bundesverfassungsgericht hat der Gesetzgeber darauf verzichtet, den unbestimmten Begriff des Kindeswohls zu konkretisieren und Kriterien festzulegen, ab wann die gemeinsame Sorge dem Kindeswohl am besten entspricht. Die Negativerklärung[355] des Gesetzgebers führt dazu, daß die Entscheidung, welche Anforderungen an die gemeinsame Sorge der Eltern zu stellen sind, trotz gesetzlicher Normierung weiterhin in der Hand richterlicher Rechtsfortbildung liegt.

---

[351] BVerfG, FamRZ 2003, 285 (287).

[352] OLG Hamm, ZfJ 1999, 226 (227); OLG Zweibrücken, FamRZ 2001, 186; *FamRefK-Rogner*, § 1671, Rn. 19; *Motzer*, FamRZ 1999, 1101 (1102); *Schwab*, FamRZ 1998, 457 (464); *Oelkers*, FuR 2002, 168 (171).

[353] OLG Karlsruhe, FamRZ 2000, 508 (509); AG Hamburg, FamRZ 2000, 499 (500); *FamRefK-Rogner*, § 1671, Rn. 19; *Schwab*, FamRZ 1998, 457 (464f); *ders.*, Familienrecht, Rn. 677; *Motzer*, FamRZ 1999, 1101 (1102).

[354] BT-Drucks. 13/4899, S. 99.

[355] *Salgo*, FamRZ 1996, 449 (452).

2) Verfahrenspfleger § 50 FGG

§ 50 (Pflegerbestellung)

(1) Das Gericht kann dem minderjährigen Kind einen Pfleger für ein seine Person betreffendes Verfahren bestellen, soweit dies zur Wahrnehmung seiner Interessen erforderlich ist.

(2) Die Bestellung ist in der Regel erforderlich, wenn
Nr.1 das Interesse des Kindes zu dem seiner gesetzlichen Vertreter in erheblichem Gegensatz steht,
Nr.2 Gegenstand des Verfahrens Maßnahmen wegen Gefährdung des Kindeswohls sind, mit denen die Trennung des Kindes von seiner Familie oder die Entziehung der gesamten Personensorge verbunden ist (§§ 1666, 1666a des Bürgerlichen Gesetzbuchs), oder
Nr.3 Gegenstand des Verfahrens die Wegnahme des Kindes von der Pflegeperson (§ 1632 Abs. 4 des Bürgerlichen Gesetzbuchs) oder von dem Ehegatten oder Umgangsberechtigten (§1682 des Bürgerlichen Gesetzbuchs) ist.
Sieht das Gericht in diesem Falle von der Bestellung eines Pflegers für das Verfahren ab, so ist dies in der Entscheidung zu begründen, die die Person des Kindes betrifft.

(3) Die Bestellung soll unterbleiben oder aufgehoben werden, wenn die Interessen des Kindes von einem Rechtsanwalt oder einem anderen geeigneten Verfahrensbevollmächtigten angemessen vertreten werden.

(4) Die Bestellung endet, sofern sie nicht vorher aufgehoben wird,
Nr.1 mit der Rechtskraft der das Verfahren abschließenden Entscheidung oder
Nr.2 mit dem sonstigen Abschluß des Verfahrens.

(5) Der Ersatz von Aufwendungen und die Vergütung des Pflegers erfolgen aus der Staatskasse. Im übrigen sind die §§ 1835, 1836 Abs.1 Satz 1,2 und 4, Abs.2 bis 4 des Bürgerlichen Gesetzbuchs entsprechend anzuwenden.

Die Möglichkeit, in allen die Person des Kindes betreffenden Verfahren, also auch im Sorgerechtsverfahren, einen Verfahrenspfleger für das Kind zu bestellen, um so dem Minderjährigen eine eigenständige Wahrnehmung seiner Interessen zu gewährleisten, ist durch die Kindschaftsrechtsreform neu in das deutsche Recht eingeführt worden[356].

[356] BT-Drucks. 13/4899, S. 129; *Salgo*, FPR 1998, 91.

Vorher konnte zwar in Fällen, in denen ein erheblicher Interessengegensatz zwischen dem gesetzlichen Vertreter und dem Kind vorlag, ein Ergänzungspfleger gemäß § 1909 BGB a.F. für das Kind bestellt werden. Dafür war aber erforderlich, daß zunächst dem gesetzlichen Vertreter die Vertretungsmacht entzogen wurde gemäß §§ 1629 II S.3, 1796 BGB a.F. Außerdem fielen sowohl die Entziehung der Vertretungsmacht als auch die Pflegerbestellung in die Zuständigkeit des Vormundschaftsgerichts. Das Verfahren war mithin sehr schwerfällig[357]. Es wurde in der Praxis überwiegend für den Bereich der Vermögenssorge angewandt und nur selten auf Interessenkonflikte im Bereich der Personensorge bezogen[358].

Die Regelung des § 50 FGG ist demgegenüber viel praktikabler. So kann nunmehr das mit der Sache befaßte Familiengericht dem Kind einen Pfleger bestellen, ohne daß den Erziehungsberechtigten dafür die Vertretungsmacht entzogen werden muß[359].

a) Voraussetzungen

Eine Pflegerbestellung ist dann vorzunehmen, wenn dies zur Wahrung der Interessen des Kindes erforderlich ist, § 50 I FGG. Daraus ergibt sich, daß nicht in jedem Sorgerechtsverfahren automatisch ein Verfahrenspfleger bestellt werden muß[360]. Vielmehr muß das Gericht die Erforderlichkeit der Pflegerbestellung im konkreten Einzelfall positiv feststellen[361].

Sie ist nach Absatz 1 dann gegeben, wenn die Gefahr besteht, daß die Eltern wegen eigener Interessen nicht in der Lage sind, die berechtigten Interessen der Kinder wahrzunehmen, und die Kindesinteressen durch anderweitige Verfahrensinstitute, wie die Anhörung des Kindes oder des Jugendamtes, nicht gewahrt werden können[362]. Dies ist insbesondere dann der Fall, wenn die Eltern bewußt oder unbewußt im Streit um die elterliche Sorge oder den Umgang das Kind psychisch so schwer belasten, daß dieses in einen schweren seelischen Loyalitätskonflikt zu beiden Elternteilen gerät[363]. Der Interessenkonflikt muß dabei eine für das weitere Schicksal des Kindes bedeutsame Angelegenheit betreffen[364]. Er muß für die Bestellung nicht definitiv feststehen, zumal dem Gericht

---

[357] *Schlegel*, ZfJ 1999, 383 (387) Fn. 84.
[358] *Salgo*, Der Anwalt des Kindes, S. 284.
[359] BT-Drucks. 13/4899, S. 129; *Johannsen/Henrich-Brudermüller*, § 50 FGG, Rn. 1.
[360] BT-Drucks. 13/4899, S. 130; *Johannsen/Henrich-Brudermüller*, § 50 FGG, Rn. 7.
[361] BT-Drucks. 13/4899, S. 131; *Johannsen/Henrich-Brudermüller*, § 50 FGG, Rn. 7; *Borth*, Kind-Prax 2000, 48 (49).
[362] BT-Drucks. 13/4899, S. 131.
[363] *Borth*, Kind-Prax 2000, 48 (49).
[364] *Törnig*, ZfJ 2001, 457 (458).

ein Ermessensspielraum zusteht[365]. Es müssen aber zumindest Anfangsermittlungen vorgenommen worden sein, die einen Verdacht stützen[366]. Die Anregung zur Pflegerbestellung kann vom Kind selbst oder vom Jugendamt kommen[367].

In § 50 II FGG hat der Gesetzgeber Regelbeispiele normiert, in denen eine Verfahrenspflegerbestellung normalerweise erforderlich ist. Dabei kommt für die Pflegerbestellung im Rahmen eines Sorgerechtsverfahrens nur der Regelfall Nr.1 in Betracht, da sich die Regelfälle Nr.2 und Nr.3 auf konkrete Verfahren beziehen, nämlich den Sorgerechtsentzug aufgrund einer Kindeswohlgefährdung nach §§ 1666, 1666 a BGB und die Wegnahme des Kindes gemäß § 1632 IV BGB[368].
Für eine Pflegerbestellung nach § 50 II Nr.1 FGG muß das Interesse des Kindes in erheblichem Gegensatz zu dem seiner gesetzlichen Vertreter stehen. In der Rechtsprechung ist dieses Erfordernis restriktiv ausgelegt worden[369]. Allein der Umstand, daß die Eltern kontradiktorische Anträge gestellt haben, begründe keine Pflegerbestellung nach § 50 II Nr.1 FGG[370]. Zum einen sei die Antragstellung dem neuen Verfahrenssystem immanent und sage nichts über das Konfliktpotential aus Sicht des Kindes aus[371]. Zum anderen seien die Kindesinteressen bei elterlichem Streit um das Sorgerecht gerade dadurch gewahrt, daß dem Gericht alle das Kindeswohl berührenden Gesichtspunkte zumindest von einem Elternteil vorgetragen werden[372]. Ein Regelfall nach § 50 II S.1 Nr.1 FGG sei daher erst dann anzunehmen, wenn die Gefahr bestehe, daß die gesetzlichen Vertreter insgesamt den Interessen des Kindes entgegenstehende Interessen verfolgen[373], also eine „Frontstellung“ zwischen dem Kind einerseits und den Eltern andererseits zu verzeichnen sei[374]. Solange sich der Wille des Kindes mit dem Antragsanliegen eines Elternteils decke, sei dies zu verneinen[375].

b) Rechtsfolge

Liegen die Voraussetzungen für die Bestellung eines Verfahrenspflegers im Sorgerechtsverfahren vor, dann bestimmt das Gericht nach pflichtgemäßem Ermessen einen Verfahrenspfleger, der neben die Eltern tritt. Die Eltern verlieren

---

365 OLG München, FamRZ 1999, 667; OLG Frankfurt, FamRZ 1999, 1293 (1294); *Borth*, Kind-Prax 2000, 48 (49).
366 OLG Frankfurt, FamRZ 1999, 1293 (1294); *Krille*, Kind-Prax 2003, 12 (13).
367 *Schlegel*, ZfJ 1999, 383 (387).
368 BT-Drucks. 13/4899, S. 131; *Büttner*, FamRZ 1998, 585 (590).
369 *Engelhardt*, FamRZ 2001, 525 (527).
370 OLG Frankfurt, FamRZ 1999, 1293 (1294); OLG Köln, FuR 2000, 299 (300).
371 OLG Frankfurt, FamRZ 1999, 1293 (1294); *Brock/Breideneichen*, FuR 2001, 399 (400).
372 OLG Köln, FuR 2000, 299 (300).
373 OLG Köln, FuR 2000, 299 (300).
374 *Engelhardt*, FamRZ 2001, 525 (527).
375 *Engelhardt*, FamRZ 2001, 525 (527).

dadurch nicht ihr Recht, sondern können das Kind aufgrund ihres weiterbestehenden Sorgerechts auch weiterhin vertreten[376]. Der Zeitpunkt der Bestellung ist vom Gesetzgeber bewußt offengelassen worden, um Raum für Anfangsermittlungen zu geben und unnötige Pflegerbestellungen zu vermeiden[377].

Die Vertretung endet gemäß § 50 IV FGG erst mit der Rechtskraft der das Verfahren abschließenden Entscheidung oder mit dem sonstigen Abschluß des Verfahrens. Die Verfahrenspflegschaft ist somit instanzenübergreifend und der Verfahrenspfleger berechtigt, Rechtsmittel einzulegen und das Rechtsmittelverfahren durchzuführen[378]. Die Kosten für Aufwendungen des Verfahrenspflegers und seine Vergütung übernimmt gemäß § 50 V S.1 FGG die Staatskasse.

Nicht gesetzlich geregelt ist, wer vom Gericht als Verfahrenspfleger betraut werden kann und welche Aufgaben, Rechte und Pflichten der Verfahrenspfleger im einzelnen hat[379].

aa) Person des Verfahrenspflegers

Der Gesetzgeber stellt die Auswahl der Person des Verfahrenspflegers in das pflichtgemäße Ermessen des Gerichts[380], sagt aber über die besondere Qualifikation, die ein Verfahrenspfleger aufweisen soll, nichts. Dafür nennt er in den Motiven Beispiele, nämlich Sozialarbeiter und Sozialpädagogen, Kinderpsychologen, Rechtsanwälte und engagierte Laien, z.B. Verwandte[381]. Das Jugendamt kommt nach Ansicht des Gesetzgebers nicht als Verfahrenspfleger in Betracht, da es bereits vorgerichtlich die gesamte Familie durch Hilfsangebote unterstützt[382]. Werde es darüber hinaus auch mit der Interessenvertretung des Kindes betraut, komme ihm eine konfliktträchtige Doppelrolle zu[383].

bb) Aufgaben des Verfahrenspflegers

Hinsichtlich der Aufgaben, die der Verfahrenspfleger konkret zu erfüllen hat, kommen mangels gesetzlicher Regelung unterschiedliche Ansätze in Betracht:

---

376 *Fricke*, ZfJ 1999, 51 (52).
377 BT-Drucks. 13/4899, S. 130.
378 BT-Drucks. 13/4899, S. 132.
379 *Salgo*, FPR 1998, 91 (92); *Engelhardt*, FamRZ 2001, 525.
380 BT-Drucks. 13/4899, S. 130.
381 BT-Drucks. 13/4899, S. 130.
382 BT-Drucks. 13/4899, S. 130.
383 BT-Drucks. 13/4899, S. 130; DIV-Gutachten, DAVorm 1999, 39 (42); *Fricke*, ZfJ 1999, 51 (53).

(1) Subjektive Sichtweise

Unter Zugrundelegung einer rein subjektiven Sichtweise ist der Verfahrenspfleger einseitiger Parteivertreter[384] bzw. Prozeßbevollmächtigter[385] des Kindes, der uneingeschränkt – gleich einem „Sprachrohr des Kindes“ [386] – dessen tatsächlichen Willen anstelle des gesetzlichen Vertreters in das Verfahren einführt[387].

Zu diesem Ansatz tendiert die Gesetzesbegründung[388] und ihr folgend ein großer Teil der Rechtsprechung[389]. Habe das Kind bisher lediglich im Rahmen der gerichtlichen Anhörung seine Wünsche und Vorstellungen in den Prozeß einbringen können[390], solle nunmehr mit dem Institut des Verfahrenspflegers der Position des Kindes als Grundrechtsträger zusätzliches Gewicht verliehen[391] und das Kind davor bewahrt werden, bloßes Verfahrensobjekt zu sein[392]. Daraus folgert die Rechtsprechung, der Verfahrenspfleger sei subjektiver Interessenvertreter des Kindes[393], der das eigene Interesse des Kindes zu erkennen, zu formulieren[394] und vor Gericht gegen die Eltern sowie gegen die weiteren Beteiligten durchzusetzen habe[395]. Als „Anwalt des Kindes“ sei er das Pendant zu der an-

---

[384] BVerfG, FamRZ 1999, 85 (87); OLG Frankfurt, FamRZ 1999, 1293 (1294); OLG Braunschweig, FamRZ 2001, 776 (777); OLG München, FamRZ 2002, 563; OLG Brandenburg, FamRZ 2001, 692 (693); dass., FamRZ 2001, 1541 (1542); dass., ZfJ 2002, 233.

[385] OLG Rostock, FamRZ 2002, 969 (970).

[386] OLG Braunschweig, FamRZ 2001, 776 (777); OLG München, FamRZ 2002, 563; OLG Schleswig, Kind-Prax 2001, 31; OLG Dresden, FamRZ 2002, 968 (969); *Fricke*, ZfJ 1999, 51 (55); *Linsler*, ZfJ 1997, 215 (216); *Hohmann-Dennhardt*, ZfJ 2001, 77 (80); *Kunkel*, Kind-Prax 2000, 139.

[387] OLG Dresden, FamRZ 2002, 968 (969); OLG Hamburg, FamRZ 2001, 34; OLG Brandenburg, FamRZ 2001 1541 (1542); OLG Braunschweig, FamRZ 2001, 776 (777); OLG, Schleswig Kind-Prax 2001, 31; *Will*, ZfJ 1998, 1 (4); *Fricke*, ZfJ 1999, 51 (55); *Schön*, FuR 2001, 289 (292); *Hohmann-Dennhardt*, ZfJ 2001, 77 (80); *Kunkel*, Kind-Prax 2000, 139.

[388] *Engelhardt*, FamRZ 2001, 525.

[389] OLG Schleswig, FamRZ 2000, 1048; KG, FamRZ 2000, 1300; OLG Braunschweig, FamRZ 2001, 776; OLG Frankfurt, FamRZ 1999, 1293; dass., FamRZ 2002, 335; OLG Brandenburg, FamRZ 2001, 1541; dass., FamRZ 2001 692; dass., ZfJ 2002, 233; OLG Dresden, FamRZ 2002, 968 (969).

[390] BT-Drucks. 13/4899, S. 129.

[391] BT-Drucks. 13/4899, S. 129.

[392] BT-Drucks. 13/4899, S. 76; BT-Drucks. 13/8511, S. 68.

[393] OLG Frankfurt, FamRZ 1999, 1293 (1294); KG, FamRZ 2000, 1300; OLG Braunschweig, FamRZ 2001, 776 (777); OLG Brandenburg, FamRZ 2001, 692; dass., ZfJ 2002, 233 (234); OLG Dresden, FamRZ 2002, 968 (969).

[394] OLG Brandenburg, FamRZ 2001, 692; dass., FamRZ 2001, 1541 (1542); dass., ZfJ 2002, 233 (234).

[395] OLG Frankfurt, FamRZ 1999, 1293 (1294); OLG Rostock, FamRZ 2002, 969 (970); OLG Dresden, FamRZ 2002, 1211.

waltlichen Vertretung der Eltern[396]. Er habe dem Kind bei Bedarf zur Seite zu stehen und dafür zu sorgen, daß das Verfahren – soweit möglich – kindgerecht gestaltet werde[397]. Das Gericht habe den Verfahrenspfleger an den Verfahrenshandlungen zu beteiligen. Insbesondere habe es ihn zu den Anhörungsterminen zu laden und ihm Gelegenheit zur Stellungnahme zu geben[398], wobei eine mündliche Stellungnahme im Regelfall ausreichend sei[399]. Auf diese verfahrensrechtliche Stellung sei die Aufgabe des Verfahrenspflegers beschränkt[400].

Nicht zu seinen Aufgaben gehöre es, sich an der Erforschung der dem objektiven Kindeswohl am besten dienenden Entscheidung zu beteiligen[401]. Insbesondere habe er keine über die bloße Ermittlung des Kindeswillen hinausgehenden Ermittlungen anzustellen[402]. Ermittlungen, Explorationen zur Familienanamnese und Vermittlungsversuche fielen grundsätzlich nicht in seinen Aufgabenkreis[403]. Gespräche mit den Eltern[404], dem Jugendamt[405] sowie Personen im familiären Umfeld und Dritten, wie Mitarbeitern des Kindergartens bzw. der Schule oder Psychologen[406], seien nicht von den Aufgaben eines Verfahrenspflegers gedeckt. Die Darstellungen in den Gerichtsakten, die Eindrücke in den Anhörungen und die schriftlichen Stellungnahmen reichten aus, damit der Verfahrenspfleger seine Aufgaben erfüllen könne[407].

---

[396] OLG Frankfurt, FamRZ 1999, 1293 (1294); OLG Brandenburg, FamRZ 2001, 692; dass., ZfJ 2002, 233 (234); KG, FamRZ 2000, 1300; OLG Dresden, FamRZ 2002, 968 (969); OLG Rostock, FamRZ 2002, 969 (970); *Will*, ZfJ 1998, 1 (4).
[397] KG, FamRZ 2000, 1300; OLG Brandenburg, FamRZ 2001, 692; dass. FamRZ 2001, 1541 (1542).
[398] *Törnig*, ZfJ 2001, 457 (462).
[399] OLG Frankfurt, FamRZ 2002, 335 (336 und 337).
[400] KG, FamRZ 2000, 1300; *von Bracken*, Kind-Prax 1999, 183 (186).
[401] OLG Brandenburg, ZfJ 2002, 233 (234); OLG Dresden, FamRZ 2002, 968 (969); KG, FamRZ 2000, 1300; OLG Brandenburg, FamRZ 2001, 692; dass. FamRZ 2001, 1541; OLG Rostock, FamRZ 2002, 969 (970).
[402] OLG Frankfurt, FamRZ 1999, 1293 (1294); OLG Hamburg, FamRZ 2001, 34; OLG Brandenburg, FamRZ 2001, 692; dass. FamRZ 2001, 1541 (1542); dass., ZfJ 2002, 233 (234); *Brock/Breideneichen*, FuR 2001, 487 (489).
[403] OLG Frankfurt, FamRZ 1999, 1293 (1294); OLG Schleswig, FamRZ 2000, 1048; KG, FamRZ 2000, 1300; OLG Braunschweig, FamRZ 2001, 776 (777); OLG Dresden, FamRZ 2002, 968 (969).
[404] KG, FamRZ 2000, 1300; OLG Brandenburg, FamRZ 2001, 1541 (1542); *Kunkel*, Kind-Prax 2000, 139.
[405] KG, FamRZ 2000, 1300 (1301); OLG Brandenburg, FamRZ 2001, 1541 (1542); OLG Brandenburg, FamRZ 2001, 692 (693); dass., ZfJ 2002, 233 (234); OLG Braunschweig, FamRZ 2001, 776 (777); *Kunkel*, Kind-Prax 2000, 139.
[406] OLG Frankfurt, FamRZ 2002, 335 (337); OLG Brandenburg, FamRZ 2001, 1541 (1542); dass., ZfJ 2002, 233 (234); OLG Schleswig, Kind-Prax 2001, 31; *Kunkel*, Kind-Prax 2000, 139.
[407] KG, FamRZ 2000, 1300; OLG Brandenburg,, FamRZ 2001, 1541 (1542).

(2) Objektive Sichtweise

Auf der Basis einer eher objektiven Sichtweise gilt der Verfahrenspfleger demgegenüber als Sachwalter des Kindes, der seine Vorstellung vom Kindeswohl in das Verfahren einbringt[408] und gegebenenfalls zwischen allen Parteien vermittelt[409].

Dafür wird der Gesetzeswortlaut angeführt[410]. Das Wort „Interessen" sei aus der Sicht eines außenstehenden, neutralen Dritten zu verstehen[411]. Diese objektive Ausdeutung sei dem Recht nicht fremd, insbesondere wenn es um die Interessenvertretung für Menschen gehe, die die Bedeutung und Tragweite ihres geäußerten Willens regelmäßig nicht erkennen[412]. Zudem enthalte der – unveröffentlichte[413] – Referentenentwurf Ansätze, die die mediative Komponente, nämlich Streitvermeidung, Streitreduzierung und Versöhnung zwischen den zerstrittenen Parteien, betone[414]. Bei der Ermittlung des Kindesinteresses sei zwar der Wille des Kindes wesentlich. Der Verfahrenspfleger habe das Kind bei der Bildung eines vernünftigen, auch aus objektiver Sicht vorteilhaften Willens zu unterstützen[415]. Sollten jedoch Kindeswille und Kindesinteresse voneinander abweichen, sei der Verfahrenspfleger den über dem Willen stehenden Interessen verpflichtet[416]. Zumindest habe er seine Bedenken dem Gericht gegenüber zu erklären, wenn er glaube, daß der geäußerte Wille den objektiven Interessen des Kindes konträr gegenüber stehe[417].

Nach dieser Ansicht gehören zu den Aufgaben eines Verfahrenspflegers auch außergerichtliche Tätigkeiten[418]. Denn auch wenn der Verfahrenspfleger kein Mediator sei, diene die Bewältigung des Konflikts der Eltern doch regelmäßig dem Kind[419]. Der Verfahrenspfleger habe sich daher nicht nur ausführlich mit dem Kind zu unterhalten und sich mit ihm und seinen Wünschen und Vorstel-

---

408 *Salgo*, FPR 1998, 91 (92); BAG, Kind-Prax 2001, 66.
409 *Borth*; Kind-Prax 2000, 48 (51); *Fricke*, ZfJ 1999, 51 (55); *Spangenberg/Dormann*, ZfJ 2002, 168 (169 und 171).
410 *Spangenberg/Dormann*, ZfJ 2002, 168.
411 *Fricke*, ZfJ 1999, 51 (55).
412 *Fricke*, ZfJ 1999, 51 (55).
413 *Coester*, FamRZ 1995, 1245, Fn.3.
414 Nachweis bei *Fricke*, ZfJ 1999, 51 (55).
415 *Dormann/Spangenberg*, FamRZ 1999, 1294 (1295).
416 *Spangenberg/Dormann*, ZfJ 2002, 168.
417 *Söpper*, FamRZ 2002, 1535 (1536).
418 OLG Karlsruhe, FamRZ 2001, 1166; OLG Dresden, FamRZ 2002, 1211; OLG Düsseldorf, FamRZ 2003, 167 (168); *Borth*, Kind-Prax 2000, 48 (51).
419 *Borth*, Kind-Prax 2000, 48 (51).

lungen auseinanderzusetzen[420] – was im übrigen auch von den Vertretern der engeren Sichtweise anerkannt wird[421]. Daneben habe er die Darstellung der Eltern[422], soweit erforderlich auch die von Verwandten, Erziehern und Lehrern[423], gegebenenfalls über umfangreiche Gespräche in seine Ermittlungen einzubeziehen und mit dem Jugendamt erzieherische und soziale Gesichtspunkte sowie weitere Hilfemöglichkeiten zu erörtern[424].

(3) Vermittelnde Sichtweisen

Teilweise wird auch eine vermittelnde Ansicht eingenommen[425]. Der Verfahrenspfleger habe zu ermitteln, nicht aber zu vermitteln[426]. Zu seinen Aufgaben gehöre danach unter anderem die Verhandlungsarbeit mit den am Konflikt beteiligten Erwachsenen, ohne daß er jedoch zum „All-Parteilichen-Schlichter" werde[427].

Andere plädieren wiederum für eine offene Verbindung beider Ansätze[428], da nur so die Vorteile genutzt werden könnten, die man sich vom Institut des Verfahrenspflegers erhoffe[429]. Danach bleibe es dem Selbstverständnis des Verfahrenspflegers überlassen, wie er seine Aufgabe im Einzelfall ausübe[430].

---

[420] OLG Karlsruhe, FamRZ 2001, 1166; OLG Köln, NJW-RR 2001, 74 (75); OLG Dresden, FamRZ 2002, 1211; OLG Düsseldorf, FamRZ 2003, 167 (168).
[421] OLG Brandenburg, FamRZ 2001, 692; dass., FamRZ 2001, 1541 (1542); OLG Schleswig, Kind-Prax 2001, 31.
[422] OLG Karlsruhe, FamRZ 2001, 1166; OLG Köln, NJW-RR 2001, 74 (75); OLG München, FamRZ 2002, 563; OLG Dresden, FamRZ 2002, 1211 (1211f); dass., FamRZ 2003, 167 (168); OLG Köln, NJW-RR 2001, 74 (75); BAG, Kind-Prax 2001, 66; *Borth*, Kind-Prax 2000, 48 (51).
[423] OLG Karlsruhe, FamRZ 2001, 1166; OLG Zweibrücken, FamRZ 2002 627; OLG München, FamRZ 2002, 563; OLG Dresden, FamRZ 2002, 1211 (1211f); dass., FamRZ 2003, 167 (168): OLG Köln, NJW-RR 2001, 74 (75); BAG, Kind-Prax 2001, 66; *Borth*, Kind-Prax 2000, 48 (51).
[424] OLG Karlsruhe, FamRZ 2001, 1166; OLG Dresden, FamRZ 2002, 1211 (1211f); OLG Dresden, FamRZ 2003, 167 (168); BAG, Kind-Prax 2001, 66; *Borth*, Kind-Prax 2000, 48 (51).
[425] *Köckeritz*, Kind-Prax 2001, 16 (22); *Willutzki*, Kind-Prax 2001, 107 (110f); *Krille*, Kind-Prax 2003, 12 (15).
[426] *Krille*, Kind-Prax 2003, 12 (15).
[427] *Köckeritz*, Kind-Prax 2001, 16 (22).
[428] *Fricke*, ZfJ 1999, 51 (55); *Salgo*, Der Anwalt des Kindes, S.293.
[429] *Fricke*, ZfJ 1999, 51 (55).
[430] OLG Zweibrücken, FamRZ 2002, 627; *Fricke*, ZfJ 1999, 51 (55).

§ 4 Rechtliche Vorgaben für den Reformgesetzgeber und deren Umsetzung im Gesetz

Die drei großen Ziele, die der Gesetzgeber mit seiner Reform verfolgte – nämlich die Verbesserung der Rechte des Kindes, die Stärkung der Rechtsposition der Eltern und der Abbau rechtlicher Unterscheidungen zwischen ehelichen und nichtehelichen Kindern – haben alle ihre Wurzeln in bereits bestehendem Recht, das den Gesetzgeber bindet.
Die UN-Kinderrechtskonvention, deren Ratifikationsurkunde die Bundesrepublik am 6.3.1992 hinterlegte[431], zielt auf die Anerkennung des Kindes als eigenständiges Rechtssubjekt[432]. Art. 6 II GG überträgt den Eltern das Recht und die Pflicht, die Fragen der Pflege und Erziehung eines gemeinschaftlichen Kindes vorrangig, eigenständig und selbstverantwortlich zu lösen. Und durch Art. 6 V GG ist der Gesetzgeber verpflichtet, das nichteheliche Kind nicht wegen seiner unehelichen Geburt zu benachteiligen, sondern es mit ehelichen Kindern gleichzustellen, es sei denn, sachliche Gründe rechtfertigen eine Differenzierung.

Die Zielrichtung der Reform war aufgrund der nationalen und internationalen Vorgaben insofern bereits vorbestimmt, der Gesetzgeber bei der Ausgestaltung der Neuregelungen nicht völlig frei. Teils waren die rechtlichen Vorgaben so eng, daß dem Gesetzgeber gar keine andere Wahl blieb, als eine bestimmte Regelung zu treffen. Teils hatte der Gesetzgeber einen Entscheidungsspielraum und konnte die konkrete Ausgestaltung übernehmen.

Im folgenden sollen die rechtlichen Vorgaben dargestellt werden, um aufzuzeigen, welchen Gestaltungsspielraum der Gesetzgeber bei der konkreten Ausgestaltung des Sorgerechts hatte und wie er mit den Vorgaben umgegangen ist. Dabei wird zunächst – anders als bei der vom Reformgesetzgeber gewählten Reihenfolge – auf die nationalen Vorgaben, genauer auf die verfassungsrechtlichen Vorgaben einzugehen sein, da nur unter Zugrundelegung des nationalen Verständnisses die internationalen Vorgaben und deren Ausdeutung verständlich werden.

I. Die Kindschaftsrechtsreform aus Sicht der grundgesetzlichen Vorgaben

Auf nationaler Ebene schützt Artikel 6 GG Ehe und Familie, Eltern und Kinder in verschiedenen Hinsichten[433]. Der Gesetzgeber ist als Teil der Staatsgewalt der Verfassung verpflichtet (Art. 20 III GG). Die Grundrechte binden ihn als unmittelbar geltendes Recht (Art. 1 III GG). Bei der Kindschaftsrechtsreform waren

---

[431] *Coester/Hansen*, UN-Übereinkommen, S.21.
[432] *Steindorff*, FuR 1991, 214 (215).
[433] *Pieroth/Schlink*, Staatsrecht II, Rn. 633.

daher insbesondere das in Art. 6 II GG gewährte Elternrecht und der spezielle Gleichheitssatz des Art. 6 V GG zu beachten. Da sich das Bundesverfassungsgericht in seiner Entscheidung vom 3.11.1982 in weitem Umfang mit den Voraussetzungen auseinandersetzte, die Art. 6 II GG an die Ausgestaltung einer Sorgerechtsregelung stellt, spielte auch diese Konkretisierung bei der Kindschaftsrechtsreform eine entscheidende Rolle. Im folgenden soll daher neben einer generellen Darstellung des Art. 6 II GG und seiner Umsetzung im reformierten Gesetz auch auf die Entscheidung des Bundesverfassungsgerichts eingegangen werden. Anschließend wird die Kindschaftsrechtsreform unter dem Blickwinkel des speziellen Gleichheitssatzes gemäß Art. 6 V GG untersucht.

1) Das Elternrecht aus Art. 6 II GG

a) Verfassungsrechtlicher Gehalt

Art. 6 II GG definiert den Freiheitsraum elterlicher Betätigung im Verhältnis zum Staat[434]. Dabei kommt dem Elternrecht neben der klassischen Grundrechtsfunktion als Abwehrrecht gegen nicht gerechtfertigte staatliche Eingriffe[435] sowohl die Bedeutung einer wertentscheidenden Grundsatznorm als auch die einer Institutsgarantie zu[436]. Als wertentscheidende Grundsatznorm strahlt der Inhalt des Art. 6 II GG in alle Bereiche des Rechts aus und bildet eine verbindliche Richtlinie bei der Anwendung und Auslegung aller Rechtsnormen[437]. Aus der Funktion als Institutsgarantie ergibt sich, daß der Kern der das Eltern-Kind-Verhältnis prägenden Vorschriften verfassungsrechtlich gewährleistet ist – nämlich die Kindererziehung in der Familie[438]. Neben dem Verbot, den Kernbereich weder aufzuheben noch abzuändern[439], folgt daraus der Auftrag an den Gesetzgeber, das Elternrecht in einfaches Recht umzusetzen, um so die Elternstellung zu sichern[440]. Bei der Ausgestaltung kommt dem Gesetzgeber ein weiter Ermessensspielraum zu[441], der ihn berechtigt, die grundgesetzliche Gewährleistung innerhalb der Grenzen des Verfassungsrechts zu konkretisieren und zu vervollständigen[442].

---

434 BVerfGE 24, 119 (135 und 138) = FamRZ 1968, 578 (582); BVerfGE 61, 358 (371) = NJW 1983, 101.

435 BVerfGE 4, 52 (57); 7, 320 (323); 24, 119 (138); 31, 194 (204f); 47, 46 (70); 56, 363 (381).

436 *BK-Jestaedt*, Art.6 Abs.2 und 3, Rn. 10 und 11; *Maunz/Dürig-Badura*; Art.6, Rn.7f.

437 *BK-Jestaedt*, Art.6 Abs.2 und 3, Rn. 10; *Maunz/Dürig-Badura*; Art.6, Rn.7.

438 *Von Münch/Kunig-Coester Waltjen*, GG, Art 6., Rn. 58.

439 *BK-Jestaedt*, Art.6 Abs.2 und 3, Rn. 11; *Maunz/Dürig-Badura*; Art.6, Rn.8.

440 *BK-Jestaedt*, Art.6 Abs.2 und 3, Rn. 12.

441 *BK-Jestaedt*, Art. 6Abs.2 und 3, Rn. 13 und 160.

442 BVerfGE 84, 168 (180).

Im folgenden soll auf den grundrechtlichen Gehalt des Elternrechts eingegangen werden, der den Ermessensspielraum des Gesetzgebers begrenzt.

aa) Art. 6 II GG als Grundrecht

Gemäß Art. 6 II S.1 GG obliegt die Kindeserziehung „zuvörderst" den Eltern.

(1) Persönlicher und sachlicher Schutzbereich

Träger des Grundrechts aus Art. 6 II S.1 GG sind die Eltern, nicht die Kinder[443]. Der Verfassungsgeber ging dabei von dem Regelfall aus, daß das Kind mit den durch die Ehe verbundenen Eltern zusammenlebt und beide Eltern das Kind gemeinsam pflegen und erziehen[444]. Das Bundesverfassungsgericht hat den Anwendungsbereich darüber hinaus in Einzelfällen erweitert, ohne jedoch, wie im Schrifttum wiederholt versucht[445], eine allgemeingültige Definition für den Elternbegriff aufzustellen[446]. So ist anerkannt, daß Eltern durch die Scheidung ihr einstmals bestehendes Elternrecht nicht verlieren[447]. Auch die Frage, ob und inwiefern Eltern nichtehelicher Kinder das Elternrecht zusteht, ist mittlerweile zugunsten der generellen Anerkennung des Elternrechts sowohl der nichtehelichen Mutter[448] als auch des nichtehelichen Vaters[449] entschieden. Als Individualrecht[450] steht das Elternrecht jedem Elternteil einzeln zu[451], wobei die Ausübung allerdings in Abstimmung mit dem anderen Elternteil unter Achtung seines Elternrechts zu erfolgen hat[452].

Sachlich schützt Art. 6 II S.1 GG das Recht und die Pflicht der Eltern zur Pflege und Erziehung gemeinschaftlicher Kinder, mit anderen Worten „die umfassende Verantwortung für die Lebens- und Entwicklungsbedingungen des Kindes"[453].

---

[443] *Von Münch/Kunig-Coester Waltjen*, GG, Art 6., Rn. 77; *Maunz/Dürig-Badura*; Art.6, Rn.135.
[444] BVerfGE 31, 194 (205) = FamRZ 1971, 421 (424); E 56, 363 (382); 61, 358 (372); 84, 168 (179); 92, 158 (176) = FamRZ 1995, 789 (792).
[445] Siehe Nachweise bei *BK-Jestaedt*, Art.6 Abs.2 und 3, Rn.55 ff.
[446] *BK-Jestaedt*, Art.6 Abs.2 und 3, Rn.54.
[447] BVerfGE 31, 194 (206); 56, 363 (382); 64, 180 (188); 66, 84 (96); 68, 256 (267).
[448] BVerfGE 24, 119 (135); 84, 168 (179).
[449] BVerfGE 92, 158 (176) = FamRZ 1995, 789 (792).
[450] BVerfGE 47, 46 (76).
[451] *BK-Jestaedt*, Art.6 Abs.2 und 3, Rn. 114; *Holzhauer*, FamRZ 1982, 109 (113); *Maunz-Dürig-Badura*, Art.6, Rn.92 und 125.
[452] BVerfGE 31, 194 (207); 55, 171 (178); *BK-Jestaedt*, Art.6 Abs.2 und 3, Rn. 115; *Maunz-Dürig-Badura*, Art.6, Rn.97.
[453] *Isensee/Kirchhof-Zacher*, HdBStR VI, § 134, Rn. 65; *Von Münch/Kunig-Coester Waltjen*, GG, Art 6., Rn. 63.

Dabei unterliegt das Elternrecht Beschränkungen durch weitgehend ungeschriebene Voraussetzungen, die sich aus dem Charakter des Elternrechts als Herrschaftsrecht[454] über eine andere Person ergeben. Denn wie das Bundesverfassungsgericht betont hat, kann das Grundgesetz keinem ein Recht an einer anderen Person zuweisen, ohne zugleich sicherzustellen, daß dessen Menschenwürde respektiert wird[455]. Das Elternrecht gibt kein ungebundenes Recht am Kind[456]. Seine Legitimation erhält es vielmehr allein daraus, daß das Kind nicht in der Lage ist, seine Grundrechte auf Menschenwürde und auf freie Entfaltung der Persönlichkeit gemäß Art. 1 I und 2 I i.V.m.1 I GG wahrzunehmen. Ziel des Elternrechts ist somit, dem Kind die Entwicklung zu einer eigenständigen Persönlichkeit in der Gesellschaft zu ermöglichen, solange es selbst dazu noch nicht in der Lage ist[457]. Das Elternrecht ist daher überwiegend fremdnützig[458]. Die Eltern sind nur mit der treuhänderischen Wahrnehmung der Kindesrechte betraut[459]. Sie sind mithin bei der Ausübung des Rechts inhaltlich gebunden und müssen das Elternrecht primär im Interesse und zum Wohl des Kindes ausüben[460]. Erziehungsziele, -inhalte und -methoden sind am Kindeswohl auszurichten. Richtschnur elterlichen Handelns darf allein das Kindeswohl sein[461]. Handlungen, die nicht vom Kindeswohl gedeckt sind, fallen nicht in den Grundrechtsschutz aus Art. 6 II S.1 GG[462], wobei es vorrangig Aufgabe der Eltern ist zu entscheiden, was dem Kindeswohl dient, und ihnen bei der Entscheidung ein weiter Ermessensspielraum zukommt[463].

Angesichts der Bedeutung des Elternrechts für das Kind sind die Eltern hinsichtlich der Entscheidung, ob sie ihr Elternrecht wahrnehmen wollen, nicht frei. Vielmehr obliegt ihnen die Pflicht, das gemeinsame Kind zu pflegen und zu erziehen[464], Art. 6 II S.1 GG.

---

454 *BK-Jestaedt*, Art.6 Abs.2 und 3, Rn.26; *Böckenförde*, Essener Gespräche, 54 (60); *Willutzki*, DAVorm 2000, 377 (379).

455 BVerfGE 24, 119 (144) = FamRZ 1968, 578 (584); E 72, 155 (172).

456 *Von Münch/Kunig-Coester Waltjen*, GG, Art. 6, Rn. 83; *BK-Jestaedt*, Art.6 Abs.2 und 3, Rn. 26.

457 BVerfGE 24, 119 (144) = FamRZ 1968, 578 (584); *Böckenförde*, Essener Gespräche, 54 (63).

458 *BK-Jestaedt*, Art.6 Abs.2 und 3, Rn. 28; *Willutzki*, DAVorm 2000, 377 (380).

459 BVerfGE 59 360 (377); 61, 358 (372); 72, 155 (173).

460 *BK-Jestaedt*, Art.6 Abs.2 und 3, Rn. 28; *Scholz*, FPR 1998, 62 (69); *Willutzki*, DAVorm 2000, 377 (380); *Maunz/Dürig-Badura*, Art.6, Rn.114.

461 BVerfGE 59, 360 (376); 60, 79 (88); *BK-Jestaedt*, Art.6 Abs.2 und 3, Rn. 159.

462 *BK-Jestaedt*, Art.6 Abs.2 und 3, Rn. 37 und 159.

463 *BK-Jestaedt*, Art.6 Abs.2 und 3, Rn. 38.

464 *BK-Jestaedt*, Art.6 Abs.2 und 3, Rn. 30.

Vom Elternrecht geschützt ist mithin jegliches Verhalten der Eltern, das unter Berücksichtigung des Kindeswohls zumindest im entferntesten Sinne als Pflege oder Erziehung zu werten ist[465].

(2) Verfassungsrechtliche Rechtfertigung eines Eingriffs in den Schutzbereich

Staatliche Eingriffe in das Elternrecht aus Art. 6 II S.1 GG können sowohl durch das ungeschriebene Schlichter- als auch durch das in Art. 6 II S.2 GG niedergelegte Wächteramt des Staates gerechtfertigt werden.

(a) Das Schlichteramt des Staates

Grundsätzlich ist der Gesetzgeber nicht befugt, die verfassungsrechtliche Position der Eltern durch einfachgesetzliche Regelungen zu beschränken. Aufgrund seines Ordnungsauftrags darf er zwar die Elternrechte und -pflichten konkretisieren, nicht aber limitieren[466]. Etwas anderes gilt jedoch für den Fall, daß zwischen den Eltern, das heißt zwischen zwei Grundrechtsträgern, Streit herrscht. Bereits aufgrund seiner allgemeinen Aufgabe, die Rechtsordnung und den Rechtsfrieden sicherzustellen, ist der Gesetzgeber nicht nur befugt, sondern sogar verpflichtet, Schlichtungsregeln zur Verfügung zu stellen[467]. Ein Eingriff in das Elternrecht des einen Elternteils ist jedoch nur gerechtfertigt, soweit er zur Sicherstellung des Elternrechts des anderen Elternteils erforderlich ist[468]. Der Gesetzgeber ist auf den Ausgleich zwischen den kollidierenden Grundrechtspositionen beschränkt. Dabei muß die staatliche Lösung unter Zugrundelegung der Kindesinteressen die relativ beste Lösung darstellen[469]. Maßstab für einen staatlichen Eingriff aufgrund des Schlichteramtes ist damit allein das Kindeswohl.

(b) Das Wächteramt des Staates

Art. 6 II S.2 GG weist dem Staat darüber hinaus die Aufgabe zu, über die elterliche Betätigung zu wachen.

Die Anerkennung des Kindes als Grundrechtsträger verpflichtet den Staat, dem Kind für den Fall Schutz zu gewähren, daß die Eltern ihrer Elternverantwortung

---

465 BVerfGE 24, 119 (143); *BK-Jestaedt*, Art.6 Abs.2 und 3, Rn.42; *Leibholz/Rinck/Hesselberger*, Art.6, Rn.573.

466 *BK-Jestaedt*, Art.6 Abs.2 und 3, Rn. 161.

467 BVerfGE 31, 194 (205); 55, 171 (178f); 56, 363 (391); 61, 358 (374); 64, 180 (188); 84, 168 (181).

468 *BK-Jestaedt*, Art.6 Abs.2 und 3, Rn. 16.

469 *BK-Jestaedt*, Art.6 Abs.2 und 3, Rn. 44.

nicht oder nicht im Sinne des Kindeswohls nachkommen[470]. Der Staat muß tätig werden, wenn durch ein – auch unverschuldetes[471] – Fehlverhalten der Eltern das Kindeswohl objektiv beeinträchtigt oder gefährdet ist[472].
Allerdings stellt auch das Wächteramt keine unbegrenzte Eingriffslegitimation des Staates dar. Aus dem Sinn und Zweck des Wächteramtes ergibt sich bereits, daß auch hier ein Eingriff nur durch das Kindeswohl legitimiert werden kann[473]. Darüber hinaus hat der Verfassungsgeber in Art. 6 II S.1 GG den Vorrang der Eltern normiert („zuvörderst"). Er ging davon aus, „daß in aller Regel Eltern das Wohl des Kindes mehr am Herzen liegt als irgendeiner anderen Person oder Institution"[474], da die Eltern von Natur aus bereit und berufen seien, die Verantwortung für ihr Kind zu übernehmen[475]. Grundsätzlich sollen die Eltern deshalb die Erziehungsaufgaben eigenständig und selbstverantwortlich wahrnehmen[476]. Der Staat darf nicht gegen ihren Willen für die bestmögliche Förderung des Kindes sorgen[477], sondern erst dann eingreifen, wenn auch unter weitester Anerkennung der Selbstverantwortlichkeit der Eltern ihr Verhalten nicht mehr als Pflege oder Erziehung gewertet werden kann[478]. Dies ist insbesondere der Fall bei schwerwiegendem Fehlverhalten der Eltern bzw. einer Gefährdung oder Schädigung des Kindeswohls[479]

Dabei unterliegt der Staat auch in diesen Fällen dem Grundsatz der Verhältnismäßigkeit[480], das heißt, er muß sich auf eine geeignete, erforderliche und im engeren Sinne verhältnismäßige Maßnahme[481] beschränken. Konkret bedeutet dies, daß der Staat zunächst versuchen muß, durch helfende und unterstützende Maßnahmen ein verantwortungsvolles Elternverhalten her- bzw. wiederherzustellen[482] – wobei eine Steigerung von freiwilligen bis hin zu oktroyierten Maßnah-

---

[470] BVerfGE 24, 119 (144) = FamRZ 1968, 578 (584); E 60, 79 (88); *BK-Jestaedt,* Art.6 Abs.2 und 3, Rn. 173.
[471] *BK-Jestaedt,* Art.6 Abs.2 und 3, Rn. 192.
[472] *BK-Jestaedt,* Art.6 Abs.2 und 3, Rn. 195.
[473] BVerfGE 10, 59 (84); 24, 119 (144); 84, 168 (181); *Von Münch/Kunig-Coester Waltjen,* GG, Art. 6, Rn. 93.
[474] BVerfGE 61, 358 (371) = NJW 1983, 101.
[475] BVerfGE 24, 119 (150) = FamRZ 1968, 578 (585).
[476] BVerfGE 24, 119 (138) = FamRZ 1968, 578 (582); *Böckenförde*, Essener Gespräche, 54 (76).
[477] BVerfGE 60, 79 (94); *Staudinger-Coester*, §1666, Rn. 81; *Von Münch/Kunig-Coester Waltjen*, GG, Art. 6, Rn. 77 und Rn. 93; *Böckenförde*, Essener Gespräche 54 (76); *Willutzki*, DAVorm 2000, 377 (382).
[478] *BK-Jestaedt,* Art.6 Abs.2 und 3, Rn. 42 und 189.
[479] *Scholz*, FPR 1998, 62 (69); Beispiele bei *BK-Jestaedt*, Art.6 Abs.2 und 3, Rn. 190.
[480] BVerfGE 24, 119 (145); dass., FamRZ 1989, 145 (146); *BK-Jestaedt,* Art.6 Abs.2 und 3, Rn. 204; *Böckenförde*, Essener Gespräche, 54 (78).
[481] *Pieroth/Schlink*, Rn 279ff.
[482] BVerfGE 24, 119 (145) = FamRZ 1968, 578 (584); dass., FamRZ 1989, 145 (146).

men vorzunehmen ist[483] –, bevor er selbst an die Stelle des Erziehers treten darf[484]. Bezüglich des Umfangs ist der Staat gehalten, durch individuelle Regelungen dem Kindeswohl im Einzelfall Rechnung zu tragen und nur im Ausnahmefall generelle Beschränkungen des Elternrechts vorzunehmen[485].

bb) Zusammenfassung

Art. 6 II GG gewährt den Eltern grundsätzlich das Recht, selbständig und eigenverantwortlich zu entscheiden, welche erzieherische Maßnahme und Entscheidung dem Kindeswohl entspricht. Vorrangig ist es Aufgabe der Eltern, das Kindeswohl zu konkretisieren. Der Staat muß diesen Elternvorrang achten und darf nur in zwei Fällen eingreifen: Wenn sich die Eltern uneins sind oder wenn das Kindeswohl einen staatlichen Eingriff zwingend erfordert.

b) Die Umsetzung des Art. 6 II GG im Rahmen der Kindschaftsrechtsreform

Der Gesetzgeber hat bei der Kindschaftsrechtsreform viele Entscheidungen im Hinblick auf das Sorgerecht in die Hand der Eltern gelegt und damit dem in Art. 6 II S.1 GG gewährleisteten Elternrecht in einem wesentlich weiteren Umfang Rechnung getragen als beim Sorgerechtsgesetz von 1980. Diese gestärkte Elternautonomie äußert sich in drei Phänomenen, die zum Teil an mehreren Stellen im Gesetz auftreten. Die Phänomene sind die weitestgehende Bindung des Gerichts an den einvernehmlichen Elternwillen, die Freiwilligkeit der Inanspruchnahme des jugendamtlichen Beratungsangebots und die wiederholte Betonung, daß die staatlichen Institutionen – also neben dem Jugendamt auch das Gericht – auf eine einvernehmliche Lösung hinwirken sollen.

aa) Bindung des Gerichts an den einvernehmlichen Elternwillen

Die Bindung an den einvernehmlichen Elternwillen zeigt sich bereits daran, daß der Gesetzgeber das Sorgerechtsverfahren als Antragsverfahren ausgestaltet hat. Sind sich die Eltern darüber einig, daß sie das Sorgerecht auch nach der Trennung bzw. Scheidung gemeinsam ausüben wollen, findet kein Sorgerechtsverfahren statt. Weder dem Kind noch dem Jugendamt steht ein Antragsrecht zu. Der Zwangsverbund ist abgeschafft. Die Eltern können in eigener Verantwortung über die Fortsetzung der elterlichen Sorge entscheiden.

---

[483] *BK-Jestaedt,* Art.6 Abs.2 und 3, Rn. 207.
[484] *BK-Jestaedt,* Art.6 Abs.2 und 3, Rn. 208.
[485] BVerfGE 24, 119 (145); 68, 176 (188); *BK-Jestaedt,* Art.6 Abs.2 und 3, Rn. 210.

Neben der Einleitung des Verfahrens liegt auch der Umfang der Sorgerechtsregelung in der Hand der Eltern. Die Eltern sind befugt, ihren Antrag auf die strittigen Bereiche zu beschränken. Inhaltlich gilt also nicht mehr das „Alles-oder-nichts-Prinzip“. Herrscht auch nur in Teilbereichen der elterlichen Sorge Einigkeit, so sind diese Bereiche einer gerichtlichen Entscheidung grundsätzlich entzogen.

Auch § 1671 II Nr.1 BGB trägt dem einvernehmlichen Elternwillen Rechnung. Einem einvernehmlichen Alleinsorgeantrag muß das Gericht grundsätzlich stattgegeben, ohne daß es eine Richtigkeitskontrolle vornehmen darf.
Letztlich hat das Gericht also eine einvernehmliche Regelung der Eltern, unabhängig davon, auf welche Form der Sorgerechtsregelung sie sich bezieht, zu akzeptieren, selbst dann, wenn sie aus Sicht des Kindeswohls nur die zweitbeste Lösung darstellt[486]. Dem liegt die Erkenntnis zugrunde, daß jede staatliche Intervention einen Eingriff in das Elternrecht darstellt, der dem Verhältnismäßigkeitsgrundsatz unterworfen ist[487]. Der Staat darf in diesen Fällen erst dann eingreifend tätig werden, wenn dazu aus Gründen des Kindeswohls eine Notwendigkeit besteht[488], das heißt, wenn von der Entscheidung der Eltern eine Gefährdung des Kindeswohls ausgeht, § 1671 III i.V.m. § 1666 BGB. Die Schwelle für staatliche Eingriffe ist damit sehr hoch angesetzt. Der Gesetzgeber überläßt den Eltern in Sorgerechtsangelegenheiten bis zur Gefährdungsgrenze die Entscheidung darüber, was dem Kindeswohl am besten entspricht. Zugunsten einer erweiterten Elternautonomie hat sich der Staat bei einem übereinstimmenden Elternwillen weitgehend aus seinem grundgesetzlich in Art 6 II S.2 GG verankerten Wächteramt zurückgezogen[489].

bb) Freiwilligkeit des jugendamtlichen Beratungsangebots

Auch das Jugendamt ist an den Elternwillen gebunden. So basiert die Inanspruchnahme der jugendamtlichen Beratungen gerade auf der Freiwilligkeit der Eltern. Das Jugendamt ist verpflichtet, den Eltern bei der Entwicklung einvernehmlicher Sorgerechtsregelungen Hilfe zu leisten, § 17 II SGB VIII. Sobald ein Scheidungsverfahren anhängig ist, wendet sich das Jugendamt nach gerichtlicher Mitteilung (§ 17 III SGB VIII) von sich aus an die Eltern und unterbreitet ihnen sein Beratungsangebot. Ob die Eltern dieses in Anspruch nehmen, ist ihnen jedoch – unabhängig davon, ob sie sich einig sind oder nicht – freigestellt.

---

[486] *Bündenbender*, AcP 1997, 197 (224).
[487] *Rummel*, RdJB 1998; 156 (163); *Scholz*, FPR 1998, 62 (72).
[488] *Von Renesse*, FPR 1998, 59 (60).
[489] OLG Rostock, FamRZ 1999, 1599; OLG Zweibrücken, FamRZ 2000, 506 (507)

Etwas anderes gilt nur, wenn die Eltern einen Sorgerechtsantrag gestellt haben. In diesem Fall ist das Jugendamt neben seiner Beratungsverpflichtung aus § 17 II SGB VIII auch zur Mitwirkung am gerichtlichen Verfahren verpflichtet, § 50 II SGBVIII. Durch diese Mitwirkungsverpflichtung, die strikt von der Beratungsaufgabe zu trennen ist, wird dem Kindeswohl und damit dem staatlichen Wächteramt Rechnung getragen. Im Falle eines einvernehmlich auf die Alleinsorge eines Elternteils gerichteten Sorgerechtsantrags wird jedoch auch hier – in Anlehnung an die eingeschränkte gerichtliche Überprüfungsmöglichkeit gemäß § 1671 II Nr. 1 BGB – eine Bindung des Jugendamtes an den Elternwillen angenommen[490]. Danach gibt es auch für das Jugendamt keine Veranlassung, einen einvernehmlichen Regelungsvorschlag zu hinterfragen, es sei denn, es liegen Anhaltspunkte für eine Kindeswohlgefährdung vor.

cc) Förderung der einvernehmlichen Konfliktlösung

Der Gesetzgeber beläßt es nicht dabei, die Beachtung der Elternautonomie im Falle elterlichen Einvernehmens festzuschreiben. Vielmehr setzt er sich zum Ziel, auch die Eltern, die sich zunächst uneins sind, zu einvernehmlichen Konfliktlösungen zu befähigen. Bei Streit zwischen den Eltern ist der Staat zwar als Schlichter berufen. Erforderlich im Sinne des Verhältnismäßigkeitsgrundsatzes ist nach Ansicht des Gesetzgebers aber zunächst nur eine staatliche Hilfestellung mit dem Ziel, gemeinsames Handeln der Eltern wieder herzustellen. Im Gesetz findet dies seinen Ausdruck in der wiederholten Verpflichtung des Gerichts, die Eltern auf die Beratungsangebote des Jugendamtes hinzuweisen, § 613 I S.2 ZPO, § 52 I S.2 FGG und selbst auf elterliches Einvernehmen hinzuwirken, § 52 I S.1 FGG. Darüber hinaus hat das Jugendamt den Eltern, wie oben bereits ausgeführt[491], – auf freiwilliger Basis – Hilfe bei der Entwicklung einvernehmlicher Sorgerechtskonzepte zu leisten, § 17 II SGB VIII.

Die gesetzlichen Regelungen zielen folglich nicht nur auf eine Anerkennung des bestehenden Elternrechts durch den Staat, sondern auch auf die weitestgehende Aufrechterhaltung und Förderung dieses Rechts mit Hilfe unterstützender staatlicher Maßnahmen.

dd) Zusammenfassung

Mit der Kindschaftsrechtsreform betont der Gesetzgeber unter Berücksichtigung der Vorgaben aus Art. 6 II GG nicht nur die Verantwortung der Eltern, sondern er eröffnet ihnen auch einen weiten Entscheidungsspielraum, in dem sie nach

[490] *Harnach-Beck*, FPR 1998, 230 (231).
[491] S.o. § 3 III 4 c).

der Trennung bzw. Scheidung weitgehend frei von staatlicher Aufsicht Entscheidungen bezüglich ihres Kindes treffen können. Sollte eine vernünftige Zusammenarbeit zwischen den Eltern nicht von vornherein funktionieren, ist der Staat zunächst verpflichtet, helfend und unterstützend tätig zu werden. Der Ausgestaltung des Gesetzes läßt sich das generelle Bewußtsein des Gesetzgebers entnehmen, daß jedes staatliche Handeln in diesem Bereich einen Eingriff in das Elternrecht darstellt, der gerechtfertigt werden muß.

2) Das gemeinsame Sorgerecht – BVerfGE 61, 358

Art. 6 II GG legt zwar fest, daß das Elternrecht auch nach der Trennung bzw. Scheidung bestehenbleibt. Wie jedoch die Rechte und Pflichten zu verteilen sind, wenn die Ehe durch Scheidung aufgelöst wird und eine gemeinsame Wahrnehmung der Elternverantwortung durch beide Elternteile in der bisherigen Weise nicht mehr möglich ist, darüber sagt das Grundgesetz nichts aus[492]. Die konkrete Ausgestaltung des Sorgerechtsverfahrens liegt also im Ermessen des Gesetzgebers[493]. Dabei hat sich der Gesetzgeber allerdings im Rahmen des verfassungsrechtlich Zulässigen zu halten. Insbesondere muß er das Elternrecht beider Elterteile wahren.

Die Grenzen der gesetzgeberischen Ausgestaltungsfreiheit hat das Bundesverfassungsgericht in seiner Entscheidung vom 3.11.1982 aufgezeigt, als es die Regelung des § 1671 IV S.1 BGB in der Fassung des Sorgerechtsgesetzes von 1980 für verfassungswidrig erklärte[494]. Der Reformgesetzgeber war gehalten, sich mit dem Urteil des Bundesverfassungsgerichts von 1982 auseinanderzusetzen und die dort aufgezeigten verfassungsrechtlichen Grenzen einzuhalten.

a) Das Urteil des Bundesverfassungsgerichts vom 3.11.1982

In seiner Entscheidung hat das Bundesverfassungsgericht ausgiebig die Voraussetzungen diskutiert, die die Verfassung an eine Sorgerechtsregelung stellt. Dabei wurde sowohl die verfahrensrechtliche als auch die materiellrechtliche Ausgestaltung der bestehenden Sorgerechtsregelung verfassungsrechtlich beleuchtet. Während verfahrensrechtlich der Zwangsverbund gemäß §§ 621 I Nr.1, 623 I S.1, III ZPO in der Fassung des Ersten Eherechtsgesetzes von 1977 auf seine Verfassungsmäßigkeit überprüft wurde, stand materiellrechtlich der ausnahmslose Ausschluß der gemeinsamen Sorge gemäß § 1671 IV S.1 BGB in der Fassung des Sorgerechtsgesetzes von 1980 auf dem verfassungsrechtlichen Prüfstand.

---

[492] BVerfGE 31, 194 (205) = FamRZ 1971, 421 (424); *Leibholz/Rinck/Hessel-berger*, Art.6, Rn.606.
[493] *Scholz*, FPR 1998, 62 (70).
[494] BVerfGE 61, 358 = NJW 1983, 101.

aa) Verfassungsmäßigkeit des Verbundverfahrens

Das Verbundverfahren[495] war 1977 mit dem Ziel eingeführt worden, alle bei der Scheidung relevanten Fragestellungen in einem Verfahren zu konzentrieren. Damit sollte zum einen der Elternstreit endgültig und umfassend beendet werden[496]. Man hielt die Aufsplittung der Verfahren für unbefriedigend und unrationell und nahm an, die sachgerechte Auseinandersetzung mit zusammenhängenden Fragen werde erschwert und die Ehegatten würden durch die ständige Auseinandersetzung mit der gescheiterten Ehe belastet[497]. Zum anderen sollten den Eltern die Konsequenzen ihrer Scheidung vor Augen geführt und sie auf diesem Wege vor überstürzten Anträgen bewahrt werden[498].

Das Bundesverfassungsgericht hat diesen Ansatz mit der Erwägung gebilligt, daß selbst dann, wenn die Eltern nach der Ehescheidung alles daransetzen, um den engen Kontakt zu ihrem Kind aufrechtzuerhalten und die Beziehung zu beiden Elternteilen zu fördern, zumindest die häusliche Gemeinschaft so, wie sie vor der Scheidung bestand, nicht aufrechterhalten werden könne. Selbst die großzügigste Umgangsregelung könne nicht darüber hinwegtäuschen, daß das Kind nun entweder beim Vater oder bei der Mutter lebe, auf keinen Fall aber mit beiden zusammen. Diese zwingend mit der Scheidung der Eltern verbundene Änderung der tatsächlichen Gegebenheiten habe unmittelbare Auswirkungen auf das Eltern-Kind-Verhältnis und damit auch auf das Kindeswohl. Dies rechtfertige die ausnahmslose Einleitung eines Sorgerechtsverfahrens von Amts wegen. Der Staat könne aufgrund seines Wächteramtes die Sorgerechtsregelung überprüfen, auch wenn die Eltern ihrer Elternpflicht nach der Scheidung im vollem Umfang nachkämen. Dem Elternvorrang werde dadurch ausreichend Rechnung getragen, daß das Prozeßgericht an einen einverständlichen Vorschlag der Eltern gebunden sei und von diesem nur aus Gründen des Kindeswohles abweichen könne (§ 1671 III S.1 BGB a.F.)[499]. Gegen das Verbundverfahren bestehen nach Ansicht des Bundesverfassungsgerichts daher keine verfassungsrechtlichen Bedenken.

bb) Verfassungsmäßigkeit des ausnahmslosen Ausschlusses des gemeinsamen Sorgerechts nach der Scheidung

Im Anschluß an die Überprüfung des Verbundverfahrens wandte sich das Bundesverfassungsgericht der materiellrechtlichen Ausgestaltung des Sorgerechts-

---

[495] S.o. § 2 IV.
[496] *MüKo-Hinz*, § 1671, Rn. 7.
[497] BT-Drucks. 7/650, S. 61.
[498] BT-Drucks. 7/650, S. 61 und 86.
[499] BVerfG, NJW 1983, 101.

verfahrens zu. Zur Entscheidung stand, ob die ausnahmslose Übertragung der Alleinsorge auf einen Elternteil im Fall der Ehescheidung verfassungsgemäß war. Im Rahmen der Novellierung der Sorgerechtsregelung waren aus § 1671 IV BGB a.F., der lautete „Die elterliche Sorge ist in der Regel einem Elternteil allein zu übertragen“, die Worte „in der Regel“ gestrichen worden. Dadurch sollte der Diskussion über das gemeinsame Sorgerecht nach der Scheidung ein Ende gesetzt werden. Die Änderung hatte unmittelbar zu Zweifeln an ihrer Verfassungsmäßigkeit und zur Vorlage beim Bundesverfassungsgericht geführt[500].

(1) Streit um das Sorgerecht

Für den Fall, daß sich die Eltern bei der Scheidung um das Sorgerecht streiten, sah das Gericht keine verfassungsrechtlichen Bedenken gegen die Anordnung der Alleinsorge. Der Staat sei als Schlichter berufen, die widerstreitenden Interessen, genauer das Elternrecht der Mutter mit dem des Vaters, in Ausgleich zu bringen, mit der Folge, daß nach Ansicht des Bundesverfassungsgerichts gar kein Eingriff in den Schutzbereich des Elternrechts vorliegt[501].

(2) Einigkeit bezüglich des Sorgerechts

Anders präsentiere sich die Situation jedoch dort, wo die Eltern einvernehmlich eine Sorgerechtsregelung wünschten, und zwar nicht nur dann, wenn der einvernehmliche Elternwille auf die Alleinsorge, sondern auch dann, wenn er auf die Beibehaltung der gemeinsamen Sorge gerichtet sei. Da die Befugnis für staatliches Tätigwerden nicht aus dem Schlichteramt hergeleitet werden könne, stelle die ausnahmslose Anordnung der Alleinsorge einen Eingriff in das Elternrecht dar, der nur dann verfassungsgemäß sei, wenn das Wächteramt des Staates einen entsprechenden Eingriff rechtfertige. Eine Rechtfertigung verneinte das Bundesverfassungsgericht für den Fall, daß zu dem elterlichen Willen, die Verantwortung für das Kind auch nach der Scheidung gemeinsam zu tragen, die volle Erziehungsfähigkeit beider Elternteile sowie die Vereinbarkeit der gemeinsamen Sorge mit dem Kindeswohl komme[502]. Das Bundesverfassungsgericht hatte sich folglich damit auseinanderzusetzen, ob die gemeinsame Sorge nach der Scheidung generell dem Kindeswohl widerspricht, da nur dies die ausnahmslose Anordnung der Alleinsorge gerechtfertigt hätte.

---

500 S.o. § 2 V.
501 BVerfG, NJW 1983, 101.
502 BVerfG, NJW 1983, 101.

(a) Kontinuitätsargument

Der Kritik, daß die gemeinsame Sorge nach der Scheidung die Stetigkeit der Erziehung und der Entwicklung des Kindes gefährde, da das Einvernehmen nicht von Dauer sein könne, vermag sich das Bundesverfassungsgericht nicht anzuschließen. Die Sachverständigenanhörung im Rahmen des Gesetzgebungsverfahrens habe keine eindeutige Aussage zur Beständigkeit der gemeinsamen Sorge erbracht, zumal auch bei Alleinsorgeentscheidung eine Anpassung an unvorhergesehene, künftige Entwicklungen erforderlich werden könne. Ferner könne sich selbst eine zeitlich begrenzte gemeinsame Sorge in einer prägenden Phase des Kindes positiv auswirken und im Interesse des Kindes liegen[503]. Für die gefühlsmäßige Bindung des Kindes zu beiden Eltern biete die gemeinsame Sorge außerdem ein Höchstmaß an Kontinuität[504].

(b) Gefahr sachfremder Erwägungen

Die Gefahr, daß sich Eltern aufgrund sachfremder Erwägungen für die gemeinsame Sorge entscheiden könnten, könne ebenfalls nicht die Ausnahmslosigkeit der Alleinsorge rechtfertigen. Mißbrauch sei im Einzelfall zu lösen. Dem Kindeswohl werde dadurch ausreichend Rechnung getragen, daß der Richter auch bei Einvernehmen der Eltern das Kindeswohl zu prüfen und sich für die beste Lösung zu entscheiden habe (§ 1671 II 1.HS. BGB von 1980)[505].

(c) Sonstige Bedenken gegen die gemeinsame Sorge

Auch im übrigen sah das Bundesverfassungsgericht keine Gründe, welche ein Verbot der gemeinsamen Sorge nach der Scheidung der Eltern erforderten.

Die Eltern hätten zwar die Möglichkeit, die Alleinsorge durch private Gestaltung, wie das Einräumen von Vertretungsmacht, der gemeinsamen Sorge weitgehend anzugleichen. Dadurch würden allerdings nur die tatsächlichen Auswirkungen des staatlichen Eingriffs abgemildert, ohne daß der Eingriff an sich gerechtfertigt werde[506].

Die Befürchtung einer „Sogwirkung“, das heißt der Gefahr, daß die Zahl der Anträge auf gemeinsames Sorgerecht im Rahmen der Scheidung spürbar anstei-

[503] BVerfG, NJW 1983, 101 (102).
[504] BVerfG, NJW 1983, 101 (102).
[505] BVerfG, NJW 1983, 101 (102):
[506] BVerfG, NJW 1983, 101 (103).

gen werde, sei unbegründet, da den Anträgen nur dann stattzugeben sei, wenn die gemeinsame Sorge im Interesse des Kindes liege. Dafür sei eine eingehende richterliche Prüfung im Einzelfall erforderlich. Einer Ausweitung der gemeinsamen Sorge, durch die die bestehenden Vorschriften ausgehöhlt werden könnten, könne durch die restriktive Auslegung der bestehenden Vorschriften entgegengewirkt werden. Auch sei der Gesetzgeber frei, neue Regelungen zu erlassen, durch die sichergestellt werde, daß die gemeinsame Sorge nach der Scheidung die Ausnahme bleibe[507].

Selbst wenn die gemeinsame Sorge aufgrund der gesetzlichen Ausgestaltung ein Ausnahmefall bleibe, dürfe sie nicht im Wege einer Typisierung vernachlässigt werden. Abgesehen davon, daß der in der mündlichen Verhandlung angehörte Sachverständige das gemeinsame Sorgerecht durchaus als eine für die Mehrzahl der anstehenden Sorgerechtsverfahren angemessene Lösung erachtete, sei die vollständige Außerachtlassung einer Fallgruppe nur dann zulässig, wenn sich Ungerechtigkeiten nur unter Schwierigkeiten vermeiden ließen und die Grundrechtsbeeinträchtigung sehr gering sei[508]. Von der ausnahmslosen Anordnung der Alleinsorge werde jedoch nicht nur das Elternrecht betroffen, sondern unmittelbar auch das Kindeswohl, da dadurch eine umfassende Abwägung im Einzelfall verhindert werde. Eine Typisierung gehe daher immer zu Lasten des von der Scheidung betroffenen Kindes und werde so der Problemlage nicht gerecht[509].

Eine im Vergleich zu Alleinsorgeentscheidungen erhöhte Gefahr dafür, daß Entscheidungen zugunsten des gemeinsamen Sorgerechts bei Veränderungen der Verhältnisse nicht rechtzeitig korrigiert würden, sah das Bundesverfassungsgericht nicht[510].

(3) Ergebnis

Nach Ansicht des Bundesverfassungsgerichts widerspricht das gemeinsame elterliche Sorgerecht nach der Scheidung nicht generell dem Kindeswohl. Eine gesetzliche Sorgerechtsregelung müsse zumindest für den Fall, daß die erziehungsgeeigneten Eltern den Willen hätten, die Sorge weiterhin gemeinsam auszuüben, und das Kindeswohl im Einzelfall der gemeinsamen Sorge nicht entgegenstünde, die Möglichkeit des gemeinsamen Sorgerechts nach der Scheidung vorsehen. Die Anordnung der ausnahmslosen Alleinsorge gemäß § 1671 IV S.1 BGB a.F. widerspreche diesen Anforderungen und sei daher verfassungswidrig.

---

[507] BVerfG, NJW 1983, 101 (103).
[508] BVerfGE 45, 376 (390).
[509] BVerfG, NJW 1983, 101 (103).
[510] BVerfG, NJW 1983, 101 (103).

Für die nicht nur vorübergehende Trennung der Eltern gilt über § 1672 BGB a.F., der auf § 1671 BGB a.F. verweist, entsprechendes.

b) Die Umsetzung der Vorgaben des Bundesverfassungsgerichts

Mit der Kindschaftsrechtsreform findet das gemeinsame Sorgerecht nach der Scheidung bzw. Trennung der Eltern Eingang in das Gesetz. § 1671 BGB eröffnet den Eltern, die das gemeinsame Sorgerecht innehaben, die Möglichkeit, dieses auch nach der Scheidung bzw. Trennung zu behalten, indem sie keinen Alleinsorgeantrag stellen. Allerdings hat der Reformgesetzgeber keinesfalls das Urteil des Bundesverfassungsgerichts in Gesetzesform gegossen, sondern ist einen ganz eigenen Weg gegangen, der in weiten Bereichen von dem abzuweichen scheint, was die Bundesverfassungsrichter angedacht hatten und was in der Folgezeit in der gerichtlichen Praxis umgesetzt wurde. So verabschiedet sich der Reformgesetzgeber nicht nur vom Zwangsverbund, sondern nimmt auch bei der gemeinsamen Sorge eine andere Sichtweise als die Bundesverfassungsrichter ein.

aa) Abschied vom Zwangsverbund

Obwohl die Verfassungsrichter 1982 die zwingende Verbindung eines jeden Scheidungs- mit einem Sorgerechtsverfahren ausdrücklich als verfassungskonform ansahen, hat sich der Reformgesetzgeber gegen einen solchen Zwangsverbund und für ein Antragsverfahren beim Sorgerecht entschieden. Diese Entscheidung beruht auf einer Änderung der bundesverfassungsgerichtlichen Rechtsprechung im Bereich des Nichtehelichenrechts, worauf im Rahmen des Gleichheitsgrundsatzes bei § 4 I 3) näher eingegangen werden soll.

bb) Gemeinsame Sorge

Auch bei der Ausgestaltung des gemeinsamen Sorgerechts scheint sich der Gesetzgeber weitgehend von dem Urteil des Bundesverfassungsgerichts gelöst zu haben.

(1) Gemeinsame Sorge als Ausgangspunkt des Reformgesetzgebers

Das Bundesverfassungsgericht näherte sich der Problemstellung von der Seite der Alleinsorge her und fragte, ab wann die Anordnung der Alleinsorge verfassungswidrig ist. Dies ist dann der Fall, wenn die Anordnung der Alleinsorge einen nicht gerechtfertigten Eingriff in das Elternrecht darstellt, wenn also den Eltern die gemeinsame Sorge zwingend zu belassen ist. Insofern machten sich die Bundesverfassungsrichter in ihrem Urteil Gedanken darüber, welche Mindestvoraussetzungen erfüllt sein müssen, damit die Eltern das gemeinsame Sorgerecht behalten können. Sie legten die Grenze fest, ab wann spätestens die gemeinsame Sorge geboten ist. Eine darüber hinaus gehende Anordnung der Alleinsorge ist verfassungswidrig.

Der Reformgesetzgeber fragt demgegenüber umgekehrt, ab wann aus Kindeswohlgesichtspunkten von der gemeinsamen Sorge abzusehen ist. Er nähert sich der Grenzfrage aus der anderen Richtung, nämlich von der gemeinsamen Sorge her, und guckt, unter welchen Voraussetzungen einem Alleinsorgeantrag stattzugeben ist. Die Voraussetzungen der gemeinsamen Sorge interessieren ihn nicht – zumindest nicht primär.

Während also das Bundesverfassungsgericht die Voraussetzungen der gemeinsamen Sorge definierte, normiert der Reformgesetzgeber die Voraussetzungen der Alleinsorge. Ob sich damit die Gewichtung des gemeinsamen Sorgerechts gewandelt hat und sie vom Ausnahme- zum Regelfall wurde, ist, wie oben bereits ausgeführt, umstritten[511]. Der Gesetzgeber selbst hat der Änderung der Gewichtung widersprochen[512]. Festzuhalten bleibt, daß zumindest ein Perspektivenwandel stattgefunden hat.

(2) Negative Definition der gemeinsamen Sorge

Vor dem Hintergrund, daß die gemeinsame Sorge der Ausgangspunkt der gesetzgeberischen Betrachtung ist, braucht der Gesetzgeber anders als das Bundesverfassungsgericht keine Voraussetzungen aufzustellen, die das gemeinsame Sorgerecht positiv definieren. Das gemeinsame Sorgerecht ist den Eltern vielmehr immer dann zu belassen, wenn die Alleinsorge gerade nicht geboten ist. Die gemeinsame Sorge bleibt also automatisch bestehen für den Fall, daß die Eltern die Antragstellung unterlassen oder die Voraussetzungen für die Stattgabe eines Alleinsorgeantrags nicht vorliegen. Ihre Voraussetzungen ergeben sich daher erst im Rückschluß, nämlich im Vergleich zu den Voraussetzungen der Alleinsorge. Die gemeinsame Sorge ist nur negativ definiert. Welche Anforderungen konkret an die Eltern zu stellen sind, damit ihnen die gemeinsame Sorge belassen werden kann, ist nirgends im Gesetz festgelegt.

(3) Kindeswohl als alleiniger Maßstab

Auch bei der Normierung der Voraussetzungen der Alleinsorge hält sich der Reformgesetzgeber sehr bedeckt. Mit Ausnahme der Einigkeit der Eltern ist allei-

---

[511] S.o. § 3 IV 1 b) bb) (2) (b) (cc)
[512] BT-Drucks. 13/4899, S.63.

niger Maßstab für die gerichtliche Entscheidung das Kindeswohl. Während die Verfassungsrichter für die gemeinsame Sorge konkrete Voraussetzungen nannten – wie die Kooperationsbereitschaft und -fähigkeit, die Erziehungsfähigkeit und die Gründe des Kindeswohls – gibt der Reformgesetzgeber den Richtern als einzige Entscheidungshilfe den unbestimmten Begriff des Kindeswohls an die Hand. Anhand des Kindeswohls hat eine Abwägung zwischen den Sorgerechtsformen stattzufinden und der Richter neben der Frage der gemeinsamen oder Alleinsorge auch die der Person des Alleinsorgeberechtigten zu klären. Anhaltspunkte, wann die eine oder andere Sorgerechtsform dem Kindeswohl besser entspricht, gibt der Gesetzgeber nicht.

(4) Unbestimmtheit als Einfallstor für die Kriterien des Bundesverfassungsgerichts

Dadurch, daß der Reformgesetzgeber weder Kriterien für das gemeinsame Sorgerecht aufstellt, noch die Voraussetzungen für die Alleinsorge konkretisiert, ist die Regelung des § 1671 BGB sehr unbestimmt. Diese Unbestimmtheit eröffnet andererseits die Möglichkeit, bei der Auslegung des § 1671 BGB auf die Kriterien des Bundesverfassungsgerichts zurückzugreifen und diese im Rahmen der Auslegung des Kindeswohls zu berücksichtigen. Allerdings vermeidet der Gesetzgeber jeden expliziten Verweis auf die Kriterien des Bundesverfassungsgerichts und die auf ihnen aufbauende Rechtsprechung. Er setzt sie weder außer Kraft noch schreibt er sie im Gesetz fest. Er scheint sie vielmehr stillschweigend vorauszusetzen. Schließlich erwähnt er in Anlehnung an das Bundesverfassungsgericht, daß fortwährender Streit zu Belastungen des Kindes führen könne[513]. Auch der Rechtsausschuß betont, daß eine Basis für die gemeinsame Sorge vorhanden sein müsse[514]. Im Rahmen der Einzelbegründung zu § 1672 BGB führt der Gesetzgeber sogar aus, daß die gemeinsame Sorge „ein Mindestmaß an Kooperationsbereitschaft und Kompromißfähigkeit“ zwischen den Eltern voraussetze[515].

cc) Fazit

Der Reformgesetzgeber hat das Urteil des Bundesverfassungsgericht vom 3.11.1982 weder im Gesetz verankert noch konkretisiert. Dazu war er aber auch nicht verpflichtet. Immerhin liegt die konkrete Ausgestaltung eines Gesetzes in den Händen des Gesetzgebers und nicht in denen des Bundesverfassungsgerichts. Vielmehr scheint er die Erwägungen der Bundesverfassungsrichter, statt

---

513 BT-Drucks. 13/4899, S.63.
514 BT-Drucks. 13/8511, S.66.
515 BT-Drucks. 13/4899, S.101.

sie in das Gesetz aufzunehmen, stillschweigend vorauszusetzen und seine Regelung auf ihnen aufzubauen. Die Erwägungen des Bundesverfassungsgerichts können so bei der Auslegung des unbestimmten Kindeswohlbegriffes in die Sorgerechtsentscheidung einfließen, ohne daß es sich dabei um gesetzlich festgelegte Voraussetzungen handelt. Das Gesetz ist dadurch in alle Richtungen offen und in seiner Anwendung sehr flexibel. Sollten sich die Meinung hinsichtlich der vom Bundesverfassungsgerichts aufgestellten Voraussetzungen für das gemeinsame Sorgerecht künftig ändern, wird es kein Problem sein, dies bei der Auslegung des unbestimmten Kindeswohlbegriffs zu berücksichtigen.

Ein Nachteil dieser Flexibilität ist allerdings der Verlust an Rechtssicherheit und Rechtsklarheit. Die Ausgestaltung des Sorgerechts liegt weiterhin – trotz gesetzlicher Normierung – in den Händen der Richter. Insbesondere der Streit um die Voraussetzungen der gemeinsamen elterlichen Sorge hätte vermieden werden können, wenn der Gesetzgeber sich eindeutiger auf die Kriterien des Bundesverfassungsgerichts bezogen hätte. Das generelle Phänomen, daß das Kindeswohl zum Maßstab der gerichtlichen Entscheidung bestimmt wird, ist dem Kindschaftsrecht jedoch nicht fremd (§§ 1666, 1696 BGB) und findet seit der Kindschaftsrechtsreform auch in § 1697 a BGB seinen gesetzlichen Ausdruck.

3) Der spezielle Gleichheitssatz gemäß Art. 6 V GG

In Art. 6 V GG hat der Verfassungsgeber niedergelegt, daß ein Kind nicht wegen seiner unehelichen Geburt benachteiligt werden darf[516]. Bei der Neufassung der Sorgerechtsregelung hatte der Gesetzgeber also darauf zu achten, daß die Sorgerechtsregelung nach der Scheidung die Stellung nichtehelicher Kinder nicht ungerechtfertigt verschlechtert im Sinne des Art. 6 V GG.

a) Verfassungsrechtlicher Gehalt des Art. 6 V GG

Art. 6 V GG begründet einen unmittelbaren Auftrag an den Gesetzgeber[517], zum Schutz nichtehelicher Kinder Regelungen zu schaffen, mit denen eine „wirkliche Gleichstellung“[518], nicht nur eine Annäherung an die Situation der ehelichen Kinder[519] erreicht werden kann. Gleichzeitig gewährt Art. 6 V GG als spezielle Ausprägung des allgemeinen Gleichheitssatzes aus Art. 3 I GG[520] einen entsprechenden individualrechtlichen Anspruch. Grundrechtsträger ist dabei allein das

---

[516] BVerfGE 17, 148 (154).
[517] BVerfGE 8, 210 (216); 17, 148 (155).
[518] BVerfGE 85, 80 (88).
[519] *von Münch/Kunig-Coester-Waltjen*, Art. 6, Rn. 112.
[520] BVerfGE 17, 148 (153); 17, 280 (286); 22, 163 (172); 25, 167 (190); 26, 44 (60); 26, 265 (272); 74, 33 (38); 84, 168 (184).

nichteheliche Kind[521]. Seine Eltern werden nicht aus Art. 6 V GG berechtigt[522]. Ihr Anspruch auf Autonomie und Schutz ist abschließend in Art. 6 I und II GG geregelt[523]. Um des Kindes willen wird aber indirekt die Mutter- bzw. Vater-Kind-Beziehung von Art. 6 V GG geschützt[524].

Ziel des Art. 6 V GG ist weniger eine formale Gleichstellung. Im Vordergrund steht vielmehr die gleichwertige Gestaltung der Rechtsverhältnisse[525], wobei als Maßstab grundsätzlich die Situation eines ehelichen Kindes in stabiler Ehe anzulegen ist[526]. Die Betrachtung der Gesamtumstände kann allerdings durchaus eine abweichende Regelung rechtfertigen[527], wenn die förmliche Gleichstellung der abweichenden sozialen Situation des nichtehelichen Kindes nicht gerecht würde oder dadurch andere ebenso geschützte Rechtspositionen beeinträchtigt würden[528]. Eine solche Rechtfertigung vermochte das Bundesverfassungsgericht[529] für die Regelung des § 1738 I BGB in der Fassung des Nichtehelichengesetzes von 1969[530], wonach die Mutter des nichtehelichen Kindes bei einer Ehelicherklärung des Kindes automatisch das ihr bis dahin allein zustehende Sorgerecht verliert, nicht zu finden. Konsequenz – und auch gesetzgeberisch beabsichtigtes Ziel – dieser Regelung war nämlich, daß den Eltern eines nichtehelichen Kindes vor Ehelicherklärung generell das gemeinsame Sorgerecht verwehrt wurde[531]. Das Gericht erklärte die Regelung wegen Verstoßes sowohl gegen das Elternrecht aus Art. 6 II S.1 GG als auch gegen das Gleichheitsgebot des Art. 6 V GG für nichtig und verband sein Urteil mit der Verpflichtung des Gesetzgebers, die gemeinsame Sorge auch für Eltern nichtehelicher Kinder zuzulassen[532].

b) Die Umsetzung des Art. 6 V GG im Rahmen der Kindschaftsrechtsreform

Der Reformgesetzgeber ist dem Auftrag des Bundesverfassungsgerichts nachgekommen und hat mit der Schaffung des § 1626 a BGB den Eltern nichtehelicher Kinder die Möglichkeit eröffnet, die gemeinsame Sorge durch Sorgeerklärung zu erlangen. Mit der Anerkennung eines gemeinsamen Sorgerechts nichteheli-

[521] BVerfGE 17, 148 (153); 26, 44 (60); 37, 121 (127).
[522] BVerfGE 37, 121 (127); *von Münch/Kunig-Coester-Waltjen*, Art. 6, Rn. 117; *Isensee/Kirchhof-Zacher*, HdbStR VI, § 134, Rn. 121.
[523] *von Münch/Kunig-Coester-Waltjen*, Art. 6, Rn. 117.
[524] *Isensee/Kirchhof-Zacher*, HdbStR VI, § 134, Rn. 121; *von Münch/Kunig-Coester-Waltjen*, Art. 6, Rn. 117.
[525] BVerfGE 17, 280 (284); 26, 44 (60); 85, 80 (87f).
[526] BVerfGE 58, 377 (392f); 84, 168 (185).
[527] *Maunz/Dürig-Maunz*, Art. 6 V, Rn. 49.
[528] BVerfGE 74, 33 (39); 84, 168 (185); 85, 80 (87f).
[529] BVerfGE 84, 168 ff = FamRZ 1991, 913 ff.
[530] BGBl 1969 I, S.1243ff, in Kraft getreten am 1.7.1970.
[531] BT-Drucks.5/2370, S.75.
[532] BVerfG, FamRZ 1991, 913 (917).

cher Paare stellte sich ihm aber automatisch auch – parallel zur Scheidung verheirateter Eltern – die Frage nach einer Folgeregelung für den Fall der Trennung.

Eine eigene Regelung, wie sie vor der Kindschaftsrechtsreform in Form des § 1672 BGB für die Zeit einer nicht nur vorübergehenden Trennung nicht geschiedener Ehepartner bestand, und die nach der Anerkennung des gemeinsamen Sorgerechts nichtehelicher Lebenspartner auch deren Trennung erfaßt hätte, hat nur noch dann ihre Berechtigung, wenn es einen sachlichen Grund für eine Differenzierung gibt. Allein die Tatsache, daß sich verheiratete Eltern offiziell scheiden lassen, während nicht verheiratete Eltern sich trennen können, ohne daß der Staat davon notgedrungen Nachricht erhält, stellt keinen hinreichenden sachlichen Grund für eine Differenzierung dar. Denn für das Kind ist es egal, ob seine Eltern vor der Trennung verheiratet waren oder nicht - zumindest dann, wenn den Eltern das Sorgerecht vor der Scheidung bzw. Trennung gemeinsam zustand und sie dieses auch entsprechend ausübten. In beiden Fällen fragt sich, wie künftig die Beziehung des Kindes zu seinen Eltern gestaltet werden soll. Es ist nicht ersichtlich, warum in dieser Hinsicht das eheliche Kind schutzwürdiger sein soll als das nichteheliche Kind. Nur eine Regelung, die auf eheliche und nichteheliche Kinder nach der Trennung bzw. Scheidung der Eltern gleichsam anwendbar ist, ist folglich mit Art. 6 V GG vereinbar.

Am Zwangsverbund konnte unter diesen Voraussetzungen nicht mehr festgehalten werden, auch wenn das Bundesverfassungsgericht diesen 1982 noch für verfassungskonform gehalten hatte. Mit der Anerkennung des Elternrechts auch für Eltern nichtehelicher Kinder und mit der Forderung, diesen das gemeinsame Sorgerecht zuzusprechen, war die Situation 1998 eine ganz andere als 1982. Die damaligen Erwägungen hatten für den Reformgesetzgeber also keine Gültigkeit mehr. Die Scheidung entfällt als Anknüpfungspunkt für eine Sorgerechtsentscheidung. Eine einheitliche Regelung verlangt, daß auf die Trennung abgestellt wird. Da diese aber nicht mehr dem Gericht bekannt wird – es sei denn, man verpflichtet die Eltern zu einer Trennungsanzeige[533] – ist ein Antragsverfahren die einzige Möglichkeit, um eine einheitliche Regelung für eheliche und nichteheliche Kinder zu schaffen. Der Gesetzgeber hatte also hinsichtlich der Ausgestaltung des Sorgerechtsverfahrens als Antragsverfahren keinen großen Entscheidungsspielraum, sondern war durch Art. 6 V GG gebunden[534].

[533] *Coester*, FamRZ 1992, 617 (624).
[534] *Coester*, FamRZ 1992, 617 (624).

II. Die UN-Kinderrechtskonvention

Eine weitere Bindung des Gesetzgebers ergab sich aus der am 6.3.1992 ratifizierten UN-Kinderrechtskonvention, die am 5.4.1992 für Deutschland in Kraft getreten ist. Mit ihrer Ratifizierung wurde die Konvention Teil der nationalen Rechtsordnung. Damit gilt sie zwar nicht unmittelbar. Der Gesetzgeber ist aber verpflichtet, innerstaatliches Recht den Vorgaben der Konvention anzupassen[535].

1) Die Vorgaben der UN-Kinderrechtskonvention

Anders als in anderen internationalen Vereinbarungen wie der Allgemeinen Erklärung der Menschenrechte und den darauf aufbauenden Internationalen Pakten über bürgerliche und politische sowie über wirtschaftliche, soziale und kulturelle Rechte[536] ist Schutzobjekt der UN-Kinderrechtskonvention vom 20. November 1989[537] nicht die Familie generell oder die Eltern im besonderen, sondern ausschließlich das Kind[538]. Bereits am 20.11.1959 hatte die UN-Generalversammlung sich auf die rechtlich nicht bindende Deklaration über die Rechte des Kindes geeinigt, deren Ziel es ist, das im Vergleich zum Erwachsenen körperlich und geistig unreife Kind zu schützen[539]. Mit der UN-Kinderrechts-konvention wurde dieses Ziel für die unterzeichnenden Staaten rechtlich verbindlich[540].

a) Der Inhalt der UN-Kinderrechtskonvention

Bei allen Maßnahmen, die Kinder betreffen, sind die Vertragsstaaten durch Art. 3 I UN-KRK verpflichtet, das Kindeswohl in den Vordergrund ihrer Betrachtung zu stellen. Als Programmsatz ist Art. 3 I UN-KRK sozusagen „vor die Klammer gezogen“ [541]. Darüber hinaus gewährt die Konvention dem Kind aber auch konkrete Rechte. Schließlich ist die Anerkennung des Kindes als eigenständiges Rechtssubjekt das Hauptziel der Konvention[542]. Zu diesem Zweck wiederholt die Konvention allgemeine Menschenrechte (Art. 13, 15, 25, 26 UN-KRK), wobei sie diese teilweise der besonderen Situation des Kindes anpaßt (Art. 17, 22, 23, 24 UN-KRK), räumt dem Kind aber aufgrund seiner besonderen Schutzbedürftigkeit auch spezielle Rechte ein (Art. 6-12, 18-21 UN-

---

535 *Coester/Hansen*, UN-Übereinkommen, S.21 (22); *Baer*, NJW 1993, 2209; *dies.*, FuR 1990, 192; *Stöcker*, RdJB 1991, 75 (77).

536 Vom 19.12.1966; BGBl 1973 II S. 1533 und S. 1569.

537 BGBl. 1992 II S. 121, im folgenden: UN-KRK

538 BT-Drucks. 12/42, S.32.

539 *Wolfrum*, Die Konvention über die Rechte des Kindes, in: UN-Konvention über die Rechte des Kindes, S. 7 (13).

540 *Stöcker*, RdJB 1991, 75 (77).

541 *Struck*, ZfJ 1990, 613.

542 *Steindorff*, FuR 1991, 214 (215); *Gerstein*, Kind-Prax 1998, 106 (107).

KRK)[543]. So tragen Art. 9 III, 12 II und 18 I UN-KRK der besonderen Situation des Kindes bei Trennung bzw. Scheidung der Eltern Rechnung.

Während Art. 9 III UN-KRK ein subjektives Recht des Kindes auf regelmäßige persönliche Beziehungen und unmittelbaren Kontakt zu beiden Elternteilen normiert für den Fall, daß das Kind von einem oder beiden getrennt lebt, nimmt sich Art. 12 II UN-KRK der verfahrensrechtlichen Stellung des Kindes an. In konsequenter Fortführung des subjektiven Rechts auf freie Meinungsäußerung gemäß Art. 12 I UN-KRK wird jedem Kind, das zur Artikulation einer eigenen Meinung fähig ist, die Möglichkeit eröffnet, in allen Gerichts- und Verwaltungsverfahren, die seine Angelegenheiten berühren, unmittelbar oder durch einen Vertreter angehört zu werden.

Im Gegensatz dazu steht Art. 18 I UN-KRK, der kein subjektives Recht des Kindes, sondern eine Verpflichtung der Vertragsstaaten zum Gegenstand hat. Jeder Vertragsstaat muß sich um die Anerkennung des Grundsatzes bemühen, daß beide Elternteile gemeinsam für die Erziehung und Entwicklung des Kindes verantwortlich sind. Was jedoch unter der gemeinsamen Erziehungsverantwortung zu verstehen ist, darüber herrschte bei der Ratifizierung der Konvention Uneinigkeit.

Die Bundesregierung ging bei der Annahme dieses Artikels in Genf davon aus, daß Art. 18 I UN-KRK keine weitergehende Verpflichtung enthielt als die, die sich bereits aus Art. 23 IV des internationalen Zivilpaktes ergibt[544]. Darin heißt es: „Die Vertragsstaaten werden durch geeignete Maßnahmen sicherstellen, daß die Ehegatten gleiche Rechte und Pflichten bei der Eheschließung, während der Ehe und bei Auflösung der Ehe haben. Für den nötigen Schutz der Kinder im Falle einer Ausflösung der Ehe ist Sorge zu tragen.“[545] Dies wurde dahingehend interpretiert, daß bei der mit der Auflösung der Ehe verbundenen Zuteilung der elterlichen Sorge weder Vater noch Mutter diskriminiert werden dürfen. Die Ausgestaltung, insbesondere die Entscheidung, wie weit der Grundsatz der gemeinsamen elterlichen Verantwortung reiche und wann Ausnahmen aus Gründen des Kindeswohls zulässig seien, obliege indes dem jeweiligen Vertragsstaat[546].

Demgegenüber nahmen insbesondere die auf eine Reform des deutschen Kindschaftsrechts hinzielenden Interessenverbände den Artikel auf und interpretierten ihn als Bekenntnis für die gemeinsame Sorge[547]. Alle Eltern, gleichgültig, ob

[543] *Struck*, ZfJ 1990, 613 (614).
[544] BT-Drucks. 12/42, S. 43; *Stöcker*, FamRZ 1992, 245 (249); *ders.*, RdJB 1991, 75 (80).
[545] BGBl. 1973 II, S. 1544.
[546] BT-Drucks. 12/42, S. 43.
[547] Hinweis bei *Stöcker*, FamRZ 1992, 245 (250).

sie ehelich verbunden zusammenlebten, sich getrennt hätten, geschieden seien oder ob sie Eltern nichtehelicher Kinder seien, hätten im Grundsatz das Recht, die Sorge gemeinsam auszuüben. Von diesem Grundsatz dürfe nur ausnahmsweise dann abgewichen werden, wenn dies aus Gründen des Kindeswohls erforderlich sei, Art. 18 I i.V.m. Art. 3 I UN-KRK[548].

b) Ratifizierung unter Vorbehalt

Auf die unterschiedlichen Interpretationsansätze hat die Bundesrepublik mit einem – von der Konvention in Art. 51 I UN-KRK generell erlaubten – Interpretationsvorbehalt reagiert. Mit der Ratifikationsurkunde hat sie eine Erklärung hinterlegt, in der sie die Vereinbarkeit des deutschen Rechts mit der Konvention insbesondere der Art. 9 und 18 UN-KRK erklärte und so deren Geltung für das bundesdeutsche Gebiet einschränkte. Hintergrund dieser Erklärung war die Angst, daß insbesondere § 1671 BGB in der Fassung des Sorgerechtsgesetzes für konventionswidrig und damit nichtig erklärt werden könnte. Der Gesetzgeber wollte sich für die anstehenden Reformen jedoch nicht unter Zeitdruck setzen lassen[549]. Nachdem die erste Fassung der Vorbehaltserklärung, die sehr strikt die Geltung der Konvention unter anderem für die Bereiche des Sorge- und Umgangsrechts ausschloß[550], heftig kritisiert wurde[551], war die endgültige Fassung[552] gemäßigter und verwies auf die geplanten Reformen[553]. Die Neuordnung an sich stellte die Bundesregierung aber allein in das Ermessen des bundesdeutschen Gesetzgebers und schloß damit für die Reformdiskussion über Art. 51 I UN-KRK faktisch die Bindung an die Konvention aus[554].

2) Der Einfluß der Konvention auf die Reform

Trotz des Interpretationsvorbehalts, dessen Wirksamkeit teilweise wegen seiner Nähe zu einem gemäß § 51 II UN-KRK konventionswidrigen Totalvorbehalt[555], teilweise wegen Zweifeln an seiner Verfassungsmäßigkeit [556] in Frage gestellt worden ist, finden sich im reformierten Gesetz Ansätze, die auf die UN-Kinderrechtskonvention zurückzuführen sind. Neben dem grundsätzlichen Ziel der Reform, das Kind als eigenständiges Rechtssubjekt anzuerkennen[557], ist der Einfluß der UN-Kinderrechtskonvention auch an anderen Stellen spürbar.

---

548 *Wolf*, ZRP 1991, 374 (377).
549 *Stöcker*, RdJB 1991, 75 (77); *Steindorff*, FuR 1991, 214.
550 Wortlaut der Erklärung: BT Drucks. 12/42, S.54.
551 *Wolf*, ZRP 1991, 374 (376); *Finger*, JR 1992, 177 (178, 182); *Koeppel*, ZfJ 1991, 355 (357); *Coester/Hansen*, UN-Übereinkommen, 21 (29).
552 Wortlaut der Erklärung: FamRZ 1992, S. 266f.
553 *Baer*, NJW 1993, 2209 (2210); *Coester/Hansen*, UN-Übereinkommen, 21 (29).
554 FamRZ 1992, S. 266 (267).
555 *Coester/Hansen*, UN-Übereinkommen, 21 (30).
556 *Ullmann*, FamRZ 1992, 892.
557 S.o. § 3 II.

a) Art 9 III UN-KRK

In Anlehnung an Art 9 III UN-KRK ist das Umgangsrecht des Kindes nunmehr als subjektives Recht ausgestaltet und in mehrerer Hinsicht erweitert worden. Eine Differenzierung zwischen ehelichen und nichtehelichen Kindern findet – auch vor dem Hintergrund des Art. 6 V GG – nicht mehr statt[558]. Neben der personellen Ausdehnung des Umgangsrechts auf andere Bezugspersonen, wie z.B. die Großeltern, § 1685 BGB, hat auch eine sachliche Erweiterung stattgefunden. In § 1684 IV S.3,4 BGB hat der Gesetzgeber neuerdings den sogenannten begleiteten Umgang normiert. Damit soll dem Kind der Kontakt zu einem Elternteil auch dann ermöglicht werden, wenn diesem aus bestimmten Gründen (z.B. Verdacht des sexuellen Mißbrauchs, Gefahr der Kindesentziehung[559]) das Vertrauen für die Wahrung des Umgangszwecks an sich nicht entgegengebracht werden kann.

b) Art 12 II UN-KRK

Art 12 II UN-KRK hat gleich in mehrfacher Hinsicht seinen Niederschlag im Gesetz gefunden.

Am deutlichsten zeigt sich der Wille des Gesetzgebers, dem Kind eine eigene verfahrensrechtliche Position zuzubilligen, in der Normierung der Verfahrenspflegschaft, § 50 FGG. Dadurch kann dem Kind nunmehr eine Person zur Seite gestellt werden, die es dabei unterstützt, seine Interessen im Verfahren zu vertreten[560].

Die daneben bestehende Möglichkeit der Kindesanhörung, § 50 b FGG, gab es im deutschen Recht bereits vor Einführung der Kindschaftsrechtsreform[561]. Teilweise ist kritisiert worden, daß mit Einführung des Antragsverfahrens das Anhörungsrecht des Kindes gerade unter dem Gesichtpunkt des Art. 12 II UN-KRK über Gebühr geschmälert worden sei[562], da die Kindesanhörung nunmehr auf das Sorgerechtsverfahren – so es denn stattfindet – beschränkt ist. Dem läßt sich zwar entgegenhalten, daß das Scheidungsverfahren rein formal gesehen nur die Ehepartner, nicht aber das Kind betrifft. Dabei wird jedoch außer acht gelassen, daß sich die Scheidung in tatsächlicher Hinsicht sehr wohl auf das Kind auswirkt. Eine restriktive Auslegung der Konvention, die von „allen das Kind berührenden Gerichts- oder Verwaltungsverfahren" spricht, würde diese tatsäch-

---

558 *Palandt-Diederichsen*, § 1684, Rn.1.
559 *Palandt-Diederichsen*, § 1684, Rn.28.
560 s.o. § 3 IV 2.
561 S.o. § 3 III 4 a).
562 *Balloff*, FPR 1997, 73 (77); *Bergmann/Gutdeutsch*, FamRZ 1999, 422 (424); *Salgo*, Kind-Prax 1999, 179 (181).

liche Verstrickung verkennen. Andererseits sieht Art. 12 II UN-KRK keine unmittelbare Beteiligung des Kindes an dem Verfahren vor. Es reicht die Anhörung durch Vertreter oder geeignete innerstaatliche Stellen aus.

In Anbetracht der kindlichen Mitwirkungsbefugnis im Rahmen des elterlichen Beratungsanspruchs gemäß § 17 III SGB VIII ist ein Verstoß der Gesetzesfassung gegen die Konvention zu verneinen[563]. Kritisch ist allerdings, daß das Recht des Kindes auf Beteiligung davon abhängt, daß die Eltern das Beratungsangebot des Jugendamtes überhaupt in Anspruch nehmen. Tun sie es nicht, läuft das Anhörungsrecht des Kindes bei reinen Scheidungsverfahren ins Leere.

Darüber hinaus läßt sich unter Art 12 II UN-KRK auch im weitesten Sinne der in § 1671 II Nr.1 BGB normierte Kindeswiderspruch fassen[564]. Dadurch wird dem Kind nicht nur das Recht gegeben, seine Meinung im Verfahren zu äußern. Vielmehr kann es sogar auf den Verlauf des Verfahrens Einfluß nehmen, auch wenn sein Wille das Gericht keinesfalls bindet.

c) Art 18 I UN-KRK

Mit der Kindschaftsrechtsreform ist die gemeinsame Sorge als alternative Sorgerechtsform in das Gesetz aufgenommen worden, und zwar sowohl für nichteheliche Kinder als auch im Fall der Scheidung bzw. Trennung der Eltern. Der Streit um den Umfang der gemeinsamen elterlichen Verantwortung, der zu dem Interpretationsvorbehalt führte, ist damit jedoch an sich nicht behoben. Er setzt sich vielmehr im nationalen Recht in der Diskussion um das Verhältnis von gemeinsamer und Alleinsorge fort[565].

---

[563] So auch *Tauche*, Kind-Prax 1998, 110 (113).
[564] S.o. § 3 IV 1 b) bb) (1).
[565] S.o. § 3 IV 1 b) bb) (2) (a).

§ 5 Familien- und Scheidungsleitbilder des Gesetzgebers

Bei der Kindschaftsrechtsreform waren nicht nur rechtliche Vorgaben von Bedeutung. Schließlich geht es im Familienrecht im Grunde um einen eher unjuristischen Bereich, nämlich den zwischenmenschlicher Beziehungen. Diese werden vom Familienrecht nur in einen juristischen Rahmen eingebettet[566]. Infolgedessen ist das Familienrecht von je her ein stark gesellschaftspolitisch geprägtes Recht, bei dem moralische Grundansichten und Wertvorstellungen eine entscheidende Rolle spielen. Nur wenige Rechtsbereiche sind gegenüber den Sozialwissenschaften derart offen wie das Familien- und Sorgerecht[567]. Anders als in anderen Bereichen des Rechts, ließ und läßt sich der Gesetzgeber deshalb überwiegend von gesellschaftspolitisch geprägten Leitbildern lenken, anhand derer er das Recht gestaltet.

Während zu Beginn des Jahrhunderts das Leitbild des Gesetzgebers im wesentlichen von philosophischen und religiösen Überlegungen geprägt war, ist in neuerer Zeit eine Fülle von wissenschaftlichen Erkenntnissen hinzugekommen, die den unterschiedlichsten Wissenschaftsbereichen entstammen. Die Familie, die Beziehung der Familienmitglieder untereinander und damit auch die Phänomene der Ehe, eheähnlichen Partnerschaft sowie der Ehescheidung oder Trennung von Partnerschaften erweisen sich als Tummelplatz für Forschungen der verschiedensten Professionen. So haben demographische, soziologische, aber auch psychologische und psychiatrische, neuerdings sogar interkulturelle Studien die Ehescheidung und die Trennung von Lebenspartnerschaften zum zentralen Gegenstand[568]. Angesichts der Bandbreite der so erworbenen Erkenntnisse bleibt es nicht aus, daß der Gesetzgeber sich diese zumindest teilweise zu eigen macht und daran seine Entscheidung ausrichtet. Die Entwicklung des Rechts kann daher nicht losgelöst von den Veränderungen betrachtet werden, die sich in der Gesellschaft und nachfolgend in der Wissenschaft vollziehen.

I. Theoretische Familien- und Scheidungsleitbilder

1) Das traditionelle Familienleitbild

Das traditionelle Familienleitbild[569] geht von der patriarchalisch bestimmten Gattenfamilie aus, deren Grundlage – entsprechend der christlichen Vorstellung – die monogame, auf Liebe und Treue basierende Ehe bildet (Leitbild der „bür-

---

[566] *Benda*, Recht und Realität, in: 6. Dt. Familiengerichtstag, S. 9.
[567] *Rummel*, ZfJ 1997, 202 (208).
[568] *Fthenakis*, Ehescheidung als Übergangsphase (Transition) im Familienentwicklungsprozeß, in: Familie im Wandel, S. 63 (64).
[569] Siehe zu den Voraussetzungen: *Lampert*, Priorität für die Familie, S. 12f.

gerlichen Familie"[570]). Der Begriff Familie ist danach also gleichbedeutend mit dem der Ehe[571]. Die Familie wird vorrangig als privater Bereich angesehen, der vor äußeren Einflüssen geschützt werden muß. Darüber hinaus hat die Familie nach traditionellem Verständnis aber auch eine institutionelle Bedeutung. Der Familie als Institution obliegt die Aufgabe, die Beziehungen zwischen Mann und Frau so zu stabilisieren, daß den Kindern ein Aufwachsen in einem dauerhaften Familienhaushalt ermöglicht wird. Im Innenbereich herrscht eine funktionale Teilung, nach der unterschiedliche Funktionsbereiche geschlechtsspezifisch den Familienmitgliedern zugeschrieben werden[572] (Hausfrauenehe[573]). Die an Gehorsam und Unterordnung ausgerichtete Erziehung[574] gemeinsamer Kinder ist vorrangig Aufgabe der Eltern. Ziel ist dabei, aus dem Kind, das überwiegend als Objekt angesehen wird, einen guten Staatsbürger zu machen[575]. Im Verhältnis von Staat zur Familie gilt, daß zunächst die Eltern autonom entscheiden, während der Staat erst subsidiär tätig werden darf. Handlungsinstrumentarium des Staates ist dabei der Eingriff[576], das heißt die Entscheidung anstelle der Eltern.

2) Das post-traditionelle Familienleitbild

Im Zuge der Forderung nach Gleichberechtigung der Frau und des vermehrten Vordringens der Frauen in den traditionell dem Mann zugeschriebenen Bereich der Erwerbstätigkeit veränderte sich das Leitbild der bürgerlichen Familie[577]. Der Verständniswandel erfaßte sowohl die Bedeutung der Ehe an sich als auch das Innen- und Außenverhältnis.

a) Die Bedeutung der Ehe

Die Ehe als Institution verliert nach post-traditionellem Verständnis zunehmend an Bedeutung. Infolge der Möglichkeiten der Geburtenkontrolle setzen Liebe, Sexualität und Elternschaft nicht mehr notwendigerweise die Ehe voraus. Damit wird der Pluralisierung von familiären Lebensformen Vorschub geleistet. Neue Familienformen haben sich daraus zwar kaum gebildet, doch ist die gesellschaftliche Akzeptanz vormals als „nicht normal" abgestempelter Lebensformen ge-

---

[570] *Lee*, Familie und staatliche Familienpolitik in Deutschland im Lichte der sozialwissenschaftlichen Diskussion, S. 99.
[571] *Eckert-Schirmer*, FuR 1996, 205 (206).
[572] *Hoffmann-Nowotny*, Die Gesellschaft auf dem Weg zur individualistischen Selbstauflösung, in: Familie im Wandel, S. 3 (12).
[573] *Lampert*, Priorität für die Familie, S.12.
[574] *Eckert-Schirmer*, FuR 1996, 205 (206).
[575] *Eckert-Schirmer*, FuR 1996, 205 (206).
[576] *Eckert-Schirmer*, FuR 1996, 205 (206).
[577] Zu den veränderten Voraussetzungen: *Lampert*, Priorität für die Familie, S. 14f.

stiegen[578]. Nach postmodernem Verständnis ist die Familie nicht mehr mit der Ehe identisch[579].

b) Die Beziehung der Familienmitglieder untereinander

Im Innenverhältnis ist die geschlechtsspezifische Rollenverteilung zwischen Mann und Frau dem Verständnis der Ehe als einer gleichberechtigten und gleichverpflichteten Partnerschaft gewichen. Beide Partner nehmen nunmehr die gleichen Aufgaben wahr[580]. Auch das Eltern-Kind-Verhältnis erfuhr eine Änderung. Die am Gehorsam ausgerichtete, auf Erziehung des Kindes zielende elterliche Gewalt gilt als überholt. An ihre Stelle ist die an der Selbstverantwortung des Kindes orientierte, auf die Entwicklung des Kindes gerichtete elterliche Sorge getreten. Generell läßt sich im Familienrecht eine Tendenz zur Individualisierung erkennen[581]. Mann, Frau und Kinder sind Einzelpersonen, das heißt Subjekte, und müssen als solche beachtet werden.

c) Das Verhältnis von Staat und Familie

Eine Neudefinition findet auch im Außenverhältnis, das heißt im Verhältnis von Staat und Familie statt. Ziel staatlichen Handelns ist nach postmodernem Verständnis nicht mehr der Eingriff, sondern die Unterstützung der Familie bei der Erfüllung ihrer Aufgaben. Als Handlungsinstrumentarien kommen dabei Beratung und Vermittlung in Betracht[582].

3) Scheidungsleitbilder

Sowohl das traditionelle als auch das postmoderne Familienbild können Ausgangspunkt für Überlegungen zum Thema Scheidung und den daraus resultierenden Folgen sein. Insbesondere die unterschiedlichen Ansatzpunkte zur Bedeutung von Familie und Ehe wirken sich dabei aus. In der familiensoziologischen und -psychologischen Forschung haben sich zu diesem Themenkomplex zwei Theorien entwickelt, die für die Entwicklung des Rechts von entscheidender Bedeutung sind.

---

[578] *Lüscher*, Familie und Familienpolitik im Übergang zur Postmoderne, in: Die „postmoderne“ Familie, S. 15 (31).
[579] *Eckert-Schirmer*, FuR 1996, 205 (206).
[580] *Hoffmann-Nowotny*, Die Gesellschaft auf dem Weg zur individualistischen Selbstauflösung, in: Familie im Wandel, S. 3 (12).
[581] *Fux*, Der familienpolitische Diskurs, S. 125.
[582] *Eckert-Schirmer*, FuR 1996, 205 (206).

a) Das Desorganisationsmodell[583]

Ausgehend von dem traditionellen Gedanken, daß die Ehe die Grundvoraussetzung für eine Familie bildet, ja gleichsam mit ihr identisch ist – wobei Familie im Sinne einer Kernfamilie bestehend aus Eltern und Kind verstanden wird[584] – wird die Scheidung als Zusammenbruch der Familie bewertet[585]. Das familiale System löse sich mit der Scheidung auf. Die Scheidung bilde den Endpunkt der familialen Entwicklung. Geschiedene Eltern seien im psychischen Sinn keine Eltern mehr, sondern nur noch Vater und eine Mutter[586]. Was bleibe, seien „Elterntrümmer“[587] und eine „Restfamilie“ [588], bestehend aus einem Elternteil und dem Kind. Das dysfunktionale Element – der nicht sorgeberechtigte Elternteil – werde als Störfaktor ausgegrenzt[589]. Eine Scheidung kann aus dieser Sicht nur im Streit enden, sonst wäre sie nicht erforderlich[590]. Mit der Scheidung ende aber auch der Streit[591].

Das Beste für das Kindeswohl sei in dieser Situation, wenn das Kind eine neue, dauerhafte Zweierbeziehung mit dem Elternteil aufbaue, zu dem es die stärksten Bindungen habe[592]. An die Stelle des mit der Scheidung für das Kind verlorenen Zuhauses tritt also einer der beiden Elternteile[593]. Ausgangspunkt der Überlegung ist, daß ein Elternteil die Hauptbindungsperson des Kindes sei[594]. Die Bedeutung des nicht sorgeberechtigten Elternteils wird daher als gering eingeschätzt[595]. Ein verminderter Kontakt zwischen nicht sorgeberechtigtem Elternteil und Kind bis hin zum völligen Kontaktabbruch wird nicht nur billigend in Kauf

---

583 Zum Begriff: *Théry*, Die Familie nach der Scheidung: Vorstellungen, Normen, Regulierungen, in: Die „postmoderne“ Familie, 84 (92).

584 *Fthenakis*, FPR 1998, 84 (85).

585 *Fthenakis*, FPR 1998, 84 (85); *Eckert-Schirmer*, FuR 1996, 205 (206)

586 ***Lempp***, NJW 1972, 315 (316).

587 *Coester*, Das Kindeswohl als Rechtsbegriff, in: 6. Deutscher Familiengerichtstag, S. 35 (46); *Weisbrodt*, Kind-Prax 2000, 35 (38).

588 *Staudinger-Coester*, § 1671, Rn.217.

589 *Coester*, Das Kindeswohl als Rechtsbegriff, in: 6. Deutscher Familiengerichtstag, S. 35 (44).

590 *Becker*, Zur Sache 1/78, S. 91; *Lempp*, NJW 1963, 1659 (1661).

591 *Becker*, Zur Sache 1/78, S. 108; *Fthenakis*, FamRZ 1985, 662 (668).

592 *Coester*, Das Kindeswohl als Rechtsbegriff, in: 6. Deutscher Familiengerichtstag, S. 35 (44).

593 *Théry*, Die Familie nach der Scheidung: Vorstellungen, Normen, Regulierungen, in: Die “postmoderne” Familie, S. 84 (93).

594 *Coester*, Das Kindeswohl als Rechtsbegriff, in: 6. Deutscher Familiengerichtstag, S. 35 (46).

595 *Lempp*, NJW 1963, 1659 (1659 und 1660); *Eckert-Schirmer*, FuR 1996, 205 (207); *Coester*, Das Kindeswohl als Rechtsbegriff, in: 6. Deutscher Familiengerichtstag, S. 35 (44 und 46).

genommen, sondern aus Kindeswohlgesichtspunkten sogar gefordert[596]. Denn nur so könne dem kindlichen Bedürfnis nach Dauerzuständen – das heißt dauernden Gefühlsbindungen, Umwelteinflüssen und stabilen äußeren Verhältnissen[597] – Rechnung getragen werden[598]. Klare Verhältnisse seien das Beste für das Kind[599]. Dem Staat komme in diesem Zusammenhang die Aufgabe zu, die Beziehung des Kindes zur Hauptbindungsperson zu stärken[600].

b) Die systemische Sichtweise: Das Reorganisations- und das Transitionsmodell

Der Ansatzpunkt des Reorganisations- bzw. des damit verwandten Transitionsmodelles[601] ist ein völlig anderer. Statt wie das Desorganisationsmodell von einem einzigen, statisch konzipierten Familienbild auszugehen[602], begreifen die Vertreter des Reorganisations- bzw. Transitionsmodelles die Familie als Prozeß. Danach „hat“ der Mensch keine Bindungen. Vielmehr bilden die wechselseitigen sich wandelnden Beziehungen zwischen Menschen ein komplexes Beziehungsgeflecht[603]. Auch die Beziehungen innerhalb der Familie unterliegen einem ständigen Wandel, der durch äußere und innere Faktoren beeinflußt wird und mit einem einzigen Familienbild nicht adäquat erfaßt werden kann[604]. Dem liegt eine systemische Sichtweise zugrunde[605]. Die Familie wird als System innerhalb einer Vielzahl von unter- und übergeordneten Systemen verstanden, das heißt als Teil aller, das soziale Leben eines Menschen ausmachender Umstände, die ständig in Bewegung sind und sich in der Zeit verändern[606]. So bilden die Beziehungen zwischen den Eltern bzw. zwischen Geschwistern Subsysteme, während Verwandtschaft, Freundschaft und Bekanntschaft oder Arbeitswelt, Nachbarschaft und Wohnbedingungen letztlich sogar die Gesetze und gesellschaftliche Einstellungen übergeordnete Systeme darstellen[607]. Die Systeme sind

---

596 *Lempp*, NJW 1963, 1659 (1662).
597 *Goldstein/Freud/Solnit*, Jenseits des Kindeswohls, S. 33.
598 *Lempp*, NJW 1963, 1659 (1662).
599 *Fthenakis*, FamRZ 1985, 662 (668); *Lempp*, NJW 1963, 1659 (1662).
600 *Fthenakis*, FPR 1998, 84 (85).
601 *Fthenakis*, FPR 1998, 84 (86).
602 *Fthenakis*, FamRZ 1985, 662 (668).
603 *Coester*, Das Kindeswohl als Rechtsbegriff, in: 6. Deutscher Familiengerichtstag, S. 35 (45); *Fthenakis/Walbiner*, 143 (144).
604 *Fthenakis*, FamRZ 1985, 662 (668).
605 detaillierte Darstellung bei *Fthenakis*, Archiv für Wissenschaft und Praxis der sozialen Arbeit 1986, 174 ff.
606 *Fthenakis*, Ehescheidung als Übergangsphase (Transition) im Familienentwicklungsprozeß, in: Familie im Wandel, S. 63 (69).
607 *Fthenakis*, Archiv für Wissenschaft und Praxis der sozialen Arbeit 1986, 174 (175); *Eckert-Schirmer*, FuR 1996, 205 (209).

dynamisch und durchlaufen Phasen[608]. Dabei kann es passieren, daß ein Ungleichgewicht entsteht, das nach einer Phase der Destabilisierung eine Bewältigung und eine Reorganisation erfordert[609].

In diesem Zusammenhang wird die Scheidung gesehen. Die Scheidung beendet nicht das familiale System, sondern macht nur eine Neuorganisation, das heißt eine Neudefinition der Aufgaben, Rollen und Beziehungen, erforderlich[610]. Das System Familie löst sich durch die Ehescheidung nicht auf, sondern besteht in veränderter Form weiter[611]. Damit folgt die Systemtheorie dem postmodernen Familienleitbild, wonach Familie nicht gleichbedeutend mit Ehe ist[612]. Die systemtheoretische Untergliederung der Familie in Subsysteme ermöglicht vielmehr, einzelne Bereiche getrennt voneinander zu betrachten, wie zum Beispiel die Partner- und die Elternebene[613]. Die Bedeutung dieser Sichtweise für das mit einer Scheidung konfrontierte Kind ist im folgenden Leitsatz der Trennungsberatung prägnant zusammengefaßt worden: „Partner können sich trennen, aber Eltern bleiben immer Eltern."[614] Anders als beim Desorganisationsmodell wird daher vertreten, daß dem kindlichen Bedürfnis nach Dauerhaftigkeit dadurch am besten Rechnung getragen wird, daß das Kind den Kontakt zu beiden Eltern möglichst intensiv aufrecht erhält[615].

Wenn sich bis hierhin auch das Reorganisations- und das Transitionsmodell entsprechen, so sind die beiden Modelle doch nicht identisch[616]. Der Unterschied liegt in der Bewertung der Scheidung als Familienentwicklungsprozeß. Während bei dem Reorganisationsmodell davon ausgegangen wird, daß es sich bei der Scheidung um eine atypische, sogar pathogene Entwicklung der Familie handelt[617], betrachtet man die Scheidung beim Transitionsmodell als einen Übergang in einer Reihe von Übergängen[618]. Umstrukturierungen, wie sie bei einer Scheidung vorkommen, sind nach letzter Ansicht weder neu noch einzigartig[619]. Vergleichbare Umstrukturierungen seien aus den verschiedensten Gründen er-

---

608 *Fthenakis*, Ehescheidung als Übergangsphase (Transition) im Familienentwicklungsprozeß, in: Familie im Wandel, S. 63 (71).
609 *Fthenakis*, Archiv für Wissenschaft und Praxis der sozialen Arbeit 1986, 174 (177); *Fthanekais/Walbiner*, 143 (145f); *Eckert-Schirmer*, FuR 1996, 205 (209).
610 *Fthenakis*, Ehescheidung als Übergangsphase (Transition) im Familienentwicklungsprozeß, in: Familie im Wandel, S. 63 (72); *Fthanekais/Walbiner*, 143 (145).
611 *Fthenakis*, FamRZ 1985, 662 (668); *Eckert-Schirmer*, FuR 1996, 205 (209).
612 *Eckert-Schirmer*, FuR 1996, 205 (209).
613 *Eckert-Schirmer*, FuR 1996, 205 (209); *Fthanekais/Walbiner*, 143 (146).
614 *Dinse*, Verlorene Liebe – gemeinsame Kinder, 146 (159).
615 *Fthanekais/Walbiner*, 143 (148).
616 *Fthenakis*, FPR 1998, 84 (87).
617 So *Fthanekais/Walbiner*, 143 (145f), die von normativen und nicht normativen Ereignissen sprechen.
618 *Fthenakis*, FPR 1998, 84 (86).
619 *Fthenakis*, FPR 1998, 84 (87).

forderlich. Eine gesonderte Sichtweise auf Scheidungsfamilien, wie sie das Reorganisationsmodell einnimmt, würde diese sozial diskriminieren[620]. Dem liegt der in der empirischen Scheidungsforschung vertretene Standpunkt zugrunde, daß Scheidungsfamilien in der absoluten Mehrzahl der Fälle rational handelten. Hochstrittige Scheidungen, bei denen die Partner kommunikations- und kooperationsunfähig seien, bildeten danach eher die Ausnahme[621].

4) Fazit

Je nachdem an welchem Familien- bzw. Scheidungsleitbild sich der Gesetzgeber orientiert, müssen unterschiedliche gesetzliche Regelungen getroffen werden. Während das Desorganisationsmodell einen staatlichen Eingriff erfordert, um angesichts des für selbstverständlich gehaltenen Streits zwischen den Eltern die Alleinsorge als kindeswohlförderlichste Entscheidung durchzusetzen, beschränkt sich die Aufgabe des Staates sowohl nach dem Reorganisations- als auch dem Transitionsmodell vornehmlich darauf, den Eltern bei der Neuordnung ihres Lebens und das des Kindes Hilfestellung zu leisten[622]. Dabei sind nach dem Reorganisationsmodell gesonderte Scheidungsregelungen erforderlich, wohingegen nach dem Transitionsmodell nur solche Regelungen zulässig sind, die der Familie generell in Umstrukturierungsphasen Hilfe anbieten[623].

Teilweise wird sogar darauf verwiesen, daß in der Praxis beide Ansätze nebeneinander Gültigkeit haben, obwohl sie in scheinbar unauflöslichem Widerspruch zueinander stehen[624]. Hintergrund ist, daß weder allein mit der Annahme einer strittigen noch mit der einer unstrittigen Scheidung alle in der Praxis auftretenden Fälle erfaßt werden können. Vielmehr müsse anhand der Qualität der nachpartnerschaftlichen Beziehung im Einzelfall entschieden werden, ob eine eher prozeß- oder eine eher konfliktorientierte Lösung dem Kindeswohl am besten entspreche[625], ob also eine Vermittlung Erfolg verspreche oder ob eine gerichtliche Entscheidung angebrachter sei. Denn die Ansätze des Reorganisations- und Transitionsmodelles seien nur so lange mit dem Kindeswohl vereinbar, wie sich die Eltern einigen könnten[626]. Bleibt oder wird die Beziehung zwischen den Eltern konfliktträchtig oder spannungsgeladen, sei dies anerkanntermaßen schädlich für das Kind[627]. Bei hochstreitigen Fällen müsse demnach auch der zumin-

---

620 *Fthenakis*, FPR 1998, 84 (86).
621 *Fthenakis*, FPR 1998, 84 (87) m.w.N in Fn. 23.
622 *Fthenakis*, Archiv für Wissenschaft und Praxis der sozialen Arbeit 1986, 174 (181).
623 *Fthenakis*, FPR 1998, 84 (87).
624 *Balloff/Walter*, FuR 1991, 63; *Staudinger-Coester*, § 1671, Rn.220.
625 *Balloff/Walter*, FuR 1991, 63 (64).
626 *Balloff/Walter*, FamRZ 1990, 445 (454).
627 *Balloff/Walter*, FamRZ 1990, 445 (448).

dest vorrübergehende Abbruch des Kontaktes zum nicht sorgeberechtigten Elternteil in Betracht gezogen werden dürfen[628].

II. Das Familien- und Scheidungsleitbild des Reformgesetzgebers

Der Gesetzgeber hat nirgends explizit niedergeschrieben, von welchen Erwägungen, insbesondere von welchem Familien- und Scheidungsleitbild er sich hat leiten lassen. Allerdings läßt die Gesetzesbegründung Rückschlüsse auf die jeweils hinter der konkreten Regelung stehenden Vorstellungen zu. Dabei muß man sich jedoch in der Praxis von der theoretisch klaren Abgrenzung zwischen den unterschiedlichen Ansichten verabschieden. Gerade bei politischen Prozessen wie der Gesetzgebung prallen unterschiedliche Meinungen aufeinander. Es müssen mehrheitsfähige Kompromisse gefunden werden. So kann es durchaus vorkommen, daß einerseits traditionelle, andererseits moderne Ansätze im gleichen Gesetz ihren Niederschlag finden. Dennoch kann man konstatieren, daß sich mit der Kindschaftsrechtsreform im Gegensatz zu der Reform des elterlichen Sorgerechts von 1980 ein offensichtlicher Leitbildwandel des Gesetzgebers vollzogen hat. Während der Gesetzgeber 1979 bei der Verabschiedung des Sorgerechtsgesetzes davon ausging, daß die Ehe mit der Scheidung gescheitert sei[629] und das Kind künftig in einer „unvollständigen Familie mit nur einem Elternteil" weiterleben müsse[630], hebt der jetzige Reformgesetzgeber die gemeinsame Verantwortung der Eltern insbesondere für die Zeit nach der Scheidung hervor – ein Ansatzpunkt, der bereits in dem Bundesverfassungsgerichtsurteil von 1982 zum Tragen kam.

1) Die Leitbilder des Gesetzgebers der Sorgerechtsreform von 1980

a) Die Scheidung als „Scheitern"

1980 sprach der Gesetzgeber im Zusammenhang mit der Scheidung von dem „Scheitern" [631] bzw. dem „Zusammenbruch der Ehe" [632], aufgrund dessen eine gerichtliche Sorgerechtsregelung unumgänglich werde[633]. Die Scheidung bedeute für das Kind den Übergang zu einer „unvollständigen Familie mit nur einem Elternteil" [634]. Diese Äußerungen lassen auf ein traditionelles Familienleitbild verbunden mit einer vom Desorganisationsmodell geprägten Scheidungssicht

[628] *Balloff/Walter*, FuR 1991, 63 (64).
[629] BT-Drucks. 8/2788, S.40.
[630] BT-Drucks. 8/2788, S.61.
[631] BT-Drucks. 8/2788, S.40.
[632] BT-Drucks. 8/2788, S.61.
[633] BT-Drucks. 8/2788, S.40.
[634] BT-Drucks. 8/2788, S.61.

des Gesetzgebers schließen. Im Vordergrund der Betrachtung steht eindeutig das destruktive Element der Scheidung.

b) Das Bild der strittigen Scheidung

Diese Vermutung bestätigt sich bei einem Blick auf das gesetzgeberische Bild der Eltern im Rahmen der Scheidung. Mit den Vertretern des Desorganisationsmodells ging der Gesetzgeber von dem Grundfall der strittigen Scheidung aus. Streit zwischen den Eltern scheint nach Ansicht des Gesetzgebers bei einer Scheidung immer vorprogrammiert zu sein und über kurz oder lang alle Bereiche, unter anderem auch das Sorgerecht, zu erfassen. Das gemeinsame Sorgerecht sei daher nie von Dauer, sondern mache immer eine erneute Entscheidung zugunsten eines der beiden Elternteile notwendig[635]. Selbst anfängliche Einigkeit habe langfristig gesehen keinen Bestand[636].

c) Folgen für die Ausdeutung des Kindeswohls

aa) Der Zwangsverbund

Vor diesem Hintergrund lag für den Gesetzgeber eine Verknüpfung von Scheidungs- und Sorgerechtsverfahren nahe. Da die Scheidung den Zusammenbruch der Familie bedeute, sei das Kind automatisch von der Scheidung seiner Eltern betroffen. Um dem Kindeswohl ausreichend Rechnung zu tragen, müsse daher bei jeder Scheidung zugleich über das Sorgerecht entschieden werden. Den Grund für die zwingende Sorgerechtsentscheidung sah der Gesetzgeber demnach in dem Scheitern der Ehe[637].

bb) Die zwingende Alleinsorge

Als Inhalt einer Sorgerechtsentscheidung kam nach Ansicht des Gesetzgebers – ausgehend von den traditionellen und bindungstheoretischen Ansätzen[638] – ausschließlich die Alleinsorge in Betracht[639]. Das Kind dürfe nach der Scheidung nicht in „unklaren Verhältnissen" gelassen werden. Da aber eine Entscheidung zugunsten der gemeinsamen Sorge nicht von Dauer sein könne, sei sie nicht geeignet, dem Bedürfnis des Kindes nach Kontinuität[640] und „klaren Verhältnis-

[635] BT-Drucks. 8/2788, S. 41 und S. 63.
[636] BT-Drucks. 8/2788, S. 41.
[637] BT-Drucks. 8/2788, S.40.
[638] *Eckert-Schirmer*, FuR 1996, 205 (207).
[639] BT-Drucks. 8/2788, S. 41.
[640] BT-Drucks. 8/2788, S. 61.

sen" [641] Rechnung zu tragen. Bei der Entscheidung, welchem Elternteil das Sorgerecht zugewiesen werden solle, habe das Gericht in erster Linie die „Bindungen" des Kindes zu berücksichtigen[642], die von der Sorgerechtsregelung zum Schutz des Kindes möglichst wenig beeinträchtigt werden dürften[643]. Der Bindungsbegriff wurde vom Rechtsausschuß aufgrund von Sachverständigenanhörungen explizit in das Gesetz aufgenommen[644]. Gerade die Betonung der Bindungen im Zusammenhang mit der ausnahmslosen Alleinsorge und der Zusammenhang zur Sachverständigenanhörung spricht dafür, daß der Gesetzgeber unter Bindungen mehr verstand als umgangssprachlich anzunehmen wäre, nämlich die theoretische Ausdeutung im Sinne der Bindungstheorie[645]. Nach Auffassung des Gesetzgebers scheint das Kind also vorrangig eine Beziehung zur Hauptbindungsperson aufzubauen, welche durch möglichst klare Verhältnisse geschützt werden muß, auch auf die Gefahr hin, daß dadurch der Kontakt zum nichtsorgeberechtigten Elternteil abbricht[646]. Anders läßt sich nicht erklären, daß der Gesetzgeber die Alleinsorge für die Sorgerechtsform hielt, die die Bindungen des Kindes am wenigsten beeinträchtigt. In Abkehr von der Bindungstheorie gestand der Gesetzgeber dem nichtsorgeberechtigten Elternteil jedoch ein gesetzliches Umgangsrecht zu, auf das nach rein bindungstheoretischen Ansätzen nie ein Rechtsanspruch bestand, da es auf Freiwilligkeit beruhe[647].

d) Fazit

Das Elternbild des Gesetzgebers war bei der Sorgerechtsreform von 1980 sehr pessimistisch. Prämisse war der Elternstreit. Aus diesem Grund traf der Gesetzgeber eine Sorgerechtsregelung, bei der Gemeinsamkeit der Ehepartner weitestgehend ausgeschlossen und die Entscheidungsbefugnis rechtlich klar einer Person zugeordnet wurde. Auf diese Weise wurden Konfliktpunkte von vornherein vermieden. Theoretisch lehnte er sich dabei an das Desorganisationsmodell und die Bindungstheorie an. Das betroffene Kind wurde als eigenständiges Subjekt kaum wahrgenommen. Seine Position fand vorrangig durch die Abwägung am Kindeswohl Berücksichtigung. Dabei war es Aufgabe des Staates, an Stelle der Eltern zu entscheiden, wenn diese aufgrund der vermuteten Zerstrittenheit dazu nicht mehr in der Lage waren.

---

641 BT-Drucks. 8/2788, S. 63.
642 BT-Drucks. 8/2788, S. 40 und S. 62.
643 BT-Drucks. 8/2788, S. 61.
644 BT-Drucks. 8/2788, S. 40.
645 S.o. § 5 I 3 a).
646 *Eckert-Schirmer*, FuR 1996, 205 (207).
647 *Eckert-Schirmer*, FuR 1996, 205 (208); zur Bindungstheorie: *Goldstein/Freud/Solnit*, Jenseits des Kindeswohls, S. 38; *Lempp*, NJW 1963, 1659 (1661); *ders.*, NJW 1972, 315 (317) .

2) Die Leitbilder der Richter des Bundesverfassungsgerichts von 1982

Die Erwägungen, mit denen das Bundesverfassungsgericht 1982, also nur 2 Jahre später, die Verfassungswidrigkeit der ausnahmslosen Alleinsorge begründete[648], weisen auf einen Wandel im Familien- und Scheidungsleitbild hin.

a) Fortbestehen der gefühlsmäßigen Bindungen des Kindes und des Elternrechts

Anders als der Gesetzgeber von 1980 ging das Bundesverfassungsgericht nicht nur davon aus, daß die gefühlsmäßigen Bindungen des Kindes an Vater und Mutter trotz Ehescheidung fortbestehen. Darüber hinaus sah es beide Eltern in der Pflicht, auch nach der Scheidung für das Kindeswohl Sorge zu tragen. Das Elternrecht – und damit verbunden die Elternverantwortung – bestehe trotz Scheidung fort, so die Richter[649]. Die Eltern müßten sich deshalb bemühen, „familiäre Bindungen in einem Restbestand"[650] zu erhalten. Dieser Sichtweise liegen das post-traditionelle Familienbild sowie systemische Erwägungen zugrunde, wonach Ehe und Familie nicht identisch sind und es Familie auch ohne Ehe geben kann[651]. Dementsprechend hielten die Richter das gemeinsame Sorgerecht nach der Scheidung durchaus für eine Alternative zur Alleinsorge. Auch wenn die gemeinsame Sorge durch die Scheidung nicht „in bisheriger Weise" [652], sondern nur in einer „durch die Scheidung modifizierten Form"[653] ausgeübt werden könne, dürfe sie vom Gesetzgeber nicht ausnahmslos ausgeschlossen werden[654].

b) Festhalten am Zwangsverbund

Den Zwangsverbund hielt das Bundesverfassungsgericht für verfassungsgemäß. Dabei ließen sich die Bundesverfassungsrichter jedoch nicht von traditionellen, sondern von systemischen Überlegungen leiten. Denn auch aus systemischer Sicht wirkt sich die Scheidung auf das Eltern-Kind-Verhältnis aus und erfordert seine Reorganisation[655]. Ansatzpunkt der Bundesverfassungsrichter bei der Begutachtung des Zwangsverbundes war daher die aufgrund der Scheidung erforderlich werdende Umstrukturierung des Eltern-Kind-Verhältnisses. Statt auf das Scheitern der Ehe abzustellen, berief sich das Bundesverfassungsgericht auf die Änderung der tatsächlichen Umstände und begründete damit die Verfassungsmäßigkeit des Zwangsverbundes. Mit dem Zusammenbruch der ehelichen Ge-

---

[648] S.o. § 4 I 2.
[649] BVerfG, NJW 1983, 101.
[650] BVerfG, NJW 1983, 101.
[651] S.o. § 5 I 2 a) und 3 b).
[652] BVerfG, NJW 1983, 101.
[653] BVerfG, NJW 1983, 101 (103).
[654] BVerfG, NJW 1983, 101 (102).
[655] S.o. § 5 I 3 b).

meinschaft gehe immer die Auflösung der häuslichen Gemeinschaft des Kindes mit seinen Eltern einher[656]. Das Kind lebe nach der Scheidung nicht mehr wie bisher mit beiden Elternteilen zusammen, sondern nur noch bei einem von ihnen. Diese tatsächlichen Auswirkungen rechtfertigten den Zwangsverbund selbst dann, wenn die Eltern ihrer „fortwirkenden Elternverantwortung" nachkämen[657].

Im Verhältnis von Staat und Familie behielt das Bundesverfassungsgericht demgegenüber die traditionelle Sichtweise bei[658]. Um sicherzustellen, daß bei der Reorganisation das Kindeswohl ausreichend beachtet werde, beanstandete es das zwingende gerichtliche Sorgerechtsverfahren nicht. Handlungsinstrumentarium des Staates war aus Sicht des Bundesverfassungsgerichts also weiterhin der Eingriff.

c) Weitere systemische Ansatzpunkte in der Urteilsbegründung

Systemtheoretisch fundierte Ansatzpunkte lassen sich in der Urteilsbegründung an zwei weiteren Stellen erkennen.

Das Bundesverfassungsgericht erklärte zwar, daß das Kind einer dauerhaften familiären Beziehung bedürfe[659] – eine Prämisse, aus der sich die Bindungstheorie entwickelt hat –, interpretierte dieses Kontinuitätserfordernis jedoch im Sinne der Systemtheorie. In Anlehnung an Fthenakis ging das Bundesverfassungsgericht davon aus, daß die gemeinsame Sorge ein Höchstmaß an Kontinuität biete[660]. Die gemeinsame Sorge stelle nicht per se eine Gefährdung für das Kindeswohl dar. Es sei durchaus möglich, daß das Kind zu beiden Elternteilen gleich starke emotionale Beziehungen entwickelt habe[661]. Damit wandte sich das Bundesverfassungsgericht gegen die Annahme einer Hauptbindungsperson. Zudem folgte es dem Ergebnis der Sachverständigenanhörung darin, daß das gemeinsame Sorgerecht nach der Scheidung durchaus Bestand haben könne bzw. sich das gemeinsame Sorgerecht, selbst wenn es irgendwann aufgehoben werden müsse, während seines Bestehens positiv auf das Kind ausgewirkt haben könne[662].

Daneben sah das Bundesverfassungsgericht zumindest die Möglichkeit, daß die Eltern die Scheidung als „ihre Angelegenheit" betrachten und trotz Scheidung eine weitestgehend ungestörte Beziehung des Kindes zu beiden Elternteilen er-

---

[656] BVerfG, NJW 1983, 101.
[657] BVerfG, NJW 1983, 101.
[658] So auch: *Eckert-Schirmer*, FuR 1996, 205 (210).
[659] BVerfG, NJW 1983, 101.
[660] BVerfG, NJW 1983, 101 (102).
[661] BVerfG, NJW 1983, 101 (102).
[662] BVerfG, NJW 1983, 101 (102).

hielten[663]. Hinter dieser Annahme steht die systemisch begründete Trennung zwischen Eltern- und Paarbeziehung, wonach das Eltern-Kind-Verhältnis und die Paarbeziehung unterschiedliche Systeme bilden, die zwar miteinander in Wechselwirkung stehen, grundsätzlich aber unabhängig voneinander betrachtet werden müssen[664].

d) Alleinsorge als Regelfall?

Trotz der vielen systemischen Ansatzpunkte wird teilweise angenommen, daß das Bundesverfassungsgericht letztlich nur eine „unverbindliche" bzw. „modifizierte" Sichtweise des traditionellen Familienbildes und damit auch des Desorganisationsmodells vertrete[665]. Begründet wird dies damit, daß das Bundesverfassungsgericht letztlich an der bindungstheoretischen Prämisse festhalte, wonach die Alleinsorge dem Kindeswohl generell am besten entspreche. Lediglich die Naturgegebenheit der Alleinsorge werde verneint und eine typisierende Festschreibung der traditionellen Sichtweise im Gesetz abgelehnt.

In der Tat wandte sich das Bundesverfassungsgericht in seiner Urteilsbegründung nur gegen die Ausnahmslosigkeit der gesetzlichen Sorgerechtsregelung. Die ihr zugrundeliegende Prämisse stellte es nicht in Frage und setzte sich im Rahmen des „Aushöhlungsarguments" [666] nicht damit auseinander, ob die Alleinsorge angesichts der „typischen", das heißt strittigen, Situation bei der Scheidung „regelmäßig die angemessene Lösung" darstelle[667]. Vielmehr beschränkte sich das Bundesverfassungsgericht darauf, auf die Möglichkeiten einer restriktiven Auslegung und einer gesetzlichen Neuregelung hinzuweisen, um einer Aushöhlung der bestehenden Sorgerechtsregelungen entgegenzuwirken und dafür zu sorgen, daß das gemeinsame Sorgerecht die Ausnahme bleibe[668]. In anderem Zusammenhang verwies das Bundesverfassungsgericht auf eine Sachverständigenaussage, wonach die Eltern nach der Scheidung wohl nur in begrenzter Zahl zur Ausübung des gemeinsamen Sorgerechts in der Lage seien[669].

Das gerichtliche Schweigen legt die Vermutung nahe, daß das Bundesverfassungsgericht mit der generellen Erwägung des Gesetzgebers, die Alleinsorge entspreche dem Kindeswohl am besten, übereinstimmte und nur ihre Ausschließlichkeit kritisierte.

---

[663] BVerfG, NJW 1983, 101 (103).
[664] S.o. § 5 3 b).
[665] *Eckert-Schirmer*, FuR 1996, 205 (209).
[666] S.o. § 4 I 2 a) bb) (2) (c).
[667] BVerfG, NJW 1983, 101 (103).
[668] BVerfG, NJW 1983, 101 (103).
[669] BVerfG, NJW 1983, 101 (102).

Bei dieser Ausdeutung wird jedoch verkannt, daß das Bundesverfassungsgericht keine rechtspolitischen Entscheidungen zu treffen hat, sondern lediglich durch Auslegung ermittelt, was das Grundgesetz fordert[670]. Das Bundesverfassungsgericht hat allein darüber zu wachen, daß der Gesetzgeber die verfassungsrechtlichen Vorgaben einhält und mit gebotenen Anpassungen nicht lange zögert[671]. Solange sich der Gesetzgeber hingegen im Rahmen des verfassungsrechtlich Zulässigen bewegt, kommt ihm gerade bei gesetzgeberischen Entscheidungen eine Entscheidungsprärogative zu, die der verfassungsgerichtlichen Überprüfung entzogen ist[672]. Sind also mehrere Möglichkeiten verfassungsgemäß, liegt es in der Hand des Gesetzgebers, sich für die eine oder andere Möglichkeit zu entscheiden. Eine Zweckmäßigkeitsüberprüfung durch das Bundesverfassungsgericht findet nicht statt.

Da sich verfassungsrechtliche Bedenken allein im Hinblick auf die Ausschließlichkeit der Regelung, nicht aber hinsichtlich ihrer generellen Richtung ergaben, stellte sich dem Bundesverfassungsgericht daher nur die Frage, bis zu welchem Punkt der Staat die elterliche Autonomie auch im Trennungs- und Scheidungsgeschehen zu achten habe und wo im Interesse des Kindes die notwendigen Beschränkungen der elterlichen Rechte beginnen[673]. Demgegenüber war es dem Bundesverfassungsgericht verwehrt, zu der grundlegenden Entscheidung des Gesetzgebers, die Alleinsorge gezielt zu fördern, Stellung zu nehmen. Infolgedessen beschränkte sich das Bundesverfassungsgericht darauf, im Rahmen der Auseinandersetzung mit der gemeinsamen und der Alleinsorge Expertenmeinungen zu zitieren[674]. Auf die Kundgabe der eigenen Meinung verzichtete es, soweit sie nicht die Verfassungswidrigkeit der Regelung betraf. Die Entscheidung, welcher Stellenwert der gemeinsamen Sorge zukommen solle, legten die Verfassungsrichter ausdrücklich in die Hand des Gesetzgebers[675].

Das Schweigen des Bundesverfassungsgerichts ist somit nicht als Zustimmung zur gesetzgeberischen Schwerpunktsetzung zu werten. Es zeigt vielmehr die eigene Neutralität[676]. Das Bundesverfassungsgericht spricht sich weder für noch gegen die Alleinsorge als Regelfall aus. Es bringt allein die gemeinsame Sorge

---

[670] *Seibert*, FamRZ 1995, 1457.
[671] *Seibert*, FamRZ 1995, 1457 (1463); *Limbach*, Kind-Prax 1999, 71 (72).
[672] *Coester*, FamRZ 1996, 1181 (1182); *Limbach*, Kind-Prax 1999, 71 (72); *Seibert*, FamRZ 1995, 1457 (1458); *Degenhart*, Staatsrecht I, Rn.634.
[673] *Dickmeis*, ZfJ 1998, 41 (44).
[674] BVerfG, NJW 1983, 101 (102 und 103).
[675] BVerfG, NJW 1983, 101 (103).
[676] So auch *Ullmann*, Elterliche Sorge und Menschenrechte, S. 86; *Fehmel*, FamRZ 1983, 971 (972); *Coester*,FamRZ 1996, 1181 (1181f).

als Alternative in den rechtlichen Alltag von Scheidung und Sorgerechtsverfahren ein[677].

e) Staatliche Kontrolle

Obwohl eine Scheidung nach Ansicht des Bundesverfassungsgerichts nicht notgedrungen strittig verläuft, hielt das Bundesverfassungsgericht mit dem Bundesminister der Justiz eine eingehende richterliche Prüfung der gemeinsamen Sorge im Einzelfall für unerläßlich[678]. Voraussetzung für die gemeinsame Sorge der Eltern sei die Überzeugung des Richters, daß die Ehegatten die Sorge gemeinschaftlich zum Wohle des Kindes ausüben könnten[679]. Daneben bejahte das Bundesverfassungsgericht die Verfassungsmäßigkeit des Zwangsverbundes und damit der Notwendigkeit, bei jeder Scheidung eine Sorgerechtsregelung zu treffen. Die Bundesverfassungsrichter hegten somit gewisse Zweifel an der Fähigkeit der Eltern, die Aufgabe der Erziehung und Pflege des Kindes nach der Scheidung gemeinsam wahrzunehmen. Zwar sahen sie die Eltern in der Pflicht, nach der Scheidung möglichst das Kindeswohl in den Vordergrund ihrer Betrachtung zu stellen und dem Kind Kontakt zu beiden Elternteilen zu ermöglichen. Ob die Eltern in der Realität aber tatsächlich fähig sind, dieser Pflicht in dem Umfang, wie es das gemeinsame Sorgerecht verlangt, nachzukommen, daran bestanden Zweifel, die aus Sicht des Bundesverfassungsgerichts eine staatliche Kontrolle nötig machten.

f) Fazit

Grundsätzlich geht das Bundesverfassungsgericht davon aus, daß die Eltern auch nach der Scheidung rational zugunsten des Kindes entscheiden können. Basierend auf einem systemtheoretischen Ansatz hält es eine Trennung zwischen Eltern- und Paarebene ebenso wie ein gemeinsames Sorgerecht nach der Scheidung für möglich. Ob dabei die gemeinsame oder die Alleinsorge dem Kindeswohl nach der Scheidung besser entspricht, entscheidet es nicht. Dem Urteil des Bundesverfassungsgerichts liegt mithin ein optimistisches Elternbild zugrunde. Dieses beschränkt sich allerdings darauf, das gemeinsame Sorgerecht nach der Scheidung zuzulassen. An der traditionellen Sicht, daß sich der Staat per Eingriff, nämlich Gerichtsentscheidung, von dem Funktionieren des Sorgerechts überzeugen muß, hält das Bundesverfassungsgericht demgegenüber fest. Auch die Stellung des Kindes als Objekt läßt es unverändert.

---

677 So: *Ullmann*, Elterliche Sorge und Menschenrechte, S. 86; *Fehmel*, FamRZ 1983, 971 (972).

678 BVerfG, NJW 1983, 101 (103).

679 BVerfG, NJW 1983, 101 (103).

3) Die Leitbilder des Reformgesetzgebers der Kindschaftsrechtsreform

Der Reformgesetzgeber von 1998 führt den sich in der Entscheidung des Bundesverfassungsgerichts anbahnenden „Paradigmenwechsel“[680] fort. Der Reform liegt eindeutig die systemische Sichtweise zugrunde, wonach sich die Familie nach der Scheidung nicht auflöst, sondern lediglich reorganisiert. Dabei sieht der Reformgesetzgeber die Scheidung bzw. Trennung – entsprechend dem Reorganisationsmodell – als ein im Entwicklungsverlauf der Familie atypisches Ereignis an. Rechtlich wird darauf mit gesonderten Regelungen reagiert, die die Ausnahmesituation berücksichtigen. Systemische Erwägungen ziehen sich daher durch das ganze Gesetz.

a) Fortbestehen der Elternverantwortung trotz Scheidung

Mit dem Bundesverfassungsgericht geht der Reformgesetzgeber davon aus, daß die Elternverantwortung über den Zeitpunkt der Scheidung bzw. Trennung hinausgeht und die Eltern-Kind-Beziehungen trotz Scheidung weiterbestehen. Dieses Scheidungsverständnis offenbart sich bereits in der Wortwahl des Reformgesetzgebers. Trotz Scheidung der Eltern spricht er in seiner Gesetzesbegründung von dem (Bestehen-) Bleiben[681] oder der Beibehaltung[682] der gemeinsamen Sorge sowie von ihrem „Fortbestehen“[683] bzw. ihrem „Fortbestand“[684]. Seinen praktischen Niederschlag findet die theoretische Scheidungssicht in dem als Antragsverfahren ausgestalteten Sorgerechtsverfahren. Danach verbleibt es trotz Scheidung bei dem gemeinsamen Sorgerecht, wenn kein Elternteil einen Alleinsorgeantrag stellt[685]. Mit der Scheidung endet also nicht automatisch das bisher bestehende Eltern-Kind-Verhältnis. Rechtlich bleibt alles so, wie es war. Sollten sich die Eltern über den Fortbestand einig sein, ist nicht einmal ein gerichtliches Tätigwerden erforderlich.

b) Trennung zwischen dem Paar- und dem Elternsystem

Auf der Grundlage der Systemtheorie hat sich der Reformgesetzgeber zum Ziel gesetzt, die Eltern dazu zu befähigen, zwischen Eltern- und Partnerebene zu trennen[686]. Er verweist zwar auf die Schwierigkeiten, die die Trennung der „persönlichen Gefühle“ zwischen den Eltern von denen zum Kind bereite[687]. In Übereinstimmung mit dem Bundesverfassungsgericht geht der Reformgesetzgeber

---

[680] *Coester*, FamRZ 1992, 617 (618); *Eckert-Schirmer*, FuR 1996, 205 (211).
[681] BT-Drucks. 13/4899, S.61, 63, 98.
[682] BT-Drucks. 13/4899, S.62, 63.
[683] BT-Drucks. 13/4899, S.63, 64.
[684] BT-Drucks. 13/4899, S.98.
[685] BT-Drucks. 13/4899, S.61.
[686] BT-Drucks. 13/4899, S.62.
[687] BT-Drucks. 13/4899, S.62.

aber davon aus, daß eine solche Differenzierung grundsätzlich möglich sei – gegebenenfalls mit staatlicher Unterstützung.

c) Neustrukturierung des Elternsystems nach der Scheidung

Der Reformgesetzgeber folgt der Systemtheorie auch in ihrer Aussage, daß die Scheidung bzw. Trennung der Eltern eine Reorganisation des Eltern-Kind-Verhältnisses erforderlich mache[688]. Denn selbst wenn die Eltern-Kind-Beziehung von der Trennung der Eltern theoretisch unberührt bleibt, verändern sich mit ihr die äußeren Umstände. In der Regel lebt das Kind künftig bei einem Elternteil und pflegt mit dem anderen nur noch einen Umgangskontakt. Diesen veränderten Gegebenheiten versucht der Reformgesetzgeber dadurch Rechnung zu tragen, daß er in § 1687 BGB die gemeinsame Sorge nach der Scheidung bzw. Trennung der Eltern regelt. Ziel ist es, die fortbestehende gemeinsame Sorge so weit wie nötig den neuen Umständen anzupassen. Dabei sollen insbesondere Konfliktpunkte vermieden werden, um eine praktikable Regelung zu erhalten, ohne daß die gemeinsame Sorge nach der Trennung zu einer „leeren Hülse“ verkommt[689]. Die gemeinsame Sorge nach der Trennung der Eltern ist also nicht identisch mit der Sorge, wie sie vor der Trennung bestand. Nach den systemtheoretischen Überlegungen kann sie es aber auch nicht sein, da sich die tatsächlichen Gegebenheiten geändert und eine Neustrukturierung notwendig gemacht haben.

d) Die gemeinsame Sorge und das Kindeswohl

Der Reformgesetzgeber beschränkt sich nicht wie das Bundesverfassungsgericht darauf, lediglich die fortbestehende Elternverantwortung anzuerkennen. Im Gegensatz zum Gericht bezieht er im Vergleich beider Sorgerechtsformen eine klare Position. Es stehe außer Frage, daß es für die betroffenen Kinder das Beste sei, wenn sich die Eltern auch nach der Scheidung einvernehmlich um ihre Angelegenheiten kümmerten[690]. Dadurch werde den Kindern am wenigsten das Gefühl vermittelt, einen Elternteil zu verlieren[691]. Die gemeinsame Sorge sei die am besten geeignete Sorgerechtsform, um diesem Bedürfnis der Kinder Rechnung zu tragen[692]. Wenn sich die Eltern für die gemeinsame Sorge entschieden hätten und eine gewisse Basis für die gemeinsame Ausübung der Sorge bestehe, entspreche sie daher dem Kindeswohl am besten[693].

---

[688] S.o. § 5 I 3 b).
[689] BT-Drucks. 13/8511, S.67.
[690] BT-Drucks. 13/4899, S.63.
[691] BT-Drucks. 13/4899, S.63.
[692] BT-Drucks. 13/4899, S.63.
[693] BT-Drucks. 13/8511, S.66.

Damit wendet sich der Reformgesetzgeber in diametraler Weise von der Ansicht des Gesetzgebers von 1980 ab. Selbst wenn er die gemeinsame Sorge nicht als Regelfall im Gesetz festschreibt, so zumindest seine Gesetzesbegründung[694], ist er doch der Auffassung, daß sie sich in der Praxis zum Regelfall entwickeln werde. Immerhin erwartet der Reformgesetzgeber infolge der Reform einen Anstieg der Fälle, in denen es auch nach der Scheidung bei der gemeinsamen Sorge verbleibt[695]. Theoretisches Fundament dieser Ansicht bildet auch hier die Systemtheorie. Ausgehend davon, daß das Eltern-Kind-System fortbestehe, verwirkliche sich der Grundsatz der Kontinuität in der gemeinsamen Sorge am besten[696].

e) Das Ideal der vernünftigen Eltern und der unstrittigen Scheidung

Ausgangspunkt des Reformgesetzgebers bei der Neugestaltung des Sorgerechts ist die unstrittige Scheidung bzw. Trennung. In der Gesetzesbegründung und in der Ausgestaltung des Gesetzes zeigen sich vielerorts die Hoffnung und das Vertrauen des Reformgesetzgebers in die Einsicht der Eltern. Der Reform liegt das Bild mündiger und vernünftiger Eltern zugrunde, die auch in Krisenzeiten rational zugunsten des Kindeswohls handeln. Das Mißtrauen, das aus dem Bundesverfassungsgerichturteil spricht – immerhin wurde der Zwangsverbund für verfassungsgemäß erklärt – ist einem optimistischen Blick gewichen. Im Gesetz findet diese Sichtweise gleich an mehreren Stellen ihren Ausdruck.
Die Ausgestaltung des Sorgerechtsverfahrens als Antragsverfahren zeigt deutlich, daß der Reformgesetzgeber präventive gerichtliche Eingriffe wie das Zwangsverfahren für entbehrlich hält. Erst wenn ein Alleinsorgeantrag gestellt wird bzw. Anhaltspunkte für eine Gefährdung des Kindeswohls vorliegen, muß das Gericht tätig werden.

Selbst die rein unterstützenden Angebote des Jugendamtes sind vom Reformgesetzgeber als freiwillige Leistung ausgestaltet worden[697]. Der Gesetzgeber nimmt an, daß derjenige, der der Hilfe bedürfe, diese schon von sich aus annehmen werde. In allen anderen Fällen gebe es keinen Anlaß an einer behaupteten Einigkeit zu zweifeln und den Eltern eine Beratung „aufzuzwingen“.

Was die Paarbeziehung zwischen den Eltern anbetrifft, geht der Reformgesetzgeber nicht nur davon aus, daß sich Eltern trotz Scheidung einigen könnten. Darüber hinaus hält er die Eltern für so vernünftig, daß sie Streitigkeiten auf konkrete Punkte beschränken könnten und nicht auf andere, zunächst unstreitige Bereiche ausdehnten. Zumindest sieht der Gesetzgeber für solche Fälle die Mög-

---

694 BT-Drucks. 13/4899, S.61; zu dem Streit s.o. § 3 IV 1 b) bb) (2) (a).
695 BT-Drucks. 13/4899, S.64.
696 S.o. § 5 I 3 b).
697 S.o. § 3 III 4 c).

lichkeit einer partiellen Alleinsorge vor, bei der die Eltern das Sorgerecht hinsichtlich der unstreitigen Bereiche weiterhin gemeinsam ausüben.

Ferner meint der Reformgesetzgeber, daß Eltern, die zunächst uneins seien, mit professioneller Beratung zur Einvernehmlichkeit gebracht werden könnten.

Letztlich setzt der Reformgesetzgeber also voraus, daß die Eltern im Regelfall entweder von sich aus vernünftig sind oder zumindest mit professioneller Hilfe zur Einsicht gebracht werden können.

f) Staatliche Hilfe statt Eingriff

Im Gegensatz zu der Entscheidung des Bundesverfassungsgerichts definiert der Reformgesetzgeber nunmehr auch die staatlichen Aufgaben im Sinne der systemischen Sichtweise. Statt bei jeder Scheidung eingreifend tätig zu werden, sieht der Reformgesetzgeber die Aufgabe des Staates darin, dem einzelnen Familienmitglied bei der Neuorganisation seiner Beziehungen Hilfestellung zu leisten[698]. Ausgehend von dem Menschenbild, daß die Eltern auch nach der Scheidung bzw. Trennung prinzipiell in der Lage sind, gemeinsam zu handeln, macht es der Reformgesetzgeber zur Aufgabe des Staates, die Eltern, die nicht von sich aus zu einvernehmlichen Lösungen finden, bei dem Konfliktlösungsprozeß zu unterstützen. Sie sollen befähigt werden, eigenständige Lösungen für ihre Konflikte zu entwickeln. Statt gerichtlich einzugreifen und zu entscheiden, soll zunächst versucht werden, durch Beratung und Vermittlung von Jugendamt und Gericht die Einigkeit zwischen den Eltern wiederherzustellen[699]. Die „Verzahnung“ zwischen gerichtlicher Sorgerechtsentscheidung und sozialpflegerischem Beratungsansatz ist insbesondere durch die Gesetz gewordenen Vorschläge des Rechtsausschusses verstärkt worden[700].

g) Die Stellung des Kindes

Mit Einführung des Verfahrenspflegers trägt der Reformgesetzgeber der Stellung des Kindes Rechnung und verdeutlicht so, daß er das Kind sehr wohl als Rechtssubjekt erkennt[701]. Demgegenüber wird dem Kind weder ein eigenes Antragsrecht eingeräumt, noch sperrt sein Widerspruch die von den Eltern bevorzugte Sorgerechtslösung. Maßstab für alle Entscheidungen bleibt das Kindeswohl, das der Ausdeutung durch die Eltern bedarf. Im Konfliktfall entscheidet an deren Stelle das Gericht, wobei diese Möglichkeiten mit der Reform einge-

---

[698] BT-Drucks. 13/4899, S. 75.
[699] BT-Drucks. 13/4899, S. 75.
[700] BT-Drucks. 13/8511, S. 66.
[701] BT-Drucks. 13/4899, S. 76.

schränkt wurden. Die Stellung des Kindes als eigenes Rechtssubjekt ist im Gesetz also lediglich in Ansätzen enthalten.

h) Fazit

Das Kindschaftsrechtsreformgesetz basiert auf den Annahmen des Reorganisationsmodells. Das Eltern-Kind-Verhältnis bleibt trotz der Scheidung bestehen und ist lediglich umzustrukturieren. Das Elternbild des Reformgesetzgeber ist dabei äußerst positiv. Dies äußert sich darin, daß der Reformgesetzgeber den Eltern bei der Gestaltung des Verfahrens einen sehr weitgehenden Entscheidungsspielraum einräumt. Die staatliche Aufgabe beschränkt sich darauf, die Eltern bei der Suche nach einvernehmlichen Lösungen zu unterstützen, wobei die Angebote freiwillig sind und von einem Antrag bzw. der Inanspruchnahme durch die Eltern abhängen. Die Wahrnehmung des Kindes bleibt dagegen weitgehend dem traditionellen Familienbild verhaftet.

i) Kritik

Da dieses Modell aus psychologischer Sicht in entscheidenden Punkten bereits als überholt gilt[702], ist die Ausrichtung des Reformgesetzes vereinzelt kritisiert worden[703]. Zwar sei der richtige Weg eingeschlagen worden, der Wandel werde aber nicht konsequent genug umgesetzt[704]. Zu bemängeln sei insbesondere, daß der Gesetzgeber trotz einer einheitlichen internationalen Forschungslage zugunsten des Transitionsmodells Normen geschaffen habe, die ausschließlich den Fall der Trennung und Scheidung erfaßten. Dadurch würden Scheidungsfamilien im Vergleich zu Familien mit ähnlichen Konflikten ohne sachlichen Grund ungleich behandelt[705]. Zudem habe der Gesetzgeber versäumt, den Betroffenen mit der Neustrukturierung des Verhältnisses zwischen Beratungsangeboten und gerichtlichen Eingriffen eine dem Scheidungsphänomen angemessene Regelungsmöglichkeit bereitzustellen[706]. Das Ziel einer systemübergreifenden, die kindliche Rechtsposition und die kindliche Perspektive stärker beachtenden Rechtsordnung bleibe daher weiteren Reformen vorbehalten[707].

---

[702] Fthenakis, FPR 1998, 84 (86).
[703] Fthenakis, FPR 1998, 84 (86).
[704] Fthenakis, FPR 1998, 84 (90).
[705] Fthenakis, FPR 1998, 84 (87).
[706] Fthenakis, FPR 1998, 84 (88).
[707] Fthenakis, FPR 1998, 84 (90).

§ 6 Die Kindschaftsrechtsreform aus Sicht der Praxis

Mit der Reformierung der Regelungen des Sorgerechts bei der Scheidung bzw. Trennung der Eltern hat der Gesetzgeber einen Grundstein dafür gelegt, daß die Kinder- und Elternrechte in der Praxis eine stärkere Beachtung erfahren. Ob der Gesetzgeber damit die von ihm gesetzten Ziele auch tatsächlich erreicht, hängt allerdings davon ab, wie die Praxis die Regelungen versteht und mit ihnen umgeht. Anhand einer Richterumfrage, die an den Amtsgerichten in Schleswig-Holstein und dem Schleswig-Holsteinischen Oberlandesgericht durchgeführt wurde, soll ein Bild der derzeitigen Sorgerechtspraxis im nördlichsten Bundesland vermittelt werden. Es geht darum aufzuzeigen, wie die Kindschaftsrechtsreform in der gerichtlichen Praxis umgesetzt wird und zu welchen Veränderungen sie in der Praxis geführt hat. Die praktische Ausgestaltung und Bedeutung einzelner Neuerungen sollen für sich gesehen beschrieben werden. Befürchtungen und Kritik, wie sie in der Literatur geäußert wurden, sollen auf ihre Stichhaltigkeit überprüft werden. Ziel ist es, auf der Grundlage dieser Einzelaspekte eine umfassende Bewertung der Reform vorzunehmen. Dabei bleibt die empirische Untersuchung jedoch nicht auf einer rein beschreibenden Stufe stehen. Auf einer zweiten Stufe geht es um den Versuch, die Hintergründe für eine bestimmte Rechtsanwendung herauszufinden und aufzuzeigen. Ziel ist es, die Rechtspraxis nicht nur abzubilden, sondern sie auch zu hinterfragen. Neben dem „Wie" soll versucht werden, auch Aussagen zu dem „Warum" zu treffen. Den Motiven der Richter soll auf den Grund gegangen werden. Einerseits soll so herausgefunden werden, auf welchen Rückhalt die Reform innerhalb der Richterschaft stößt. Zum anderen besteht die Vermutung, daß unterschiedliche Rechtsauslegungen auf divergierenden Einstellungen zur Reform bzw. zu einzelnen Wertungen des Gesetzgebers beruhen.

I. Absolute Zahlen aus dem statistischen Landesamt

1) Ehescheidungen

In den letzten zehn Jahren ist die Zahl der Ehescheidungen in Schleswig-Holstein nach Angaben des statistischen Landesamtes kontinuierlich gestiegen. Damit entspricht die Entwicklung in Schleswig-Holstein dem Bundestrend. Nach Einführung der Kindschaftsrechtsreform hat sich die Anzahl der Ehescheidungen in Schleswig-Holstein um 7 %, von 7139 Scheidungen im Jahr 1998 auf 7641 Scheidungen im Jahr 2000, erhöht. Im Jahr 2001 ist die Zahl zum ersten Mal seit 1994 nicht weiter gestiegen, sondern geringfügig, um 37 Fälle auf insgesamt 7604 Scheidungen, gesunken. Der Grund für die Stagnation liegt allerdings nicht zwingend in der Kindschaftsrechtsreform. Denkbar sind auch andere Ursachen, wie die Bevölkerungsentwicklung, die Zahl der Eheschließungen und anderes.

2) Sorgerechtsverfahren

Von jeder zweiten Scheidung sind minderjährige Kinder betroffen. Zusammengenommen mit den Verfahren, in denen sich nichteheliche Partner trennen, denen das Sorgerecht für gemeinsame Kinder gemeinsam zusteht, ergibt sich eine Gesamtzahl von insgesamt 3576 Fällen für das Jahr 1999 und 3848 Fällen für das Jahr 2000. Die Gerichte werden nach der Kindschaftsrechtsreform allerdings bei weitem nicht mehr mit allen diesen Fällen befaßt. Während im Jahr 1999 schon in 52,2% der Fälle (1866 Fälle insgesamt) ein gerichtliches Sorgerechtsverfahren mangels Sorgerechtsantrags unterblieb, stieg die Zahl im Jahr 2000 auf insgesamt 2853 Fälle. Das entspricht einem Anteil von 74,1%. Im Jahr 2000 kam es also nur noch in einem Viertel der Fälle zu einer gerichtlichen Sorgerechtsentscheidung. Ganz überwiegend einigten sich die Eltern außergerichtlich auf die Fortführung der gemeinsamen Sorge. Der erneute Anstieg um 25 % von dem Jahr 1999 auf das Jahr 2000 findet seine Ursache höchstwahrscheinlich in den sogenannten „Altverfahren", die bereits vor der Kindschaftsrechtsreform anhängig waren und auf die das neue Recht keine Anwendung fand. Eine durchschnittliche Verfahrensdauer von etwa 11 Monaten[708] legt nahe, daß zumindest in der ersten Hälfte des Jahres 1999 noch viele Verfahren abgeschlossen wurden, die nach dem alten Recht zu entscheiden waren. Da von dem Statistischen Landesamt nur die abgeschlossenen Verfahren berücksichtigt werden, kann dem Wert aus dem Jahr 1999 also nicht mehr als eine Tendenz entnommen werden. Letztlich dürfte der Wert aus dem Jahr 2000 dem Stand nach der Kindschaftsrechtsreform eher entsprechen. Sorgerechtsverfahren finden somit nur noch in etwa einem Viertel der Scheidungen bzw. Trennungen statt, von denen minderjährige Kinder betroffen sind. Absolut handelt es sich in Schleswig-Holstein dabei um etwa 1000 Fälle pro Jahr (im Jahr 2000 exakt 995 Fälle). Von ähnlichen Prozentzahlen wird auch in anderen Erfahrungsberichten bzw. Erhebungen berichtet[709].

3) Betroffene minderjährige Kinder

Von einer Scheidung, die von Eltern minderjähriger Kinder betrieben wird, sind im Schnitt 1,6 Kinder betroffen. Die Gesamtzahl der von einer Scheidung betroffenen minderjährigen Kinder schwankte im Zeitraum von 1997 bis 2001 zwischen 5713 Kindern im Jahr 1999 und 6224 im Jahr 2000. Bezogen auf die gerichtlichen Sorgerechtsverfahren, die ja lediglich in einem Viertel der Fälle

---

[708] Statistisches Landesamt Schleswig-Holstein, Statistische Berichte BVI 2 –j/ 99 und j/00, S.7.

[709] *Meysen*, ZfJ 2000, 304; *Kilbinger*, ZfJ 2001, 39 (40); *Seidenstücker*, ZfJ 2001, 88 (92), allerdings mit der Einschränkung, daß die Ergebnisse in unterschiedlichen Regionen teilweise stark differieren; *Proksch*, Rechtstatsächliche Untersuchung, S. 50f, der Differenzen zwischen den alten und den neuen Bundesländern feststellt.

stattfinden, absolut etwa 1000 Fällen pro Jahr, entscheiden die Richterinnen und Richter im Jahresdurchschnitt somit nur noch über das Schicksal von etwa 1600 Kindern.

4) Entscheidungen in Sorgerechtsverfahren

Wird ein Alleinsorgeantrag gestellt und kommt es zu einem gerichtlichen Sorgerechtsverfahren, dann entschieden die Richter in den Jahren 1999 und 2000 überwiegend zugunsten der Alleinsorge der Mutter. Vergleichszahlen für die Jahre davor sind vom Statistischen Landesamt leider nicht erfaßt worden. Während die Richter im Jahr 1999 immerhin noch in etwa einem Drittel der Fälle die Alleinsorge auf die Mutter übertrugen (1121 Fälle oder 31,3%), war es im Jahr 2000 nur noch insgesamt ein Anteil von etwa einem Fünftel (705 Fälle oder 18,3%). Auch diese Veränderung zwischen den Jahren 1999 und 2000 wird ihre Ursache wohl in den im Jahr 1999 noch zum Abschluß gebrachten Altfällen haben. Ein deutlicher Rückgang ist auch bei den gerichtlichen Entscheidungen zugunsten der gemeinsamen Sorge zu verzeichnen. Im Jahr 1999 ordneten die Richterinnen und Richter noch in 466 Fällen (13%) die gemeinsame Sorge an. Im Jahr 2000 sank die Zahl auf 193 Fälle und macht damit auf die Gesamtheit der Scheidungen mit minderjährigen Kindern gesehen nur noch 5% aus. Die Übertragung der Alleinsorge auf den Vater bleibt die Ausnahme ebenso wie die Sorgerechtsübertragung auf Dritte.

II. Die Befragung

1) Arbeitsmethoden und Instrumentarien

Die Untersuchung stützt sich auf die Auswertung des in Anlage I angefügten Fragebogens, der ab April 2001 an die in Schleswig-Holstein im Familienrecht tätigen Richterinnen und Richtern verschickt wurde.

Der Aufbau des Fragebogens lehnt sich an den chronologischen Ablauf eines Scheidungs- bzw. Sorgerechtsverfahrens an: angefangen mit den Anhörungen zum Sorgerecht im Scheidungsverfahren über die verfahrensrechtlichen Erfordernisse bzw. Möglichkeiten im Sorgerechtsverfahrens – wie die Kindesanhörung, die Verfahrenspflegerbestellung und das richterliche Verhalten sowie die Aufgaben des Jugendamtes – bis hin zur Urteilsfindung und -begründung. Im letzten Teil werden die Richter nach ihrer eigenen Bewertung und Einschätzung der Reform befragt. Angesichts der Tatsache, daß an den Gerichten keine detaillierte Statistik über die Ausgestaltung des Sorgerechtsverfahrens und damit verbundener Verfahren geführt wird, war es erforderlich, den eigentlichen Untersuchungen einen rein beschreibenden Teil voranzustellen, um die Untersuchungsgrundlage zu definieren und einen Anhaltspunkt für die Relevanz des Sorgerechtsverfahrens im Kontext zu anderen Verfahren zu haben.

Die einzelnen Fragestellungen lehnen sich zum einen an die im Schrifttum geäußerten Bedenken gegen die Reform und die sich daraus entwickelten kontroversen Meinungsstände an. Zum anderen konnte auf die Mithilfe der Richterinnen und Richter an den Familiengerichten Kiel und Rendsburg zurückgegriffen werden. Dort wurde in zwei Vorabbefragungen der Fragebogen in der Praxis getestet. Die geäußerte Kritik und die Anregungen der Richterschaft wurden in der endgültigen Fassung des Fragebogens berücksichtigt und eingearbeitet. Zudem brachte ein Gespräch mit einer Mitarbeiterin des Amtes für Soziale Dienste in Kiel neue Erkenntnisse, die ebenfalls in den Fragebogen einflossen.

Um trotz seines immensen Umfangs die Beantwortung des Fragebogens für die Richterinnen und Richter im Rahmen des zeitlich und arbeitsmäßig Zumutbaren zu halten, wurden überwiegend Antwortmöglichkeiten vorgegeben, die die Richterinnen und Richter mit eigenen Kommentaren ergänzen konnten, wovon einige in großem Umfang Gebrauch machten. Soweit in der Arbeit die vorgegebenen Antwortvarianten zitiert werden, sind sie durch Anführungsstriche kenntlich gemacht. Gesondert hervorzuheben ist dabei die Abstufung von „überwiegend", „häufig", „selten" und „nie", die in einer Vielzahl von Fragen vorgegeben wurde. Die gewählte Abstufung, insbesondere deren Vierstufigkeit, lehnt sich an die Untersuchungen von Limbach[710] und Lidle-Haas[711] an, die mit entsprechenden Skalen operierten. Um die Daten der eigenen Erhebung mit denen dieser Studien vergleichbar zu halten, ist an der Aufteilung trotz der daran geäußerten Kritik – die Abstände wurden zum Teil als zu grobschrittig bemängelt – festgehalten worden.

2) Die Mitarbeit der Richterinnen und Richter

In Schleswig-Holstein waren zum Erhebungszeitpunkt an 27 Amtsgerichten insgesamt 84 Richterinnen bzw. Richter mit Familiensachen befaßt. Hinzu kamen weitere 19 Richterinnen bzw. Richter der 5 Familiensenate des Schleswig-Holsteinischen Oberlandesgerichts. Insgesamt beschäftigten sich in Schleswig-Holstein im Zeitpunkt der Befragung also 105 Richter mit familienrechtlichen Fragen.

a) Kreis der Teilnehmer

Von den 105 Familienrichterinnen und -richtern haben die 15 Familienrichterinnen und -richter der Amtsgerichte Kiel und Rendsburg an der Erstellung des

---

[710] *Limbach*, Die gemeinsame Sorge geschiedener Eltern in der Rechtspraxis.
[711] *Lidle-Haas*, Das Kind im Sorgerechtsverfahren bei der Scheidung.

Fragebogens mitgewirkt. Aufgrund vielfacher Veränderungen an den Fragestellungen konnten die Ergebnisse aus diesen Befragungen daher für die Statistik nicht berücksichtigt werden. Mit den verbliebenen 90 Familienrichterinnen und -richtern habe ich überwiegend persönlich oder über einen benannten Ansprechpartner Kontakt aufgenommen und sie gebeten, an der Richterumfrage teilzunehmen. Bereits bei den Telefonaten ergaben sich teilweise recht ausführliche Gespräche. Zusätzlich wurde den Richterinnen und Richtern in einem Begleitschreiben das Ziel der Untersuchung dargelegt, um sie für die Mitwirkung an der Befragung zu gewinnen. Wegen zu geringer Berufserfahrung infolge erst kurzer familiengerichtlicher Tätigkeit oder zu kleiner Dezernatsanteile mußten einige Familienrichterinnen bzw. -richter die Teilnahme an der Befragung von vornherein ablehnen. Letztlich konnten 63 Fragebögen an die Amtsgerichte in Schleswig-Holstein verschickt werden. Das Schleswig-Holsteinische Oberlandesgericht erhielt ebenfalls einen Fragebogen mit der Bitte, ihn in Kopie an die Vorsitzenden Richter der jeweiligen Familiensenate weiterzuleiten.

b) Rücklaufquote

Von den 68 Fragebögen sind 48 beantwortet zurückgesendet worden. Darunter sind 43 Fragebögen, die von den Amtsrichterinnen und -richtern ausgefüllt wurden, und 5, die von den Senaten des Schleswig-Holsteinischen Oberlandesgerichts teils gruppenweise zu zweit bzw. viert beantwortet wurden. Rechnet man trotz der zwei Fragebögen, die die Meinung mehrerer Richter wiedergeben, mit insgesamt 48 Fragebögen, so kommt man auf eine sehr erfreuliche Rücklaufquote von 70,6%. Separat für die Amtsgerichte ergibt sich bei 63 versendeten und 43 beantworteten Fragebögen eine Rücklaufquote von 68,3%.

Trotz des Umfangs sind die Fragebögen alle mit großer Sorgfalt ausgefüllt worden und enthalten teilweise sehr ausführliche Anmerkungen zu den einzelnen Fragestellungen. Auf die Anmerkungen sowie die zum Teil geäußerte Kritik wird bei der Behandlung der einzelnen Fragestellungen eingegangen werden.

c) Die Schwierigkeiten bei der Auswertung der obergerichtlichen Fragebögen

Die Fragebögen, die von den Richtern des Oberlandesgerichts beantwortet wurden, enthielten durchweg den Hinweis, daß bei ihnen nur strittige Fälle verhandelt würden. Fragen, die auf das Verfahren bei Einigkeit der Eltern abzielten, seien daher von ihnen nicht sinnvoll zu beantworten. Ganze Teile des Fragebogens konnten so von den betroffenen Richtern nicht ausgefüllt werden. Wo dennoch eine Beantwortung versucht wurde, traten eklatante Widersprüche zu den erstinstanzlichen Ergebnissen auf, die ihren Ursprung in der Besonderheit obergerichtlicher Sorgerechtsverfahren finden: Bei Einigkeit der Eltern müssen die erstinstanzlichen Gerichte im Sinne des einvernehmlichen Antrags entscheiden.

Wer sollte dann bei einer entsprechenden Entscheidung die zweite Instanz bemühen? Nur diejenigen, die sich weder eigenständig einigen noch mit dem erstinstanzlichen Urteil abfinden können, gehen den Weg bis zum Oberlandesgericht. Die Richter der zweiten Instanz werden also immer nur mit einem Ausschnitt aus der gesamten Bandbreite der Scheidungs- und Sorgerechtsfälle befaßt. Ihr Blickwinkel ist eingeschränkter, aber dafür spezieller. Daß es auch nach der Kindschaftsrechtsreform notorische Streithähne gibt, mag wohl keiner ernsthaft bestreiten. Ziel der Reform war es aber gerade, durch die Abschaffung des Zwangsverbundes ihre Zahl zu minimieren und die verständigen Eltern zu einvernehmlichen Lösungen zu befähigen bzw. sie bei der Suche danach zu unterstützen. Aus diesem Grund ist in dem Fragebogen durchgängig die Linie verfolgt worden, das Verfahren und das Verhalten der Richterschaft bei Einigkeit der Eltern dem bei Elternstreit gegenüberzustellen. Würden die fünf von Richtern am Oberlandesgericht ausgefüllten Fragebögen bei der Auswertung berücksichtigt werden, würde das Ergebnis verzerrt. Nicht nur, daß nur ein Teil der Antworten hätte verwertet werden können. Die strittigen Fälle wären durch die Antworten der Richter am Oberlandesgericht auch überrepräsentiert. Infolgedessen habe ich mich entschieden, bei der Auswertung auf die Einbeziehung der zweitinstanzlich ausgefüllten Fragebögen zu verzichten. Der statistischen Betrachtung liegen mithin lediglich die 43 von den Familienrichterinnen und Familienrichtern ausgefüllten Fragebögen zugrunde.

d) Persönliche Angaben der Teilnehmer

Von den insgesamt 43 Amtsrichterinnen und -richtern, die den Fragebogen zurückgeschickt haben, äußerten sich 41 Teilnehmer zur Person. Drei von ihnen machten von dem Angebot Gebrauch und trennten ihre persönlichen Angaben von dem Fragebogen ab, so daß die Fragebögen selbst anonym blieben.

Die erfragten Angaben beziehen sich auf Geschlecht, Alter und Tätigkeitsdauer der Richterinnen und Richter.

Unter den 41 Teilnehmern, die Angaben zur Person machten, befinden sich 18 Frauen. Das entspricht einem Prozentanteil von 43,9%. Das Durchschnittsalter der Richterinnen liegt bei 44,6 Jahren und damit etwa 6 ½ Jahre unter dem Durchschnittsalter ihrer männlichen Richterkollegen, die durchschnittlich 51 Jahre alt sind. Entsprechend länger sind die Richter sowohl im Richterberuf als auch im Familienrecht tätig – im Schnitt etwa 6 Jahre.

Insgesamt ist fast ein Drittel (29,3% oder 12 Personen) der befragten Richterschaft erst seit höchstens 3 Jahren im Familienrecht tätig, kann also auf keine oder nur sehr geringe familienrichterliche Berufserfahrung vor der Reform zurückgreifen. Darunter sind 7 Frauen und 5 Männer. Im Richterberuf an sich stehen die meisten Teilnehmer der Befragung jedoch schon länger. Nur eine Richterin ist noch in der Probezeit, also weniger als 3 Jahre Richterin. Dem stehen 14,6% (6 Familienrichter) gegenüber, die bereits seit 21 - 23 Jahren als Familienrichter tätig sind und die Entwicklung des gemeinsamen Sorgerechts von Anfang an beruflich miterlebt haben. Der Beginn ihrer familienrichterlichen Tätigkeit fiel in die Zeit, als die gemeinsame Sorge zwar nicht ausdrücklich verboten war, allerdings nur äußerst selten praktiziert wurde. Ein weiterer Richter kam vor 19 - 20 Jahren zum Familienrecht, als die gemeinsame Sorge gesetzlich ausgeschlossen war. Sie erlebten, wie das Bundesverfassungsgericht vor 19 Jahren die Entscheidung des Gesetzgebers von 1980 revidierte und wie diese Entwicklung nunmehr ihr vorläufiges Ende in der Normierung der gemeinsamen Sorge durch die Kindschaftsrechtsreform 1998 findet. Vor der Scheidungsreform 1977, also vor 24 Jahren, war keiner der befragten Richter im Familienrecht tätig. Mithin hat keiner der Teilnehmer seine Entscheidungen nach dem alten Schuldprinzip fällen müssen. Allerdings waren 12 Richter und 4 Richterinnen, das heißt 39% und damit der Großteil der befragten Richterschaft, bereits damals im Richterberuf tätig. Zwei Teilnehmer verwiesen auf 2 bzw. 4 Jahre zusätzliche Berufserfahrung außerhalb des Richterberufs. Ein weiterer Teilnehmer erwähnte, daß er 5 Jahre als Vormundschaftsrichter nach altem Recht tätig war.

e) Stand der Bearbeitung

Die Befragung ist trotz der immensen Arbeitsbelastung der Familienrichterinnen und -richter überwiegend positiv aufgenommen worden. Einige Richterinnen und Richter haben mir in Telefonaten oder in Briefen sogar ihre weitergehende Unterstützung zusagt. Mit Eingang der letzten Fragebögen kann der Stand der Untersuchung mit Juni 2001 angegeben werden.

3) Die statistischen Grundlagen der Auswertung

Die Auswertung der Fragebögen wurde mit Hilfe eines computergesteuerten Statistikprogrammes vorgenommen[712].

a) Die verwendeten statistischen Methoden

Bei der Auswertung des Fragebogens wurde durchweg die Häufigkeiten der einzelnen Antwortalternativen festgestellt. Auf der Grundlage dieser Zahlen wurden die Angaben unterschiedlicher Fragen vielfach in Form von Kreuztabellen miteinander in Bezug gesetzt. Vereinzelt wurde auch auf Größen der deskriptiven Statistik abgehoben. Insbesondere bei Fragen, bei denen die Richterschaft mehrere vorgegebene Antwortmöglichkeiten auf einer Skala nach deren jeweiliger Häufigkeit oder Bedeutung für die Gesamtfrage bewerten sollte (z.B. Fragen

---

[712] *Brosius*, SPSS 8.0.

I 2 f), II 1 b), V 2 a), wurde auf die Berechnung des arithmetischen Mittelwertes zurückgegriffen. Anhand der berechneten Mittelwerte konnten die einzelnen Antwortmöglichkeiten verglichen und in eine Rangfolge gebracht werden. Dies ermöglichte eine Tendenzaussage über die praktische Bedeutung bzw. Häufigkeit jeder einzelnen Antwortmöglichkeit für die entsprechende Gesamtfrage. Für die Durchführung dieser Rechenoperation war es erforderlich, Skalen, die allein durch Begriffe definiert waren, zu metrisieren. So wurde den Antwortmöglichkeiten „überwiegend", „häufig", „selten" und „nie" in eine Skala von 1 bis 4 gebracht. Dabei bekam die Antwortmöglichkeit „überwiegend" die Zahl 1, die Antwort „nie" die Zahl 4 zugeordnet. Die Mittelwertsberechnung wurde dann anhand der so zugewiesenen Zahlen durchgeführt. Ein Mittelwert von 1 sagt folglich aus, daß dieser Antwortmöglichkeit nach Ansicht aller Teilnehmer im Rahmen der Gesamtfragestellung „überwiegende" Bedeutung zukommt, während bei einem Mittelwert von 2,5 der Antwortmöglichkeit von den Teilnehmern eine Bedeutung zwischen häufig und selten zugemessen wurde. Entsprechendes gilt für die Fragen, bei denen die Richterinnen und Richter statt über die Häufigkeit Aussagen über den Vorrang (z.B. Frage II 1 b) bzw. über die Bedeutung bestimmter Antwortmöglichkeiten (z.B. Frage V 2 a) treffen sollten. In diesen Fällen sind die Werte von 1 bis 4 jedoch auch im Fragebogen selbst vermerkt.

Die Bedeutung sonstiger statistischer Größen aus dem Bereich der deskriptiven Statistik, auf die in der Auswertung der Fragebogens im Einzelfall Bezug genommen wird, erschließt sich aus dem Text. Hinzuweisen ist noch darauf, daß alle berechneten Werte soweit erforderlich auf eine Kommastellen gerundet wurden.

b) Die Grundmenge

Angesichts der Tatsache, daß einige Fragebögen zu einzelnen Fragen keine Angaben enthielten, schwankt die Anzahl der gültigen Antworten zwischen 43 und 36. Schlechtestenfalls – nämlich in exakt einem Fall (Frage VI 5) – haben also 83,7% der Teilnehmer eine Frage beantwortet. Auf die Gesamtzahl der angeschriebenen Amtsrichterinnen und -richter bezogen, wären das immerhin noch 57,1% und damit deutlich mehr als die Hälfte. Bei der Auswertung wurde deshalb darauf verzichtet, bei jeder Frage die exakte Grundmenge anzugeben. Vielmehr wurde immer die Anzahl der Teilnehmer als Grundmenge zugrundegelegt, die die jeweilige Frage beantwortet hat. Die Grundmenge der Teilnehmer kann also von Frage zu Frage variieren. Da sich auch die Prozentzahlen immer auf die Grundmenge der gültig angekreuzten Antworten beziehen, ergeben sich rechnerisch demnach immer 100%. In Ausnahmefällen kann es zu Ungenauigkeiten durch Auf- bzw. Abrunden kommen.

4) Zusammenfassung

Die Zahl der Sorgerechtsverfahren in Schleswig-Holstein ist seit der Kindschaftsrechtsreform auf etwa 1000 Fälle pro Jahr gesunken. Bei 84 Richterinnen und Richtern, die in Schleswig-Holstein erstinstanzlich mit Familiensachen beschäftigt sind, heißt das, daß jeder im Schnitt nur noch knapp 12 Fälle pro Jahr zu entscheiden hat. Läßt man das erste Jahr der Reform wegen der zu entscheidenden Altfälle außer Betracht, blickt die Richterschaft auch 3 Jahre nach der Reform lediglich auf 2000 Sorgerechtsentscheidungen zurück, durchschnittlich 24 Verfahren pro Richterin bzw. Richter. Der Fragebogen erfaßt mithin bei einer Beteiligung von 43 Familienrichterinnen und -richtern deren Erfahrungen aus insgesamt etwa 1032 Fällen, die nach neuem Recht entschieden wurden. Bestimmte Ausnahmekonstellationen, auf die im Fragebogen eingegangen wird, mögen daher in der Praxis noch nicht vorgekommen sein. Dennoch ergeben sich aus der Auswertung des Fragebogens zumindest Tendenzen und Anhaltspunkte darüber, wie die Richterschaft in Schleswig-Holstein mit dem reformierten Kindschaftsrecht umgeht und was ihre Ansichten dazu sind.

III. Die Auswertung des Fragebogens

Die Auswertung der Fragebogen hat zahlreiche detaillierte Ergebnisse und Erkenntnisse über das Sorgerechtsverfahren in der gerichtlichen Praxis erbracht.

1) Die Untersuchungsgrundlage

Wie bereits erwähnt, ist dem Fragebogen ein Teil vorangestellt worden, in dem die Richterinnen und Richter neben dem Scheidungs- und Sorgerechtsverfahren auch zu anderen Verfahren befragt wurden. Damit sollten zum einen nähere Informationen zu dem Sorgerechtsverfahren gesammelt werden, insbesondere wann, durch wen und mit welcher Begründung das Sorgerechtsverfahren eingeleitet wird. Zum anderen sollte eine Aussage darüber ermöglicht werden, ob und inwiefern eine Verlagerung zu anderen Verfahren, wie sie in der Literatur teilweise befürchtet wurde, stattgefunden hat.

a) Sorgerechtsverfahren

Dem Sorgerechtsverfahren kann man sich nach der Reform von zwei Seiten aus nähern. Einerseits kann das Sorgerechtsverfahren in Anlehnung an den vor der Reform bestehenden Zwangsverbund als ein von der Scheidung bzw. Trennung abhängiges Verfahren betrachten werden, denn immerhin ist die Scheidung bzw. Trennung der Eltern weiter Voraussetzung für ein Sorgerechtsverfahren. Unter diesem Aspekt kann die Beziehung zwischen Scheidungs- und Sorgerechtsverfahren hinterfragt werden. Andererseits geht das Sorgerechtsverfahren nicht mehr notwendigerweise mit einer Scheidung einher. Seit der Reform ist es ein eigenständiges Verfahren. Der Zwangsverbund wurde abgeschafft. Ansatzpunkt kann folglich auch die Eigenständigkeit sein, die sich in der Ausgestaltung als Antragsverfahren manifestiert.

Im Fragebogen sind beide Sichtweisen enthalten. Mit dem Fragenpaar in Frage I 1 soll geklärt werden, wie relevant das Sorgerecht als Streitpunkt bei Scheidungen ist, das heißt ob sich die Eltern, wenn sie sich scheiden lassen, vornehmlich über das Sorgerecht streiten. Die Frage I 2 ist demgegenüber ganz auf das Sorgerechtsverfahren ausgerichtet. Beleuchtet werden sollen die Umstände der Antragstellung in personeller wie zeitlicher Hinsicht sowie die Gründe für eine Antragstellung.

aa) Sorgerechtsverfahren in Verbindung mit Scheidungsverfahren

(1) Die Häufigkeit von Streitigkeiten bei einer Scheidung

69% der befragten Richterschaft (29 Personen) haben auf die Frage, wie oft eine Scheidung, bei der minderjährige Kinder betroffen sind, strittig verläuft, mit „selten“ geantwortet. 8 Teilnehmer, und damit immerhin 19%, antworteten mit „häufig“. Nur 3 Richterinnen oder Richter (7,1%) entschieden sich für die Antwortmöglichkeit „überwiegend“, 2 für die Antwort „nie“. Die nachfolgende Abbildung verdeutlicht die Verteilung.
Abb.1

Wie oft verläuft eine Scheidung strittig?

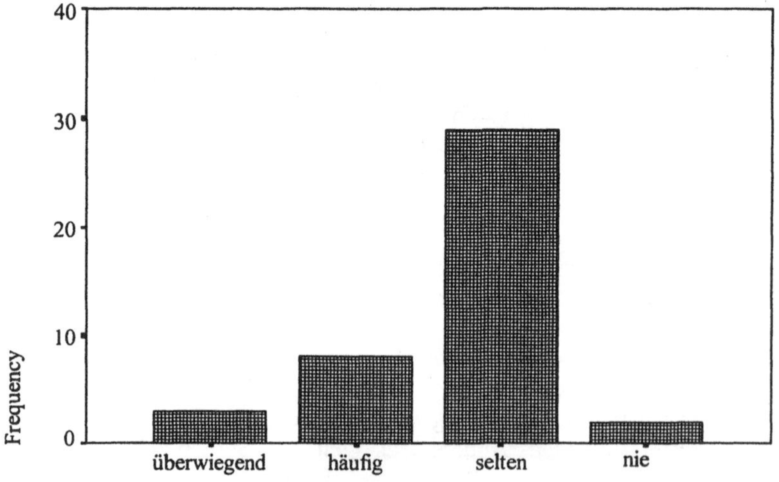

Die von einem Teilnehmer geäußerte Kritik, die Frage sei insofern mißverständlich, als der Begriff „strittig" nicht die Fälle erfasse, in denen die Eltern bei Scheidung einen einvernehmlichen Sorgerechtsantrag stellten, fällt bei der Auswertung nicht gravierend ins Gewicht. Denn die Doppelfrage I 1 zielt keineswegs darauf ab, die absolute Zahl der Scheidungsverfahren mit der der Sorgerechtsverfahren in Bezug zu setzen. Ziel des Fragekomplexes I 1 ist vielmehr, das Konfliktpotential einer Scheidung herauszufinden und einer bestimmten Ursache zuzuweisen. Aus diesem Grund wurde in der Fragestellung bewußt das Wort „strittig" gewählt. Bei der Frage I 1 a) geht es generell um Uneinigkeit bei einer Scheidung, wovon das Sorgerecht nur einen von vielen möglichen Streitpunkten darstellt. Bei einem einvernehmlichen Alleinsorgeantrag ist davon auszugehen, daß ein entsprechendes Konfliktpotential gerade nicht vorhanden ist. Der Umstand, daß die Richterinnen und Richter die einvernehmlichen Alleinsorgeanträge bei ihrer Beantwortung eventuell außer Betracht gelassen haben, führt also nicht zu einer Verzerrung des Ergebnisses.

Festhalten läßt sich daher, daß Scheidungsverfahren nach Ansicht der Richter tendenziell unstrittig verlaufen, strittige Scheidungen also eher selten sind.

Diese Tendenz findet sich – wenn auch leicht abgeschwächt – in der zweiten Teilfrage wieder, in der es zu klären galt, inwiefern das Vorhandensein von Kindern Uneinigkeit zwischen den Eltern forciert.

Abb.2

Wie oft ist in diesen Fällen die Regelung des elterlichen Sorgerechts strittig?

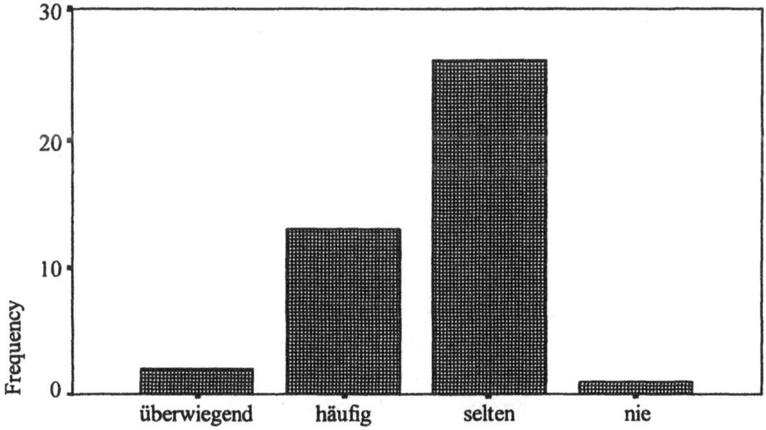

Auch hier sieht mit 26 Teilnehmern (61,9%) die Mehrzahl der befragten Richterschaft das Sorgerecht als eher „seltenen" Streitpunkt einer Scheidung an.

Dem stehen immerhin 13 Teilnehmer (31%) gegenüber, die einen Streit um das Sorgerecht als „häufig“ einstufen. Zwei Teilnehmer halten das Sorgerecht für den „überwiegenden“ Konfliktpunkt.

(2) Kinder als Streitpunkt bei einer Scheidung ?

Stellt man die Antworten der Fragen I 1 a) und b) in einer Tabelle einander direkt gegenüber, ergibt sich, daß die Mehrheit der befragten Richterschaft, nämlich 42,9% (18 Teilnehmer), nur „selten“ mit streitenden Eltern bei Scheidungsverfahren zu tun hat, wobei das Sorgerecht in diesen Fällen auch nur „selten“ einer der Streitpunkte ist. Dieses Ergebnis legt die Vermutung nahe, daß das Vorhandensein von Kindern – anders als zu erwarten war – keineswegs zu vermehrter Uneinigkeit zwischen den Eltern im Rahmen der Scheidung führt. Streitigkeiten kommen bei einer Scheidung allem Anschein nach unabhängig davon vor, ob Kinder vorhanden sind oder nicht. Denn selbst wenn Uneinigkeit zwischen den Eltern herrscht, so betrifft diese nicht notgedrungen das Sorgerecht. Kinder sind danach also nicht der Hauptkonfliktpunkt bei einer Scheidung. Dieses Ergebnis wird zusätzlich gestützt durch die Äußerungen der 6 Teilnehmer (14,3%), die zwar „häufig“ mit strittigen Scheidungen konfrontiert werden, den Grund dafür aber nur „selten“ im Sorgerecht sehen. Auch wenn dem die Aussage von 23,8% der befragten Richterschaft (10 Teilnehmer) widerspricht, die nur „selten“ strittige Scheidungen erlebten, als Grund für Uneinigkeit jedoch „häufig“ das Sorgerecht anführten, läßt sich festhalten, daß diese Ansicht doch nur von knapp einem Viertel der befragten Richterschaft und damit von der Minderheit vertreten wird.

Für die Mehrheit der befragten Richterschaft, nämlich 57,2%, kann eine strittige Scheidung weder mit Streit um das Sorgerechtsverfahren gleichgesetzt werden, noch führt das Vorhandensein von Kindern automatisch zu Konflikten zwischen den Eltern. Das Ergebnis der empirischen Untersuchung zeigt, daß Scheidungs- und Sorgerechtsverfahren in der Praxis eher getrennt voneinander betrachtet werden, und zwar nicht nur von der Richterschaft, sondern auch von den betroffenen Ehepartnern und Eltern, zwischen denen – wenn überhaupt – der Streit herrscht. Auch wenn Vergleichszahlen zu der Zeit vor der Reform fehlen, scheint sich damit ein wesentlicher Punkt der Reform in der Praxis bereits verwirklicht zu haben, nämlich die Kinder aus dem Elternstreit herauszuhalten und sie nicht künstlich – insbesondere durch Verfahren von Amts wegen – zum Konfliktstoff zu erheben. Das Ergebnis der empirischen Untersuchung bestätigt, daß durch den vormals bestehenden Zwang mit jeder Scheidung auch eine gerichtliche Sorgerechtsregelung herbeiführen zu müssen, unnötig Konflikte provoziert und geschürt wurden. Nach der Reform ist das Konfliktpotential, das der Sorgerechtsfrage bei gemeinschaftlichen minderjährigen Kindern während der Zeit der Scheidung innewohnt, zumindest nach der Erfahrung der Mehrheit der befragten Richterschaft als eher gering zu bewerten.

Zu einem entsprechenden Ergebnis kommt auch Proksch in seiner Untersuchung. Danach hat die Abschaffung des Zwangsverbundes nach überwiegender Ansicht der von ihm befragten Familienrichterinnen und -richter zu einer Konfliktentschärfung geführt[713].

(3) Verlagerung der Konflikte auf das Umgangsverfahren ?

Auf den richterlichen Hinweis hin, daß das Umgangsrechtsverfahren nach der Reform neben dem Sorgerechtsverfahren einen immer höheren Stellenwert einnehme, wurde die Frage I 1 c) in den Fragenkatalog aufgenommen. Anders als das Sorgerecht, das inhaltlich die rechtliche Erziehungsgewalt regele, berühre die Entscheidung, bei wem das Kind wohne und wie oft es den nicht sorgeberechtigten Elternteil sehen dürfe, Kind wie Eltern viel unmittelbarer. Die Auswirkungen seien nicht nur fühlbarer, sondern auch greifbarer, was dazu führe, daß die Begründung einer Umgangsrechtsverletzung vor Gericht einfacher falle. Hintergrund gerichtlicher Auseinandersetzungen sei daher vielfach nicht das Sorgerecht, sondern das Aufenthaltsrecht, die inhaltliche Ausübung der gemeinsamen Sorge oder das Umgangsrecht[714]. Um diese Erfahrungen auf ihre Allgemeingültigkeit zu überprüfen, wurden die Richterinnen und Richter gefragt, ob sie eine Verlagerung vom Sorge- auf das Umgangsrechtsverfahren haben feststellen können.

Im Gegensatz zu den Ergebnissen einer Erhebung an den Bayrischen Familiengerichten aus dem Jahr 2000[715] hat sich die These, daß das Umgangsrecht im Gegensatz zum Sorgerecht an Bedeutung gewinnt, in der Gesamtbefragung für Schleswig-Holstein nicht bestätigt[716]. Nur 14 Teilnehmer, und damit 37,8%, gaben an, eine Verlagerung vom Sorge- auf das Umgangsrechtsverfahren bemerkt zu haben. Ein Teilnehmer erklärte die Zunahme damit, daß insbesondere nichteheliche Väter zunehmend Anträge auf Umgangsrecht stellten. Die Mehrheit der Teilnehmer, nämlich 62,2% (23 Teilnehmer), konnte eine solche Verlagerung nicht feststellen. Dabei wurde diese Feststellung von den Richtern unabhängig von der jeweiligen Berufserfahrung getroffen, das heißt, gleichermaßen von Richterinnen und Richtern, die erst kurz im Familienrecht tätig sind, als auch

[713] Nämlich nach Ansicht von 56,0%, *Proksch*, Rechtstatsächliche Untersuchung, S 208.
[714] *Kilbinger*; ZfJ 2001, 39 (40).
[715] *Buchholz-Graf*, ZfJ 2001, 209 (211).
[716] So auch *Proksch*, Rechtstatsächliche Untersuchung, S. 208, bei dessen Untersuchung 59,4% der Familienrichterinnen und -richter eine Verlagerung kaum/gar nicht feststellten.

von denjenigen, denen eine breite Basis an Vergleichsmöglichkeiten zur Verfügung steht.

bb) Sorgerechtsverfahren im Speziellen

Mit der Abschaffung des Zwangsverbundes, das heißt, der amtswegigen Einleitung eines Sorgerechtsverfahrens sobald die Scheidung eingereicht war, liegt die Einleitung des Sorgerechtsverfahren in der Hand der Eltern. Die Frage I 2 sollte daher insbesondere Erkenntnisse über die Person des Antragstellers, die Reaktionen des Antragsgegners bzw. des Kindes, den Zeitpunkt der Antragstellung und dessen Begründung erbringen.

(1) Person des Antragstellers

Die Alleinsorge wird ganz überwiegend von den Müttern beantragt, wie die nachfolgenden Abbildung zeigt.

Abb.3

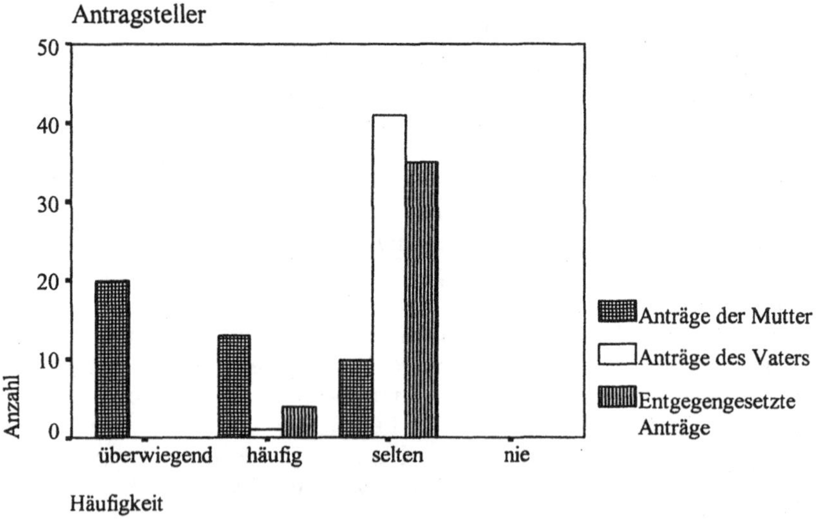

20 Teilnehmer, und damit 46,5% der befragten Richterschaft, gaben bei der Frage I 2 a) an, daß – wenn überhaupt – „überwiegend" die Mütter einen Alleinsorgeantrag stellten. Dazu kommen 13 Teilnehmer (30,2%), die zumindest „häufig" die Mutter als Initiatorin eines Sorgerechtsverfahren sehen. Alleinsorgeanträge der Väter sind demgegenüber nach Ansicht von 97,6% der befragten Richterinnen und Richter eher „selten". Nur ein Teilnehmer sah die Initiative für ein Sor-

gerechtsverfahren „häufig“ bei dem Vater. Etwas häufiger als Alleinsorgeanträge der Väter, aber immer noch selten, sind entgegengesetzte Anträge beider Elternteile. Immerhin 4 Teilnehmer (10,3%) bewerteten diese als „häufig“, die restlichen 89,7% als „selten“.

Anträge von Partnern nichtehelicher Lebensgemeinschaften, die seit der Reform demselben Verfahren unterstellt sind wie getrenntlebende oder geschiedene Ehegatten, bleiben nach Ansicht der befragten Richterinnen und Richter die Ausnahme. Sie kommen durchweg „selten“ (79,1% oder 34 Teilnehmer) bis „nie“ vor (20,9% oder 9 Teilnehmer). Ein Teilnehmer verwies allerdings darauf, daß nach seiner Erfahrung die Alleinsorgeanträge auch nichtehelicher Partner langsam zunähmen.

In der Hauptsache hat die Richterschaft es also weiterhin mit Sorgerechtsverfahren anläßlich einer Scheidung zu tun.

(2) Reaktion des Antragsgegners und des Kindes

§ 1671 II BGB macht den Entscheidungsspielraum des Richters beim Sorgerechtsverfahren davon abhängig, wie sich der Antragsgegner bzw. das Kind gegenüber dem jeweiligen Alleinsorgeantrag verhält. Sind sich die Eltern hinsichtlich eines Alleinsorgeantrags einig und verzichtet das Kind darauf, von seinem Widerspruchsrecht Gebrauch zu machen, zieht dies andere Konsequenzen für das Verfahren nach sich als wenn zwischen den Eltern Uneinigkeit herrscht oder das Kind dem Alleinsorgeantrag widersprochen hat. Um die praktische Relevanz der einzelnen in § 1671 II BGB vorgesehenen Alternativen aufzuzeigen, ist von entscheidender Bedeutung, wie sowohl der Antragsgegner als auch das betroffene Kind auf einen gestellten Alleinsorgeantrag reagieren.

Aus diesem Grund sollten die Richter in den Fragen I 2 c) und d) jeweils angeben, wie der Antragsgegner bzw. das von dem Sorgerechtsantrag betroffene Kind die Antragstellung aufnehmen.

(a) Reaktion des Antragsgegners

Der Antragsgegner beharrt ganz überwiegend auf der gemeinsamen Sorge. Während 8 Teilnehmer (18,6%) darin die „überwiegende“ Reaktion des Antragsgegners sehen, bewerten immerhin 62,8% der Teilnehmer (27 Personen) diese Reaktion als „häufig.

Am zweithäufigsten ist die Zustimmung zum Sorgerechtsantrag. 7% der Teilnehmer (3 Personen) erklärten, daß der Antragsgegner „überwiegend“ zustimme. 58,1% der Richterinnen und Richter (25 Teilnehmer) gaben an, daß dies „häufig“ der Fall sei.

Ein Gegenantrag, in dem der Antragsgegner die Übertragung der Alleinsorge auf sich verlangt, komme hingegen „selten“ vor – so die Aussage von 81% der befragten Richterschaft (34 Teilnehmer). Nur 7 Richterinnen bzw. Richter (16,7%) haben „häufig“ mit Gegenanträgen zu tun.

Diese Rangfolge verdeutlicht die nachfolgende Abbildung.

Abb.4

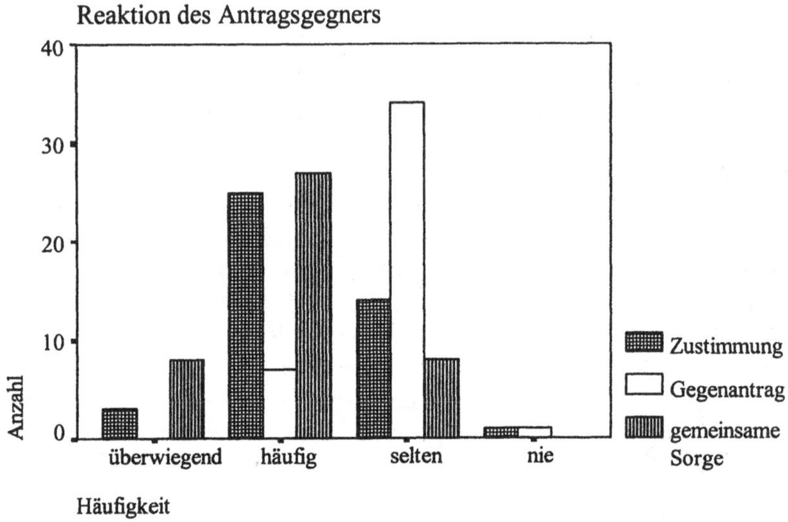

Sorgerechtsentscheidungen nach § 1671 II Nr. 2 BGB, bei denen sich die Eltern nicht geeinigt haben und der Richter anhand einer Abwägung des Kindeswohls eine Sorgerechtsregelung treffen muß, kommen somit in der richterlichen Praxis am häufigsten vor. Dies war allerdings auch zu erwarten, da von § 1671 II Nr.2 BGB sowohl die Fälle erfaßt werden, in denen ein Elternteil gegen den Willen des anderen auf der gemeinsamen Sorge beharrt, als auch die Fäll, in denen beide Elternteile entgegengesetzte Alleinsorgeanträge stellen.

Die Sorgerechtsverfahren, die sich aufgrund eines einvernehmlichen Alleinsorgeantrags nach § 1671 II Nr.1 BGB richten, sind in der gerichtlichen Praxis jedoch keinesfalls zu vernachlässigen. Insgesamt geben fast zwei Drittel der Richterinnen und Richter – genau 65,1% – an, daß ihnen häufig oder sogar überwiegend einvernehmliche Alleinsorgeanträge vorliegen, das heißt Alleinsorgeanträge, bei denen der Antragsgegner dem Alleinsorgeantrag zugestimmt hat. Die praktische Bedeutung des § 1671 II Nr.2 BGB überwiegt also nur geringfügig die des § 1671 II Nr.1 BGB.

Weiter verdeutlichen die Zahlen, daß sich die Eltern selbst dann, wenn einer von ihnen einen Alleinsorgeantrag stellt, weitestgehend einig sind. Denn abgesehen von den Fällen, in denen die Eltern den Alleinsorgeantrag einvernehmlich stellen, suggeriert das verstärkte Festhalten am gemeinsamen Sorgerecht eine gewisse Einigungsfähigkeit und Kompromißbereitschaft – zumindest seitens des Antragsgegners. Über die Gründe, warum der Antragsgegner – zumeist der Vater – von einem eigenen Alleinsorgeantrag absieht, kann nur spekuliert werden. Es mag an der weit verbreiteten Ansicht liegen, daß im Zweifel sowieso der Mutter das Alleinsorgerecht zugewiesen werden würde. Mit dem Festhalten an der gemeinsamen Sorge bestünden daher bessere Chancen das Sorgerecht zu behalten. Möglicherweise will bzw. kann aber auch der Vater gar nicht die Last und Verantwortung des alleinigen Sorgerechts tragen, zumal ihm das gemeinsame Sorgerecht Mitbestimmungsbefugnisse eröffnet, ohne ihm die Alltagssorge aufzubürden. Die Beweggründe können jedoch dahingestellt bleiben. Fakt ist, daß in der überwiegenden Anzahl der Fälle der Antragsgegner zumindest behauptet, zwischen den Eltern sei zukünftig Einigkeit hinsichtlich der Kindesangelegenheiten möglich. Anders wäre das Beharren auf einem gemeinsamen Sorgerecht nicht begründbar. Wenn man zudem in Betracht zieht, daß es sich bei dem ganzen Fragekomplex I 2 nur um den sowieso schon geringen Prozentsatz der Fälle handelt, in denen sich die Eltern nicht von sich aus auf ein gemeinsames Sorgerecht haben einigen können, dann zeigt das die hohe Einigungskompetenz der Eltern.

Scheidungen und Sorgerechtsverfahren im Speziellen verlaufen überwiegend einvernehmlich. Wenn nicht von Anfang an, dann meist so, daß eine spätere Einigung zwischen den Eltern zumindest nicht gänzlich ausgeschlossen erscheint.

(b) Reaktion des Kindes

Von der Möglichkeit des mindestens 14 jährigen Kindes, dem einvernehmlichen Alleinsorgeantrag der Eltern zu widersprechen, wird in der Praxis kaum Gebrauch gemacht. 78,6% der befragten Richterinnen und Richter lag noch „nie" ein Kindeswiderspruch vor. 9 Teilnehmer (21,4%) gaben zwar an, daß das Kind immerhin „selten" widerspreche. Die Aussage wurde von einem Teilnehmer jedoch gleich wieder abgeschwächt, dadurch daß er klarstellte, es handele sich um einen einzigen Fall. Der Kindeswiderspruch ist also in der Praxis ein höchst selten bis gar nicht genutztes Instrument zur Durchsetzung von Kindesinteressen.

Etwas anderes war allerdings auch nicht zu erwarten, da der Kindeswiderspruch nur in dem Ausnahmefall greift, daß sich die Eltern einvernehmlich auf eine Alleinsorgeregelung einigen, die dem Willen des Kindes widerspricht. Die Möglichkeit des Kindes, der Elternentscheidung zu widersprechen, ist also von vornherein auf wenige Fälle begrenzt. Darüber hinaus verlangt der Kindeswiderspruch dem Kind sehr viel ab. Das Kind muß von sich aus aktiv werden, wobei es in der Regel nicht auf die Unterstützung durch einen rechtlichen Beistand zurückgreifen kann – die praktische Bedeutung der Verfahrenspflegschaft wird an anderer Stelle behandelt. Das Kind muß also nicht nur sein Recht kennen. Es muß auch bereit sein, ohne fremde Unterstützung in Konflikt mit beiden Elternteilen zu treten, die ja immerhin die Alleinsorgeentscheidung einvernehmlich getroffen haben. Selbst wenn die einvernehmliche Elternentscheidung nicht seinem Willen entspricht, wird sich das Kind unter diesen Voraussetzungen wohl in den seltensten Fällen offen beiden Elternteilen widersetzen. Ob das Gericht und das Jugendamt dem Kind in diesen Fällen eine Hilfe sind oder nicht, wird an anderer Stelle erörtert.

Es bleibt festzuhalten, daß der Kindeswiderspruch erforderlich war, um die verfassungsrechtlich gewährleistete Rechtsstellung des Kindes zu wahren. Große praktische Bedeutung wird er jedoch nie erlangen.

(3) Zeitpunkt der Antragstellung

Der Zeitpunkt der Antragstellung entscheidet neuerdings darüber, ob das Sorgerechtsverfahren als Folgesache behandelt und im Verbund mit der Scheidung entschieden wird. An die Stelle des Zwangsverbundes ist ein Antragsverbund getreten, wonach bei rechtzeitiger Antragstellung Scheidungs- und Sorgerechtsverfahren miteinander verknüpft werden. Ziel der Mehrfachfrage I 2 e) war es, einen Überblick darüber zu erhalten, zu welchem Zeitpunkt das Sorgerecht von den sich trennenden oder getrennten Eltern problematisiert wird.

Das Ergebnis der empirischen Untersuchung zeichnet ein klares Bild, wie auch anhand der Abbildung deutlich wird.

Abb.5

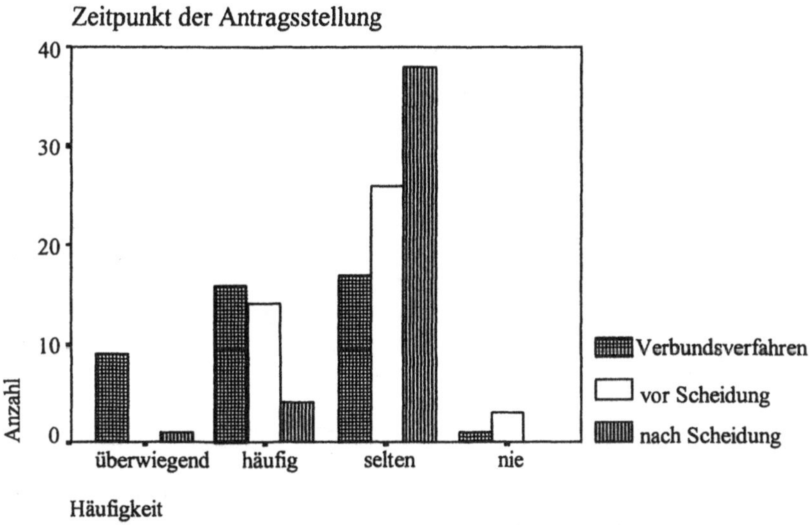

Nach wie vor werden Sorgerechtsverfahren überwiegend im Verbund mit einem Scheidungsverfahren entschieden. Auch wenn die Mehrheit der befragten Richterschaft (39,5% oder 17 Teilnehmer) auf die Frage, wie oft Scheidungs- und Sorgerechtsverfahren im Verbund entschieden würden, mit „selten" antworteten, sprachen sich doch fast ebenso viele Teilnehmer (37,2% oder 16 Teilnehmer) für die Bewertung mit „häufig" aus. 9 Teilnehmer (20,9%) trafen Entscheidungen über das Sorgerecht sogar „überwiegend" im Verbund mit dem Scheidungsverfahren.

Vor der Scheidung wird hingegen nur „selten" über das Sorgerecht entschieden. So bekundeten bereits 60,5% der befragten Richterschaft, nur „selten" vor der Scheidung eine Regelung über das Sorgerecht zu treffen, während immerhin noch 14 Teilnehmer (32,6%) angaben, Sorgerechtsentscheidungen vor einer Scheidung seien „häufig".

Noch seltener sind Sorgerechtsentscheidungen nach vollzogener Scheidung. 88,4% der Teilnehmer (38 Personen) entschieden sich für die Antwortalternative „selten". Nur einer sah darin den „überwiegenden" Zeitpunkt der Antragstellung. 4 Teilnehmer (9,3%) hatten zumindest „häufig" mit Sorgerechtsanträgen nach vollzogener Scheidung zu tun.

Das Verbundverfahren zwischen Scheidungs- und Sorgerechtsverfahren spielt also in der gerichtlichen Praxis weiterhin eine gewichtige Rolle. Wird ein Antrag auf Alleinsorge gestellt, geschieht dies meist in zeitlicher Nähe zu einem Scheidungsverfahren – ansonsten wäre ein freiwilliger Zusammenschluß beider

Verfahren nicht möglich. Eine wesentliche Veränderung der gerichtlichen Verfahrenspraxis ist mit der Reform folglich nicht eingetreten. Allerdings ist der Zusammenschluß der beiden Verfahren nunmehr freiwillig und liegt in der Hand der Eltern, genauer in der Hand desjenigen, der einen Alleinsorgeantrag stellt.

(4) Begründung des Alleinsorgeantrags

Da die Richter an anderer Stelle dazu Stellung beziehen, wann sie einem Alleinsorgeantrag stattgeben, erscheint es im Vorfeld von Interesse, abzuklären, mit welchen Begründungen die Alleinsorgeanträge bei Gericht eingereicht werden. In Frage I 2 f) sollten die Richter daher die genannten Begründungsvorschläge nach der Häufigkeit ihrer Nennung bewerten.

(a) Rangfolge der vorgegebenen Antwortalternativen

Mit Hilfe der oben näher erläuterten Berechnung des Mittelwertes wurden die einzelnen Antwortmöglichkeiten in eine Rangfolge gebracht, um so deren praktische Relevanz zu ermitteln. Dabei ergibt sich folgende Hierarchie:

Am häufigsten beruft sich der Antragsteller bei der Begründung seines Alleinsorgeantrags nach Ansicht der befragten Richterinnen und Richter auf „tiefgreifende Konflikte zwischen den Eltern". 65,1% (28 Teilnehmer) sehen darin eine „häufige", weitere 30,2% (13 Teilnehmer) sogar eine „überwiegende" Begründung für einen Alleinsorgeantrag. Jeweils ein Teilnehmer entschied sich für die Antwortalternative „selten" bzw. „nie", wobei letzterer seine Ansicht damit begründete, daß die Anwälte wüßten, daß diese Konflikte vor Gericht nicht zählten, da sie nicht das Eltern-Kind-Verhältnis beträfen. Nichtsdestotrotz scheint nach dem Ergebnis der vorliegenden Untersuchung ein Großteil der eingereichten Sorgerechtsanträge auf eben diese Konflikte gestützt zu werden.

Als zweithäufigste Begründung wurde von der befragten Richterschaft die „fehlende Verläßlichkeit des anderen Elternteils" genannt. Während noch 3 Teilnehmer (7,1%) diese Angabe als „überwiegende" Begründung qualifizierten, sah der ganz überwiegende Teil der befragten Richterschaft die fehlende Verläßlichkeit als „häufige" Begründung (35 Teilnehmer oder 83,3%).

An dritter und vierter Stelle folgen die Begründungsmöglichkeiten „Uneinigkeit in Erziehungsfragen" und „mangelnde Erziehungseignung bzw. mangelndes Interesse des anderen Elternteils". Angesichts der geringen Differenz zwischen den Mittelwerten ist die Rangfolge eher zufällig und nicht verallgemeinerungsfähig. Auffällig ist jedoch die Uneinheitlichkeit, mit der die Antwortalternative „Uneinigkeit in Erziehungsfragen" beantwortet wurde. Im Gegensatz zu der

Antwortmöglichkeit „mangelnde Erziehungseignung bzw. mangelndes Erziehungsinteresse“, bei der über zwei Drittel der Richterschaft (67,4% oder 29 Teilnehmer) das „häufige“ Vorkommen bekundeten, fand sich bei der Beantwortungsmöglichkeit „keine Einigung in Erziehungsfragen“ keine absolute Mehrheit. Nur 44,2% (19 Teilnehmer) gaben an, „häufig“ mit entsprechend begründeten Sorgerechtsanträgen zu tun zu haben. 15 Teilnehmer (34,9%) sahen darin eine „seltene“ Begründung. Immerhin 9 Teilnehmer (20,9%) erklärten, daß entsprechend begründete Sorgerechtsanträge bei ihnen „überwiegend“ vorkämen.

Auch bei der nach der Berechnung des Mittelwertes an fünfter Stelle liegenden Begründung „Einigkeit der Eltern“ findet sich keine absolute Mehrheit für eine Aussage. Die befragte Richterschaft ist erneut gespalten. 5 Teilnehmern (12,2%), die in dieser Aussage eine „überwiegende“, und 19 Teilnehmern (46,3%), die darin immerhin eine „häufige“ Begründung für Alleinsorgeanträge sehen, stehen 17 Teilnehmer (41,5%) gegenüber, die nur „selten“ mit entsprechend begründeten Sorgerechtsanträgen zu tun haben.

Diese Uneinheitlichkeit gründet sich auf die unterschiedlichen Erfahrungen der Richterinnen und Richter mit einvernehmlichen Alleinsorgeanträgen. Es besteht ein direkter Zusammenhang zwischen der Anzahl der einvernehmlichen Verfahren, die ein Richter zu entscheiden hat, und der Bewertung dieser Begründungsantwort. Wer „häufig“ mit einvernehmlichen Alleinsorgeanträgen zu tun hat (24 Teilnehmer), entschied sich bei der Frage nach der Begründung des Alleinsorgeantrags ganz überwiegend (zu 79,2%) für eine entsprechende Bewertung (15 Teilnehmer oder 62,5%) oder sogar für die Bewertung mit „überwiegend“ (4 Teilnehmer oder 16,7%). Die gleiche Tendenz zeigt sich bei den drei Teilnehmern, die „überwiegend“ mit einvernehmlichen Alleinsorgeanträgen zu tun haben und die Einigkeit als „häufige“ Begründung sehen. Demgegenüber bewerten 85,7% derjenigen, die nur „selten“ mit einem einvernehmlichen Alleinsorgeantrag zu tun haben (14 Personen), auch die Begründungsmöglichkeit mit der elterlichen Einigkeit als „selten“ (12 Teilnehmer).

Zusammenfassend läßt sich konstatieren, daß für 53,7% die Zustimmung zu Alleinsorgeanträgen verbunden mit der darauf gestützten Begründung des Alleinsorgeantrags „häufig“ oder sogar „überwiegend“ ist. Dem stehen 29,3% der Teilnehmer gegenüber, bei denen eine solche Konstellation „selten“ vorkommt. Tendenziell hat die Richterschaft also in einem nicht zu vernachlässigenden Maße mit einvernehmlichen Alleinsorgeanträgen zu tun.

Sowohl „objektive Gegebenheiten“ als auch „Störungen der Beziehung zwischen Antragsteller und Kind“ werden nach der überwiegenden Ansicht der befragten Richterschaft nur „selten“ (70% bzw. 51,2%), letztere nach Angabe von

7 Teilnehmern bzw. 16,3% sogar „nie“ zur Begründung eines Alleinsorgeantrags vorgetragen. Damit liegen die beiden Antwortalternativen auf den Plätzen 6 und 7.

(b) Ergänzung der vorgegebenen Alternativantworten durch die Richterschaft

14 Teilnehmer haben die Möglichkeit genutzt und unter „Sonstiges“ Angaben dazu gemacht, welche weiteren Gründe zur Begründung von Sorgerechtsanträgen herangezogen werden. Während 5 Teilnehmer (35,7%) die vorgegebenen Antwortalternativen für abschließend hielten und bei „Sonstiges“ die Antwortalternative „nie“ ankreuzten, begründeten nach Ansicht von 3 Teilnehmern (21,4%) die Eltern „selten“, nach Auffassung weiterer 6 Teilnehmer (42,9%) sogar „häufig“ mit nicht aufgeführten Gründen. Ihre Aussagen belegte ein Teil der Richterinnen und Richter dadurch, daß sie die vorgegebene Liste ergänzten. Bei den hinzugefügten Begründungen steht weitestgehend das Kind im Mittelpunkt. So wurde in zwei Fällen der Kindeswunsch als „häufige“ Begründung angegeben. Daneben wurden aber auch die engere Beziehung des Kindes zu einem Elternteil sowie ein erforderlicher Wechsel durch Pubertät oder Ablehnung von Stiefeltern als „häufige“ Begründungen genannt. „Selten“, aber dennoch vorhanden, seien Mißbrauchsvorwürfe, bzw. die Drogen- und Alkoholproblematik.

(c) Zusammenfassung

Hauptgrund für einen Antrag auf Alleinsorge sind laut Antragsbegründung tiefgreifende Konflikte zwischen den Eltern. Dabei wird zumeist nicht danach differenziert, worin der Streit liegt. Eine Konkretisierung der Konflikte, wie sie im Zuge der Reform, insbesondere angesichts der mehrfach betonten Trennung zwischen Eltern und Partnerebene, zu erwarten gewesen war, hat nicht stattgefunden. Nur ein Teilnehmer merkte an, daß Konflikte nur dann zur Begründung eines Alleinsorgeantrags ausreichten, wenn sie die Eltern- und nicht die Paarebene beträfen. Demgegenüber sah der Großteil der befragten Richterinnen und Richter in den nicht näher spezifizierten tiefgreifenden Konflikten die überwiegende Begründung eines Alleinsorgeantrags. Entsprechend seltener begründeten die Antragsteller ihren Alleinsorgeantrag mit speziellen Konflikten, wie der Uneinigkeit in Erziehungsfragen. Daneben spielt Kritik am Verhalten des Partners bei der Begründung von Sorgerechtsanträgen eine große Rolle. Äußere Umstände sowie konkretes Fehlverhalten, wie das Stören der Eltern-Kind-Beziehung, werden dagegen eher selten zur Begründung eines Alleinsorgeantrags herangezogen. Auf den Kindeswunsch wurde ergänzend hingewiesen. Bei der Bewertung der Einigkeit zwischen den Eltern als Begründung eines Sorgerechtsantrags spiegelt sich, wie oben ausführlich dargestellt, die subjektive Erfahrung der befragten Richterschaft mit einvernehmlichen Sorgerechtsanträgen wieder.

b) Sonstige Verfahren

In dem Fragekomplex I 3 sind die Richterinnen und Richter zu Verfahren befragt worden, die in enger Verbindung zum Sorgerechtsverfahren gemäß § 1671 BGB stehen. Ziel dieser Fragen war es, eventuelle Veränderungen in diesen Bereichen zu registrieren, um gegebenenfalls Rückschlüsse für das reformierte Sorgerechtsverfahren ziehen zu können. So wurde im Rahmen der Beratungen über das neue Kindschaftsrecht, insbesondere über die Einführung der gemeinsamen Sorge, vielfach die Befürchtung geäußert, daß Regelungen, die die gemeinsame Sorge zum Gegenstand hätten, niemals von langer Dauer sein könnten. Die Reform führe daher dazu, daß die Zahl der Änderungsverfahren gemäß § 1696 BGB sowie der Verfahren über Meinungsverschiedenheiten geschiedener, mit dem gemeinsamen Sorgerecht betrauter Eltern gemäß § 1628 BGB drastisch anstiegen[717].

Ob das Konfliktpotential, wie vermutet, tatsächlich so hoch und ein Anstieg von gerichtlichen Schlichtungsverfahren zu verzeichnen ist, sollte mit dem Fragekomplex I 3 geklärt werden. Als betrachtenswerte Verfahren erschienen in diesem Zusammenhang das Änderungsverfahren nach § 1696 BGB (Frage I 3 a), das durch die Kindschaftsrechtsreform neu eingeführte Verfahren auf Einschränkung von Sorgerechtsbefugnissen gemäß § 1687 II BGB (Frage I 3 b), die gerichtliche Entscheidung über Meinungsverschiedenheiten nach § 1628 BGB (Frage I 3 c) und das Verfahren nach § 1666 BGB im Fall von Kindeswohlgefährdungen (Frage I 3 d).

aa) Das Änderungsverfahren nach § 1696 BGB

Kraft Gerichtsentscheid getroffene Sorgerechtsregelungen können gemäß § 1696 BGB abgeändert werden. Gegenstand von Abänderungsverfahren können dabei alle gerichtlichen Entscheidungen sein, die Regelungen des Sorgerechts betreffen, das heißt über die Verfahren nach § 1671 BGB hinaus auch Verfahren nach den §§ 1666, 1628 BGB, sowie die sogenannten „Altfälle", denen eine Sorgerechtsentscheidung aus der Zeit vor der Reform gemäß §§ 1671, 1672 BGB a.F. zugrunde liegt[718]. Für die empirische Untersuchung wurde der Gegenstand der Änderungsverfahren auf die Verfahren beschränkt, die auf gerichtlichen Sorgerechtsentscheidung anläßlich einer Scheidung bzw. Trennung der Eltern basieren. Dabei wurden ausdrücklich auch „Altfälle" mit einbezogen.

[717] *Schwab*, FS Gaul, S. 717 (720 und 724f); *Oelkers*, ZfJ 1999, 263 (267).
[718] *Schwab*, FamRZ 1998, 457 (471).

Bei der Interpretation der durch die Befragung erhaltenen Daten ist jedoch zu berücksichtigen, daß infolge der Kindschaftsrechtsreform das gemeinsame Sorgerecht nach der Trennung bzw. Scheidung den Eltern nicht aufgrund richterlichen Entscheids, sondern kraft Gesetzes verbleibt[719]. Wollen die Eltern einvernehmlich die gemeinsame Sorge behalten, ist kein gerichtliches Verfahren erforderlich. Änderungen der so beibehaltenen gemeinsamen Sorge sind Erstentscheidungen, die keines Verfahrens nach § 1696 BGB bedürfen. Ihre Änderung kann mit einem Alleinsorgeantrag gemäß § 1671 BGB auch noch lange nach der Scheidung oder Trennung beantragt werden[720]. Daß dennoch durchaus Sorgerechtsregelungen, die die gemeinsame Sorge der Eltern zum Inhalt haben, Gegenstand von Abänderungsverfahren werden können, liegt zum einen an den bei der Untersuchung überwiegend gesondert betrachteten „Altfällen". Darüber hinaus gibt es aber auch nach der Reform sehr wohl Verfahren, in denen das Gericht zugunsten der gemeinsamen Sorge der Eltern entscheidet. So kann für den Fall, daß das Gericht einen Alleinsorgeantrag als unbegründet zurückweist, eine gerichtliche Entscheidung ergehen, in der die gemeinsame elterliche Sorge festgeschrieben wird. Gerade diese Fälle, in denen ein Elternteil die gemeinsame Sorge zumindest anfangs ablehnt, scheinen prädestiniert für Änderungsverfahren zu sein. Daneben bleibt es den Eltern unbenommen, ein Feststellungsurteil zu erwirken, in dem sie die gemeinsame elterliche Sorge entsprechend § 256 ZPO gerichtlich feststellen lassen[721].

Die im Rahmen der empirischen Untersuchung erlangten Daten haben daher, wenn man diese Besonderheiten berücksichtigt, durchaus Aussagekraft.

(1) Häufigkeit von Änderungsverfahren

Bei der Frage nach der Häufigkeit von Änderungsverfahren sollten die Richterinnen und Richter in zweierlei Hinsicht differenzieren. Ansatzpunkt war einerseits der Zeitpunkt der zugrundeliegenden Sorgerechtsentscheidung, also die Frage, ob dem Änderungsverfahren ein „Altverfahren" zugrunde lag oder nicht (Fragen I 3 a aa) und bb). Andererseits galt es nach der Person des Antragstellers die Fälle abzuspalten, die Sorgerechtsentscheidungen bei nichtehelichen Lebensgemeinschaften betreffen (Frage I 3 a aa). Ziel war zum einen, ein möglichst eindeutiges Bild für getrenntlebende bzw. geschiedene Eltern nach der Reform zu erhalten. Zum anderen sollte anhand der Zahlen eine Aussage über die Beständigkeit der gerichtlich entschiedenen Sorgerechtsregelungen im Scheidungs- bzw. Trennungsfall getroffen werden.

---

719 *Schwab/Wagnitz*, FamRZ 1997, 1377 (1380).
720 *Schwab*, FamRZ 1998, 457 (471).
721 *Palandt-Diederichsen*, § 1671, Rn. 7.

Die Auswertung der Antworten ergibt in zeitlicher Hinsicht keine nennenswerten Unterschiede. Änderungsentscheidungen waren und sind selten[722].

Nur 4 Teilnehmer gaben an, „häufig“ mit Änderungsverfahren über Sorgerechtsentscheidungen aus der Zeit vor der Reform, also den sogenannten „Altfällen“, konfrontiert zu werden. Bei mehr als zwei Dritteln der befragten Richterschaft (86%) kommen entsprechende Änderungsverfahren nur „selten“ vor. 2 Teilnehmer hatten noch „nie“ eine Sorgerechtsentscheidung aus der Zeit vor der Reform geändert.

Ein ähnliches Bild zeigt sich bei der Frage nach Änderungen von Sorgerechtsentscheidungen aus jüngster Zeit.

Während Sorgerechtsentscheidungen von geschiedenen oder getrenntlebenden Eltern noch von 3 Teilnehmern als „häufig“, von der überwiegenden Mehrheit (88,4% oder 38 Teilnehmern) jedoch als „selten“, von zweien sogar als „nie“ vorkommend eingestuft werden – ein Ergebnis, das dem der Frage I 3 bb) im wesentlichen entspricht – kommen Änderungsverfahren bei nichtehelichen Lebensgemeinschaften noch seltener vor. Fast der Hälfte aller Teilnehmer (18 Teilnehmer oder 41,9%) lag noch „nie“ ein entsprechendes Änderungsverfahren vor, wobei 2 Teilnehmer ihre Aussage mit der Bemerkung „bisher“ kommentierten. Nur eine Teilnehmer hielt Änderungen von Sorgerechtsentscheidungen nichtehelicher Lebenspartner für „häufig“. Der überwiegende Teil der befragten Richterschaft (24 Teilnehmer bzw. 55,8%) sah solche Verfahren als „selten“ an, einmal ergänzt um die Erläuterung, daß es sich um einen einzigen Fall gehandelt habe.

(2) Richtung der Änderungsanträge

In Frage I 3 a cc) ging es um die Richtung der jeweiligen Änderungsverfahren, das heißt, ob die Eltern die Änderung der gemeinsamen in die Alleinsorge oder umgekehrt begehrten. In diesem Zusammenhang wurde von einem Teilnehmer auf die fehlende Antwortmöglichkeit eines Wechsels der Sorgeberechtigten hingewiesen. Da es bei der Frage I 3 a) vornehmlich darum ging, eine Aussage über die Beständigkeit des gemeinsamen Sorgerechts zu erhalten, ist dieses Fehlen allerdings zu vernachlässigen.

Die Auswertung der Frage zeigt, daß die Änderung einer Sorgerechtsentscheidung – wenn sie denn beantragt wird – weit häufiger auf die Aufhebung der gemeinsamen Sorge als auf die Änderung der Alleinsorge zielt. 8 Teilnehmer (18,6%) sprechen sich für eine „überwiegende“, 19 weitere (44,2%) zumindest

---

[722] So auch *Proksch*, Rechtstatsächliche Untersuchung, S. 216.

für eine „häufige“ Änderung der gemeinsamen in die Alleinsorge aus. Eine Änderung der Alleinsorge in die gemeinsame Sorge kommt demgegenüber nach Ansicht 26 Teilnehmern (60,5%) „selten“ vor. Dazu gesellen sich 8 Teilnehmer (18,6%), die noch „nie“ in diese Richtung entschieden haben. Immerhin 9 Teilnehmer (20,9%) ändern „häufig“ die Alleinsorge in gemeinsames Sorgerecht um.

(3) Richtung der Änderungsanträge in Abhängigkeit vom Zeitpunkt der zugrundeliegenden Sorgerechtsentscheidungen

Werden die Antworten auf die Frage nach der Häufigkeit von Änderungsverfahren, denen „Altfälle“ bzw. Sorgerechtsentscheidungen aus der Zeit nach der Reform zugrunde liegen (Frage I 3 a aa und bb), mit denen zur Richtung der Abänderungsverfahren ins Verhältnis gesetzt (Frage I 3 a cc), so zeichnet sich die folgende Tendenz ab:

Unter den 9 Teilnehmern, die „häufig“ Alleinsorgeentscheidung in das gemeinsame Sorgerecht ändern müssen, sind 3 (von insgesamt vieren), die „häufig“ mit Sorgerechtsentscheidungen aus der Zeit vor der Reform zu tun haben, das heißt mit den sogenannten „Altfällen“. Sorgerechtsentscheidungen, die aus der Zeit nach der Reform stammten, sind bei ihnen „selten“.

Dem stehen 3 Teilnehmer gegenüber, die „häufig“ Änderungsverfahren über Sorgerechtsentscheidungen aus jüngster Zeit vorliegen haben. Bezeichnenderweise entschieden sich diese, nach der Häufigkeit von Änderungen der Alleinsorge in die gemeinsame Sorge gefragt, für die Antwort „selten“. „Überwiegend“ bzw. „häufig“ hätten sie, zumindest nach Aussage zweier von ihnen, das gemeinsame Sorgerecht in die Alleinsorge umzuändern.

Auch wenn bei der Frage I 3 a) cc) nicht mehr zwischen Sorgerechtsentscheidungen aus der Zeit vor und solchen nach der Reform differenziert wurde, liegt die Vermutung nahe, daß Abänderungsverfahren, denen „Altfälle“ zugrunde liegen, eher auf das gemeinsame Sorgerecht gerichtet sind, wohingegen die Abänderung neuerer Sorgerechtsentscheidungen eher auf die Alleinsorge zielt.

(4) Zusammenfassung

Ein Anstieg von Änderungsverfahren infolge der Reform ist nicht zu verzeichnen. Vielmehr haben die Änderungsverfahren geringfügig mehr „Altfälle“ als Sorgerechtsregelungen jüngeren Datums zum Gegenstand.

Dieses Verhältnis läßt sich mit der Einführung der Kindschaftsrechtsreform erklären, die scheinbar bei vielen geschiedenen Eltern dazu geführt hat, die bisherige Sorgerechtsregelung zu überdenken. Darüber hinaus wurden durch die Reform Regelungen möglich, wie zum Beispiel die partielle Alleinsorge, die vorher vom Gesetz nicht vorgesehen waren und somit auch nicht Gegenstand einer gerichtlichen Sorgerechtsregelung sein konnten. Es ist absehbar, daß sich dieses Verhältnis im Laufe der Zeit immer mehr umkehren wird, bis die „Altfälle" irgendwann ganz aus der Praxis verschwinden. Die Zahlen deuten an, daß die Bedeutung von Änderungsverfahren dann gering, wenn nicht sogar geringer als heutzutage sein wird.

Dem Versuch, die geringe Häufigkeit der Änderungsverfahren damit zu erklären, daß, wie oben ausgeführt, das gemeinsame Sorgerecht nach der Scheidung nicht mehr gerichtlich festgestellt werden muß, es folglich auch keines Änderungsverfahrens nach § 1696 BGB bedarf, sollte eine andere Sorgerechtsform angestrebt werden, läßt sich das Ergebnis der Frage I 2 e) entgegengehalten. Danach werden auf § 1671 BGB gestützte Sorgerechtsanträge nur selten nach der Scheidung eingereicht. Sollte sich die vor der Reform geäußerte Befürchtung von der geringen Dauer gemeinsamer Sorgerechtsregelungen bewahrheiten, müßte aber entweder ein Anstieg der Änderungsentscheidungen oder eine erhöhte Zahl von nach der Scheidung eingereichten Sorgerechtsanträgen zu verzeichnen sein. Dies ist nicht der Fall. Generell bewegen sich sowohl Abänderungsverfahren von Sorgerechtsentscheidungen als auch nach der Scheidung eingereichte Sorgerechtsverfahren auf einem relativ geringen Niveau.

Wird jedoch eine Änderungsentscheidung begehrt, dann betrifft sie überwiegend die Änderung der gemeinsamen Sorge hin zur Alleinsorge. Nimmt man das Ergebnis aus der Gegenüberstellung von Richtung zu Häufigkeit der jeweiligen Verfahren hinzu, dann erscheint diese Aussage noch prägnanter. Zumindest tendenziell werden Sorgerechtsentscheidungen aus jüngster Zeit eher zugunsten von Alleinsorgeentscheidungen geändert, während Zielrichtung der Änderungsanträgen bei „Altfällen" vornehmlich das gemeinsame Sorgerecht ist. Angesicht der zu erwartenden Abnahme von Änderungsentscheidungen, denen „Altfälle" zugrunde liegen, kann sich diese Ausrichtung auf die Alleinsorge also noch verstärken.

Berücksichtigung verdient in diesem Zusammenhang allerdings die Tatsache, daß gerade zu Beginn, als die durch die Kindschaftsrechtsreform geänderten Regelungen ganz neu waren, große Unsicherheit über die Voraussetzungen der gemeinsamen Sorge herrschte, insbesondere darüber, ob in der gemeinsamen Sorge ein gesetzlicher Regelfall zu sehen sei oder nicht[723]. Infolge der sich zu dieser Frage entwickelten unterschiedlichen Ansichten mag es zu der einen oder

[723] S.o. § 3 IV 1 b) bb) (2) (b) (cc).

anderen – mehr oder wenig ideologisch fundierten – gerichtlichen Entscheidung gekommen sein, in der den Eltern im Reformeifer das gemeinsame Sorgerecht belassen wurde, ohne sich vollständig mit den Konsequenzen auseinandergesetzt zu haben. Auch wenn die Entscheidung des BGH[724] zugunsten der Gleichwertigkeit der Sorgerechtsformen die Regelfalldiskussion nicht automatisch beendet hat, so hat sie doch Ruhe und zumindest eine gewisse Rechtssicherheit gebracht. Sicher ist, daß Alleinsorgeanträge nun nicht mehr pauschal mit dem Hinweis auf den gesetzlich vorgesehenen Regelfall der gemeinsamen Sorge abgewiesen werden können, sondern daß es einer intensiven Auseinandersetzung mit den individuellen Gegebenheiten des Einzelfalles bedarf.

Die Vermutung liegt nahe, daß die eingereichten Änderungsanträge, denen Sorgerechtsentscheidungen aus der Zeit nach der Reform zugrunde liegen, zumindest teilweise auf die Änderung solcher im ersten Reformeifer erlassenen Entscheidungen zielen. So ließe sich die überwiegende Änderung von gemeinsamen Sorgerechtsregelungen erklären, ohne auf die besondere Konfliktträchtigkeit der gemeinsamen Sorge abstellen zu müssen.

Sollte die Vermutung richtig sein, müßte es in den kommenden Jahren zu einer allmählichen Angleichung kommen zwischen den Änderungsanträgen, in denen gemeinsame Sorgerechtsentscheidungen abgeändert werden sollen, und denen, bei denen es um die Änderung von Alleinsorgeentscheidungen geht.

Für die zurückliegenden 3 Jahre läßt sich festhalten, daß Änderungsentscheidungen gemäß § 1696 BGB selten sind. Wenn sie gestellt werden, betreffen sie überwiegend die Änderung von gemeinsamen Sorgerechtsregelungen. Ob sich an diesem Verhältnis in Zukunft etwas ändern wird, bleibt abzuwarten.

bb) Das Verfahren auf Einschränkung der Sorgerechtsbefugnisse nach § 1687 II BGB

Der durch die Kindschaftsrechtsreform neu eingeführte § 1687 I BGB legt gesetzlich fest, wie die gemeinsame Sorge nach der Scheidung ausgestaltet ist, insbesondere welche Entscheidungen der Elternteil, bei dem das Kind seinen gewöhnlichen Aufenthalt hat, alleine treffen darf und wann eine gemeinsame Entscheidungen erforderlich ist[725]. Abweichungen von dieser gesetzlichen Ausgestaltung sind sowohl durch rechtsgeschäftliche Bevollmächtigung als auch gemäß § 1687 II BGB durch gerichtliche Entscheidung zulässig, wobei die gerichtliche Entscheidung jedoch allein auf die Einschränkung bzw. den Ausschluß der in § 1687 I S.2 und S.4 BGB festgelegten Alleinentscheidungsbe-

[724] FamRZ 1999, 1646ff.
[725] S.o. § 3 III 3).

fugnisse zielen darf. Zu einer Erweiterung der gesetzlichen Befugnisse ermächtigt § 1687 II BGB nicht. Dafür ist eine partielle Alleinsorgeentscheidung nach § 1671 BGB vonnöten[726].

Mit der Frage I 3 b) sollte in Erfahrung gebracht werden, wie häufig die Richterschaft von dieser neu eingeräumten Möglichkeit Gebrauch macht. Ziel war es festzustellen, wie häufig es beim gemeinsamen Sorgerecht zu Streitigkeiten kommt, die eine gerichtliche Korrektur notwendig machen.

62,8% der befragten Richterschaft (27 Teilnehmer) erklärten die Sorgerechtsbefugnisse noch „nie“ nach § 1687 II BGB eingeschränkt zu haben. Immerhin 15 Teilnehmer (34,9%) antworteten mit „selten“, einer mit „häufig“.

Die praktische Bedeutung des Verfahrens nach § 1687 II BGB ist, wie die Umfrage zeigt, sehr gering[727]. Die befragten Richterinnen und Richter gehen ganz überwiegend davon aus, daß dem Kindeswohl durch die gesetzliche Aufteilung in Alltagssorge und gemeinsam zu entscheidende Angelegenheiten von erheblicher Bedeutung für das Kind ausreichend Rechnung getragen und es durch die gesetzliche Regelung nicht in Mitleidenschaft gezogen wird. In den wenigsten Fällen besteht ihrer Ansicht nach Korrekturbedarf. Der alleinsorgeberechtigte Elternteil ist in der Regel in der Lage, die Alltagssorge im vollen, das heißt im gesetzlich vorgesehenen Umfang auszuüben.

cc) Die Entscheidung über Meinungsverschiedenheiten gemäß § 1628 BGB

§ 1628 BGB eröffnet den gemeinsam sorgeberechtigten Eltern im Fall von Meinungsverschiedenheiten die Möglichkeit, vom Gericht die Übertragung der Entscheidung auf einen Elternteil zu verlangen. Steht getrenntlebenden oder geschiedenen Eltern weiterhin die gemeinsame Sorge zu, so gilt diese Regelung natürlich auch für sie[728].

Die im Rahmen der Reformdiskussion geäußerte Befürchtung, daß Verfahren nach § 1628 BGB vermehrt die gerichtliche Praxis beschäftigen werden, wird insbesondere darauf gestützt, daß sich die Abgrenzung zum Sorgerechtsverfahren nach § 1671 BGB als schwierig erweist[729]. So ähnele die Zuweisung der Entscheidungsbefugnis gemäß § 1628 BGB über eine einzige oder eine Art von Angelegenheiten, die von erheblicher Bedeutung für das Kind sind, stark einer

[726] *Schwab*, FamRZ 1998, 457 (470).
[727] So auch *Proksch*, Rechtstatsächliche Untersuchung, S. 224 f, der allerdings noch nach dem Inhalt differenziert.
[728] *Schwab*, FamRZ 1998, 457 (467).
[729] *Schwab*, FamRZ 1998, 457 (468).

partiellen Sorgerechtsentscheidung nach § 1671 I BGB[730]. Die Abgrenzung, die der Gesetzgeber daran festmacht, daß § 1628 BGB nur „die auf eine konkrete Situation bezogene Zuteilung der Entscheidungsbefugnis“ [731] vorsieht, während § 1671 I BGB „ für alle in diesem Bereich denkbaren Entscheidungen bis zum Eintritt der Volljährigkeit des Kindes“ [732] gilt, wurde angesichts der in beiden Verfahren vorgesehenen Möglichkeit von Übertragungen ganzer Sorgerechtsbereiche vom Schrifttum zu Recht kritisiert[733]. Ist aber der Gegenstand der Verfahren nach § 1671 I BGB und § 1628 BGB zumindest in Teilen gleich, so stellt sich die Frage, ob nicht mit Hilfe des § 1628 BGB die bei Uneinigkeit der Eltern strengeren Voraussetzungen des § 1671 II Nr.2 BGB umgangen werden können[734].

Den geäußerten Bedenken wurde im Fragebogen insoweit Rechnung getragen, als nach der Häufigkeit von Verfahren bei Meinungsverschiedenheiten gefragt wurde, um so gegebenenfalls einen Anstieg der Verfahren nach § 1628 BGB feststellen zu können. Zum Vergleich sollten die Richterinnen und Richter bei ihren Angaben danach differenzieren, wie oft die Verfahren von Eheleuten bzw. von getrenntlebenden oder geschiedenen Eltern eingeleitet wurden.

Die Auswertung ergibt, daß Verfahren nach § 1628 BGB generell sehr selten sind[735]. Die Mehrheit der befragten Richterschaft hat weder mit Meinungsverschiedenheiten verheirateter Eltern (34 Teilnehmer oder 79,1%) noch mit solchen getrenntlebender bzw. geschiedener Eltern (27 Teilnehmer oder 62,8%) zu tun. Die restlichen Teilnehmer gaben an, „selten“ über entsprechende Verfahren entscheiden zu müssen. Zwar werden tendenziell mehr Verfahren von geschiedenen bzw. getrenntlebenden Eltern eingeleitet. So entschieden sich mit 16 Teilnehmern (37,2%) fast doppelt so viele für die Antwortmöglichkeit „selten“ als bei der Vergleichsfrage, die Anträge verheirateter Eltern zum Gegenstand hatte (9 Teilnehmer oder 20,9%). Erneut ist jedoch festhalten, daß keineswegs von einem auffälligen Anstieg der auf § 1628 BGB gestützten Verfahren infolge der Reform gesprochen werden kann.

dd) Das Verfahren nach § 1666 BGB

Nach § 1666 BGB ist der Staat verpflichtet, im Falle der Kindeswohlgefährdung die zur Abwendung der Gefahr erforderliche Maßnahme zu ergreifen. Eine sol-

---

[730] *Schwab*, FamRZ 1998, 457 (467).
[731] BT-Drucks. 13/4899, S.99.
[732] BT-Drucks. 13/4899, S.99.
[733] *Schwab*, FamRZ 1998, 457 (467).
[734] *Schwab*, FamRZ 1998, 457 (468).
[735] So auch *Proksch*, Rechtstatsächliche Untersuchung, S.225, wo 59,2% der Teilnehmer angaben, nie, weitere 36,6% bis zu 5 Verfahren zu haben.

che kann auch die Übertragung des Sorgerechts darstellen. Je nachdem, ob die Eltern ein Sorgerechtsverfahren eingeleitet haben oder nicht, findet § 1666 BGB in so einem Fall über die Verweisung des § 1671 III BGB oder als eigenständiges Verfahren Anwendung[736].

Wie oft in der Praxis Scheidungs- bzw. Sorgerechtsverfahren der Auslöser für das von Amts wegen einzuleitende Verfahren nach § 1666 BGB sind, sollte mit der Frage I 3 d) geklärt werden. Die Richterinnen und Richter sollten bewerten, wie häufig sie im Rahmen dieser Verfahren Umstände erfahren, die sie ein Verfahren nach § 1666 BGB einleiten lassen.

Während die Mehrzahl der befragten Richterschaft (32 Teilnehmer oder 74,4%) „selten" bei Scheidungen und Sorgerechtsverfahren Umstände erfuhr, die zur Einleitung eines Verfahrens von Amts wegen nach § 1666 BGB verpflichteten, hatten 10 Teilnehmer (23,3%) in diesem Zusammenhang noch „nie" ein entsprechendes Verfahren einleiten müssen. Ein Teilnehmer entschied sich für die Antwortmöglichkeit „häufig", kritisierte aber zugleich, daß es hier, wie auch an anderer Stelle, einer Zwischenkategorie zwischen „häufig" und „selten" bedurft hätte. Hinsichtlich der Kritik ist auf obige Erklärung zu verweisen. Insgesamt läßt sich festhalten, daß die Richterinnen und Richter durchaus bei Scheidungs- oder Sorgerechtsverfahren auf Umstände aufmerksam werden, die eine Kindeswohlgefährdung begründen, diese Fälle jedoch relativ selten sind. Dem entspricht die Aussage einer Mitarbeiterin des Jugendamtes, die in einem Gespräch darauf verwies, daß Kindeswohlgefährdungen weniger infolge gerichtlicher Verfahren als vielmehr durch Hinweise aus dem Umfeld des Kindes aufgedeckt würden.

ee) Zusammenfassung

Die Kritiker haben mit ihren Bedenken an der Beständigkeit und an dem Konfliktpotential, das der Beibehaltung des gemeinsamen Sorgerechts trotz Scheidung der Eltern innewohnt, in gewisser Weise recht gehabt. Änderungsverfahren betreffen zum Großteil die Änderung von der gemeinsamen zur Alleinsorge. Auch bei Meinungsverschiedenheiten nach § 1628 BGB wird das Gericht vermehrt von solchen Elternteilen angerufen, die getrennt leben oder geschieden sind. Die gemeinsame Sorge, so wie das Gesetz sie seit der Reform vorsieht, deshalb für gescheitert zu erklären, ist allerdings kaum vertretbar. Denn die Verfahren sind äußerst selten. Auch wenn sich die Befürchtungen im Einzelfall realisiert haben, dann doch auf einem so geringen Niveau, daß sie bezogen auf die Gesamtheit der Scheidungs- wie Sorgerechtsverfahren zu vernachlässigen sind.

[736] *Schwab*, FamRZ 1998, 457 (465).

2) Ablauf des Scheidungsverfahrens

Mit dem Wegfall des Zwangsverbundes finden die kindlichen Belange – zumindest für den Fall, daß kein Sorgerechtsantrag gestellt wurde – nur noch über die Anhörung der Eltern gemäß § 613 I S.2 ZPO Eingang in das Scheidungsverfahren. Der Gesetzgeber hat bewußt das Scheidungs- vom Sorgerechtsverfahren getrennt, um Konflikte zu vermeiden, die, wie er meinte, seinerzeit durch die gesetzliche Verbindung beider Verfahren geschürt wurden[737]. Der zweite Teil des Fragebogens beschäftigt sich deshalb mit dem Aspekt, ob und in welchem Umfang in der Praxis dennoch die Kindesinteressen ins Scheidungsverfahren einfließen. Konkret werden dabei zwei Themenbereiche angesprochen, nämlich die gesetzlich normierte Anhörung der Eltern zur elterlichen Sorge und die im Scheidungsverfahren nicht explizit vorgesehene Anhörung des betroffenen Kindes.

a) Anhörung der Eltern im Scheidungsverfahren gemäß § 613 I S.2 ZPO

§ 613 I S.2 ZPO ist aufgrund der vom Bundesrat geäußerten Bedenken[738] an einem „puristischen Antragsverfahren“[739] in das Gesetz aufgenommen worden[740]. Damit sollte sichergestellt werden, daß sich die Eltern „bewußt und in Kenntnis der rechtlichen Gestaltungsmöglichkeiten entscheiden, ob sie von einem Antrag nach § 1671 BGB absehen“[741]. Ziel war es, die Kinder „als Hauptbetroffene des Scheidungsgeschehens“[742] zu schützen und zu verhindern, daß die Eltern das Sorgerecht im Scheidungsverfahren aus vordergründigen Motiven ausklammerten[743]. Gerade aufgrund der gestärkten Elternautonomie sollte dafür gesorgt werden, daß die Eltern das Wohl ihrer Kinder im Scheidungsverfahren nicht aus den Augen verlören[744]. Zudem sei mit der Anhörung gewährleistet, daß der Richter die notwendigen Informationen erhalte, die ihn gegebenenfalls ein Verfahren von Amts wegen gemäß § 1666 BGB einleiten ließen[745]. Aufgrund des § 613 I S.2 ZPO muß der Richter nunmehr im Rahmen der Anhörung prüfen, ob die Eltern bei ihrer Entscheidung zugunsten der gemeinsamen Sorge die Kindesinteressen in hinreichendem Maße berücksichtigt haben[746]. Die Darlegung eines „Sorgeplans“ wird dabei nicht verlangt[747]. Was Inhalt der Anhörung ist, liegt im

[737] BT-Drucks. 13/4899, S. 62.
[738] BT-Drucks. 13/4899, S.160.
[739] *Willutzki*, Kind-Prax 1998, 8 (9).
[740] BT-Drucks. 13/8511, S.66, 78.
[741] BT-Drucks. 13/4899, S.160; BT-Drucks. 13/8511, S.78.
[742] *Bergmann/Gutdeutsch*, FamRZ 1999, 422 (424).
[743] BT-Drucks. 13/4899, S.160; BT-Drucks. 13/8511, S.78.
[744] BT-Drucks. 13/4899, S.160; BT-Drucks. 13/8511, S.78.
[745] BT-Drucks. 13/4899, S.161; BT-Drucks. 13/8511, S.78.
[746] *Bergmann/Gutdeutsch*, FamRZ 1999, 422 (423).
[747] BT-Drucks. 13/8511, S.78.

Ermessen des Scheidungsrichters. Eine präzise Handlungsanweisung enthält das Gesetz nicht[748]. Der Gesetzgeber hat sich darauf beschränkt, in der Gesetzesbegründung grob darauf einzugehen, wie er sich die Anhörung vorstellt. So solle der Richter den Eltern unter anderem die rechtliche Bedeutung der Sorgerechtsformen unter besonderer Berücksichtigung des § 1687 BGB erläutern und ihnen die Klärung sonstiger offener Fragen anbieten[749].

Im Schrifttum ist in diesem Zusammenhang hervorgehoben worden, daß die elterliche Anhörung nur dann die in sie gesetzten Erwartungen erfüllen könne, wenn die Eltern auch tatsächlich offen und wahrheitsgemäß antworteten[750]. Da dem zumeist das Interesse der Eltern an einer schnellen Scheidung entgegenstehe[751], mache eine Anhörung nur dann Sinn, wenn der Richter sie nicht als „Pflichtübung“[752] auffasse und sich nicht mit oberflächlichen und ausweichenden Antworten zufrieden gebe[753]. Dem Schutz des Kindes und damit auch dem gesetzlichen Auftrag werde mit einer halbherzig durchgeführten Anhörung nicht genügt[754]. Zumindest die Darlegung der elterlichen Vorstellungen über den Aufenthalt des Kindes, die Gestaltung des Umgangsrechts und die Barunterhaltspflicht sei geboten[755], wenn die Elternanhörung tatsächlich etwas bewirken solle. Deshalb dürfe sie auch in ihrer arbeitszeitlichen Dimension nicht unterschätzt werden[756].

Im Rahmen der empirischen Untersuchung sind die Richter angesichts dieser Bedenken nicht nur zur Dauer und zum Inhalt der Anhörung gemäß § 613 I S.2 ZPO befragt worden, sondern auch dazu, inwiefern ihrer Ansicht nach eine Anhörung überhaupt geeignet ist, die in sie gesetzten Erwartungen zu erfüllen und die Motive der Eltern zu kontrollieren. Den Fragen liegt also einmal ein objektiver und einmal ein subjektiver Ansatz zugrunde.

aa) Objektive Sichtweise

Ausgehend von einem objektiven Ansatzpunkt sind die Richterinnen und Richter in den Fragen II 1 a), b) und c) zur Dauer und zu dem Inhalt der in § 613 I S.2 ZPO vorgesehenen elterlichen Anhörung befragt worden.

---

[748] *Willutzki*, Kind-Prax 1998, 8 (10); *Niepmann*, MDR 1998, 565 (569).
[749] BT-Drucks. 13/8511, S.78.
[750] *Bergmann/Gutdeutsch*, FamRZ 1999, 422 (423).
[751] *Bergmann/Gutdeutsch*, FamRZ 1999, 422 (424).
[752] *Bergmann/Gutdeutsch*, FamRZ 1999, 422 (424).
[753] *Bergmann/Gutdeutsch*, FamRZ 1999, 422 (423).
[754] *Bergmann/Gutdeutsch*, FamRZ 1999, 422 (423 und 424).
[755] *Willutzki*, Kind-Prax 1998, 8 (10); *Niepmann*, MDR 1998, 565 (569).
[756] *Tauche*, Kind-Prax 1998, 110 (113).

(1) Dauer der Anhörung

Bei der Frage nach der durchschnittlichen Dauer einer im Rahmen eines Scheidungsverfahrens vorgenommenen Anhörung der Eltern zum Thema der elterlichen Sorge (Frage II 1 a) sollte die befragte Richterschaft danach differenzieren, ob sich die Eltern bezüglich des Sorgerechts einig waren oder nicht. Hintergrund dieser Differenzierung waren die geäußerten Bedenken, daß sich die Richterinnen und Richter allzu schnell mit einer „Scheineinigkeit" der Eltern abgeben würden.

Die Daten wurden, für den Fall, daß Zeitspannen angegeben worden waren, gemittelt und dann statistisch ausgewertet. Die Auswertung zeigt ein eindeutiges Bild.

Während die befragte Richterschaft bei Eltern, die um das Sorgerecht streiten, für die Anhörung im Mittel 53 Minuten aufwendet, wird die Anhörung bei Einigkeit der Eltern durchschnittlich in nur 4 Minuten abgehandelt. Über die Hälfte der befragten Richterschaft (51,2% oder 22 Teilnehmer) benötigt für die Anhörung zum elterlichen Sorgerecht bei Einigkeit der Eltern sogar nur höchstens 3 Minuten. Allein 18 Teilnehmer (41,9%) handeln nach eigenen Angaben das Sorgerecht bei Einigkeit innerhalb von 1 bis 2 Minuten ab. Ein Teilnehmer gab sogar an, die Eltern in so einem Fall „nie" zum Sorgerecht anzuhören. Dem stehen nur 4 Teilnehmer (9,3%) gegenüber, bei denen die Anhörung bis zu 10 Minuten und mehr in Anspruch nimmt. Als höchster Wert wurden dabei 20 Minuten genannt.

Ganz anders sieht es aus, wenn zwischen den Eltern Streit herrscht. Die in diesem Zusammenhang angegebenen Werte reichen von 20 bis 165 Minuten (Minimum: 20, Maximum: 165), die ungemittelten Werte sogar von 15 bis 300 Minuten (Minimum: 15, Maximum: 300). Teilweise unterließen die Teilnehmer auch die Angabe von konkreten Zeitspannen und merkten statt dessen an, die Eltern „bis zu" 45 (1 Teilnehmer) bzw. 120 Minuten (2 Teilnehmer) lang anzuhören, oder 45 Minuten „und mehr", 20 Minuten bis „unbegrenzt" bzw. 60 Minuten bis zu einem „gesonderten Termin" (jeweils 1 Teilnehmer) auf die Anhörung zu verwenden. Am häufigsten wurde der Wert von 45 Minuten genannt (Modus: 45) nämlich von genau 26,2% der befragten Richterschaft (11 Teilnehmer), wobei zu bedenken ist, daß es sich um gemittelte Werte handelt. Während bei über 25% der befragten Richterschaft auch bei zerstrittenen Eltern die Anhörung im Durchschnitt nicht länger als 30 Minuten dauert (1.Quartil: 30), nehmen sich weitere 25% durchschnittlich mehr als 60 Minuten Zeit (4.Quartil: 60). Die Angaben des überwiegenden Teils der befragten Richterschaft bewegen sich somit in der Spanne von 30 bis 60 Minuten.

(2) *Inhalt der Anhörung*

Auf die Inhalte der Anhörung nach § 613 I S.2 ZPO zielten die Fragen II 1 b) und c). Angesichts fehlender gesetzlicher Handlungsanweisungen galt es zu klären, ob sich dennoch eine einheitliche Rechtspraxis entwickelt hat. Dabei wurde erneut danach differenziert, ob die Eltern sich hinsichtlich des Sorgerechts einig waren oder nicht. Auf der Grundlage einer vierrangigen Skala – von 1 (vorrangig) bis 4 (nachrangig) – sollte die Richterschaft zunächst den Inhalt einer Anhörung bei Uneinigkeit der Eltern eingrenzen, bevor sie in der Folgefrage dazu Stellung nehmen sollte, inwiefern diese Umstände auch bei Einigkeit der Eltern angesprochen würden.

(a) *Inhalt der Anhörung bei Uneinigkeit der Eltern*

Anhand der angegebenen Werte ist eine Mittelwertberechnung durchgeführt worden, mit Hilfe derer die folgende Rangfolge zwischen den einzelnen Antwortmöglichkeiten ermittelt werden konnte.

(aa) *Rangfolge*

Als wichtigsten Punkt bei der Anhörung der Eltern im Rahmen des Scheidungsverfahrens erachtete die befragte Richterschaft die „Bindungen des Kindes". Mehr als zwei Drittel der Richterinnen und Richter (67,4% oder 29 Teilnehmer) sehen darin einen „vorrangig" zu erörternden Umstand. Insgesamt belegten 93% der Teilnehmer die Kindesbindungen mit dem Wert 2 oder besser.

Die Antwortmöglichkeiten „tatsächliche Umstände" und „Konsensfähigkeit des Eltern" teilen sich den zweiten Platz. In beiden Fällen bewerten über die Hälfte der befragten Richterschaft die vorgegebenen Umstände als „vorrangig" (55,8% oder 24 Teilnehmer bzw. 58,1% oder 25 Teilnehmer), wobei ein Teilnehmer die vorrangige Erörterung der „tatsächlichen Umstände" auf die – seiner Ansicht nach eher seltenen – Fälle beschränkt, in denen der Aufenthalt strittig ist. Tendenziell haben sich 88,4% bzw. 86% der befragten Teilnehmer für eine „vorrangige" bzw. „eher vorrangige" Beachtung dieser Umstände im Rahmen der elterlichen Anhörung ausgesprochen.

An dritter Stelle folgen mit den „Umgangskontakten zwischen Kind und dem Elternteil, mit dem das Kind nicht zusammenleben wird" sowie der „Weiterbetreuung bzw. Aufenthalt der Kinder", erneut zwei Umstände, deren Mittelwerte so dicht beieinander liegen, daß ein Rangverhältnis zwischen ihnen nicht begründbar ist. Erwähnenswert ist in diesem Zusammenhang, daß sich bezüglich der „Umgangskontakte“ auffällig viele, nämlich exakt 8 Teilnehmer und damit 18,6%, für eine „eher nachrangige“ Abhandlung dieses Umstandes ausgesprochen haben. Bei der Berechnung des Mittelwertes wird dieser relativ hohe Wert durch die 48,8% der Teilnehmer (21 Personen) kompensiert, die diesen Punkt bei der Anhörung „vorrangig“ behandeln. Trotz der gewissen Uneinigkeit, die in diesem Punkt herrscht, läßt sich jedoch festhalten, daß noch 81,4% der Teilnehmer regelmäßig die Umgangskontakte ansprechen.

Rechtlichen Umständen kommt bei der Anhörung der Eltern im Rahmen eines Scheidungsverfahrens insgesamt eine etwas geringere Bedeutung zu. Während noch 86 % der Teilnehmer – und damit mehr als bei den Umgangskontakten – der Erörterung der „rechtlichen Ausgestaltung der gemeinsamen Sorge gemäß § 1687 BGB“ tendenziell den Vorrang einräumen, wobei sich diese 86 % fast gleichmäßig zwischen der Wertung 1 (44,2% oder 19 Teilnehmer) und 2 (41,9% oder 18 Teilnehmer) aufteilen, sprechen nur noch 76,7% der befragten Richterschaft die „Arten des Sorgerechts“ tendenziell vorrangig an. In etwa gleichem Umfang wird bei der Anhörung die „Beratung durch das Jugendamt“ thematisiert. Dem Viertel der befragten Richterschaft, die darin einen „vorrangig“ anzusprechenden Umstand sehen (11 Teilnehmer oder 25,6%), stehen genauso viele Richterinnen und Richter gegenüber, die die Aufklärung über die Chancen einer jugendamtlichen Beratung bei der elterlichen Anhörung als „eher nachrangig“ bewerten.

Von eindeutigem Nachrang bei der Anhörung der Eltern im Rahmen der Scheidung sind die „Barunterhaltspflichten“. Über drei Viertel der befragten Richterschaft (76,2% oder 32 Teilnehmer) sehen darin einen „nachrangig“ zu erörternden Umstand. Insgesamt sprechen sich sogar 95,4% für die tendenzielle Nachrangigkeit dieses Umstandes aus.

(bb) Ergänzungen der vorgegebenen Alternativantworten durch die Richterschaft

Unter dem Punkt „Sonstiges“ bestand für die befragten Richterinnen und Richter die Möglichkeit, den vorgegebenen Antwortenkatalog zu ergänzen. Von dieser Möglichkeit haben 10 Teilnehmer Gebrauch gemacht. Während 4 Teilnehmer „nachrangig“ und eine weiterer Teilnehmer „eher nachrangig“ bei der Anhörung auch andere Umstände ansprechen, ohne daß diese jedoch näher konkretisiert wurden, erklärten 5 Teilnehmer, „vorrangig“ auch andere Umstände zu erörtern. Überwiegend wurde dabei auf die Sichtweise des Kindes verwiesen. So gaben 3 Teilnehmer an, den „Kindeswunsch“, die „Probleme des Kindes durch die Trennung der Eltern“ sowie die „eigene Einstellung der Kinder“ bei der Anhörung der Eltern im Rahmen des Scheidungsverfahrens zu thematisieren. Als weitere Ergänzungen wurden die „Konfliktberatung ohne Jugendamt und die Möglichkeiten der Mediation“ sowie die „Kriterien der Sorgerechtsentscheidung wie Kontinuitäts- und Förderungsgrundsatz“ genannt. Ein weiterer Teilnehmer kritisierte, generell Schwierigkeiten bei der Beantwortung zu haben, da er, ohne dies näher auszuführen, andere Dinge erörtern würde.

(cc) Interpretation der Ergebnisse

Bis auf die Barunterhaltspflichten werden bei der elterlichen Anhörung nach § 613 I S.2 ZPO bei elterlichem Dissens alle vorgegebenen Umstände tendenziell vorrangig angesprochen. Selbst die nach der errechneten Rangfolge an vorletzter Stelle liegende „Beratung durch das Jugendamt“ wird von mehr als zwei Dritteln der befragte Richterschaft (69,8%) als zumindest tendenziell vorrangig zu beachtender Umstand bewertet. Das läßt den Schluß zu, daß diese Umstände auch dementsprechend häufig bei der Anhörung im Rahmen einer Scheidung erörtert werden. Als eindeutiges Ergebnis kann man der Auswertung demnach nur entnehmen, daß die Barunterhaltspflichten, das heißt die finanziellen Auswirkungen einer Scheidung auf das Kind, angesichts ihrer klaren Nachrangigkeit wenn überhaupt, dann nur selten und äußerst kurz zur Sprache gebracht werden.

Die weitere Rangfolge der vorgegebenen Antwortmöglichkeiten ist zumindest nicht eindeutig, da die errechneten Mittelwerte nur geringfügig voneinander abweichen. Dabei spielt wahrscheinlich auch der Umstand hinein, daß bei einer durchschnittlichen Anhörungsdauer von 45 Minuten sehr viele Themenbereiche abgehandelt werden können. Dennoch lassen sich aus den Angaben gewisse Tendenzen ableiten, die durch die Ergänzungen, die die Richterschaft im Rahmen der Antwortmöglichkeit „Sonstiges“ vorgenommen hat, nicht abgeschwächt, sondern sogar verstärkt werden.

Gerade der Stellenwert, der dem Kind im Rahmen der Elternanhörung zugemessen wird, sei es durch die Erörterung seiner Bindungen, seines Wunsches, seiner eigenen Einstellungen oder seiner Probleme, wird durch die Ergänzungen der Richterschaft noch eindrucksvoller hervorgehoben. Das Ziel der Anhörung scheint nach Ansicht der Richterschaft ganz überwiegend darin zu liegen, die Eltern für die Bedürfnisse des Kindes zu sensibilisieren. Erst an zweiter Stelle geht es darum, abzuklären und zu kontrollieren, inwiefern sich die Eltern bezüglich der tatsächlichen Ausgestaltung des Sorgerechts geeinigt haben, einigen können bzw. überhaupt einigungsfähig sind. Während die Richterinnen und Richtern dabei zunächst – zumindest tendenziell – die tatsächlichen Umstände eruieren und sich ein Bild von der Zerstrittenheit der Eltern machen, werden im zweiten Schritt konkrete Bereiche des Eltern-Kind-Verhältnisses angesprochen, wie die Umgangskontakte und der Aufenthalt des Kindes, die infolge der Scheidung einer Neuregelung bedürfen. Hinsichtlich der rechtlichen Folgen einer Scheidung auf das Sorgerecht scheinen die Richter demgegenüber darauf zu vertrauen, daß die Eltern schon von ihren Anwälten aufgeklärt wurden. Besteht doch bei der Scheidung gemäß § 78 II ZPO Anwaltszwang. Entsprechendes scheint auch für die Aufklärung über die Beratungsmöglichkeiten durch das Jugendamt oder sonstige Institutionen zu gelten.

(dd) Gegenüberstellung der eigenen Ergebnisse mit denen aus der Untersuchung von Proksch

Damit weichen die Ergebnisse der eigenen Untersuchung zum Teil von denen Proksch ab[757]. Stellt man die Ergebnisse einander gegenüber, zeigen sich die folgenden Unterschiede:

Eigene Untersuchung	**Untersuchung von Proksch**	**Prozent**
Bindungen des Kindes	Kooperations- und Konsensfähigkeit der Eltern	84,9%
Tatsächliche Umstände	Möglichkeiten der Beratung	81,0%
Konsensfähigkeit der Eltern	Bedürfnisse des Kindes	78,1%
Umgangskontakte	Bedeutung und Inhalt der elterlichen Sorge	76,4%
Weiterbetreuung/Aufenthalt des Kindes	Grundlagen für die Entscheidung der Eltern zum Umgang des Kindes	69,1%
Gesetzliche Ausgestaltung der gemeinsamen Sorge	Situation der Geschwister des Kindes	63,0%
Arten des Sorgerechts	Wie die Eltern ihre elterliche Verantwortung konkret gestalten wollen	62,8%
Beratung durch das Jugendamt	Wünsche des Kindes	58,6%
Barunterhaltspflichten	Förderfähigkeit des Kindes durch Eltern	51,1%

Seine Untersuchung hatte ergeben, daß die Familienrichterinnen und -richter bei der Elternanhörung vorrangig die Eltern und ihre Konsensfähigkeit im Blick haben. Auch die Beratung durch das Jugendamt sowie die Bedeutung und der Inhalt der elterlichen Sorge erhielten bei ihm einen höheren Stellenwert als bei der vorliegenden Untersuchung .

757 *Proksch*, Rechtstatsächliche Untersuchung, S. 268.

(b) Inhalt der Anhörung bei Einigkeit der Eltern

Bereits die Tatsache, daß die durchschnittliche Anhörung bei Einigkeit der Eltern nur 4 Minuten dauert, läßt vermuten, daß die vorgenannten Umstände bei Einigkeit der Eltern nicht oder nur sehr kurz angesprochen werden. Die Richterinnen und Richter sollten in Frage II 1 c) deshalb nur dazu Stellung beziehen, inwiefern sie die genannten Umstände auch bei elterlicher Einigkeit thematisieren.

Die Auswertung der richterlichen Angaben ergibt, daß über ein Viertel der Teilnehmer (12 Personen oder 27,9%) die vorgenannten Umstände bei Einigkeit der Eltern gar nicht anspricht. Nur 3 Teilnehmer (7%) erklärten, die Umstände einschränkungslos auch bei Einigkeit der Eltern zu erörtern. Erstaunlich ist, daß es sich dabei nicht um die drei Teilnehmer handelt, die auch bei elterlicher Einigkeit durchschnittlich 10 Minuten und mehr auf die Anhörung verwenden, sondern um Teilnehmer, bei denen die durchschnittliche Anhörungsdauer zwischen 5 (2 Teilnehmer) und 7,5 (1 Teilnehmer) Minuten liegt – und damit zumindest überdurchschnittlich lang ist. Die Teilnehmer hingegen, die hinsichtlich der Anhörungsdauer mit Spitzenwerten auffielen, behandelten die in Frage II 1 b) genannten Umstände bei elterlicher Einigkeit entweder nie (1 Teilnehmer) oder zusammen mit dem Großteil der befragten Richterschaft (58,1% oder 25 Teilnehmer) nur dann, wenn das Jugendamt Zweifel an der elterlichen Einigkeit geäußert hat. Während zwei Teilnehmer ihre Aussage dahingehend ergänzten, daß sie darüber hinaus unter der Antwortalternative „ja, aber nur:" die Aussagen „nur kurz" bzw. „nur bei halbherzig erklärter Einigkeit" hinzufügten, entschieden sich 3 Teilnehmer (7%) ausschließlich für diese Antwortmöglichkeit. Als Inhalte wurde dabei in zwei Fällen die „(gesetzliche) Ausgestaltung" genannt, jeweils in Verbindung mit deren „Konsequenzen" bzw. dem „Umgang". Ein Teilnehmer hob demgegenüber abstrakt auf die „im konkreten Fall erforderlichen Umstände" ab.

(3) Zusammenfassung der Ergebnisse der objektiven Sichtweise

So wie die befragte Richterschaft die Regelung der elterlichen Anhörung zum Sorgerecht im Rahmen des Scheidungsverfahrens gemäß § 613 I S.2 ZPO in der Praxis anwendet, bestätigt sich die Befürchtung, daß die Anhörung zumindest bei Einigkeit der Eltern die in sie gesetzten Erwartungen nicht erfüllt. Dieses Ergebnis deutete sich bereits bei im Vorfeld geführten Gesprächen mit Richterinnen und Richtern an, die erklärten, bei Einigkeit nur danach zu fragen, ob alles geregelt sei, und sich mit einem bloßen Kopfnicken zufrieden gäben. Uneinigkeit zwischen den Eltern solle gar nicht erst durch zu intensives Nachfragen heraufbeschworen werden. Im Zweifel gebe es ja noch das Jugendamt. Diese

Aussagen wurden durch die empirische Untersuchung bestätigt[758]. Bei einer durchschnittlichen Anhörungsdauer von unter 5 Minuten entfällt bei Einigkeit der Eltern in den überwiegenden Fällen eine generelle Erörterung der in Frage II 1 b) genannten Umstände. Die Mehrheit der Richterschaft fragt grundsätzlich erst dann nach, wenn das Jugendamt Zweifel an der Einigkeit der Eltern geäußert hat. Dabei ist allerdings zu bedenken, daß die Beteiligung des Jugendamt an Scheidungsverfahren gerade davon abhängt, ob ein Sorgerechtsantrag gestellt wurde. Solange dies nicht der Fall ist – nämlich gerade bei Einigkeit der Eltern – basiert die Beteiligung des Jugendamtes auf der freiwilligen Inanspruchnahme der jugendamtlichen Beratung durch die Eltern. Nehmen die Eltern das Beratungsangebot des Jugendamtes nicht in Anspruch, können seitens des Amtes auch keine Zweifel an der elterlichen Einigkeit aufkommen. Eine effektive Kontrolle der elterlichen Einigkeit ist so nicht möglich. Diese Konsequenz kann der Richterschaft nicht verborgen geblieben sein. Daß sie sie dennoch hinnehmen, findet seine Begründung möglicherweise darin, daß die Richter eine andere Vorstellung von der Funktion der elterlichen Anhörung anläßlich der Scheidung haben als der Gesetzgeber. Während es dem Gesetzgeber um die Kontrolle der Eltern und ihrer Motive ging[759], scheint die Richterschaft in der Anhörung vielmehr die Chance dafür zu sehen, die Eltern auf die Bedürfnisse des Kindes aufmerksam zu machen. Vorrangig verdeutlichen sie den Eltern im Rahmen der Anhörung die Position des Kindes und stellen zugunsten des Kindes dort Einvernehmen zwischen den Eltern her, wo diese dazu allein nicht in der Lage sind. Sind sich die Eltern einig, ist die Anhörung zumindest nach dieser Art der Interpretation überflüssig. In diesem Fall bedürfen die Eltern weder einer Unterstützung noch einer Beratung. Die Anhörung zum elterlichen Sorgerecht im Rahmen der Scheidung verkommt dann zur richterlichen „Pflichtübung“, wenn sie nicht ehrlicherweise ganz unterlassen wird.

bb) Subjektive Sichtweise

In einem zweiten Teil ging es um die subjektive Einschätzung der befragten Richterschaft. Ziel war es, herauszufinden, wie die Richterinnen und Richter das Erfordernis der elterlichen Anhörung gemäß § 613 I S.2 ZPO bewerten und wie sie generell zu einer staatlichen Kontrolle der elterlichen Motive stehen. Insbesondere galt es zu klären, ob die Gründe, aus denen ein Sorgerechtsantrag unterbleibt, staatlicherseits hinterfragt werden sollten. Neben Fragen nach dem Nutzen der Anhörung (Frage II 1 d) und der Notwendigkeit einer Kontrolle

---

758 So auch *Proksch*, Rechtstatsächliche Untersuchung, S. 265, bei dem auf die Frage, ob eine Anhörung auch ohne Antragstellung auf Alleinsorge durchgeführt werde, 41,7% der befragten Familienrichterinnen und -richter mit nein antworteten.

759 S.o. § 3 III 4 a) und § 5 III 2 a).

(Frage II 1 e) sollten die Richter auch angeben, welche staatliche Institution ihrer Ansicht nach die Kontrollaufgabe wahrzunehmen habe (Frage II 1 f).

(1) Die Erforderlichkeit einer staatlichen Kontrolle

Die Möglichkeit, daß mit Hilfe der Anhörung die wahren Motive der Eltern zum Vorschein kommen, schätzt der überwiegende Teil der Richterschaft (37,2% oder 16 Personen) als „sehr gering", weitere 12 Teilnehmer (27,9%) als „gering" ein. Tendenziell ist die Anhörung gemäß § 613 I S.2 ZPO also nach Ansicht von knapp zwei Dritteln der Teilnehmer (65,1%) nicht geeignet, die Motive der Eltern zu kontrollieren.

Hingegen wird eine entsprechende Kontrolle nach Ansicht von 51,2% der befragten Richterschaft (21 Personen) für „wünschenswert" gehalten. Nach Ansicht zweier Teilnehmer ist sie sogar „erforderlich". Dem stehen 18 Teilnehmer (43,9%) gegenüber, die eine generelle Kontrolle elterlicher Motive für „überflüssig" erachten. Ein Teilnehmer verwies dabei auf deren praktische Undurchführbarkeit.

Sehen die Richterinnen und Richter ein wie auch immer geartetes Erfordernis für eine staatliche Kontrolle – 11 der 18 Teilnehmer, die eine Kontrolle als „überflüssig" ansahen, enthielten sich ihrer Stimme –, liegt die Verantwortung nach Ansicht des überwiegenden Teils von ihnen (64,5% oder 20 Teilnehmer) bei „beiden Institutionen", das heißt beim Jugendamt und beim Gericht. Nur ein Teilnehmer sieht allein das Gericht in der Pflicht. Immerhin 10 Teilnehmer (32,3%) weisen die Kontrollaufgabe ausschließlich dem Jugendamt zu.

Setzt man die drei Fragen miteinander in Bezug, so fällt auf, daß der überwiegende Teil der Teilnehmer, die eine Kontrolle für überflüssig erachten, auch von der Erfolglosigkeit einer Anhörung ausgeht (11 Teilnehmer). Selbst von den 16 Teilnehmern, die eine Kontrolle der elterlichen Motive durch beide Institutionen, das heißt auch durch den Richter, für „wünschenswert" oder sogar für „erforderlich" halten, räumt die Hälfte der Anhörung nur geringe Chancen bei der Ermittlung der wahren Motive der Eltern ein. Obwohl sich also diese Teilnehmer – neben dem Jugendamt – verpflichtet fühlen, die wahren Motive der Eltern aufzuklären, scheinen sie diese Aufgabe mit dem Instrument der Anhörung gemäß § 613 I S.2 ZPO nicht zu ihrer Zufriedenheit erfüllen zu können.

(2) Ergebnis

Nach Ansicht der – allerdings nur knapp überwiegenden – Mehrheit der befragten Richterschaft ist eine gerichtliche Kontrolle der Gründe, aus denen die Eltern auf einen Sorgerechtsantrag verzichten, sowohl durch das Jugendamt als auch durch das Gericht wünschenswert, wenn nicht sogar erforderlich. Die in § 613 I S.2 ZPO normierte Anhörung bietet für eine entsprechende Kontrolle jedoch nicht die geeigneten Möglichkeiten. An ihrer Stelle bedürfte es nach Ansicht von über der Hälfte der Richterschaft einer andersgearteten Kontrolle, für die sowohl das Jugendamt als auch das Gericht herangezogen werden müßten.

cc) Praktische Auswirkungen der subjektiven Ansichten

Um herauszufinden, ob sich die subjektive Einstellung eines Richters in der Art niederschlägt, wie er in der Praxis mit der Regelung des § 613 I S.2 ZPO verfährt, sind die Ergebnisse der Fragen II 1 d) bis f) unter dem Gesichtspunkt der durchschnittlichen Dauer einer Anhörung bei Einigkeit der Eltern (Frage II 1 a) betrachtet worden.

Dabei fällt auf, daß diejenigen, die eine Kontrolle der Motive der Eltern wünschen oder sogar fordern, durchschnittlich 5,3 Minuten, also überdurchschnittlich lange, für die Anhörung verwenden. Bei denjenigen, die eine Anhörung für überflüssig halten, dauert die Elternanhörung demgegenüber nur weniger als halb so lange, nämlich 2,1 Minuten im Durchschnitt.

Für die weitere Analyse wurden die Teilnehmer in zwei Gruppen geteilt: diejenigen, die weniger als die durchschnittlichen 4 Minuten auf eine Anhörung bei Einigkeit verwenden, und diejenigen, die sich überdurchschnittlich viel Zeit lassen. Die Ergebnisse sind aussagekräftig.

Tendenziell schätzt zwar die befragte Richterschaft unabhängig von der Dauer der Anhörung die Chance, mit der Anhörung eine Kontrolle der elterlichen Motive zu erreichen, als gering ein. So entschieden sich 69,6% bzw. 57,9% für die Antwortmöglichkeiten „gering" oder „sehr gering" (16 bzw. 11 Teilnehmer). Bezeichnend ist jedoch, daß sich bei einer Einzelbetrachtung der Antwortmöglichkeiten die Mehrheitsverhältnisse umkehren. Während die Mehrheit der Teilnehmer, die überdurchschnittlich lange Anhörungen vornehmen, die Chance einer Kontrolle durch das Instrument der Anhörung als „hoch" einschätzte (36,8% oder 7 Teilnehmer), entschied sich die Mehrheit der Teilnehmer mit unterdurchschnittlich kurzen Anhörungen für die Bewertung mit „sehr gering" (43,5% oder 10 Teilnehmer). Die Folgerung liegt nahe, daß mit Hilfe einer intensiveren Anhörung eine bessere Kontrolle der elterlichen Motive erreicht werden kann. Zu bedenken ist allerdings, daß 31,6% der Teilnehmer, deren Anhörungen überdurchschnittlich lange dauern, die negative Bewertung mit „sehr gering" trotz intensiverer Anhörung teilen (6 Teilnehmer). Außerdem stehen dem die tendenziellen Mehrheitsverhältnisse entgegen. Eine finale Verknüpfung je länger, desto besser, kann also nur mit Einschränkungen festgestellt werden. So kann die positivere Einschätzung der Anhörung auch darauf zurückzuführen sein, daß die Teilnehmer, die mehr Zeit auf die Anhörung verwenden, dieser auch generell offener gegenüber eingestellt sind. Während nämlich knapp drei Viertel von ihnen (73,7% oder 14 Teilnehmer) eine staatliche Kontrolle der elterlichen Motive für „wünschenswert" (63,2% oder 12 Teilnehmer), wenn nicht sogar für „erforderlich" (10,5% oder 2 Teilnehmer) halten, spricht sich der überwiegende Teil der Teilnehmer, die nur kurz die Eltern anhören, gegen eine staatliche Kontrolle aus und erachtet diese für „überflüssig" (61,9% oder 13 Teilnehmer). Es ist also davon auszugehen, daß die Mehrheit der Richterinnen und Richter, die die Eltern nur kurz zum elterlichen Sorgerecht befragen, an der Ermittlung der elterlichen Motive gar nicht interessiert sind. Ihre Anhörung wird demnach gar nicht erst auf die Kontrolle der Motive ausgerichtet sein. Wenn Ziel der Anhörung aber nicht die Kontrolle der elterlichen Motive ist, dann ist die Chance, diese Motive aufzudecken, unabhängig von der Länge der Anhörung naturgemäß gering. Es ist also nicht allein die Kürze der Anhörung, die bewirkt, daß sich die Mehrheit dieser Teilnehmer für einen sehr geringen Erfolg der Anhörung bei der Kontrolle der elterlichen Motive ausgesprochen hat. Vielmehr spielt in die negative Bewertung der Anhörung auch die generelle Ablehnung einer staatlichen Kontrolle hinein. Dazu kommt, daß fast die Hälfte von ihnen – wenn überhaupt – die Verantwortung für eine Kontrolle beim Jugendamt sieht (43,8% oder 7 Teilnehmer). Indes fühlen sich die Teilnehmer, die viel Zeit auf die Anhörung verwenden, ganz überwiegend (78,6% oder 11 Teilnehmer) selbst verpflichtet, wenn auch zusammen mit dem Jugendamt.

Es läßt sich also ein eindeutiger Zusammenhang zwischen der Ausgestaltung der Anhörung gemäß § 613 I S.2 ZPO und der subjektiven Einstellung des jeweiligen Richters ausmachen. Wer kein Erfordernis für eine Kontrolle sieht, hört die Eltern auch nur unterdurchschnittlich kurz zum elterlichen Sorgerecht an. Diejenigen hingegen, die eine Kontrolle wünschen oder sogar fordern, nehmen die Anhörung ernster und verwenden mehr Zeit darauf, weil sie sich unter anderem auch selbst in der Pflicht sehen. Die subjektive Ansicht des Richters schlägt sich deutlich in der praktischen Anwendung des § 613 I S.2 ZPO nieder.

dd) Ergebnis

Während sich bei Uneinigkeit der Eltern die Richterinnen und Richter weitgehend über die Bedeutsamkeit einer elterlichen Anhörung einig sind, sie die Eltern intensiv auf die Bedürfnisse des Kindes hinweisen und sich mit der Ausgestaltung der künftigen Sorgerechtsregelung auseinandersetzen, spaltet sich die Richterschaft bei Einigkeit der Eltern in zwei Lager. Die einen halten eine richterliche Kontrolle auch bei Einigkeit der Eltern für erforderlich und richten ihre Anhörung daran aus, auch wenn sie in der Anhörung zumindest teilweise nicht das probate Mittel sehen. Für die anderen ist eine richterliche Kontrolle überflüssig mit der Folge, daß sie die in § 613 I S.2 ZPO normierte Anhörung äußerst kurz abhandeln, wenn sie die Vorschrift nicht ganz ignorieren. Nur im ersten Fall erfüllt die Anhörung die in sie gesetzten Erwartungen. Der Erfolg der Anhörung hängt also in nicht unwesentlichem Maße von der subjektiven Anschauung des jeweiligen Richters ab.

Daneben ist festzustellen, daß es den Richtern bei der Anhörung nicht vornehmlich um die Kontrolle geht. Ziel der Anhörung scheint aus richterlicher Sicht vielmehr die Sensibilisierung der Eltern für das Kindeswohl zu sein.

b) Anhörung des Kindes im Scheidungsverfahren

Mit der Kindschaftsrechtsreform entfällt das Erfordernis, das Kind bei jedem Scheidungsverfahren gerichtlich anzuhören. Nur noch in den Fällen, in denen zugleich ein Sorgerechtsantrag gestellt wird, ist eine entsprechende Anhörung weiterhin gesetzlich vorgesehen, § 50 b FGG. In der Literatur ist dieser – infolge des Verzichts auf den Zwangsverbund eingetretene – Rechtsverlust des ehelichen Kindes stark kritisiert worden[760]. Den Richtern wurde angeraten, das Kind generell[761], zumindest aber bei Zweifeln an den im Rahmen der Anhörung gemäß § 613 I S.2 ZPO getätigten elterlichen Aussagen trotz fehlender gesetzlicher Regelung[762] anzuhören. Immerhin sei das Kind „Hauptbetroffener"[763] der Scheidung. Es bestehe deshalb eine „Verfahrenspflicht zur Anhörung" des Kindes[764]. Als Rechtsgrundlage wird dabei neben dem staatlichen Wächteramt gemäß Art. 6 II GG i.V.m. § 1666 BGB[765] auch das allgemeine Persönlichkeitsrecht des Kindes in Verbindung mit dem Anspruch auf rechtliches Gehör, Art. 1, 103 I GG bzw. Art. 12 UN-KRK, genannt[766].

Im Rahmen der empirischen Untersuchung sind die Richterinnen und Richter dazu befragt worden, ob sie, entsprechend der Kritik, Kindesanhörungen bei reinen Scheidungsverfahren trotz fehlender gesetzlicher Regelung durchführen (Frage II 2 a). Darüber hinaus sollten sie darlegen, wie sie generell zu gerichtlichen Kindesanhörungen stehen (Frage II 2 b). Dabei sollten sie danach unter-

---

[760] *Bergmann/Gutdeutsch*, FamRZ 1999, 422; *Balloff*, FPR 1997, 73 (75); *Rehberg*, FuR 1998, 65 (67); *Lossen*, FuR 1997, 100 (102); *Johannsen/Henrich-Jaeger*, § 1671 Rn.7.; *Fegert*, Jugendhilfe 1998, 145 (147); DFGT, FamRZ 1996 337 (339); *Bergmann/Gutdeutsch*, FamRZ 1996, 1187 (1188); Bundeskonferenz für Erziehungsberatung e.V., ZfJ 1996, 509; *Bergmann*, Kind-Prax 1999, 78 (81); *Salgo*, Kind-Prax 1999, 179 (181).
[761] So: *Lossen*, FuR 1997, 100 (103); *Tauche*, FuR 1996, 213 (216); *Johannsen/Henrich-Jaeger*, § 1671 Rn.7.
[762] *Bergmann/Gutdeutsch*, FamRZ 1999, 422 (424); *Willutzki*, Kind-Prax 1998, 8 (10); *Bergmann*, Kind-Prax 1999, 78 (81).
[763] *Bergmann/Gutdeutsch*, FamRZ 1999, 422 (425); *Bergmann*, Kind-Prax 1999, 78 (81).
[764] *Johannsen/Henrich-Jaeger*, § 1671 Rn.7.
[765] *Lossen*, FuR 1997, 100 (102); *Bergmann*, Kind-Prax 1999, 78 (81).
[766] *Bergmann/Gutdeutsch*, FamRZ 1999, 422 (424); *Bergmann*, Kind-Prax 1999, 78 (81).

scheiden, inwiefern die vorgegebenen Aussagen ihrer Ansicht nach auf das Scheidungsverfahren bzw. auf das Sorgerechtsverfahren zutreffen.

aa) Auswertung

(1) Häufigkeit und Erforderlichkeit von Kindesanhörungen im Scheidungsverfahren

Kindesanhörungen im Scheidungsverfahren werden insgesamt von nur 5 Richterinnen bzw. Richter (11,6%) durchgeführt – und zwar „selten". Der ganz überwiegende Teil der befragten Richterschaft (38 Personen oder 88,4%) hört – entsprechend der gesetzlichen Regelung – im Scheidungsverfahren „nie" die betroffenen Kinder an[767].

Grund dafür ist, daß nach Ansicht von 58,1% (25 Teilnehmern) der befragten Richterschaft die Scheidung nur die „Beziehung des Paares zueinander" betrifft, so daß eine außergerichtliche Beratung unter Beteiligung der Kinder als ausreichend erachtet wird für die Wahrung des Kindeswohls. 44,2% der befragten Richterschaft (19 Teilnehmer) empfinden eine Kindesanhörung im Scheidungsverfahren des weiteren als „unnötige und vom Gesetz nicht gewollte Einmischung des Gerichts in die Elternautonomie". Das gilt insbesondere dann, wenn kein Sorgerechtsantrag gestellt, das Sorgerecht also unstrittig ist. 18 Teilnehmer (41,9%) werteten die Anhörung im Scheidungsverfahren sogar als „zu große psychische Belastung der Kinder", die deshalb im Regelfall nicht sinnvoll sei. Nach Ansicht dreier von ihnen trifft diese Aussage auch auf Sorgerechtsverfahren zu. Gerichtliche Kindesanhörungen sind damit aus Sicht von immerhin 7% der befragten Richterschaft wegen zu starker Belastung des Kindes generell zu vermeiden. Mit 38 Teilnehmern (88,4%) sprach sich hingegen der ganz überwiegende Teil der Richterschaft dafür aus, daß Kindesanhörungen – zumindest ab einem bestimmten Alter – sinnvoll seien. Dabei beschränkten 27 Teilnehmer (62,8%) ihre Aussage allein auf das Sorgerechtsverfahren, während ein Teilnehmer die Aussage allein auf das Scheidungsverfahren bezog. Weitere 10 Teilnehmer (23,3%) hießen Kindesanhörungen sowohl in Scheidungs- als auch in Sorgerechtsverfahren für gut. Insgesamt geht also ein Viertel der befragten Richterschaft (25,6%) davon aus, daß Kindesanhörungen auch durchaus in Scheidungsverfahren ihren Platz haben sollten.

Von der Möglichkeit, die eigene Ansicht unter der Antwortmöglichkeit „Sonstiges" noch weiter zu konkretisieren bzw. zu erläutern, machten drei Teilnehmer

[767] So auch *Proksch*, Rechtstatsächliche Untersuchung, S. 270, der auf einen Anteil von 10,8% bei denjenigen kommt, die eine Kindesanhörung im Scheidungsverfahren durchführen.

Gebrauch. Dabei schränkte ein Teilnehmer seine Aussage dahingehend ein, daß er selbst bei einvernehmlichen Sorgerechtsverfahren auf die Kindesanhörung dann verzichtete, wenn das Kind jünger als 8 Jahre alt sei. Ähnlich, nur positiv gewendet, äußerte sich ein weiterer Teilnehmer und erklärte, die Kinder – egal ob Scheidungs- oder Sorgerechtsverfahren – immer dann anzuhören, wenn eine Anhörung der Eltern keine Einigkeit erzielt hätte. Der dritte hob hervor, daß die Kindesanhörung generell wichtig sei, um den Wunsch bzw. Willen des Kindes ungefiltert feststellen zu können.

(2) Mindestalter des Kindes

Das Mindestalter für eine Anhörung wird im Durchschnitt mit knapp 6 Jahren beziffert (Mittelwert: 5,8), wobei die angegebene Altersspanne jedoch sehr weit ist und von einem bis zu 14 Jahren reicht (Minimum: 1; Maximum: 14). Ins Auge fällt, daß die Richter, die Kindesanhörungen nur im Rahmen eines Sorgerechtsverfahrens ansiedeln, überwiegend dafür plädierten, auch jüngere Kinder anzuhören (Mittelwert: 5,1). Die Richterinnen und Richter, die Kindesanhörungen auch in Scheidungsverfahren für sinnvoll halten, machten demgegenüber im Schnitt wesentlich höhere Altersangaben (Mittelwert: 7,1). Kindesanhörungen in Scheidungsverfahren werden also – wenn überhaupt – erst dann für sinnvoll gehalten, wenn das Kind bereits das Schulkindalter erreicht hat. Anhörungen im Rahmen von Sorgerechtsverfahren machen nach Ansicht der befragten Richterschaft indes auch bei Kleinkindern Sinn. Geht es doch bei Sorgerechtsverfahren inhaltlich um das Kind und seine Beziehungen zu den Elternteilen – Umstände, auf die auch aus dem Verhalten von Kleinstkindern geschlossen werden kann. Bei einem Scheidungsverfahren sind demgegenüber die Bedürfnisse des Kindes nicht Verfahrensgegenstand. Das Kind ist vielmehr nur mit betroffen. Eine Kindesanhörung scheint in diesem Rahmen eher darauf zu zielen, dem Kind ein Forum zur Verfügung zu stellen, in dem es seinen Willen und seine Wünsche vortragen kann. Dazu ist aber erforderlich, daß das Kind ein bestimmtes Alter erreicht hat. Das starke Altersgefälle läßt sich also mit den unterschiedlichen Aufgaben erklären, die einer Kindesanhörung beim Scheidungs- bzw. beim Sorgerechtsverfahren zukommt.

bb) Ergebnis

Kindesanhörungen im Scheidungsverfahren sind in der Praxis äußerst selten und nach überwiegender Ansicht der befragten Richterschaft auch überflüssig, insbesondere deshalb, weil es bei der Scheidung um die Beziehung der Eltern zueinander geht und nicht primär um das Kind. Kindesanhörungen haben ihren Platz vielmehr im Sorgerechtsverfahren, wobei die Kinder durchschnittlich mindestens 5 Jahre alt sein sollten, nach Ansicht vieler Teilnehmer jedoch auch durchaus jünger sein können.

Immerhin ein Viertel der befragten Richterinnen und Richter hält Anhörungen von Kindern ab dem Schulkindalter auch bei Scheidungsverfahren für sinnvoll, obwohl der überwiegende Teil von ihnen (9 von 11 Teilnehmern) noch nie eine Kindesanhörung im Scheidungsverfahren durchgeführt hat. Auffällig ist, daß über 90% von ihnen (10 von 11 Teilnehmern) Zweifel an dem Erfolg einer Elternanhörung im Scheidungsverfahren hegt. Bei denjenigen, die Kindesanhörungen nur im Rahmen von Sorgerechtsverfahren einen Platz einräumen, sind es weniger als die Hälfte (48,1%). Mit Hilfe einer Kindesanhörung im Scheidungsverfahren scheinen die Richterinnen und Richter demnach die ihrer Ansicht nach zweifelhaften Ergebnisse aus der Elternanhörung absichern und überprüfen zu wollen. Dem entspricht, daß fast drei Viertel von ihnen eine gerichtliche Kontrolle der elterlichen Motive für wünschenswert bzw. erforderlich halten (72,7%) und dabei überwiegend (66,7%) neben dem Jugendamt das Gericht in der Pflicht sehen. Unter denen, die sich für Kindesanhörungen allein im Sorgerechtsverfahren aussprechen, sind es lediglich knapp die Hälfte (53,8%), die eine Kontrolle wünschen oder fordern.

c) Ergebnis

Eine Thematisierung des Sorgerechts im Rahmen eines Scheidungsverfahrens findet in der Praxis hauptsächlich dann statt, wenn das Sorgerecht zwischen den Eltern einen Streitpunkt darstellt, ein Sorgerechtsverfahren, wenn nicht bereits eingeleitet, dann doch zumindest absehbar ist. Die mit dem Abschied vom Zwangsverbund vom Gesetzgeber beabsichtigte Trennung zwischen Scheidungs- und Sorgerechtsverfahren ist somit in der Praxis verwirklicht. Dabei fällt diese Trennung in der Praxis strikter aus, als sie eigentlich vom Gesetz vorgesehen war. Indem dem Anhörungserfordernis gemäß § 613 I S.2 ZPO bei Einigkeit der Eltern praktisch keine Bedeutung zugemessen wird, herrscht im Prinzip ein reines Antragsverfahren vor. Haben sich die Eltern für das gemeinsame Sorgerecht entschieden, wird diese Einigkeit vom Gericht grundsätzlich nicht hinterfragt. Kindliche Interessen und Belange werden im Scheidungsverfahren nicht weiter thematisiert. Erst wenn sich die Eltern nicht auf das gemeinsame Sorgerecht einigen können, setzen sich die Richterinnen und Richter auch im Rahmen einer Scheidung intensiv mit dem Sorgerecht auseinander. Dabei geht es ihnen vorrangig darum, die Eltern für die kindlichen Belange zu sensibilisieren und abzuklären, inwieweit Einigkeit zwischen den zerstrittenen Eltern zugunsten des Kindes erreicht werden kann. Kindesanhörungen finden in reinen Scheidungsverfahren so gut wie nie statt, werden aber auch von einem Großteil der befragten Richterinnen und Richter für überflüssig gehalten. Die Richterschaft scheint überwiegend davon auszugehen, daß es sich bei der Scheidung um eine reine

Partnerangelegenheit handelt, bei der Kinder, solange Einigkeit zwischen den Eltern herrscht, vor Gericht unberücksichtigt bleiben können. An der Entscheidung der Eltern wird grundsätzlich nicht gezweifelt. Vielmehr scheinen die Eltern per se als Garanten des Kindes und seiner Interessen zu gelten. Eine Kontrolle der elterlichen Einigkeit wird von vielen Richterinnen und Richtern gar nicht gewünscht. Die Hälfte derjenigen, die demgegenüber das Erfordernis einer Kontrolle sehen, schätzen ihre Chancen mit Hilfe der bestehenden Instrumentarien als gering ein.

3) Fragen zum Sorgerechtsverfahren nach § 1671 BGB

Der dritte Abschnitt des Fragebogens hat den Ablauf eines Sorgerechtsverfahrens gemäß § 1671 BGB zum Inhalt. Während in den ersten zwei Fragekomplexen mit der Kindesanhörung gemäß § 50 b FGG und der Verfahrenspflegerbestellung nach § 50 FGG zwei verfahrensrechtliche Besonderheiten in den Mittelpunkt gerückt werden, geht es in dem dritten Teil um die Anwendung des § 1671 BGB in der richterlichen Praxis.

a) Kindesanhörung gemäß § 50 b FGG

Kindesanhörungen gehören nicht erst seit der Kindschaftsrechtsreform zu den verfahrensrechtlichen Erfordernissen eines Sorgerechtsverfahrens. Die in § 50 b FGG geregelte Kindesanhörung wurde bereits 1980 durch das Sorgerechtsgesetz für all die Verfahren eingeführt, die die Personen- oder Vermögenssorge betreffen. Die Kindschaftsrechtsreform brachte in dieser Hinsicht keine Änderung mit sich. Auch wenn die Kindesanhörung somit nicht selbst eine Neuerung ist, hat ihre Bedeutung durch die Kindschaftsrechtsreform doch insofern einen Wandel erfahren, als neuerdings weder jede Scheidung noch jede Sorgerechtsregelung notwendigerweise zu einer Kindesanhörung führt. § 50 b FGG greift nach der Reform erst dann ein, wenn zumindest ein Elternteil einen Sorgerechtsantrag gestellt hat, es also zu einem gerichtlichen Sorgerechtsverfahren mit dem Ziel der Alleinsorge kommt. In allen anderen Fällen, das heißt konkret immer dann, wenn es bei der gemeinsamen Sorge der Eltern verbleibt, entfällt die vor der Reform erforderliche Kindesanhörung.

Angesichts dieses systematisch bedingten Bedeutungswandels sollten die Richterinnen und Richter in den Fragen 1 a) bis c) Auskunft darüber erteilen, wie häufig, wie lange und unter welchen äußeren Umständen sie Kindesanhörungen vornehmen.

aa) Häufigkeit

Bei den Angaben zu der Häufigkeit von Kindesanhörungen gemäß § 50 b FGG wurde nach Kindesalter und elterlichem Streit differenziert. Wie erwartet nahm die Häufigkeit von Kindesanhörungen ab, wenn die anzuhörenden Kinder jünger als 14 Jahre alt und die zugrundeliegenden Verfahren unstrittig waren, wie sich auch aus der folgenden Abbildung ergibt.

Abb.6

Häufigkeit der Kindesanhörung in Prozent in Abhängigkeit von Kindesalter und Elternstreit

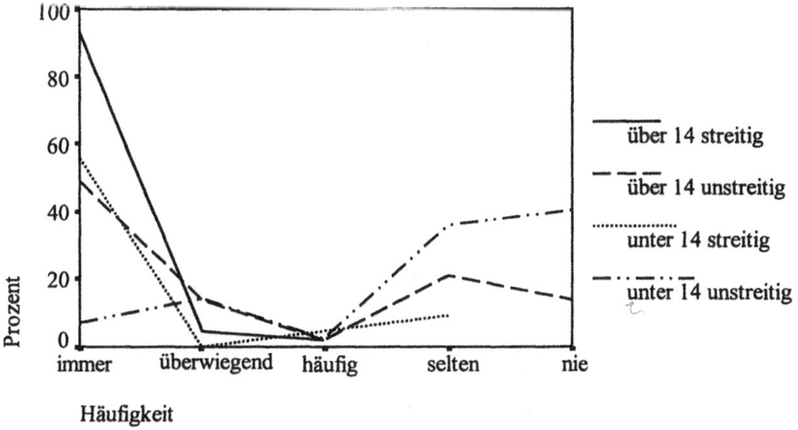

Während 93% der befragten Richterschaft (40 Teilnehmer) bekundeten, Kinder ab 14 Jahren in streitigen Sorgerechtsverfahren „immer“ anzuhören, waren es bei jüngeren Kindern nur noch knapp die Hälfte (55,8% oder 24 Teilnehmer). Weitere 13 Teilnehmer (30,2%) entschieden sich zumindest für die Antwortmöglichkeit „überwiegend“. Fast 10% (9,3% oder 4 Teilnehmer) erklärten indes, Kindesanhörungen bei Kindern unter 14 Jahren selbst bei streitigen Verfahren nur „selten“ vorzunehmen.

Ist dagegen das zugrundeliegende Sorgerechtsverfahren unstreitig, hat also der Antragsgegner dem Alleinsorgeantrag zugestimmt, hören nur noch knapp die Hälfte der befragten Richterinnen und Richter (48,8%) Kinder ab 14 Jahren in jedem Fall an. Dem steht bereits über ein Drittel der Teilnehmer gegenüber (34,9%), die die Jugendlichen bei elterlicher Einigkeit „selten“ (20,9% oder 9 Teilnehmer) bzw. „nie“ (14% oder 6 Teilnehmer) anhören, obwohl § 50 b II S.1 FGG das Recht des mindestens 14 jährigen Kindes auf eine gerichtliche Anhörung normiert. Bei jüngeren Kindern kehren sich die Mehrheitsverhältnisse sogar um. Mit 40,5% (17 Teilnehmer) spricht sich der Großteil der befragten Richterschaft gegen Kindesanhörungen von Kindern unter 14 Jahren bei unstreitigen Verfahren aus. Dazu kommen weitere 15 Teilnehmer (35,7%), die in diesen Fällen „selten" eine Kindesanhörung vornehmen. Nur 3 Teilnehmer (7,1%) erklärten, Kinder unter 14 Jahren auch bei unstreitigen Verfahren „immer", weitere 6 Teilnehmer (14,3%) zumindest „überwiegend" anzuhören.

bb) Dauer und Modalitäten der Kindesanhörung

Die durchschnittliche Dauer einer Kindesanhörung beträgt pro Kind etwas über 20 Minuten (Mittelwert: 22,62), wobei jedoch über die Hälfte der befragten Richterschaft (60,5%) Werte zwischen 10 und 20 Minuten und damit unter den durchschnittlichen 23 Minuten angab (Median: 20). Maximal dauert die Kindesanhörung nach – ungemittelter – Auskunft zweier Teilnehmer bis zu einer Stunde (Maximum ungemittelte Werte: 60). Die große Differenz erklärt sich, wie einige Teilnehmer anmerkten, mit der Unterscheidung zwischen streitigen und unstreitigen Verfahren sowie den je nach Alter des Kindes unterschiedlichen Anforderungen an die Anhörung.

Die Anhörung findet durchweg allein mit dem Kind statt (97,7%)[768]. Nur ein Richter gab an, das Kind erst ab einem bestimmten Alter allein anzuhören, wobei er allerdings betonte, soweit als möglich die Anhörung in Abwesenheit der Eltern vorzunehmen.

cc) Ergebnis

Obwohl das Gesetz nicht nach Art des zugrundeliegenden Verfahrens differenziert, hängt die Entscheidung, ob in einem Sorgerechtsverfahren eine Kindesanhörung gemäß § 50 b FGG stattfindet, in der gerichtlichen Praxis maßgeblich davon ab, ob sich die Eltern über das Sorgerecht streiten. In zweiter Linie interessiert die Richterschaft das Kindesalter, insbesondere, ob das betroffene Kind die Altersgrenze von 14 Jahre überschritten hat. Trifft beides zusammen, nehmen die Richterinnen und Richter fast durchweg Kindesanhörungen vor. Die Hälfte der befragten Richterschaft führt Kindesanhörungen auch immer dann durch, wenn entweder das zugrundeliegende Verfahren streitig ist (24 Teilnehmer oder 55,8%) oder unabhängig vom zugrundeliegenden Verfahren Jugendliche ab 14 Jahren betroffen sind (21 Teilnehmer oder 48,8%). Betrifft ein unstrei-

[768] Ähnlich *Proksch*, Rechtstatsächliche Untersuchung, S. 274, wobei er allerdings zusätzlich nach der Art der anwesenden Person differenzierte. Danach hörten 88,9% der Teilnehmer Kinder nur in Anwesenheit eines Richters, 47,2% in Anwesenheit der Anwälte und 19,3% in Anwesenheit eines Verfahrenspflegers.

tiges Verfahren demgegenüber nur Kinder unter 14 Jahren, so schrumpft die Zahl der Teilnehmer, die das Kind immer anhören, auf 3 (7,1%).

Damit bestätigen sich die Erkenntnisse aus früheren Erhebungen[769]. Eine Richterumfrage am Familiengericht Hamburg-Mitte aus dem Jahr 1984 hatte gezeigt, daß nicht alle Kinder angehört werden[770]. Die Untersuchung von Lidle-Haas ergab darüber hinaus, daß sowohl bei unstreitigen Verfahren als auch bei Kindern unter 14 Jahren Kindesanhörungen selten bis nie durchgeführt wurden[771]. Fand eine Kindesanhörung statt – in der Regel in Abwesenheit der Eltern[772] – so dauerte sie laut Angaben der Hälfte der damals befragten Richterschaft zwischen 10 und 20 Minuten[773]. Auch nach der Kindschaftsrechtsreform dauert eine Kindesanhörung im Schnitt etwa 20 Minuten, wobei das Kind durchgängig allein angehört wird. Die gerichtliche Anhörungspraxis von Kindern in Sorgerechtsverfahren hat sich durch die Kindschaftsrechtsreform folglich nicht verändert. Die damaligen Ergebnisse behalten weiterhin ihre Gültigkeit.

Zu einem anderen Ergebnis kommt Proksch[774]. Seine Untersuchung ergab, daß bei streitigen Verfahren regelmäßig auch Kinder unter 14 Jahren angehört werden[775]. Liegt demgegenüber ein einvernehmlicher Alleinsorgeantrag vor, hören auch nach Proksch lediglich die Hälfte der Teilnehmer Kinder über 14 Jahren an. Sind die Kinder jünger, ist die Kindesanhörung noch seltener[776].

b) Bestellung eines Verfahrenspflegers

Das Institut des Verfahrenspflegers ist durch das Kindschaftsrechtsreformgesetz neu in das Gesetz aufgenommen worden. Damit sollte gewährleistet werden, daß die Interessen des Kindes Eingang in das Sorgerechtsverfahren finden[777] – insbesondere dann, wenn die primäre Interessenwahrnehmung durch die Eltern nicht garantiert ist[778]. Obwohl es sich bei der Figur des Verfahrenspflegers um eine Novität des deutschen Rechts handelt, gestaltete der Gesetzgeber § 50 FGG sehr offen und ließ mit der Person des Verfahrenspfleger sowie dessen konkre-

---

[769] *Magnus/Dietrich*, FamRZ 1986, 416; *Lidle-Haas*, Das Kind im Sorgerechtsverfahren bei der Scheidung, S. 78 ff.
[770] *Magnus/Dietrich*, FamRZ 1986, 416 (418).
[771] *Lidle-Haas*, Das Kind im Sorgerechtsverfahren bei der Scheidung, S. 91.
[772] *Lidle-Haas*, Das Kind im Sorgerechtsverfahren bei der Scheidung, S. 101.
[773] *Lidle-Haas*, Das Kind im Sorgerechtsverfahren bei der Scheidung, S. 92.
[774] *Proksch*, Rechtstatsächliche Untersuchung, S. 270f.
[775] 95,1% hören bei streitigen Sorge-/Umgangsrechtsverfahren regelmäßig auch Kinder unter 14 Jahren, *Proksch*, Rechtstatsächliche Untersuchung, S. 271.
[776] *Proksch*, Rechtstatsächliche Untersuchung, S. 271 (54,7% hören regelmäßig Kinder über 14 Jahre an; 35,2% regelmäßig auch Kinder unter 14 Jahren).
[777] BT-Drucks. 13/4899, S. 76.
[778] *Büttner*, FamRZ 1998, 585 (590).

ten Aufgaben viele zentrale Fragen ungeklärt[779]. Damit boten sich Kritikern des bereits im Gesetzgebungsverfahren nicht unstrittigen[780] Verfahrenspflegers vielfältige Ansatzpunkte. Neben Defiziten bei der Kostenregelung[781] wurde insbesondere die „Institutionalisierung“ [782] eines Kindesanwalts kritisiert. Im Gegensatz zum Gesetzgeber ging man davon aus, daß die bereits bestehenden Verfahrensinstitute einen hinreichenden Schutz des Kindes gewährleisteten, die Figur eines Verfahrenspflegers somit überflüssig sei[783]. Ein weiterer Verfahrensbeteiligter verkompliziere das Verfahren nur unnötig[784]. Hinzu käme die Gefahr, daß der Verfahrenspfleger als Parteivertreter des Kindes die Beteiligten in ein kontradiktorisches Verfahren zwinge und so konfliktverschärfend wirke[785]. Damit laufe die Verfahrenspflegerbestellung aber den eigentlichen Interessen des Kindes zuwider, belastende Streitsituationen zu vermeiden[786].

Angesichts der Kritik und der offenen Fragen erschien es für die gerichtliche Praxis nicht leicht, eine einheitliche Linie bei dem Umgang mit der Regelung des § 50 FGG zu finden. Obendrein stand zu befürchten, daß gerade in der Anfangsphase mangels einheitlicher Ausbildung kaum qualifizierte Verfahrenspfleger zur Verfügung stehen würden[787]. Neben rechtlichen galt es für die Richterschaft also auch praktische Schwierigkeiten zu überwinden. Inwiefern diese erwarteten Anfangsschwierigkeiten tatsächlich aufgetreten sind und innerhalb der dreijährigen Praxis gelöst werden konnten, sollte im zweiten Teil dieses Abschnitts ebenso geklärt werden wie die Frage, ob sich die Figur des Verfahrenspflegers im Sorgerechtsverfahren bewährt hat. Die Richterinnen und Richter sind deshalb zunächst dazu befragt worden, wie häufig sie in Sorgerechtsverfahren einen Verfahrenspfleger hinzuziehen bzw. aus welchen Gründen sie auf eine Bestellung verzichten (Frage III 2 a) und b). Der daran anschließenden Frage zur Person eines aus richterlicher Sicht geeigneten Verfahrenspflegers (Frage III 2 c) folgt in den Fragen III 2 d) und e) die Gegenüberstellung zweier Verfahrensinstitute, nämlich das des Verfahrenspflegers mit dem des psychologischen Sachverständigen.

---

[779] *Salgo*, FPR 1998, 91 (91f).
[780] § 3 III 5).
[781] BT-Drucks. 13/4899, S. 162.
[782] *Will*, ZfJ 1998, 1 (2).
[783] BT-Drucks. 13/4899, S. 162; *Rummel*, ZfJ 1997, 202 (214); *ders.*, RdJB 1998, 156 (175f); *Schnitzler*, FamRZ 1995, 397 (398); *van Els*, ZfJ 1984, 509 (511).
[784] *Will*, ZfJ 1998, 1 (2); *Schnitzler*, FamRZ 1995, 397 (398); *van Els*, ZfJ 1984, 509 (511).
[785] *Will*, ZfJ 1998, 1 (4).
[786] *Will*, ZfJ 1998, 1 (6).
[787] *Salgo*, FPR 1998, 91 (93).

aa) Häufigkeit der Bestellung eines Verfahrenspflegers

Daß ein Verfahrenspfleger im Sorgerechtsverfahren bestellt wird, ist eher die Ausnahme[788]. 79,1% der befragten Richterschaft erklärten, im Sorgerechtsverfahren nur „selten" einen Verfahrenspfleger heranzuziehen. Nur etwa 10% der Teilnehmer gaben an, „häufig" (4 Teilnehmer oder 9,3%) bzw. „überwiegend" (1 Teilnehmer oder 2,3%) dem Kind im Sorgerechtsverfahren einen Verfahrenspfleger zur Seite zu stellen. Anders sehe es nach Angaben zweier Richter bei Maßnahmen nach §§ 1666, 1631 b BGB und bei Umgangsverfahren aus, bei denen „immer" bzw. „überwiegend" eine Verfahrenspflegerbestellung stattfinde. Damit bestätigen sich in Schleswig-Holstein die Erfahrungen, die bereits in anderen Bundesländern gemacht wurden[789].

Daß sich die Verfahrenspflegerbestellung im Sorgerechtsverfahren in der Praxis nicht durchgesetzt hat, liegt hauptsächlich daran, daß nach Ansicht von 80,5% der befragten Richterschaft im Sorgerecht die wenigsten Fälle so strittig sind, daß es einer Pflegerbestellung bedarf[790]. Bestätigt wird das Ergebnis durch Ausführungen, die einige Teilnehmer unter der Antwortmöglichkeit „Sonstiges" machten. So sei der Einzelfall meist so unstrittig, daß eine Gefährdung des Kindeswohls ohne Pflegerbestellung nicht ersichtlich sei. Oft ginge es auch um Paarprobleme, mit denen die Kinder nur vordergründig etwas zu tun hätten. Die Bestellung eines Verfahrenspflegers sei daher nur in bestimmten Konstellationen überhaupt sinnvoll. Gerade bei Kindern unter 4 Jahren würde die Verfahrenspflegerbestellung wenig Erfolg versprechen.

Darüber hinaus schließen sich fast zwei Drittel der befragten Richterschaft (63,4%) der generellen Kritik an der Figur des Verfahrenspflegers an und halten die Beachtung der Kindesinteressen durch die vorhandenen Institutionen – zumindest weitgehend – für gesichert. Wenn je ein Rechtsanwalt und das Jugendamt aktiv zu vermitteln versuchten, bleibe für den Verfahrenspfleger kaum Betätigung. Zudem führe ein weiterer Verfahrensbeteiligter eher zu neuen Komplikationen als zu besseren Ergebnissen. In streitigen Fällen sei es daher sinnvoller, einen ausgebildeten und erfahrenen Sachverständigen heranzuziehen.

---

788 So auch *Proksch*, Rechtstatsächliche Untersuchung, S. 247, dessen Untersuchung ergab, daß 17,5% nie, weitere 45,1% lediglich in bis zu 5 Verfahren Verfahrenspfleger bestellten, wobei die Frage über Sorgerechtsverfahren hinausging. Ebenso *Peters/Schimke*, Kind-Prax 1999, 143, bei denen die Richterinnen und Richter durchschnittlich 4 Fälle innerhalb eines Jahres hatten.

789 *Buchholz-Graf*, ZfJ 2001, 209 (213), der für Bayern festgestellt hat, daß 68% aller Richter bzw. Richterinnen noch nie Verfahrenspfleger eingesetzt haben; *Schön*, FuR 2001, 349 (354 und Fn. 22).

790 So auch *Peters/Schimke*, Kind-Prax 1999, 143.

Praktische Schwierigkeiten, wie der Mangel an qualifizierten bzw. gewillten Personen sowie die Kostenregelung, spielen bei der Entscheidung gegen eine Verfahrenspflegerbestellung hingegen eine eher geringe Rolle[791]. Während mit 13 Teilnehmern noch knapp ein Drittel der befragten Richterschaft (31,7%) bemängelt, daß keine qualifizierten Verfahrenspfleger zur Verfügung stünden, sehen nur noch 5 Teilnehmer (12,2%) die Kostenregelung als ungenügend an. Schwierigkeiten, eine Person zu finden, die gewillt ist, die Aufgabe eines Verfahrenspflegers zu übernehmen, haben nur 2 Teilnehmer (4,9%).

Die Auswertung ergibt, daß die befragte Richterschaft einer Verfahrenspflegerbestellung im Sorgerechtsverfahren weitgehend kritisch gegenüber eingestellt ist. Diese Skepsis wird von Jugendamtsmitarbeitern geteilt, wie eine andere Untersuchung ergeben hat[792]. Nach überwiegender Ansicht der befragten Richterinnen und Richter ist das Kindeswohl in den weitaus meisten Fällen gar nicht erst betroffen oder kann zumindest mit den vorhandenen Institutionen zur Zufriedenheit sichergestellt werden. Die praktische Bedeutung eines Verfahrenspflegers ist im Sorgerecht mithin äußerst gering. Damit erfüllt sich die Prophezeiung der Kritiker, die bereits im Vorfeld erwarteten, daß die Richterschaft außerhalb der in § 50 II FGG enumerierten Fälle von der Verfahrenspflegerbestellung kaum Gebrauch machen werde[793].

bb) Person des Verfahrenspflegers

Findet eine Verfahrenspflegerbestellung statt, ziehen insgesamt über zwei Drittel der befragten Richterschaft (66,7%) einen Rechtsanwalt zur Wahrnehmung der Kindesinteressen im Verfahren heran[794].

Im einzelnen entscheiden sich 4 Teilnehmer (9,5%) „immer" für einen Rechtsanwalt. 10 Teilnehmer (23,8%) wenden sich „überwiegend" an einen Anwalt und weitere 14 Teilnehmer (33,3%) betrauen zumindest „häufig" einen Rechtsanwalt mit der Interessenvertretung des Kindes. Unter der Antwortmöglichkeit „Sonstiges" führen zwei Teilnehmer dazu aus, daß sie nur in Familiensachen sehr erfahrene Anwälte bzw. Fachanwältinnen für Familienrecht oder Anwälte, die auch in Betreuungssachen tätig sind, heranziehen.

Neben Rechtsanwälten sind nach Ansicht von weit über der Hälfte der befragten Richterschaft (59,5%) auch Sozialarbeiter bzw. Sozialpädagogen geeignet, die

---

[791] So auch *Proksch*, Rechtstatsächliche Untersuchung, S. 249.
[792] *Seidenstücker*, ZfJ 2001, 88 (95).
[793] *Büttner*, FamRZ 1998, 585 (590f).
[794] so auch *Peters/Schimke*, Kind-Prax 1999, 143 (144), die auf einen Anteil von ca. 75% kamen.

Kindesinteressen im Sorgerechtsverfahren zu vertreten. Während nur noch ein Teilnehmer angab, „immer“ auf diese Personengruppe zurückzugreifen, erklärten doch 32,4% (12 Teilnehmer) „überwiegend“ und weitere 24,3% (9 Teilnehmer) „häufig“, Sozialarbeiter bzw. Sozialpädagogen als Verfahrenspfleger zu ernennen.

Kinderpsychologen wird die Wahrnehmung der Kindesinteressen demgegenüber nur noch von knapp einem Drittel der befragten Richterinnen und Richter (31,6%) übertragen, wobei zumindest 3 Teilnehmer „immer“ auf Kinderpsychologen zurückgreifen. Dem steht jedoch ebenfalls ein knappes Drittel der befragten Richterschaft entgegen (31,6%), die „nie“ Kinderpsychologen als Verfahrenspfleger hinzuziehen.

Engagierte Laien sowie Mitarbeiter des Jugendamtes werden demgegenüber kaum zu Verfahrenspflegern bestellt. Während die Hälfte der befragten Richterschaft (50%) engagierte Laien für ungeeignet hält, die Interessen des Kindes im gerichtlichen Verfahren wahrzunehmen, und sie deshalb „nie“ als Verfahrenspfleger ernennt, sind es bei Jugendamtsmitarbeitern bereits fast zwei Drittel (63,9%).

Zwei Teilnehmer verwiesen unter der Antwortmöglichkeit „Sonstiges“ auf Mitarbeiter von Vereinen, insbesondere des Kinderschutzbundes, die von ihnen überwiegend betraut würden. Ein Teilnehmer gab an, „häufig“ pensionierte Lehrer heranzuziehen. Ein weiterer erklärte, die Person zu ernennen, auf die sich die Eltern geeinigt hätten.

Auch wenn einige Richterinnen und Richter durchaus engagierte Laien oder Mitarbeiter des Jugendamtes als Verfahrenspfleger bestellen, so scheint sich doch als einheitliche Linie in der Praxis die Bestellung von Rechtsanwälten oder Sozialarbeitern bzw. Sozialpädagogen durchgesetzt zu haben. Gerade die Bestellung von Rechtsanwälten deutet darauf hin, daß es den Richterinnen und Richtern bei der Verfahrenspflegerbestellung vornehmlich darum geht, dem Kind einen Gegenpart zum Anwalt der Eltern zur Seite stellen zu wollen. So scheint es bei der Auswahl des Verfahrenspflegers im Wesentlichen auf rechtliche Kenntnisse anzukommen – wenn auch daneben auf deren soziale und pädagogische Kompetenz geachtet wird, indem besondere Qualifikationen im Familienrecht berücksichtigt werden.

cc) Gegenüberstellung Verfahrenspfleger und psychologischer Sachverständiger

In den Fällen, in denen es trotz Intervention durch Jugendamt und Familiengericht nicht gelingt, eine Lösung – geschweige denn eine befriedigende – für die Eltern und die betroffenen Kinder zu finden, hat der Richter die Möglichkeit, ein psychologisches Gutachten in Auftrag zu geben[795]. Dafür bestellt das Gericht gemäß §§ 621a I ZPO, 64 III S.1 FGG i.V.m. §§ 12, 15 FGG sowie §§ 402 ff ZPO einen Sachverständigen. Anhand der vom Gericht gelieferten Vorgaben und Tatsachen soll der Sachverständige objektiv und damit unparteiisch[796] auf eine gerichtlich bestimmte, den Sachverständigen bindende Fragestellung eingehen und Lösungsvorschläge entwickeln[797]. Im ursprünglichen Sinn ist der Sachverständige ein Beratungs- und Hilfsorgan des Richters mit der Aufgabe, dem Gericht bei der Entscheidungsfindung zu helfen und ihm das eigene Fachwissen zur Verfügung zu stellen[798]. Seine Aufgabe ist es nicht, zunächst den Sachverhalt zu ermitteln[799]. Das folgt schon aus dem Amtsermittlungsgrundsatz. Eine einseitige Parteinahme zugunsten des Kindes ist ausgeschlossen[800], da der Sachverständige kein Interessenvertreter des Kindes ist[801]. Allerdings kann der Sachverständige im Rahmen der gerichtlichen Fragestellung durchaus zu den Bindungen des Kindes und zum Kindeswohl befragt werden. Kindeswohlgesichtspunkte können somit auch von einem Sachverständigen in das Gerichtsverfahren eingebracht werden[802]. Dabei bemüht sich der Sachverständige in der Regel, die Interessen des Kindes zu erforschen und im Gutachten herauszustellen[803]. Gerade in jüngster Zeit – insbesondere infolge der Kindschaftsrechtsreform – mehren sich zudem die Stimmen, die neben der Statusdiagnostik, das heißt, der Begutachtung der Eigenschaften von Einzelpersonen, vom Gutachter auch eine intensive Beratung und Intervention verlangen[804]. Allerdings muß der Sachverständige wie der Richter darauf achten, daß seine Unparteilichkeit gewahrt bleibt.

Die Aufgabe des Verfahrenspflegers unterscheidet sich von der des Sachverständigen zum einen darin, daß der Verfahrenspfleger nicht an einen genau bestimmten Arbeitsauftrag gebunden ist[805]. Er erfüllt seine Aufgabe eigenverantwortlich und ist in der Ausübung seiner Aufgabe inhaltlich frei. Er unterliegt weder den Weisungen des Gerichts noch denen des Jugendamtes[806]. Zum anderen nimmt der Sachverständige eine objektive Sichtweise ein und spricht „über“

---

[795] *Schade/Friedrich*, FPR 1998, 237 (238).
[796] *Salgo*, ZfJ 1985, 259 (262); *Borth*, Kind-Prax 2000, 48 (50).
[797] *Finger*, FRP 1998, 224 (226); *Balloff/Walter*, FuR 1991, 334 (338f).
[798] *Finger*, FRP 1998, 224 (226); *Heumann*, FuR 2001, 16 (18); *Balloff/Walter*, FuR 1991, 334 (336); *Sternbeck/Däther*, FamRZ 1986, 21; *Cuvenhaus*, Kind-Prax 2001, 182 (183).
[799] *Heumann*, FuR 2001, 16 (18 f).
[800] *Salgo*, ZfJ 1985, 259 (262).
[801] *Will*, ZfJ 1998, 1 (3); a.A.: *Balloff/Walter*, FuR 1991, 334 (338).
[802] *Will*, ZfJ 1998, 1 (3).
[803] *van Els*, ZfJ 1984, 509 (510).
[804] *Schade/Friedrich*, FPR 1998, 237 (238); *Balloff/Walter*, FuR 1991, 334 (336 und 339); *Sternbeck/Däther*, FamRZ 1986, 21 (24); *Cuvenhaus*, Kind-Prax 2001, 182 (186); *Rexilius*, Kind-Prax 2001, 112; ; gegen die Funktion als Therapeut: *Finger*, FPR 1998, 224 (226).
[805] OLG München, FamRZ 2002, 563.
[806] *Törnig*, ZfJ 2001, 457.

das Kind und seine Bedürfnisse, während der Verfahrenspfleger ungefiltert die subjektiven Interessen des Kindes vertreten soll – so zumindest wenn man eine subjektive Interpretation der Aufgaben des Verfahrenspflegers zugrundelegt. Daß dies nicht unstreitig ist, wurde bereits gezeigt[807]. Unter objektiven Gesichtspunkten, wonach der Verfahrenspfleger als Sachwalters des Kindes den Aspekt des Kindeswohls in das Verfahren einbringen und zwischen den Beteiligten vermitteln soll, verwischt hingegen die Grenze zu den Aufgaben eines Sachverständigen. So kann man durchaus vertreten, daß dem Kindeswohl in schwierigen Fällen auch durch die Einschaltung gerichtlich bestellter psychologischer Sachverständiger hinlänglich gedient ist[808].

Welchem Institut in der Praxis die größere Bedeutung zugemessen wird, sollte in den Fragen III 2 d) und e) geklärt werden, wobei von den Richterinnen und Richter auch eine Begründung ihrer Ansicht verlangt wurde. Dadurch konnte nicht nur festgestellt werden, ob sich die neue Figur des Verfahrenspflegers neben der gefestigten Institution des psychologischen Sachverständigen hat durchsetzen können. Anhand der Begründungen war zudem ein Rückschluß darauf möglich, was die Richterschaft von einem Verfahrenspfleger erwartet, das heißt, ob in der Praxis vorwiegend ein subjektives oder objektives Aufgabenverständnis vorherrscht.

(1) Richterinnen und Richter, die vorrangig Sachverständige bestellen

Mit 74,4% (32 Teilnehmer) entscheidet sich der weitaus größte Teil der befragten Richterschaft in strittigen Verfahren „vorrangig" für die Bestellung eines psychologischen Sachverständigen. Dabei handelt es sich fast durchweg um Teilnehmer, die generell nur „selten" (28 Teilnehmer) bzw. „nie" (3 Teilnehmer) einen Verfahrenspfleger bestellen. Ihre Haltung gründet sich im Wesentlichen auf zwei Aspekte: Zum einen helfe den Richterinnen und Richtern die objektive Aussage eines Sachverständigen bei der Entscheidungsfindung eher als die vom Verfahrenspfleger vermittelte subjektive Sichtweise des Kindes. Zum anderen habe sich die Bestellung eines Sachverständigen ihrer Ansicht nach bewährt. Während sich ein Großteil (21 Teilnehmer) beiden Aussagen anschloß, vermochten die verbliebenen 11 Teilnehmer immerhin einer der beiden Begründungen zuzustimmen. So hoben 7 Teilnehmer allein auf die Vorzüge einer objektiven Aussage ab, 4 Teilnehmer führten demgegenüber die positiven praktischen Erfahrungen mit Sachverständigen an.

Daneben wurde aus diesen Reihen auch Kritik an der Figur des Verfahrenspflegers laut. 7 Teilnehmer wandten sich generell gegen das Erfordernis eines Verfahrenspflegers und sahen in ihm nur einen Kostenfaktor. 4 Teilnehmer kritisier-

[807] S.o. IV. 2 b bb).
[808] *Will*, ZfJ 1998, 1 (3).

ten zudem die gesetzliche Ausgestaltung. Aufgrund praktischer Schwierigkeiten bei der Bestellung eines Verfahrenspflegers wichen diese 4 Teilnehmer lieber auf Sachverständige aus.

Ergänzend wurde angeführt, daß neben der mangelnden Erfahrung im Umgang mit der neuen Institution des Verfahrenspflegers auch praktische Erwägungen gegen die Bestellung eines Verfahrenspflegers sprächen. So ginge es in strittigen Verfahren zumeist um die Eignung der Eltern, die von einem Sachverständigen festzustellen sei. Hingegen komme die Bestellung eines Verfahrenspflegers insbesondere bei älteren Kindern in Betracht, um ihnen zu zeigen, daß sie eigene Rechte hätten, die im Verfahren professionell vertreten würden.

(2) Richterinnen und Richter, die beide kumulativ oder abhängig vom Einzelfall heranziehen

Während 4 Teilnehmer (9,3%) angaben, in strittigen Verfahren sowohl einen Sachverständigen als auch einen Verfahrenspfleger hinzuzuziehen, erklärten 3 Teilnehmer (7%), ihre Entscheidung vom Einzelfall abhängig zu machen. Zur Erläuterung der letztgenannten Ansicht berief sich ein Teilnehmer auf tiefgreifende Konflikte, die für die Bestellung eines Sachverständigen ausschlaggebend seien. Die beiden anderen Teilnehmer merkten an, daß sich die Aufgaben von Verfahrenspflegern und Sachverständigen derart unterschieden, daß sie keine Alternativen darstellten.

Auffällig ist, daß unter den insgesamt 7 Teilnehmern dieser Gruppe knapp die Hälfte (3 Teilnehmer) in Sorgerechtsverfahren „häufig" bzw. sogar „überwiegend" einen Verfahrenspfleger bestellt. Das Institut des Verfahrenspflegers wird von dieser Gruppe demnach wesentlich häufiger in Anspruch genommen als von denjenigen, die vorrangig einen Sachverständigen bestellen. Die Figur eines Verfahrenspflegers ist für die Teilnehmer dieser Gruppe keineswegs überflüssig, was sich bereits aus der oben genannten Kritik ergibt, aber auch daraus, daß sich kein Teilnehmer für die im Fragebogen angeführte Antwortmöglichkeit „Die Institution des Verfahrenspflegers ist überflüssig und ein reiner Kostenfaktor" entschied. Was jedoch konkret die Aufgabe des Verfahrenspflegers ist, die die Schaffung dieser neuen Institution rechtfertigt, darüber herrscht zwischen ihnen Uneinigkeit. Während die einen (3 Teilnehmer) die Funktion des Verfahrenspflegers allein darin sehen, die subjektive Sichtweise des Kindes in das Verfahren einzubringen, halten ihn die anderen (2 Teilnehmer) ausschließlich für einen Vermittler zwischen den Parteien mit dem Ziel, eine einvernehmliche Konfliktlösung herbeizuführen. Eine Aufgabe, die von einem anderen Teilnehmer zumindest dann als illusionär bezeichnet wird, wenn das Jugendamt qualifizierte Arbeit geleistet hat. Wiederum andere (2 Teilnehmer) weisen ihm beide Aufgaben zu und sehen in ihm sowohl den Parteivertreter des Kindes als auch den

Vermittler zwischen den Parteien. In der Richterschaft werden also sowohl subjektive als auch objektive Gesichtspunkte zur Begründung einer Verfahrenspflegerbestellung herangezogen. Welche Tendenz vorherrscht, läßt sich angesichts der relativ gleichmäßigen Verteilung zwischen den Antwortmöglichkeiten, nicht feststellen. Die Frage, welche Funktion dem Verfahrenspfleger im Verfahren zukommt, scheint in der Praxis weit von einer Klärung entfernt zu sein. Einigkeit herrscht zwischen diesen 7 Teilnehmern nur dahingehend, daß es Fälle gibt, in denen die Bestellung eines Verfahrenspflegers durchaus sinnvoll erscheint. Obwohl dem Verfahrenspfleger damit im Grunde eine wie auch immer geartete verfahrensrechtliche Bedeutung zuerkannt wird, schließt sich der Großteil (6 Teilnehmer) der Aussage an, daß zumindest für die Entscheidungsfindung die objektiven Aussagen eines Sachverständigen hilfreicher sind.

(3) Richterinnen und Richter, die vorrangig Verfahrenspfleger bestellen

Demgegenüber ziehen 4 Teilnehmer in strittigen Verfahren vorrangig Verfahrenspfleger zu Rate. Auch hier handelt es sich um Teilnehmer, die im Schnitt häufiger von dem Institut des Verfahrenspflegers Gebrauch zu machen. Den Vorrang des Verfahrenspflegers begründen zwei Teilnehmer mit dem Gesetz. Gerade in strittigen Sorgerechtsverfahren sei die Bestellung eines Verfahrenspflegers in der Regel erforderlich, § 50 II FGG. So verlange der Normzweck nach Ansicht des einen Teilnehmers, bereits zu Beginn des Verfahrens einen Verfahrenspfleger zu bestellen, selbst wenn es erst um die Ermittlung gehe, ob überhaupt ein Interessenkonflikt zwischen Eltern(teil) und Kind bestehe. Sachverständigengutachten würden von beiden Teilnehmern hingegen erst dann in Auftrag gegeben, wenn nach Ausnutzung aller zur Verfügung stehenden verfahrensrechtlichen Möglichkeiten, insbesondere der Anhörung, das Ergebnis unklar bleibe; mit den Worten eines Teilnehmers gesprochen: im „worst case“. Die Nachrangigkeit begründet der andere Teilnehmer zum einen mit Kosteninteressen, zum anderen aber auch mit Zweifeln daran, inwiefern die Eltern ein Gutachten tatsächlich im Sinne des Kindes nutzen könnten. Ist nach Ansicht dieser Teilnehmer ein Sachverständigengutachten erforderlich, so geschehe dies zusätzlich zur Bestellung eines Verfahrenspflegers.

Welche Funktion dem Verfahrenspfleger im Sorgerechtsverfahren zukommt, ist auch unter den vier Teilnehmern umstritten, die vorrangig einen Verfahrenspfleger bestellen. Während zwei von ihnen den subjektive Ansatz vertreten und in dem Verfahrenspfleger den „Anwalt des Kindes“ sehen – immerhin übernehme die Vermittlung bereits das Jugendamt –, hebt ein Teilnehmer allein die objektive Vermittlungsfunktion des Verfahrenspflegers hervor. Ein weiterer Teilnehmer äußert sich dazu nicht.

dd) Ergebnis

Die Bestellung eines Verfahrenspflegers ist in der Praxis nicht nur, wie bereits festgestellt, äußerst selten, sie spielt auch bei streitigen Verfahren neben der Bestellung eines Sachverständigen keine große Rolle. Der ganz überwiegende Teil der befragten Richterschaft beauftragt im Zweifel eher einen Sachverständigen als einen Verfahrenspfleger. Das liegt zum einen natürlich daran, daß es sich bei dem Verfahrenspfleger um ein neues Institut handelt, mit dem noch keine praktischen Erfahrungen gesammelt werden konnten. Bei der Anzahl an bestehenden verfahrensrechtlichen Möglichkeiten eine weitere Institution zu etablieren, deren Anwendung in gewisser Weise dem richterlichen Ermessen, zumindest aber der richterlichen Einschätzung der Situation unterliegt, ist schwer. Hinzu kommt, daß der Richterschaft was ihre Aufgabe – die Entscheidungsfindung – anbetrifft, mit einem Sachverständigengutachten weitaus mehr geholfen ist als mit den Aussagen eines Verfahrenspflegers. Für den Großteil der Richterschaft besteht insofern gar keine Notwendigkeit, in einem Verfahren einen Verfahrenspfleger zu bestellen. Daß dem so ist, liegt insbesondere an der vagen gesetzlichen Ausgestaltung. So ist nicht einmal den Familienrichterinnen und -richtern, die in strittigen Fällen häufig auf das Institut des Verfahrenspflegers zurückgreifen, klar, worin eigentlich die konkrete Aufgabe des Verfahrenspflegers liegt. Objektive Gesichtspunkte, nach denen der Verfahrenspfleger eine Vermittlerrolle zwischen den Parteien einnimmt, werden in der Praxis ebenso vertreten wie die subjektive Ansicht, bei dem Verfahrenspfleger handele es sich um einen Parteivertreter kindlicher Interessen[809]. Auch eine Verbindung beider Ansatzpunkte wird in der Praxis angedacht. Die vom Gesetzgeber offengelassene Frage, welche Funktion der Verfahrenspfleger einnimmt, ist in der Praxis bei weitem nicht geklärt. Solange allerdings solche gravierenden Meinungsunterschiede in der Praxis vorherrschen, ist nicht davon auszugehen, daß der Großteil der Richterschaft, der bis jetzt im Zweifelsfall weiterhin Sachverständige bestellt, auf die Bestellung von Verfahrenspflegern umschwenken wird. Die offene Ausgestaltung durch den Gesetzgeber erweist sich als Hindernis bei der Etablierung der Verfahrenspflegschaft. Hätte der Gesetzgeber seinen Vorstellungen gesetzlich eine konkretere Form verschafft, wäre es einfacher gewesen, die Richterschaft von der Notwendigkeit des Verfahrenspflegers zu überzeugen, insbesondere davon, daß ein Sachverständiger zwar bei der Entscheidungsfindung dem Gericht hilfreicher erscheinen mag, dadurch aber die Rechte des Kindes nicht gewahrt werden. So wie es sich jetzt darstellt, wird die Zukunft der Verfahrenspflegschaft in den Händen der wenigen Richterinnen und Richtern liegen, die ungeachtet der Unwägbarkeiten relativ häufig von dem Institut des Verfahrenspflegers Gebrauch machen. Dabei hängt die Entwicklung insbesondere davon ab, inwieweit es ihnen gelingt, dem Institut eine solche Kontur zu geben, daß die Verfah-

[809] So auch *Peters/Schimke*, Kind-Prax 1999, 143 (144), die ebenfalls Uneinheitlichkeit festgestellt haben.

renspflegschaft neben den bestehenden Institutionen eine Chance hat und sich durchsetzen kann.

c) Richterliches Verhalten im Sorgerechtsverfahren

Im dritten Teil des dritten Abschnitts wurden die Richterinnen und Richter dazu befragt, wie sie die Regelung des § 1671 BGB anwenden, insbesondere, wie sie mit Sorgerechtsanträgen umgehen. Dabei wurde entsprechend der Gesetzesfassung danach differenziert, ob der Antragsgegner dem Alleinsorgeantrag gemäß § 1671 II Nr.1 BGB zugestimmt hat (Frage III 3 a) oder ob § 1671 II Nr.2 BGB zur Anwendung kommt (Frage III 3 b). In welchem Verhältnis die gemeinsame und die Alleinsorge nach Ansicht der Praxis zueinander stehen, sollte mit den Fragen III 3 c) bis f) herausgefunden werden.

aa) Einvernehmlicher Alleinsorgeantrag, § 1671 II Nr.1 BGB

Stimmt der eine Elternteil dem Alleinsorgeantrag des anderen zu, so ist das Gericht, wie oben bereits ausgeführt, verpflichtet, diesem Alleinsorgeantrag stattzugeben, es sei denn, das Kindeswohl wird durch die Übertragung auf den Antragsteller gefährdet, § 1671 III i.V.m. § 1666 BGB. Eine umfassende Abwägung der Elternentscheidung am Kindeswohl findet nicht mehr statt[810].

Diese Regelung ist in der Literatur in zweierlei Hinsicht in die Kritik geraten, die nicht konträrer hätte ausfallen können. Während sich die einen fragen, ob bei dem sehr weitgehenden Entscheidungsspielraum der Eltern bis zur Gefährdungsgrenze des § 1666 BGB der Kindesschutz gewahrt bleibe[811], geht anderen die Regelung nicht weit genug[812]. Die einen bemängeln, daß im Rahmen des § 1671 II Nr.1 BGB zum Schutz der Elternautonomie auch die nur „zweitbeste Entscheidung aus Sicht des Kindeswohls"[813] akzeptiert werden müsse. Gerade für den Fall, daß der einvernehmliche Alleinsorgeantrag dem Kindeswohl erkennbar nicht diene, mangele es an Flexibilität[814]. Zu Recht habe man vor der Reform eine generelle Kindeswohlprüfung als verfassungsrechtlich geboten angesehen, wirke sich doch eine Scheidung immer – auch heute noch – negativ auf das betroffene Kind aus[815]. Demgegenüber halten die anderen eine gerichtliche Entscheidung bei elterlichem Einvernehmen nicht nur für überflüssig, sondern

[810] S.o. § 3 IV 1 b) aa).
[811] *Bündenbender*, AcP 197 (1997), 197 (211).
[812] *Coester*, FamRZ 1996, 1181 (1186); *ders.*, in: Staudinger, § 1671, Rn. 13; DFGT, FamRZ 1997, 337 (340).
[813] *Bündenbender*, AcP 197 (1997), 197 (211).
[814] *Palandt-Diederichsen*, § 1671, Rn.14.
[815] *Oelkers*, ZfJ 1999, 263 (265).

sogar für verfassungswidrig[816]. Wenn schon die elterliche Autonomie aufgewertet und als positiver Gestaltungsfaktor anerkannt werde, so sei unverständlich, daß es bei Einigkeit der Eltern – gleich welchen Inhalts – überhaupt einer familiengerichtlichen Kontrolle bedürfe[817]. Es gebe keinen Erfahrungssatz, daß das Kindeswohl typischerweise oder zumindest gehäuft gefährdet werde, wenn die Eltern etwas anderes als die in § 1687 BGB geregelte gemeinsame Sorge vereinbarten[818]. Das Antragssystem sei im Gesetz inkonsequent umgesetzt worden und infolgedessen unklar. Es fehle an der Möglichkeit, bei flexiblen Vereinbarungen der Eltern ein gerichtliches Verfahren entfallen zu lassen[819]. Ungeklärt bleibe, ob und wie durch elterliche Sorgerechtsvereinbarungen die gesetzlichen Regelungen modifiziert werden könnten[820].

Im Fragebogen sind beide Aspekte aufgenommen worden. Zunächst wurden die Richter zu einvernehmlichen Alleinsorgeverfahren, die nicht dem Kindeswohl entsprechen, befragt (Fragen III 3 a) aa) – cc), bevor sie zu der Bedeutung des Sorgerechtsverfahrens bei Einvernehmlichkeit der Eltern Stellung beziehen sollten (Frage III 3 a) dd).

(1) Einvernehmliche Alleinsorgeanträge, die nicht dem Kindeswohl entsprechen

Fälle, in denen die Eltern sich auf einen Alleinsorgeantrag einigen, der nicht dem Kindeswohl entspricht, kommen in der Praxis äußerst selten vor (Frage III 3 a) bb). 17 Teilnehmer (39,5%) gaben an, noch „nie" einen entsprechenden Fall vorliegen gehabt zu haben. Immerhin 26 Teilnehmer, und damit über die Hälfte der befragten Richterschaft (60,5%), mußten, wenn auch nur „selten", über einen entsprechenden Alleinsorgeantrag entscheiden.

Sollte ausnahmsweise bzw. hypothetisch ein dem Kindeswohl nicht entsprechender einvernehmlicher Alleinsorgeantrag gestellt worden sein (Frage III 3 a aa), so wenden sich über drei Viertel der befragten Richterinnen und Richter an das Jugendamt mit der Bitte um Mithilfe (32 Teilnehmer oder 76,2%). Über die Hälfte der befragten Richterschaft appelliert darüber hinaus an die Eltern, die beantragte Regelung zu überdenken (27 Teilnehmer oder 64,3%), und bzw. oder weist die Eltern auf ihre Verantwortung gegenüber dem Kind hin (23 Teilnehmer oder 54,8%). Konkrete Handlungsanweisungen, wie die Anregung von Antragsrücknahme oder Antragstellung, erteilt nur noch ein Drittel der befragten Richterschaft (14 Teilnehmer oder 33,3%), ebenso wie nur knapp ein

---

[816] *Coester*, FamRZ 1996, 1181 (1186); *ders.*, in Staudinger, § 1671, Rn. 13.
[817] *Coester*, in Staudinger, § 1671, Rn. 13.
[818] *Coester*, FamRZ 1996, 1181 (1186).
[819] DFGT, FamRZ 1997, 337 (340).
[820] *Coester*, FamRZ 1996, 1181 (1186).

Drittel der Teilnehmer ein Verfahren nach § 1666 BGB einleitet (11 Teilnehmer oder 26,2%). Unter der Antwortmöglichkeit „Sonstiges" verwies ein Teilnehmer darüber hinaus auf die Möglichkeit der Kindesanhörung. Nur 3 Teilnehmer (7%) bekundeten, angesichts des Vorrangs der Elternautonomie nicht korrigierend einzugreifen und dem Antrag ohne weitere Sachprüfung stattzugeben, wobei sie zuvor jedoch entweder durch das Jugendamt (2 Teilnehmer) oder durch einen Hinweis auf die elterliche Verantwortung (1 Teilnehmer) eine Konfliktlösung anstrebten.

Insgesamt läßt sich also festhalten, daß die befragte Richterschaft sich keineswegs mit einer ihrer Ansicht nach für falsch erkannten Entscheidung zufrieden gibt, nur weil das Gesetz die Stattgabe des Antrags bei Einvernehmlichkeit der Eltern zumindest unterhalb der Grenze der Kindeswohlgefährdung vorschreibt. Während der gesetzlich vorgesehene Weg, die Einleitung eines Verfahrens nach § 1666 BGB, nur von einem relativ geringen Teil der Richterschaft beschritten wird, versucht der weitaus größte Teil, auf die Vernunft der Eltern einzuwirken und sie zu einer kindeswohlverträglichen Lösung zu bewegen – teils mit Hilfe des Jugendamtes, teils durch eigene Mahnungen oder Appelle. Dabei halten sich die Richterinnen und Richter mit konkreten Handlungsanweisungen sehr zurück und versuchen eher, zwischen Elternwunsch und Kindesinteressen zu vermitteln. Ein Unterschied zwischen den Teilnehmern, denen bereits ein entsprechender Antrag vorlag und denen, die noch nie mit einem solchen Verfahren konfrontiert waren, ist hierbei im Wesentlichen nicht auszumachen. Allein die drei Teilnehmer, die angaben, dem Antrag ohne weitere Prüfung stattzugeben, hatten durchweg bereits dem Kindeswohl nicht entsprechende Alleinsorgeanträge zu entscheiden.

Angesichts der Möglichkeiten, die die Richterinnen und Richter auch außerhalb einer Verfahrenseinleitung nach § 1666 BGB für sich sehen, hat sich die in der Literatur ausgemachte Tendenz[821], die Grenze des § 1666 BGB aufzuweichen[822], in der Praxis nicht bestätigt (Frage III 3 a) cc). Nur ein Teilnehmer, der in der Praxis bereits mit entsprechenden Alleinsorgeanträge zu tun hatte und in der Anrufung des Jugendamtes die einzige Möglichkeit sah, eine solche Entscheidung zu verhindern, hielt diese Gefahr für gegeben. Mit 97,7% sprach sich die absolute Mehrheit der befragten Richterschaft gegen die Gefahr eines Absinkens der Anforderungen an § 1666 BGB aus. Dazu wurde von zwei Teilnehmern näher ausgeführt, daß das Jugendamt durch seine Mitwirkung die nötigen Einblicke erhalte. Die Gefahr, daß eine Kindeswohlgefährdung unentdeckt bleibe, sei dadurch hinreichend gebannt. Kontrollen durch das Gericht hätten daneben grundsätzlich zu unterbleiben. Schließlich finde auch beim Zusammenleben der Eltern keine weitergehende Kontrolle statt.

---

[821] *Staudinger-Coester*, § 1671, Rn.263.

[822] So bei *Büttner*, FamRZ 1998, 585 (592); *Lossen*, FuR 1997, 100 (102).

(2) Bedeutung des Sorgerechtsverfahrens bei einvernehmlichem Alleinsorgeantrag

Der Auffassung, daß das gerichtliche Sorgerechtsverfahren bei einem einvernehmlichen Sorgerechtsantrag überflüssig und eine reine Formalität sei, vermag sich in der Praxis kaum jemand anzuschließen (Frage III 3 a dd). Nur ein Teilnehmer entschied sich für diese Antwortmöglichkeit. Jeweils knapp 80% der befragten Richterschaft (79,1% oder 34 Teilnehmer) sehen die Bedeutung eines Sorgerechtsverfahrens bei Einigkeit der Eltern entweder in der durch die Verfahrenseinleitung begründeten Mitwirkungsverpflichtung des Jugendamtes, § 50 I SGB VIII, oder in dem Nachweis, den der alleinsorgeberechtigte Elternteil mit dem Verfahren und dem abschließenden Urteil über seine Berechtigung erhalte und den er gegenüber Dritten oder für eventuelle Streitigkeiten mit dem anderen Elternteil benötige. 27 Teilnehmer (62,8%) führten beide Gründe zusammen an. Darüber hinaus hält die Hälfte (51,2% oder 22 Teilnehmer) der befragten Richterinnen und Richter ein gerichtliches Sorgerechtsverfahren bei Einigkeit der Eltern wegen der damit verbundenen Statusänderung von gemeinsamer zur Alleinsorge für erforderlich. Immerhin ist von der Anordnung der Alleinsorge das Elternrecht des nicht sorgeberechtigte Elternteils betroffen. Als Grundrechtseingriff bedürfe dieser Akt einer gerichtlichen Feststellung.

Unter der Antwortmöglichkeit „Sonstiges“ verwies ein Teilnehmer zudem auf die Möglichkeit des Gerichts, im Sorgerechtsverfahren – trotz einvernehmlichen Antrags – die Entscheidung im Rahmen des Kindeswohls zu überprüfen. Ein anderer Teilnehmer führte erläuternd aus, daß einvernehmliche Anträge zumeist von Aussiedlern gestellt würden, deren (geschiedener) Ehegatte im Ursprungsland verblieben sei.

(3) Ergebnis

Die Praxis hat sich mit der Regelung des § 1671 II Nr.1 BGB arrangiert. Im Regelfall entspricht die einvernehmliche Regelung der Eltern dem Kindeswohl oder dem Gericht wird nichts Gegenteiliges bekannt. Dem Antrags kann dann unproblematisch stattgegeben werden. Die Erforderlichkeit einer gerichtlichen Kontrolle in diesen Fällen wird so gut wie gar nicht in Frage gestellt.

Offenbart sich dem Gericht hingegen, daß die von den Eltern einvernehmlich getroffene Sorgerechtsregelung mit dem Kindeswohl nicht vereinbar ist – was im Zweifel sowieso nur in den ganz offensichtlichen Fällen geschehen wird –, versuchen die Richterinnen und Richter im Vorfeld ihrer Entscheidung, die Eltern zu einer Änderung ihres Antrags zu bewegen. Dabei werfen sie entweder ihre eigene Autorität in die Waagschale, oder sie greifen auf die Angebote des

Jugendamtes zurück. Erst wenn eine Vermittlung gescheitert ist, wird dem Gesetz Folge geleistet und dem Antrag gemäß § 1671 II Nr.1 BGB stattgegeben. In der Regel werden jedoch durch die gerichtliche oder jugendamtliche Intervention krasse Fehlentscheidungen vermieden.

§ 1671 II Nr.1 BGB bietet dem Gericht in der praktischen Anwendung – anders als befürchtet – genügend Spielraum, um der mißbräuchlichen Ausübung der Elternautonomie entgegenzuwirken. Eine gewisse, wenn auch beschränkte, Kontrollmöglichkeit wird von der Richterschaft andererseits auch für erforderlich gehalten.

(4) Eigene Stellungnahme

Im Gespräch mit der Mitarbeiterin des Jugendamtes hat sich die auch in der Literatur[823] vertretene Auffassung bestätigt, daß das Jugendamt bei einvernehmlichen Alleinsorgeanträgen ebenfalls der Prämisse des § 1671 II Nr.1 BGB gehorcht und der elterlichen Entscheidung Priorität einräumt, statt sie zu hinterfragen. Erst bei Anhaltspunkten dafür, daß die Elternentscheidung ganz offensichtlich dem Kindeswohl zuwiderläuft, greift das Jugendamt korrigierend ein[824]. Wenn aber eine Kontrolle, sei es durch das Gericht oder durch das Jugendamt, tatsächlich nur in den Fällen stattfindet, in denen die Entscheidung der Eltern ganz offensichtlich dem Wohl des Kindes widerspricht, so fragt sich, ob diese Ausnahmesituation Grund genug dafür sein darf, alle Eltern, die einvernehmlich die Alleinsorge begehren, in ein gerichtliches Sorgerechtsverfahren zu zwingen. Allein aus praktischen Erwägungen – von den verfassungsrechtlichen Bedenken einmal abgesehen – erscheint mir der Aufwand eines gerichtlichen Sorgerechtsverfahrens als unverhältnismäßig. Insbesondere ist zu bedenken, daß das Gesetz selbst gar keine Kontrolle vorsieht. Zu einer gewissen Überprüfung der Elternentscheidung am Kindeswohl kommt es nur, weil die Richterschaft in offensichtlich unbilligen Fällen aus eigenem Antrieb eingreift und auf die Eltern einzuwirken versucht. Auch wenn von der befragten Richterschaft nur ein Teilnehmer bereit war, die Konsequenz zu ziehen und ein gerichtliches Sorgerechtsverfahren bei Einigkeit der Eltern gemäß § 1671 II Nr.1 BGB als reine Förmelei zu bewerten, so scheint mir dies die konsequenteste Lösung zu sein. Wenn sich der Gesetzgeber entschließt, den Eltern bei Einigkeit die Entscheidung über das Sorgerecht in ihre Hand zu geben, gibt es keinen Grund, zwischen der gemeinsamen und der Alleinsorge zu differenzieren – zumal sich der Gesetzgeber ausdrücklich gegen eine gesetzliche Vermutung zugunsten der gemeinsamen Sorge ausgesprochen hat. Daß eine Statusänderung auch ohne gerichtliches Verfahren vorgenommen werden kann, zeigt § 1626 a BGB, der die Sorgerechtserklärung

---

[823] *Harnach-Beck*, FPR 1998, 230 (231).
[824] *Harnach-Beck*, FPR 1998, 230 (231).

zwischen nicht miteinander verheirateten Eltern regelt. Damit trotzdem die Fälle herausgefunden werden können, in denen ein einvernehmlicher Sorgerechtsantrag mißbräuchlich ist, bestünde die Möglichkeit, sowohl dem Kind als auch dem Jugendamt über § 1666 BGB hinaus ein Antragsrecht für ein Sorgerechtsverfahren zu gewähren. So wäre sichergestellt, daß auch ohne gerichtliches Sorgerechtsverfahren die Elternentscheidung bei einvernehmlichen Alleinsorgeanträgen weiterhin einer gewissen Kontrolle unterliege.

bb) Alleinsorgeantrag gemäß § 1671 II Nr.2 BGB

Hat der Antragsgegner einem gestellten Alleinsorgeantrag nicht zugestimmt sondern verlangt seinerseits die Alleinsorge oder – was in der Praxis häufiger vorkommt[825] – das gemeinsame Sorgerecht, hat das entscheidende Gericht dem Alleinsorgeantrag dann stattzugeben, wenn „die Aufhebung der gemeinsamen Sorge und die Übertragung auf den Antragsteller dem Wohl des Kindes am besten entspricht", § 1671 II Nr.2 BGB. Dasselbe gilt im Falle des in der Praxis jedoch nur in den seltensten Fällen vorkommenden Kindeswiderspruchs[826].

Im Schrifttum ist diese Regelung auf Kritik gestoßen, da sie ermöglicht, daß den Eltern das Sorgerecht gegen den Willen eines von ihnen, wenn nicht sogar gegen den Willen beider, zur gemeinsamen Ausübung belassen werden kann[827]. Daß diese – wie noch festzustellen sein wird von der Richterschaft auch genutzte – Möglichkeit, anders als befürchtet[828], nicht zu einer spürbaren Verlagerung auf andere gerichtliche Verfahren geführt hat, ist bereits im Untersuchungsabschnitt I[829] belegt worden. Die in der Literatur geäußerten Bedenken betrafen aber nicht allein die Dauerhaftigkeit einer gerichtlich angeordneten gemeinsamen Sorge. Kritisiert wurde auch die konkrete Ausgestaltung des § 1671 II Nr.2 BGB, insbesondere die Bindung des Richters an den Antrag. Im Einzelfall zwinge die Bindung an den Antrag den Richter sogar dazu, zugunsten des gemeinsamen Sorgerechts zu entscheiden, obwohl es dem Elternwillen widerspreche[830]. Denn solange der andere Elternteil keinen eigenen Alleinsorgeantrag gestellt habe, dürfe das Gericht das alleinige Sorgerecht nicht auf ihn übertragen[831]. Demnach habe das Gericht den Alleinsorgeantrag auch dann abzulehnen,

[825] S.o. § 5 III 1) a) bb) (2).
[826] S.o. § 3 IV 1 b) bb) (1) und § 5 III 1) a) bb) (3).
[827] *Schwab/Wagenitz*, FamRZ 1997, 1377 (1380); *Niepmann*, MDR 1998, 565 (567).
[828] *Schwab*, FamRZ 1998, 457 (462);.
[829] S.o. § 5 III 1 b) bb) und cc).
[830] *Schwab*, FamRZ 1998, 457 (462).
[831] *Oelkers*, FuR 2002, 210; *Schwab*, FamRZ 1998, 457 (462); a.A.: *Weisbrodt*, Kind-Prax 2000, 35 (40), der auch unterhalb der Eingriffsschwelle des § 1666 BGB annimmt, daß das Gericht die elterliche Sorge auf den Elternteil, der keinen Antrag gestellt hat, nach den be-

wenn zwar die Alleinsorge dem Kindeswohl besser entspräche, der Alleinsorgeantrag jedoch von „dem falschen", das heißt dem weniger geeigneten, Elternteil gestellt worden wäre.

Mildernd wurde allerdings darauf hingewiesen, daß es in der Praxis nicht zu diesen abstrusen[832] Ergebnissen kommen werde, da der Richter die Eltern aufklären und ihnen notfalls eine Antragstellung nahelegen könnte. Immerhin sei er über § 1697 a BGB dem Kindeswohl verpflichtet. Als ultima ratio bliebe der Weg über § 1671 III i.V.m. § 1666 BGB[833].

Im Fragebogen ist die Richterschaft neben der Frage, wie häufig Alleinsorgeantrag generell abgelehnt werden (Frage III 3 b) aa) auch zu dem kritischen Fall befragt worden, daß zwar die Alleinsorge angezeigt, die Übertragung auf den Antragsteller jedoch nicht das Beste für das Kind ist (Frage III 3 b) bb). Wie häufig das Gericht überhaupt aktiv in das Verfahren eingreift, indem es den Eltern die Antragstellung oder die Antragsrücknahme anrät, galt es mit der Frage III 3 b) cc) herauszufinden.

(1) Ablehnung eines Alleinsorgeantrags

Mit 51,2% (22 Teilnehmer) lehnt über die Hälfte der befragten Richterschaft nur „selten" einen einmal gestellten Alleinsorgeantrag ab. Im ganzen nehme die Zahl der Alleinsorgeanträge ab, wie ein Teilnehmer erläuterte. Die wenigen Alleinsorgeanträge, die gestellt würden, seien daher überwiegend begründet. Hinzu kommen zwei Teilnehmer, die erklärten, „nie" Alleinsorgeanträge abzulehnen.

Dem stehen 37,2% (16 Teilnehmer) gegenüber, die trotz Alleinsorgeantrags den Eltern „häufig" die gemeinsame Sorge belassen. Während ein weiterer Teilnehmer sogar „überwiegend" Alleinsorgeanträge ablehnt, kommt dies nach Ansicht zweier Teilnehmer etwa „hälftig" vor. Insgesamt belassen also immerhin 44,2% der befragten Richterschaft den Eltern trotz Antragstellung das Sorgerecht vielfach gemeinsam.

Die Richterschaft ist also in zwei etwa gleich große Gruppen gespalten. Die eine Hälfte nimmt Alleinsorgeanträge ernst. Sie hält sich im Regelfall an die beantragte Alleinsorge und gibt den Anträgen in der Regel statt. Die andere Hälfte setzt sich leichter über den im Alleinsorgeantrag zum Ausdruck kommenden Elternwillen hinweg. Sie weicht von den Alleinsorgeanträgen wesentlich öfter

kannten Kriterien, wie stärkere innere Beziehungen, Wille des Kindes, Förderprinzip, Kontinuitätsgrundsatz u.a. übertragen kann.

[832] *Schwab*, FamRZ 1998, 457 (462).

[833] *Oelkers*; FuR 2002, 210; *Johannsen/Henrich-Jaeger*, § 1671, Rn. 43.

ab und beläßt es trotz Alleinsorgeantrags vielfach bei dem gemeinsamen Sorgerecht.

Auch wenn fallspezifische Besonderheiten die Antworten beeinflußt haben mögen, zeigt sich, daß die eine Hälfte dem Antrag selbst bei der Entscheidung gegen das gemeinsame Sorgerecht eine stärkere Bedeutung zumißt als die andere. Die Indizwirkung des Alleinsorgeantrags wird in der Praxis unterschiedlich bewertet. Darunter versteht man die Annahme, daß die – streitige – Antragstellung für sich genommen bereits gegen das gemeinsame Sorgerecht spreche, da in ihr die Uneinigkeit der Eltern zum Ausdruck komme. Das Vorliegen eines Alleinsorgeantrags begründe bereits die Vermutung, daß die Alleinsorge im Rahmen des § 1671 II Nr.2 BGB dem Kindeswohl förderlicher sei[834]. Dies läßt Rückschlüsse auf die richterliche Einstellung zum gemeinsamen Sorgerecht zu. Die Zahlen lassen vermuten, daß die Hälfte, die den Alleinsorgeantrag häufig ablehnt, sich für die gemeinsame Sorge als Regelfall aussprechen wird, wohingegen die andere Hälfte, die dem Alleinsorgeantrag weitestgehend entspricht, die Sorgerechtsformen als gleichberechtigt sieht. Ob dem tatsächlich so ist, wird im Rahmen der Auswertung der Fragen III 3 c) - f) überprüft.

(2) Übertragung auf den Antragsteller widerspricht Kindeswohl

Wenn lediglich ein Alleinsorgeantrag von dem Elternteil vorliegt, der nach Ansicht des Gerichts zur Ausübung des Sorgerechts weniger geeignet ist, die Übertragung der den Umständen nach angezeigten Alleinsorge auf ihn also nicht dem Kindeswohl entspricht, beläßt es die Richterschaft nicht stur bei der gemeinsamen Sorge. Der ganz überwiegende Teil der befragten Richterschaft bemüht sich in einem Anhörungstermin um eine einvernehmliche Lösung (92,7% oder 38 Teilnehmer). Drei Viertel der Richterinnen und Richter wenden sich zudem an das Jugendamt mit der Bitte um Unterstützung (75,6% oder 31 Teilnehmer). Ohne nicht wenigstens eine dieser beiden Möglichkeiten in Anspruch genommen zu haben, lehnt kein Teilnehmer den Alleinsorgeantrag ab und beläßt den Eltern das gemeinsame Sorgerecht.

Konkrete Vorschläge, wie die Antragsrücknahme oder Antragstellung, unterbreiten demgegenüber nur jeweils weniger als 20% der befragten Richterschaft. Während 7 Teilnehmer (17,1%) erklärten, die Rücknahme des Antrags anzuregen, raten 6 Teilnehmer (14,6%) zu einer Antragstellung. Notfalls leiten letztere im Anschluß ein Verfahren nach § 1666 BGB ein, wenn die Antragstellung unterbleibt. Weitere 5 Teilnehmer (12,2%) würden es nach angeregter, aber nicht befolgter Antragstellung bei der gemeinsamen Sorge belassen. Jeweils ein Teilnehmer wies ergänzend auf die Bestellung eines Verfahrenspflegers bzw. auf ein

---

[834] *FamRefK-Rogner*, § 1671 Rn. 18.

Sachverständigengutachten hin, das eventuell beide Eltern überzeugt. Ein weiterer Teilnehmer kritisierte, daß ein entsprechender Fall in der Praxis nicht vorkomme.

Wie zu erwarten war, beläßt die Richterschaft es nicht bei einem dem Kindeswohl widersprechenden Ergebnis, sondern versucht selbst oder mit Unterstützung der sonst am Sorgerechtsverfahren beteiligten Institutionen, insbesondere des Jugendamtes, die Eltern zu einer kindeswohlverträglichen Lösung zu bewegen. Erneut ist festzustellen, daß die wenigsten Richterinnen und Richter aktiv eine Antragstellung an- bzw. von einer Antragstellung abraten. Ziel richterlicher Intervention scheint eher die Erarbeitung einer einvernehmlichen Lösung zu sein, statt den Eltern Ratschläge zu erteilen.

(3) Anregung einer Antragstellung bzw. -rücknahme

Konkret nach der Anregung einer Antragstellung oder Antragsrücknahme gefragt, zeigt sich folgendes Bild:

Auf die Frage, wie häufig sie dem Antragsgegner eine Antragstellung nahelegten (Frage III 3 b cc), antworteten 34,1% der befragten Richterschaft (14 Teilnehmer) mit „nie“. Die restlichen zwei Drittel (65,9%) gaben an, „selten“ eine Antragstellung zu initiieren. Die Anregung zu einer Antragsrücknahme ist geringfügig häufiger. Knapp ein Drittel der befragten Richterschaft schlägt diese den Eltern „häufig“ vor (31,7% oder 13 Teilnehmer). Der Großteil der befragten Richterinnen und Richter entschied sich jedoch auch hier für die Antwortmöglichkeit „selten“ (58,5% oder 24 Teilnehmer). 4 Teilnehmer (9,8%) regen „nie“ die Rücknahme des Antrags an, wobei drei von ihnen bereits das Hinwirken auf eine Antragstellung verneinten. Allerdings verwies ein Teilnehmer in beiden Fällen einschränkend auf seine bisherige Erfahrung.

Die Richterinnen und Richter machen den Eltern nur äußerst selten konkrete Vorschläge. Werden sie tätig, wirken sie tendenziell auf die Rücknahme eines Antrags hin und protegieren damit die gemeinsame Sorge. Daß sie Elternteile zur Antragstellung und damit zur Alleinsorge bewegen, kommt demgegenüber kaum vor.

(4) Ergebnis

Auch wenn die Richterschaft hinsichtlich der Stattgabe von Alleinsorgeanträgen geteilte Ansichten hat, was, wie noch zu überprüfen ist, auf dem unterschiedlichen Verständnis von dem Verhältnis der gemeinsamen zur Alleinsorge beruhen könnte, bemüht sie sich einheitlich um eine kindeswohlgerechte Regelung, wenn die von den Eltern vorgeschlagene Lösung dem offensichtlich widerspricht. Obwohl das Gesetz vorsieht, daß der Richter bei seiner Entscheidung an den Antrag gebunden ist, das heißt, ihm nur stattgeben oder ihn ablehnen darf, erweitern die Richterinnen und Richter ihren Spielraum, indem sie vermittelnd eingreifen. Dabei rät die Richterschaft allerdings nur selten zur Rücknahme des Alleinsorgeantrags. Noch seltener legt die Richterschaft den Eltern eine Antragstellung nahe. In der Regel scheinen die Eltern so vernünftig zu sein, daß auch so kindeswohlverträgliche Lösungen gefunden werden können.

cc) Verhältnis von gemeinsamer und Alleinsorge

Das Verhältnis von gemeinsamer Sorge zur Alleinsorge ist, wie oben ausführlich dargestellt[835], in Rechtsprechung wie Literatur äußerst umstritten. Die scheinbar alles entscheidende Frage ist, ob das Gesetz die gemeinsame Sorge zum Regelfall erhoben hat, oder ob die beiden Sorgerechtsformen gleichberechtigt nebeneinander stehen. Geht man von dem gesetzlichen Vorrang der gemeinsamen Sorge aus, so liegt es nahe, dem Gesetz auch die Vermutung zu entnehmen, daß die gemeinsame Sorge dem Kindeswohl besser entspricht als die Alleinsorge. Die Beantwortung dieser Fragen sollte auch den teilnehmenden Richterinnen und Richtern nicht vorenthalten werden (Fragen III 3 e) und f). In der Annahme, daß das Meinungsbild durch die umfangreiche Diskussion, insbesondere die Entscheidung des BGH gegen ein Regel-Ausnahme-Verhältnis, gefärbt sein würde, sollten die Richterinnen und Richter darüber hinaus Stellung beziehen, ob sie sich durch die Reform aufgefordert fühlten, intensiver auf das gemeinsame Sorgerecht der Eltern hinzuwirken (Frage III 3 c). In Frage III 3 d) sollten sie ihre Ansicht begründen.

(1) Gesetzliches Verhältnis aus Sicht der befragten Richterschaft

Die Richterschaft ist, was die Frage des gesetzlich normierten Verhältnisses zwischen gemeinsamer und Alleinsorge angeht, geteilt (Frage III 3 e). Während sich mit 21 Teilnehmern exakt die Hälfte (50%) für ein gleichberechtigtes Nebeneinander der Sorgerechtsformen entscheidet, sieht das Gesetz nach Ansicht von 20 Teilnehmern (47,6%) den Vorrang der gemeinsamen Sorge vor. Daß es, auch wenn man von der Gleichwertigkeit der Sorgerechtsformen ausgeht, natürlich immer dann bei der gemeinsamen Sorge verbleibt, wenn die Voraussetzungen für die Alleinsorge nicht gegeben sind, hebt ein Teilnehmer hervor, der sich für das gleichberechtigte Nebeneinander beider Sorgerechtsformen entschieden hat. Ein einziger Teilnehmer erklärt die Alleinsorge zum gesetzlichen Regelfall. Da er sich im folgenden jedoch sowohl für eine gesetzliche Vermutung zuguns-

[835] S.o. § 3 IV 1 b) bb) (2) (a) (cc).

ten der gemeinsamen Sorge ausspricht als auch sich durch die Reform bestärkt fühlt, intensiver auf die gemeinsame Sorge hinzuwirken, kommt seiner Aussage nicht allzuviel Aussagekraft zu. Es bleibt festzuhalten, daß 21 Teilnehmer gegen und 20 Teilnehmer für den gesetzlichen Regelfall der gemeinsamen Sorge plädieren.

Zu einem ähnlichen Ergebnis, wenn auch mit umgekehrten Mehrheitsverhältnissen, führt die Frage, ob sich dem Gesetz die Vermutung entnehmen läßt, daß die gemeinsame Sorge dem Kindeswohl prinzipiell besser entspricht als die Alleinsorge (Frage III 3 f). Knapp über die Hälfte der befragten Richterinnen und Richter (54,8% oder 23 Teilnehmer) spricht sich für, die übrigen 19 Teilnehmer (45,2%) sprechen sich gegen eine gesetzliche Vermutung aus, wobei ein Teilnehmer die gesetzliche Vermutung auf die Fälle beschränkt, in denen die Kommunikation zwischen den Eltern funktioniert.

Insgesamt lassen sich weder bei der Frage nach dem gesetzlichen Verhältnis von gemeinsamer zu Alleinsorge noch bei der Frage, ob eine gesetzliche Vermutung zugunsten der gemeinsamen Sorge besteht, aussagekräftige Mehrheitsverhältnisse erkennen. Die Richterschaft ist etwa hälftig geteilt. Auffällig ist, daß keineswegs alle Teilnehmer, die in der gemeinsamen Sorge den normativen Regelfall sehen, dem Gesetz eine Vermutung zugunsten der gemeinsamen Sorge entnehmen (5 Teilnehmer oder 11,9%). Umgekehrt negieren nicht alle Teilnehmer, die von einem gesetzlichen Nebeneinander beider Sorgerechtsformen ausgehen, eine gesetzliche Vermutung zugunsten der gemeinsamen Sorge (7 Teilnehmer oder 16,7%). Daß das Gesetz also völlig neutral ist und nicht einmal tendenziell, sei es durch ein Rangverhältnis, sei es durch eine gesetzliche Vermutung die gemeinsame Sorge bevorzugt, vertritt nur ein Drittel der befragten Richterschaft (33,3%).

(2) Hinwirken auf das gemeinsame Sorgerecht

Anders als bei der rechtlichen Einschätzung ergibt sich bei der Frage nach dem subjektiven Empfinden ein eindeutiges Bild. Mit 71,4% (30 Teilnehmer) fühlen sich fast drei Viertel der befragten Richterschaft durch die Reform dazu aufgefordert, intensiver als zuvor auf die gemeinsame Sorge der Eltern hinzuwirken. Nur 12 Teilnehmer (28,6%) sehen die Reform nicht als Appell, die gemeinsame Sorge stärker als bisher zu fördern. Während ein Teilnehmer seine Entscheidung auf mangelnde Erfahrung vor der Reform stützt, begründet ein anderer seine Antwort damit, daß es sich bei der gemeinsamen Sorge ohnehin um den Normalfall handele. Eines gesonderten gerichtlichen Hinwirkens bedürfe es folglich nicht.

Was sich bei der rechtlichen Bewertung schon andeutete, daß nämlich nur ein Drittel der befragten Richterschaft das Gesetz für gänzlich neutral hält, findet hier seine Bestätigung. Unabhängig davon, ob das Gesetz das gemeinsame Sorgerecht als Regelfall vorsieht oder ob eine gesetzliche Vermutung zugunsten der Kindeswohlförderlichkeit der gemeinsamen Sorge besteht, fühlt sich der Großteil der befragten Richterschaft verpflichtet, trotz Scheidung die gemeinsame Sorge soweit es geht aufrecht zu erhalten. Selbst 9 Teilnehmer, die dem Gesetz weder den Regelfall noch eine gesetzliche Vermutung zugunsten der gemeinsamen Sorge entnehmen, geben an, sich infolge der Reform vermehrt für das gemeinsame Sorgerecht einzusetzen. Auf die Gesamtheit gesehen haben sich nur 5 Teilnehmer der befragten Richterschaft sowohl gegen eine gesetzliche als auch gegen eine auf der subjektiven Einschätzung beruhende wie auch immer geartete Vorrangigkeit der gemeinsamen Sorge ausgesprochen.

(3) Begründung der Einschätzung

Zur Begründung beruft sich der Großteil der befragten Richterschaft (24 Teilnehmer oder 77,4%) auf den Umstand, daß mit der Regelung des § 1687 BGB die gemeinsame Sorge praktikabler geworden sei[836]. Für über die Hälfte der befragten Richterinnen und Richter (58,1% oder 18 Teilnehmer) ist daneben sowohl die Möglichkeit einer partiellen Alleinsorge von entscheidender Bedeutung als auch der Umstand, daß die Eltern infolge der Beratung eher bereit sind, die Sorge gemeinsam auszuüben. Mit 16 Teilnehmern erklärte darüber hinaus ebenfalls mehr als die Hälfte (51,6%) der befragten Richterschaft, daß der Gesetzgeber deutlich gemacht habe, daß er die gemeinsame Sorge präferiere. Während diese Antwortmöglichkeit ganz überwiegend von den Teilnehmern gewählt wurde, die in der gemeinsamen Sorge auch einen gesetzlichen Regelfall sehen (11 Teilnehmer), begründeten die Teilnehmer, die von dem gleichberechtigten Nebeneinander der Sorgerechtsformen ausgehen, ihr subjektives Empfinden auffallend häufig mit der gesetzlichen Konkretisierung der gemeinsamen Sorge in § 1687 BGB (14 Teilnehmer).

Die vier Teilnehmer, die von der Möglichkeit Gebrauch gemacht haben, unter der Antwortmöglichkeit „Sonstiges“ die vorgegebenen Antworten zu ergänzen, haben durchweg generelle Vorteile der gemeinsamen Sorge aufgezählt, aufgrund derer sie diese Sorgerechtsform favorisieren. So ist nach Ansicht dreier Teilnehmer die sich in der gemeinsamen Sorge ausdrückende Verantwortlichkeit beider Eltern, durch die kein Elternteil ausgeschlossen wird und vor allem eine Klassifizierung als reiner „Zahlvater“ vermieden wird, ein entscheidender

[836] Ähnlich *Proksch*, Rechtstatsächliche Untersuchung, S. 219f, wonach die Richterschaft überwiegend davon ausgeht, daß durch § 1687 BGB die Akzeptanz der gemeinsamen Sorge gefördert werde (38,1% sehr, 41,2% ziemlich).

Grund, die Eltern bei der Entscheidung zugunsten der gemeinsamen Sorge zu unterstützen. Daneben spielt aber auch die stärkere Einbindung und Verpflichtung des Elternteils, bei dem das Kind nicht lebt, eine große Rolle bei der Entscheidung zugunsten des gemeinsamen Sorgerechts. Resultiere doch daraus nach Ansicht eines Teilnehmers ein größeres Interesse an der Wahrnehmung und Gestaltung des Umgangsrechts. Generell begünstige das gemeinsame Sorgerecht eine aktive Eltern-Kind-Beziehung. Aus diesen Gründen müßten die Richterinnen und Richter die Eltern dazu ermutigen, daß eine Trennung von Eltern- und Paarebene, und damit ein gleichberechtigtes Zusammenwirken der Eltern, wenn auch zeitlich eventuell erst nach einer „Trennungsphase", möglich ist.

Die Ergänzungen zeigen, wie stark die allgemeinen Vorteile der gemeinsamen Sorge durch die Reformbestrebungen in das Bewußtsein der im Familienrecht Tätigen gerückt worden sind und welch große Akzeptanz das gemeinsame Sorgerecht in der Richterschaft findet.

(4) Auswirkungen auf den Umgang mit Alleinsorgeanträgen

Die Einstellung der Richter zur gemeinsamen Sorge schlägt, wie oben bereits vermutet[837], auf den Umgang mit Alleinsorgeanträgen durch. Mehr als die Hälfte der Richterinnen und Richter, die sich durch die Reform zu einer intensiveren Förderung der gemeinsamen Sorge aufgefordert fühlen (17 Teilnehmer oder 56,7%), lehnen einen Alleinsorgeantrag zumindest in der Hälfte der Fälle, wenn nicht häufiger, ab und belassen es bei der gemeinsamen Sorge. Von denjenigen, die diesen Appell nicht empfinden, sind es nur 2 Teilnehmer (16,7%). Ähnliche Mehrheitsverhältnisse, wenn auch nicht ganz so ausgeprägt, ergeben sich, wenn man die Häufigkeit der Antragsablehnungen in das Verhältnis setzt mit den Fragen III 3 e) und f). Wer sich für den Regelfall bzw. für eine gesetzliche Vermutung zugunsten der gemeinsamen Sorge ausgesprochen hat, lehnt auch häufiger (50% bzw. 52,1%) einen Alleinsorgeantrag ab als derjenige, der diesen gesetzliche Vorrang der gemeinsamen Sorge nicht sieht (38,1% bzw. 36,8%).

(5) Ergebnis

Hinsichtlich der rechtlichen Bewertung des gemeinsamen Sorgerechts ist die befragte Richterschaft gespalten. Die Schlüsse, die die Richterinnen und Richter für ihre Arbeit aus der Kindschaftsrechtsreform ziehen, sind dafür um so eindeutiger: Der ganz überwiegende Teil der befragten Richterschaft sieht sich entweder gesetzlich dazu verpflichtet oder zumindest dazu aufgefordert, das elterliche

---

[837] S.o. § 5 III 3 c) bb) (1).

Sorgerecht soweit es geht, beiden Elternteilen gemeinsam zu belassen. Unabhängig davon, ob das Gesetz tatsächlich die gemeinsame Sorge zum Regelfall erklärt, wird sie in der Praxis der familiengerichtlichen Rechtsprechung der Alleinsorge vorgezogen. Als Grund wird überwiegend die rechtliche Ausgestaltung angeführt. Die Einstellung der Richterschaft schlägt sich auch in der Häufigkeit der Ablehnungen von Alleinsorgeanträgen nieder. Die Bereitschaft, Alleinsorgeanträge abzulehnen, ist insbesondere bei denen groß, die sich der gemeinsamen Sorge verpflichtet fühlen.

Die breite Akzeptanz der gemeinsamen Sorge zeigt, daß das Gesetz den Nerv der Zeit getroffen hat. Die Normierung der gemeinsamen Sorge war seit langer Zeit überfällig und wird nunmehr voller Elan von der Richterschaft angewendet.

4) Verhältnis zwischen Jugendamt und Gericht

Bei jedem Scheidungs- und Sorgerechtsverfahren ist neben dem Gericht automatisch das Jugendamt beteiligt. Selbst wenn darin keine Neuerung der Reform liegt – das Jugendamt wurde auch vor der Reform in diesen Verfahren aktiv – haben sich die Aufgaben des Jugendamtes durch die Reform in den jeweiligen Verfahren, wie oben bereits ausgeführt[838], gewaltig verändert. Wiederholt ist darauf hingewiesen worden, daß mit der Kindschaftsrechtsreform der schon zuvor bei der Reformierung des Kinder- und Jugendhilfegesetzes eingeschlagene Perspektivenwandel vom repressiven juristischen Eingriff hin zur präventiven sozialpflegerischen Intervention fortgesetzt werde[839]. Zielt doch die Reform auf einvernehmliche Konfliktlösungen[840]. Damit kommt der jugendamtlichen Vermittlung nach der Reform eine besondere Bedeutung zu. Gerade angesichts der gestärkten Elternautonomie und der damit verbundenen eingeschränkten Eingriffsmöglichkeit des Gerichts wird ein erheblicher Teil der Sicherung und Verwirklichung des Kindeswohls auf die Jugendhilfe verlagert[841]. Wesentliches Element der Kindschaftsrechtsreform ist daher die stärkere Verknüpfung zwischen Familien- sowie Kinder- und Jugendhilferecht[842]. Dazu ist ausgeführt worden, daß nur durch eine „Vernetzung" sowohl innerhalb der Systeme der Jugendhilfe und der Justiz als auch zwischen beiden Feldern eine Verbesserung der Situation herbeigeführt werden könne[843]. Der Erfolg der Reform hinge entscheidend davon ab, ob es den Gerichten und den Jugendämtern gelinge, den

---

[838] S.o. § 3 III 4 c).

[839] *Willutzki*, Kind-Prax 1998, 8 (10); *ders.*, Kind-Prax 1998, 37 (39); *ders.*, Kind-Prax 1998, 135 (137); *Wiesner*, Kind-Prax 1999, 44 (45); *Kaufmann/Plate*, Kind-Prax 2000, 113 (114).

[840] BT-Drucks.13/4899, S.71 und S. 75; *Münder*, Jugendhilfe 1998, 152 (154).

[841] *Wiesner*, Jugendhilfe 1998, 134 (137); *ders.*, Kind-Prax 1999, 44 (47).

[842] *Borsche*, Theorie und Praxis der Sozialen Arbeit 1998, 135 (140); *Wiesner*, Jugendhilfe 1998, 134 (140); *Weisbrodt*, Kind-Prax 2000, 35 (35 und 43); *Kaufmann/Plate*, Kind-Prax 2000, 113 (114).

[843] *Tauche*, Kind-Prax 1998, 110.

Eltern die Bedeutung der Beratung vor Augen zu führen[844] und sie tatsächlich durch Beratung und Vermittlung zu einvernehmlichen Lösungen zu befähigen[845]. Aus diesem Grund wurde die außergerichtliche Beratung auch zum „Prüfstein" der Reform erklärt[846].

Dieser Ansatz ist überwiegend positiv aufgenommen und sein Erfolg – die finanzielle Seite ausgenommen[847] – allein von der Akzeptanz der beteiligten Professionen abhängig gemacht worden[848]. Vereinzelt wurden jedoch auch Bedenken laut, daß die in die Beratung gesetzten Erwartungen zu hoch seien und nicht erfüllt werden könnten[849]. Zweifeln an der Kompetenz der Eltern würde leicht mit der „Zauberformel"[850] Beratung begegnet, ohne genau zu spezifizieren, wie die Beratung auszusehen habe[851]. Zudem könne ein zur rechten Zeit ausgesprochenes Urteil durchaus psychologisch ratsam sein und Schaden teilweise besser abwenden als eine die Lösung nur hinauszögernde Beratung. Schlimmstenfalls könne eine Beratung Konflikte sogar verschärfen[852].

Wie die Aufgabe des Jugendamtes und das Verhältnis zwischen den Institutionen aus richterlicher Sicht bewertet wird, sollte im vierten Abschnitt des Fragebogens herausgefunden werden. Dabei wurde entsprechend der gesetzlichen Regelungen danach differenziert, ob das Jugendamt gemäß § 17 II SGB VIII auf freiwilliger Basis tätig wird (Frage IV 1) oder ob gemäß § 50 SGB VIII eine Pflicht zur Mitwirkung am Sorgerechtsverfahren besteht (Frage IV 2). Abschließend sollten die Richter ihr derzeitiges Verhältnis zum Jugendamt beurteilen (Frage IV 3).

a) Beratung durch das Jugendamt im Scheidungsverfahren gemäß § 17 SGB VIII

Unabhängig davon, ob die Eltern einen Sorgerechtsantrag gestellt haben oder nicht, ist das Jugendamt, wie oben bereits ausgeführt, gemäß § 17 II SGB VIII verpflichtet, den Eltern bei jeder Scheidung ein Beratungsgespräch anzubieten. Ob die Eltern von diesem Angebot Gebrauch machen, steht ihnen frei[853]. § 17 II

844 *Willutzki*, Kind-Prax 1998, 37 (39).
845 *Pfeifle*, Jugendhilfe 1998, 161 (164).
846 *Willutzki*, Kind-Prax 1998, 37 (39).
847 *Weber*, Jugendhilfe 1998, 166 (172).
848 *Willutzki*, Kind-Prax 1998, 37 (39); ders., FPR 1998, 94 (98); *Dickmeis*, ZfJ 1998, 193 (201).
849 *Salzgeber*, Kind-Prax 1998, 43 (44); *ders.*, FPR 1998, 80 (83).
850 *Fegert*, Jugendhilfe 1998, 145 (146).
851 *Fegert*, Jugendhilfe 1998, 145 (146).
852 *Salzgeber*, Kind-Prax 1998, 43 (44).
853 BT-Drucks. 13/4899, S. 75.

SGB VIII ist also eine soziale Dienstleistung[854]. Das Jugendamt bietet seine Leistung zwar den Leistungsberechtigten an, wird aber erst tätig, wenn diese ihren Rechtsanspruch auch einfordern. Grundlage der jugendamtlichen Aufgabenerfüllung ist dabei seit den 70er Jahren die Freiwilligkeit und die Verschwiegenheit[855], Grundsätze, die mit der Kindschaftsrechtsreform in die Kritik geraten sind. So wurden in der Literatur sowohl die fehlende Auskunftsverpflichtung des Jugendamtes über getätigte Beratung[856] als auch die Freiwilligkeit der Inanspruchnahme jugendamtlicher Beratung[857] in Zweifel gezogen.

Bei der Untersuchung der richterlichen Einschätzung des jugendamtlichen Beratungsangebotes gemäß § 17 II SGB VIII wurde deshalb auf drei Aspekte besonderes Augenmerk gelegt: die Information des Gerichts über eventuell stattfindende Beratung (Frage IV 1 a und b), die Freiwilligkeit der Inanspruchnahme des Beratungsangebotes (Frage IV 1 c) und das richterliche Verhalten (Frage IV 1 d) bis f).

aa) Information des Gerichts über die Annahme des Beratungsangebotes

Angesichts der Freiwilligkeit sieht das Gesetz keine Rückmeldung darüber vor, ob die Eltern die nach § 613 I S.2 ZPO gerichtlich angeratene Beratung auch in Anspruch genommen haben[858]. Vielmehr obliegt diese Information aus Gründen des Vertrauensschutzes der jugendamtlichen Schweigepflicht[859]. Gerade bei Richtern, die dem Beratungsansatz den Vorrang geben, so wird kritisiert, könne aber die mangelnde Information über das Stattfinden oder Nichtstattfinden der Beratung zu Unklarheiten und Mißverständnissen führen[860]. Insbesondere bei streitenden Eltern sei es daher unabdingbar, die anderen beteiligten Professionen darüber aufzuklären[861], ob außergerichtliche Beratung in Anspruch genommen werde oder nicht. Angesichts dieser Kritik ist die Richterschaft nicht nur dazu befragt worden, inwiefern in der Praxis eine Mitteilung stattfindet und von wem sie, wenn, vorgenommen wird (Frage IV 1 a). Mit der Frage IV 1 b) sollte darüber hinaus in Erfahrung gebracht werden, ob die Richterinnen und Richter eine Information überhaupt für erforderlich halten.

---

854 *Münder*, Jugendhilfe 1998, 152 (155, 157); *Pfeifle*, Jugendhilfe 1998, 161 (163).
855 *Weber*, Jugendhilfe 1998, 166 (167).
856 *Weber*, ZfJ 2000, 361 (367).
857 *Lauer*, Jugendhilfe 1998, 179 (182); Wiesner, Jugendhilfe 1998, 134 (137).
858 *Bergmann/Gutdeutsch*, FamRZ 1999, 422 (423).
859 *Weber*, ZfJ 2000, 361 (366).
860 *Weber*, ZfJ 2000, 361 (367).
861 *Weber*, ZfJ 2000, 361 (367).

(1) Information über stattgefundene Beratung

16 Teilnehmer (38,1%) haben bisher „nie“ eine Mitteilung darüber erhalten, ob eine Beratung stattgefunden hat. Die übrigen 26 Teilnehmer werden demgegenüber zumindest teilweise informiert. 18 Teilnehmer (42,6%) gaben an, eine Mitteilung vom Jugendamt zu bekommen, wobei ein Teilnehmer seine Aussage auf strittige Fälle beschränkte. 5 Teilnehmer (11,9%) fragten bei den Eltern nach, wobei ein Teilnehmer davon die strittigen Fälle ausnahm, weil in denen das Jugendamt einen Bericht erstelle. Weitere 2 Teilnehmer (4,8%) erhielten die Information entweder vom Jugendamt oder auf Nachfrage von den Eltern. Ein Teilnehmer erklärte unter der Antwortmöglichkeit „ja, sonstiges“ von der Beratung zumindest dann zu erfahren, wenn das Umgangsrecht klärungsbedürftig sei.

Während mit insgesamt 7 Teilnehmern ein relativ geringer Anteil (16,7%) aktiv nachfragt, erhält ein Großteil der befragten Richterschaft eine Mitteilung vom Jugendamt, wobei 2 Teilnehmer jedoch eine Einschränkung auf strittige Verfahren vornahmen. Da bei der Frage nicht zwischen streitigen und unstreitigen Fällen differenziert wurde, ist keine Aussage darüber möglich, ob auch die anderen Teilnehmer nur bei strittigen Verfahren informiert werden. Sicher ist zumindest, daß in fast zwei Drittel der Fälle (61,9%) die Richterinnen und Richter zumindest in strittigen Fällen eine Mitteilung darüber erhalten, ob das Beratungsangebot in Anspruch genommen wurde.

(2) Erforderlichkeit einer Information

Mit 22 Teilnehmer hält über die Hälfte der befragten Richterschaft (52,4%) eine Information über die Annahme des Beratungsangebotes für „wünschenswert“. Nach Ansicht von weiteren 5 Teilnehmern (11,9%) ist diese Information sogar „erforderlich“. Dabei ist auffällig, daß es sich hierbei vorrangig um die Teilnehmer handelt, die generell eine Kontrolle der Motive der Eltern für wünschenswert halten. Zwei Drittel derjenigen, die eine Information wünschen, halten auch eine Kontrolle der Motive der Eltern für wünschenswert (66,7%). Bei denjenigen, die eine Information erfordern, sind es immerhin noch 60%.

Von den 15 Teilnehmern (35,7%), die eine Information hingegen als „überflüssig“ ansehen, sprechen sich knapp zwei Drittel auch gegen eine Kontrolle aus (64,3%). Während von diesen 15 Teilnehmern 11 Teilnehmer auch nie eine entsprechende Information erhalten, werden diejenigen, die eine Information wünschen oder sogar erfordern, ganz überwiegend vom Jugendamt informiert (13 bzw. 5 Teilnehmer). Dabei ist jedoch festzuhalten, daß sich die Erforderlichkeit, die ein Teilnehmer konstatiert, allein auf die strittigen Fälle bezieht. Nur 5 Teilnehmer, die keine Information erhalten, wünschen eine solche. Dem stehen insgesamt 4 Teilnehmer gegenüber, die vom Jugendamt (1 Teilnehmer) von den Eltern (2 Teilnehmer) oder vom Jugendamt bei strittigem Umgangsrecht (1 Teilnehmer) informiert werden, generell aber eine Mitteilung für überflüssig halten.

(3) Zusammenfassung

Das Wissen darum, ob die Eltern die jugendamtliche Beratung in Anspruch genommen haben oder nicht, scheint für einen relativ großen Teil, nämlich etwas über ein Drittel der befragten Richterschaft, ohne Belang zu sein. Sie wünschen keine Information und werden meist auch nicht informiert. Die richterliche Entscheidung ist in diesen Fällen völlig losgelöst davon, ob die Eltern eine Beratung in Anspruch genommen haben oder nicht. Wer demgegenüber eine Mitteilung wünscht – immerhin der Großteil der befragten Richterschaft – wird auch ganz überwiegend benachrichtigt. Ob der Richter die Information wünscht hängt indes davon ab, wie er generell zu einer staatlichen Kontrolle der Elternautonomie steht. Wer sie ablehnt, wünscht auch überwiegend keine Information über eine stattgefundene Beratung.

bb) Freiwilligkeit der Inanspruchnahme jugendamtlicher Beratung

Wie bereits mehrfach betont wurde, findet eine auf § 17 II SGB VIII gestützte außergerichtliche Beratung der Eltern im Fall der Scheidung nur dann statt, wenn die Eltern diese freiwillig in Anspruch nehmen. Ein Zwang zur Beratung besteht nicht. Erst wenn die Eltern einen Sorgerechtsantrag gestellt haben, wird das Jugendamt über § 50 SGB VIII von Amts wegen tätig, wobei es sich dabei jedoch um eine Mitwirkungspflicht handelt, die strikt von der Beratungstätigkeit nach § 17 II SGB VIII zu trennen ist[862]. Die Freiwilligkeit der Inanspruchnahme des Beratungsangebotes ist wiederholt bemängelt worden. Dem liegt die Erkenntnis zugrunde, daß das institutionelle Beratungsangebot in der Praxis kaum angenommen und Hilfe eher im verwandtschaftlichen oder sozialen Umfeld gesucht wird[863]. Gerade angesichts der zentralen Bedeutung, die einer Scheidung bzw. Trennung im Leben eines Betroffenen auch noch Jahre danach zukommt, sei aber eine verbindliche Scheidungsberatung in Form einer Verpflichtung der Eltern sinnvoll[864]. Diene die Beratung doch nicht allein dazu, Verfahren bzw. Konflikte zu vermeiden, sondern ginge es darüber hinaus auch um die Entwick-

[862] *Harnach-Beck*, FPR 1998, 230.
[863] *Fthenakis*, FPR 1998, 84 (88); *Derleder*, FPR 1998, 213.
[864] *Lauer*, Jugendhilfe 1998, 179 (182).

lung einer Perspektive familiären Weiterlebens für die Zeit „danach“[865]. Aus psychologischer Sicht spreche nichts dafür, daß in den Fällen, in denen sich die Eltern einvernehmlich trennten, für das Wohlergehen der Kinder gesorgt sei[866]. Der Vorwurf der Verfassungswidrigkeit einer Zwangsberatung ließe sich nicht aufrecht erhalten, da der Zwang, die jugendamtliche Beratung in Anspruch zu nehmen, einen geringeren Grundrechtseingriff darstelle als der Eingriff in das Sorgerecht[867]. Auch sei in Evaluationsstudien nachgewiesen worden, daß der Beratungserfolg nicht wesentlich davon abhinge, ob die Eltern die Beratung freiwillig in Anspruch nähmen oder von dem Gericht geschickt würden[868]. Eine Zwangsberatung sei also durchaus ein geeignetes Mittel[869].

Dem ist entgegengehalten worden, daß die Eltern in den weitaus meisten Fällen allein in der Lage seien, einvernehmliche Regelungen zu treffen[870]. Mit der Forderung nach einer Zwangsberatung werde zum einen eine Beratungsbedürftigkeit suggeriert, die nicht der Realität entspreche[871]. Zum anderen würde die nur begrenzte Leistungsfähigkeit von Beratung und Mediation verkannt[872].

Im Rahmen der empirischen Untersuchung sollte nicht nur die richterliche Einschätzung bezüglich einer Zwangsberatung ermittelt werden (Fragen IV 1 c cc) und dd). Darüber hinaus sollten die Richterinnen und Richter darlegen, ob, und wenn, wie sich die Inanspruchnahme jugendamtlicher Beratung auf das gerichtliche Verfahren auswirkt (Fragen IV 1 c aa) und bb).

(1) Auswirkungen der Beratung auf das Gerichtsverfahren

Nach Ansicht von knapp über der Hälfte der befragten Richterinnen und Richter (22 Teilnehmer oder 51,2%) wirkt sich die Beratung durch das Jugendamt „stark“ (21 Teilnehmer oder 48,8%) bzw. „sehr stark“ (1 Teilnehmer) auf das Gerichtsverfahren aus. Insgesamt 21 Teilnehmer bewerten die Auswirkungen indes als „gering“ (16 Teilnehmer oder 37,2%) oder als „sehr gering“ (5 Teilnehmer oder 11,6%). Die Richterschaft ist bei der Bewertung der Auswirkungen der jugendamtlichen Beratung also erneut in zwei fast gleich große Lager gespalten.

---

865 *Lauer*, Jugendhilfe 1998, 179 (182f).
866 *Rexilius*, Kind-Prax 2001, 112 (115).
867 *Fthenakis*, FPR 1998, 84 (88).
868 *Fthenakis*, FPR 1998, 84 (88).
869 *Fthenakis*, FPR 1998, 84 (88); *Rexilius*, Kind-Prax 2001, 112 (115).
870 *Balloff/Walter*, FuR 1991, 63 (67).
871 *Balloff/Walter*, FuR 1991, 63 (66).
872 *Balloff/Walter*, FuR 1991, 63 (67).

Der Hauptvorteil einer Beratung liegt dabei nach Ansicht von drei Viertel der befragten Richterschaft darin, daß sich elterliche Konflikte auf bestimmte Teilbereiche reduzierten (31 Teilnehmer oder 75,6%). Generell wird den Eltern infolge der Beratung eine größere Konsensfähigkeit bescheinigt (30 Teilnehmer oder 73,2%). So würde nach Aussage eines Teilnehmers im Rahmen der Beratung eine Konfliktlösung bzw. -erarbeitung vorbereitet. Die Erörterung im Termin verlaufe nach Ansicht eines anderen Teilnehmers auf diese Weise ergebnisorientierter. Immerhin ein Drittel der befragten Richterschaft (15 Teilnehmer oder 36,6%) macht infolge der Beratung auch eine größere Rechtskenntnis bei den Eltern aus. Demgegenüber wirkt die Beratung nach Ansicht von nur 3 Teilnehmern beschleunigend auf das Gerichtsverfahren. Ein Teilnehmer verwies vielmehr unter der Antwortmöglichkeit „Sonstiges" darauf, daß sich durch die Beratung die Dauer eines Verfahrens verlängere. Während sich 2 Teilnehmer jeglicher Antwort enthielten und damit zum Ausdruck brachten, daß ihrer Ansicht nach keine dieser Auswirkungen zutreffe, erklärte ein weiterer Teilnehmer, daß eventuelle Auswirkungen der jugendamtlichen Beratung im Gerichtsverfahren zumindest nicht wahrnehmbar seien.

(2) Zwangsberatung

Eine Zwangsberatung wird von 58,1% der befragten Richterschaft (25 Teilnehmer) generell, zumindest aber dann abgelehnt, wenn kein Anlaß dazu besteht. Die Ablehnung basiert ganz überwiegend auf der Annahme, daß eine Beratung nur bei freiwilliger Inanspruchnahme Erfolg verspreche (82,6% oder 19 Teilnehmer). Jeweils 10 bzw. 9 Teilnehmer führten als Begründung auch die anwaltliche Vertretung und die damit verbundene Information der Eltern (10 Teilnehmer oder 43,5%), die jederzeitige Änderungsmöglichkeit der Sorgerechtsregelung (9 Teilnehmer oder 39,1%) sowie die verfassungsrechtliche Unzulässigkeit eines Eingriffs in die Elternautonomie (9 Teilnehmer oder 39,1%) an. Nur ein Teilnehmer sieht in der Zwangsberatung eine Ungleichbehandlung der sich scheidenden Eheleute im Vergleich zu den sich trennenden Partnern einer nichtehelichen Lebensgemeinschaft. Während ein Teilnehmer bei der Antwortmöglichkeit „Sonstiges" auf die Überlastung des Jugendamtes hinwies, die schon jetzt bei auf Streitfälle beschränktem Tätigwerden bestehe und die eine Zwangsberatung undenkbar erscheinen lasse, wendet sich ein anderer Teilnehmer generell gegen eine Bevormundung der Eltern durch Zwangsberatung.

Demgegenüber halten 16 Teilnehmer (37,2%) eine Pflicht der Eltern, die jugendamtliche Beratung in Anspruch zu nehmen, für „wünschenswert", weitere 2 Teilnehmer sogar für „erforderlich" (4,7%). In diesem Sinne entschieden auch Jugendamtsmitarbeiter, die im Jahr 1999 in mehreren Bundesländern befragt worden waren[873]. Wie ein Teilnehmer ausführt, sollte zumindest in den Fällen, in denen das Sorge- bzw. das Umgangsrecht strittig ist, eine Beratung obligatorisch sein. Der Wunsch bzw. die Forderung nach einer Zwangsberatung resultiert dabei überwiegend aus der Angst, daß die Eltern infolge der Scheidung zu sehr mit sich beschäftigt seien und die Interessen des Kindes aus dem Blick verlören. Es bestehe die Gefahr, daß die Eltern die gemeinsame Sorge nicht aus Kindeswohlgesichtspunkten sondern aufgrund anderer Erwägungen beibehielten (insgesamt 13 Teilnehmer oder 72,2%). Darüber hinaus steht nach Ansicht von insgesamt 8 Teilnehmern (44,4%) zu befürchten, daß die Eltern aus Unkenntnis von den Anforderungen der gemeinsamen Sorge überfordert würden.

Daß ein Zwang zur Beratung allerdings nicht ganz unbedenklich ist, räumt auch ein Teil der Richterinnen und Richter ein, die eine Zwangsberatung an sich befürworten. So schließt sich exakt ein Drittel (6 Teilnehmer oder 33,3%) der Erwägung an, daß eine Beratung nur dann Erfolg verspreche, wenn die Eltern sie auch wollten. Vereinzelt stimmen sie auch den anderen Kritikpunkten, wie der jederzeitigen Abänderbarkeit einer Sorgerechtsregelung (insgesamt 3 Teilnehmer), der ausreichenden Belehrung durch die anwaltliche Vertretung (insgesamt 2 Teilnehmer), ja sogar der verfassungsrechtlichen Unzulässigkeit (2 Teilnehmer) zu.

(3) Interpretation

Die Richterschaft ist geteilt in die Teilnehmer, die eine Zwangsberatung ablehnen, und diejenigen, die sie befürworten. Auffällig ist, daß diejenigen, die einer Verpflichtung zur Inanspruchnahme der jugendamtlichen Beratung – zumindest im Prinzip – positiv gegenüber stehen, auch stärkere Auswirkungen der Beratung auf das Gerichtsverfahren ausmachen als diejenigen, die eine Zwangsberatung ablehnen. So bewerten mit 11 Teilnehmern 68,8% der Richterinnen und Richter, die eine gesetzliche Pflicht für wünschenswert halten, die Auswirkungen der Beratung auf das Gerichtsverfahren als stark bis sehr stark, während dies bei den Teilnehmern, die sich gegen einen Zwang wenden, nur 44% (11 Teilnehmer) sind.

Darüber hinaus läßt sich konstatieren, daß es sich bei der Mehrheit der Richterinnen und Richter, die eine Pflichtberatung wünschen oder erfordern, generell um Teilnehmer handelt, die eine stärkere Kontrolle der elterlichen Autonomie befürworten. So entschieden sich zwei Drittel (66,7% oder 12 Teilnehmer) von ihnen bereits im Rahmen der Elternanhörung (Frage II 1 e) für das Erfordernis einer Kontrolle der elterlichen Motive. Demgegenüber lehnte über die Hälfte der

[873] *Seidenstücker*, ZfJ 2001, 88 (94).

Teilnehmer, die eine Pflichtberatung für überflüssig halten, auch eine Kontrolle der elterlichen Motive ab (12 Teilnehmer oder 52,2%).

Während demnach 12 Teilnehmer konsequent eine staatliche Kontrolle ablehnen, fordern ebenso viele Teilnehmer eine solche oder halten sie zumindest für wünschenswert. Daß die Zwangsberatung dabei jedoch ebenso wie die gerichtliche Anhörung an ihre Grenzen stößt, ist auch diesen Teilnehmern bewußt. Erkennen sie doch selbst große Schwierigkeiten nicht nur bei der praktischen Umsetzung, sondern sogar solche rechtlicher Art.

(4) Zusammenfassung

Auch wenn sich die jugendamtliche Beratung wenigstens nach Ansicht der Hälfte der befragten Richterschaft durchaus positiv auf das Gerichtsverfahren auswirkt, indem nämlich bereits im Vorfeld die Konflikte analysiert und unstrittige Bereiche ausgegliedert werden – mithin eine Konfliktlösung versucht wird –, wird der Umstand, daß das Gesetz die Inanspruchnahme der jugendamtlichen Beratung in das Ermessen der Eltern gestellt hat, von einem Großteil der befragten Richterschaft für gut befunden. Selbst diejenigen, die einer Verpflichtung der Eltern nicht grundsätzlich abgeneigt sind, sehen sowohl praktische als auch rechtliche Schwierigkeiten bei der Einführung einer Zwangsberatung.

cc) Richterliches Verhalten

Mit der als Anspruch der Eltern ausgestalteten Beratungspflicht des Jugendamtes gemäß § 17 II SGB VIII korrespondieren mehrere Hinwirkungspflichten des Familiengerichts[874]. So ist das Gericht nicht nur im Scheidungsverfahren über § 613 I S.2 ZPO, sondern auch in allen die Person des Kindes betreffenden Verfahren – insbesondere also auch dem Sorgerechtsverfahren – über § 52 I S.2 FGG verpflichtet, die Eltern auf das Beratungsangebot des Jugendamtes hinzuweisen[875]. Über § 52 II FGG ist das Gericht sogar befugt ein Verfahren auszusetzen, wenn die Bereitschaft zu einer außergerichtlichen einvernehmlichen Konfliktlösung besteht oder zumindest die Aussicht auf eine solche. Gerade angesichts der Tatsache, daß die jugendamtliche Beratung zur Disposition der Eltern steht, hängt die Verwirklichung des Kindeswohls entscheidend davon ab, wie die beteiligten Professionen – das heißt auch die Richterschaft – ihren Pflichten nachkommen[876]. Die Informationspflicht des Gerichts dürfe sich daher nicht in der bloßen Weitergabe von Adressenlisten erschöpfen. Vielmehr sei es

---

[874] *Wabnitz*, ZfJ 2000, 336 (338).
[875] S.o. § 3 III 4 b).
[876] *Wiesner*, Jugendhilfe 1998, 134 (137).

erforderlich, den Eltern die Chancen und die Bedeutung einer Beratung zu verdeutlichen[877]. Der Richter überschreite sein pflichtgemäßes Ermessen auch dann nicht, wenn er den Eltern die Inanspruchnahme der Beratung ansinnen würde[878].

Wie intensiv die Richterinnen und Richter tatsächlich darauf beharren, daß die Eltern die jugendamtliche Beratung wahrnehmen, sollte mit den Fragen IV 1 d) bis f) geklärt werden. Dabei ist die Richterschaft nicht nur danach befragt worden, ob sie den Eltern die Inanspruchnahme der Beratung empfiehlt (Frage IV 1 d), sondern auch ob, und wenn, wie sie eine eventuelle Ablehnung der Eltern zu überwinden versucht (Frage IV 1 e). Den Erfolg ihres Bemühens sollten die Richterinnen und Richter in der Frage IV 1 f) bewerten.

(1) Richterliches Hinwirken auf die Inanspruchnahme der jugendamtlichen Beratung

Insgesamt empfehlen 60,5% der befragten Richterschaft den Eltern „überwiegend“ (11 Teilnehmer oder 25,6%) bzw. „häufig“ (15 Teilnehmer oder 34,9%), das Beratungsangebot des Jugendamtes in Anspruch zu nehmen. Mit 14 Teilnehmern (32,6%) entschieden sich demgegenüber fast ebenso viele Richterinnen und Richter für die Antwortmöglichkeit „selten“ wie für die Antwortmöglichkeit „häufig“. 3 Teilnehmer (7%) gaben sogar an, „nie“ eine Empfehlung auszusprechen. Auch wenn die Mehrheit der befragten Richterschaft den Eltern mithin das jugendamtliche Beratungsangebot nahelegt, so regt doch ein großer Teil der Richterinnen und Richter eine Beratung nur ausnahmsweise an.

Dementsprechend versuchen letztere auch nur äußerst selten, eine ablehnende Haltung der Eltern gegenüber der jugendamtlichen Beratung zu überwinden. Nur 4 Teilnehmer, die den Eltern „selten“ die Wahrnehmung der Beratung nahelegen, gaben an, durch Aufklärung über die Bedeutung der Beratung (4 Teilnehmer) oder mit einem Hinweis auf die Elternverantwortung (2 Teilnehmer) auf die Inanspruchnahme der Beratung hinzuwirken. Der überwiegende Teil von denen, die „selten“ bis „nie“ den Eltern die Beratung empfehlen (13 Teilnehmer oder 76,5%), lehnt eine solche Einmischung des Gerichts ab. Als Hauptgrund führen sie dabei an, daß es die private Entscheidung der Eltern sei, ob sie das Beratungsangebot in Anspruch nähmen oder nicht (10 Teilnehmer). Außerdem sei nach Ansicht von 5 Teilnehmern das Jugendamt und nicht das Gericht dafür verantwortlich, die Wahrnehmung der Beratung sicherzustellen. Ergänzend verwies ein Teilnehmer auf die Überlastung des Jugendamtes. Ein anderer erklärte, daß eine Beratung bei Einigkeit der Eltern nicht erforderlich sei. Er würde im Termin somit nur auf die Hilfsmöglichkeiten hinweisen.

---

[877] *Willutzki*, Kind-Prax 1998, 37 (38)

[878] *Derleder*, FPR 1998, 213 (214).

Ganz anders sehen es demgegenüber diejenigen Richterinnen und Richter, die bereits in der Frage IV 1 d) angaben, „häufig“ oder sogar „überwiegend“ den Eltern die jugendamtliche Beratung zu empfehlen. 96% von ihnen (24 Teilnehmer) versuchen, die Eltern trotz ablehnender Haltung zur Inanspruchnahme der Beratung zu bewegen. Nur ein Teilnehmer lehnt dies ab, wobei er auf die Elternautonomie und die jugendamtliche Verantwortlichkeit verweist. Ein weiterer Teilnehmer enthält sich einer Entscheidung mit der Begründung, bisher noch keinen entsprechenden Fall in der Praxis gehabt zu haben. Die Mehrheit versucht demgegenüber, durch einen Hinweis auf die Elternpflicht und die Verantwortung gegenüber ihrem Kind (20 Teilnehmer) bzw. durch die Aufklärung über die Bedeutung der Beratung (19 Teilnehmer) die Eltern von den Vorteilen und der Notwendigkeit einer Beratung zu überzeugen. Sanktionen droht kein Teilnehmer an, obwohl ein Teilnehmer unter der Antwortmöglichkeit „Sonstiges“ erklärte, notfalls die Eltern darauf aufmerksam zu machen, daß der Anhörungstermin erst nach Inanspruchnahme der Beratung anberaumt werde. Da mit dieser Maßnahme ein gewisser Druck auf die Eltern ausgeübt wird, kommt sie einer Sanktion zumindest sehr nahe.

Zusammenfassend läßt sich festhalten, daß die Mehrheit der befragten Richterschaft den Eltern generell die Inanspruchnahme der jugendamtlichen Beratung nahelegt. Einer Ablehnung seitens der Eltern versucht sie mit Hinweisen auf die Elternverantwortung und mit Aufklärung über den Sinn und Zweck der Beratung zu begegnen.

(2) Erfolg der richterlichen Intervention

Die Zweiteilung, die sich aus den Vorfragen ergibt, setzt sich auch bei der Einschätzung fort, inwiefern einer richterlichen Intervention Erfolg beschieden ist (Frage IV 1 f). 6 Teilnehmer haben die Frage nicht beantwortet, unter anderem weil bei § 17 SGB VIII keine Rückmeldung erfolge oder weil der Fall in der Praxis noch nicht vorgekommen sei, wie zwei Teilnehmer erläuterten. Die Einschätzung der restlichen Richterinnen und Richter hängt entscheidend davon ab, ob sie eine Beratung anraten oder nicht.

Wer die Inanspruchnahme der Beratung empfiehlt und versucht, die Eltern trotz anfänglicher Ablehnung zur Annahme des Beratungsangebotes zu bewegen, erklärt zumeist auch, daß es ihm „häufig“ (16 Teilnehmer), wenn nicht sogar „überwiegend“ (4 Teilnehmer) gelinge, die Eltern zur Wahrnehmung des Beratungsangebotes zu motivieren. Insgesamt sprechen sich 20 Teilnehmer und damit 80% dieser Gruppe für den weitgehenden Erfolg der richterlichen Vermittlung aus. Von denjenigen, die sich nicht für die Inanspruchnahme des Beratungsangebotes einzusetzen, sind es gerade 2 Teilnehmer (16,6%), die Erfolge sehen. Nach Ansicht von 10 Teilnehmern (83,4%) gelingt es nur „selten“ (5

Teilnehmer) bzw. „nie“ (5 Teilnehmer), Eltern, die eine Beratung nicht von sich aus wollen, umzustimmen.

(3) Zusammenfassung

Über ein Drittel der befragten Richterschaft lehnt es ab, den Eltern die Beratung des Jugendamtes nahezulegen. Es handele sich um die private Entscheidung der Eltern, in die das Gericht nicht eingreifen dürfe. Der Erfolg, die Eltern trotz ablehnender Haltung zur Inanspruchnahme der jugendamtlichen Beratung zu bewegen, ist angesichts des fehlenden richterlichen Bemühens gering. Wer indes intensiver auf einer Inanspruchnahme der Beratung beharrt, erreicht damit fast durchweg, daß die Eltern die Beratung tatsächlich in Anspruch nehmen.

dd) Ergebnis

Hinsichtlich der jugendamtlichen Beratung gemäß § 17 II SGB VIII und der Bedeutung des Gerichts in diesem Zusammenhang gehen die Meinungen in der befragten Richterschaft weit auseinander. Setzt man die einzelnen Fragen miteinander in Bezug, so ergibt sich folgendes Bild:

Die Mehrheit der befragten Richterschaft (60,5%) empfiehlt den Eltern die Annahme des Beratungsangebots. Von ihnen wünschen sich 72% die Mitteilung darüber, ob eine Beratung stattgefunden hat. Nur 64% werden tatsächlich informiert. Über die Hälfte von ihnen (53,8%) hält darüber hinaus eine gesetzliche Pflicht zur Inanspruchnahme der jugendamtlichen Beratung für wünschenswert, wenn nicht sogar erforderlich. Generell halten die Teilnehmer dieser Gruppe eine staatliche Kontrolle der Elternautonomie für erforderlich. Über zwei Drittel (69,2%) von ihnen stimmen auch einer stärkeren Kontrolle der elterlichen Motive bei Scheidung zu.

Dem stehen über ein Drittel der Richterinnen und Richter gegenüber (39,6%), die den Eltern nur selten bzw. gar nicht zur jugendamtlichen Beratung raten. Auch wenn dem Großteil (58,8%) von ihnen mitgeteilt wird, ob eine Beratung in Anspruch genommen wurde, wollen nur knapp über die Hälfte eine entsprechende Information überhaupt haben (52,9%). Über drei Viertel von ihnen lehnen eine Zwangsberatung ab (76,5%). Entsprechend hält auch nur exakt ein Drittel von ihnen eine gerichtliche Kontrolle der elterlichen Motive für wünschenswert, zwei Drittel halten eine staatliche Kontrolle demgegenüber für überflüssig.

Hintergrund dieser unterschiedlichen Ansichten ist das Verhältnis des Gerichts zur Elternautonomie. Wer sich als Richter der Stärkung der Elternautonomie verpflichtet fühlt, zieht sich aus dem Bereich der jugendamtlichen Beratung nach § 17 SGB VIII vollständig zurück. Die Inanspruchnahme der Beratung durch das Jugendamt ist ausdrücklich als private Entscheidung der Eltern ausgestaltet. Sie ist losgelöst vom zugrundeliegenden Gerichtsverfahren. Aufgabe des Gerichts ist weder dafür zu sorgen, daß eine Beratung stattfindet, noch darf der Umstand, ob eine Beratung stattgefunden hat, für das Gerichtsverfahren in irgendeiner Weise relevant sein. Selbst wenn sich die Beratung gegebenenfalls positiv auf das Gerichtsverfahren auswirkt, ist eine Zwangsberatung ganz durchgängig abzulehnen. Der Wille der Eltern ist zu akzeptieren.

Der Großteil der Richterinnen und Richter gehorcht demgegenüber nicht so strikt dem Elternprimat. Unter der Prämisse, daß Eltern nicht per se Garanten des Kindeswohls seien und daß zumindest eine gewisse Kontrolle aus Gründen des Kindeswohls geboten erscheint, haben sich diese Richterinnen und Richter die Wahrung des Kindeswohls zur Aufgabe gemacht. Sie wirken deshalb nicht nur aktiv darauf hin, daß die Eltern selbst bei anfänglicher Ablehnung sich vom Jugendamt beraten lassen, sondern wünschen darüber hinaus auch eine Information darüber, ob die Beratung stattgefunden hat. Angesichts der Tatsache, daß sie selbst im Verfahren teilweise sehr intensiv auf die Inanspruchnahme der Beratung drängen, stehen sie einer gesetzlichen Verpflichtung der Eltern zumindest offener gegenüber.

Während also ein Teil der Richterschaft den Eltern weitgehende Entscheidungsfreiheit beläßt und sich zurückzieht, versucht der andere Teil trotz entgegenstehenden Gesetzeswortlauts, aus Gründen des Kindeswohls vermittelnd und regulierend auf die Eltern einzuwirken.

b) Mitwirkung des Jugendamtes bei Sorgerechtsverfahren gemäß § 50 SGB VIII

Stellt ein Elternteil einen Sorgerechtsantrag, ist das Jugendamt neben dem weiter bestehenden Beratungsanspruch der Eltern gemäß § 17 II SGB VIII dazu verpflichtet, bei dem Sorgerechtsverfahren mitzuwirken, § 50 SGB VIII. Konkret heißt das, daß das Jugendamt verpflichtet ist, das Gericht bei allen Maßnahmen, die die Personensorge betreffen, zu unterstützen[879]. Wie oben bereits dargestellt, handelt es sich bei dieser Mitwirkungsaufgabe um eine eigenständige Aufgabe des Jugendamtes, die es nach eigenem Ermessen ausfüllen kann[880]. Eine Berichtspflicht mit abschließender gutachterlicher Empfehlung besteht nicht mehr[881]. Es ist dem Jugendamt vielmehr freigestellt, auf welche Weise es das Gericht informiert[882].

---

[879] *Wabnitz*, ZfJ 2000, 336 (337).
[880] *Wabnitz*, ZfJ 2000, 336 (341).
[881] *Wabnitz*, ZfJ 2000, 336 (341).
[882] S.o. § 3 III 4 c).

Mit der Frage IV 2 a) sollte herausgefunden werden, ob eine Änderung in der jugendamtlichen Praxis – wie sie sich in dem Gespräch mit der Mitarbeiterin des Jugendamtes andeutete – stattgefunden hat und wie die Richterschaft gegebenenfalls damit zurecht kommt. Die Fragen IV 2 b) und c) sind demgegenüber generell auf die Teilnahme des Jugendamtes am familiengerichtlichen Verfahren gerichtet. Neben der Häufigkeit der Teilnahme wurde auch nach der Initiative gefragt. So war in einer früheren Untersuchung bemängelt worden, daß die Jugendamtsmitarbeiter nur „selten" bis „nie" an den Sitzungen teilnähmen[883]. Eine intensivere Teilnahme sei jedoch wünschenswert, weil dadurch das Verständnis für die Arbeitsweise des anderen und damit die allgemeine Zusammenarbeit gefördert würde[884].

aa) Mitwirkungspflicht in der jugendamtlichen Praxis

Obwohl es dem Jugendamt mittlerweile freigestellt ist, spricht es nach Aussage von knapp der Hälfte der befragten Richterinnen und Richter weiterhin eine Empfehlung aus (45,2% oder 19 Teilnehmer). Damit erfüllt das Jugendamt die Erwartung des überwiegenden Teils der Richterschaft, der eine solche Empfehlung auch wünscht (24 Teilnehmer oder 57,1%). Nur 6 Teilnehmer geben sich einschränkungslos mit einem Gutachten ohne abschließende Empfehlung zufrieden. 4 Teilnehmer wünschen zwar eine Empfehlung, kommen aber auch dann mit dem Gutachten zurecht, wenn eine Empfehlung fehlt. Die Mehrheit der befragten Richterinnen und Richter scheint mithin mit der Art und Weise, wie das Jugendamt seine Mitwirkungspflicht gemäß § 50 FGG erfüllt, gut zurechtzukommen, sei es, weil das Jugendamt weiterhin eine abschließenden Empfehlungen trifft, sei es, weil den Richterinnen und Richtern ein Gutachten ohne abschließende Empfehlung für ihre Entscheidungsfindung genügt.

Demgegenüber üben 13 Teilnehmer (40,6%) an der derzeitigen jugendamtlichen Praxis Kritik. Sie wünschen eine abschließende Empfehlung, da Gutachten, die keine Empfehlung enthielten, nicht zur Entscheidungsfindung ausreichten. Nach ihrer Erfahrung spricht das Jugendamt jedoch keine Empfehlung mehr aus.

bb) Teilnahme des Jugendamtes an streitigen Sorgerechtsverfahren

Das Jugendamt ist bei streitigen Sorgerechtsverfahren fast immer beteiligt. So nimmt das Jugendamt nach Ansicht von über 90% der befragten Richterschaft (90,5% oder 38 Teilnehmer) „überwiegend" an streitigen Sorgerechtsverfahren teil. Ein Teilnehmer ergänzte den Fragebogen sogar um die Antwortmöglichkeit

---

[883] *Lidle-Haas*, Das Kind im Sorgerechtsverfahren bei der Scheidung, S. 169.
[884] *Lidle-Haas*, Das Kind im Sorgerechtsverfahren bei der Scheidung, S. 171.

„immer". Die restlichen 4 Teilnehmer (9,3%) gaben an, daß das Jugendamt zumindest „häufig" an streitigen Sorgerechtsverfahren mitwirke. Die Initiative geht dabei nach Ansicht eines Großteils von ihnen vom Gericht selbst aus (58,1% oder 25 Teilnehmer). Knapp 40% (39,5% oder 17 Teilnehmer) erklärten, daß sowohl das Jugendamt als auch das Gericht auf eine Teilnahme des Jugendamtes am gerichtlichen Verfahren hinwirken würden. Nur ein Teilnehmer sah allein das Jugendamt als Initiator an.

Bei streitigen Sorgerechtsverfahren ist das Gericht also sehr darauf bedacht, daß die Wahrung des Kindeswohls durch die Teilnahme des Jugendamtes sichergestellt wird. Anders als bei der vorangegangenen Untersuchung von Lidle-Haas[885] war nicht nur nach der Teilnahme an Sitzungen, sondern generell nach der Teilnahme am Verfahren gefragt. Insofern ist davon auszugehen, daß die Richterschaft neben der persönlichen Anwesenheit eines Jugendamtsmitarbeiters beim Termin auch das – bei Sorgerechtsverfahren vom Jugendamt zwingend anzufertigende – Gutachten in seine Bewertung einbezogen hat. Selbst wenn eine vergleichende Betrachtung zu der vorangegangenen Untersuchung aufgrund der unterschiedlichen Fragestellung nicht möglich ist, läßt sich festhalten, daß gerade bei strittigen Sorgerechtsverfahren die Institutionen Gericht und Jugendamt zugunsten des Kindeswohls eng zusammenarbeiten.

c) Verhältnis der Institutionen

Abschließend wurde mit der Frage IV 3 das Verhältnis zwischen Jugendamt und Gericht aus richterlicher Sicht abgehandelt. Immerhin war der Erfolg der Reform, wie oben ausführlich dargestellt[886], von diesem Verhältnis abhängig gemacht worden. Die Richterinnen und Richter sollten daher zunächst die jetzige Zusammenarbeit und den jetzigen Kontakt zum Jugendamt einschätzen und eventuellen Verbesserungsbedarf benennen (Fragen IV 3 a bis c). Darüber hinaus sollte die Frage IV 3 d) zeigen, wie die Richterschaft generell die Aufgabenverteilung zwischen Jugendamt und Gericht nach der Reform sieht. In der Literatur werden hierzu unterschiedliche Ansichten vertreten.

aa) Bewertung der Zusammenarbeit

Die Zusammenarbeit zwischen Jugendamt und Gericht wird von über 90% der befragten Richterinnen und Richter als „gut" (26 Teilnehmer oder 60%), wenn nicht sogar als „sehr gut" (14 Teilnehmer oder 32,6%) bewertet. Während ein Teilnehmer die Skala um eine Kategorie zwischen gut (2) und schlecht (3) ergänzte, erklärten nur 2 Teilnehmer die Zusammenarbeit als schlecht. Eine ent-

---

[885] *Lidle-Haas*, Das Kind im Sorgerechtsverfahren bei der Scheidung, S. 169.
[886] S.o. § 6 III 4.

sprechende Einschätzung ergab auch die Befragung in Bayern, bei der 76% der befragten Richterschaft und 77% der befragten Jugendamtsmitarbeiter sich eine gute Zusammenarbeit bescheinigten[887]. Im Gegensatz dazu stehen die Ergebnisse der Erhebung an ausgewählten Jugendämtern. In dieser zeigten sich die Teilnehmer unzufrieden mit die derzeitigen Form der Zusammenarbeit und stellten fest, daß neue Formen der Zusammenarbeit gefunden werden müßten[888]. Auch Proksch kommt bei seiner Untersuchung unter den Familienrichtern zu einem anderen Ergebnis. Danach befindet nur die Hälfte der Teilnehmer die Zusammenarbeit für sehr gut/gut. 37,5 bewerten die Zusammenarbeit demgegenüber lediglich als zufriedenstellend[889].

Die unterschiedlichen Ergebnisse deuten darauf hin, daß es regionale Unterschiede gibt und die Zusammenarbeit in Schleswig-Holstein überduchrschnittlich gut funktioniert.

bb) Verbesserungsbedarf

Trotz der sehr positiven Einschätzung durch sie Schleswig-Holsteinischen Richter sahen 17 Teilnehmer, unter ihnen die drei Teilnehmer, deren Einschätzung negativer ausfiel, in einigen Bereichen noch Verbesserungsbedarf.

Ganz überwiegend wurden der Personalmangel (7 Teilnehmer) und die daraus resultierenden langen Bearbeitungszeiten (9 Teilnehmer) kritisiert – Punkte, die auch die Bayrischen Richterinnen und Richter und die Teilnehmer der Erhebung von Proksch bemängelten[890]. Der Gesetzgeber normiere Pflichten, ohne aus finanziellen Gründen das dafür erforderliche Personal zur Verfügung zu stellen. Das Jugendamt sei daher permanent überlastet. Für die Betreuung der Familien stünde zu wenig Zeit zur Verfügung. Insbesondere in Problem- und Eilfällen komme die personelle Überforderung zum Tragen. Dabei sei eine schnellere Bearbeitung gerade in diesen Fällen wünschenswert. Zudem bestünde in Eilfällen zu wenig Flexibilität.

Die Hauptkritik richtet sich mithin gegen den Staat, der die Jugendämter personell nicht so ausstattet, daß sie alle Aufgaben, die ihnen durch die Reform zugewiesenen worden sind, in einer angemessenen Zeit erledigen können. Der Ansatz der Reform, nämlich die Stärkung der sozialpflegerischen Intervention, droht am fehlenden Geld zu scheitern. Dabei dürfen die Auswirkungen einer

---

887 *Buchholz-Graf*, ZfJ 2001, 209 (215).

888 *Seidenstücker*, ZfJ 2001, 88 (97).

889 *Proksch*, Rechtstatsächliche Untersuchung, S. 290.

890 *Buchholz-Graf*, ZfJ 2001, 209 (215); *Proksch*, Rechtstatsächliche Untersuchung, S. 294, wonach 70,6% der Familienrichterinnen und -richter kürzere Wartezeiten forderten.

Verzögerung beim Kind nicht unterschätzt werden. Zum einen ist das Kind, solange das Verfahren andauert, einer schweren Zerreißprobe ausgesetzt[891]. Zum anderen unterscheidet sich das kindliche Zeitempfinden von dem eines Erwachsenen dadurch, daß es einen eingetretenen Kontaktverlust viel früher als endgültig empfindet[892]. Eine unnötige Verzögerung ist deshalb unbedingt zu vermeiden. Eine weitere Gefahr liegt darin, daß die dem Jugendamt übertragene Kontrolle aufgrund personeller Überlastung ins Leere läuft. Angesichts der Verlagerung der Kontrollfunktion vom Gericht auf das Jugendamt, ist diese Entwicklung nicht unproblematisch.

Daneben erkannten die Richterinnen und Richter vereinzelt auch Schwachstellen in der Organisation der Jugendämter.

So beanstandeten drei Teilnehmer die Angebote zum betreuten Umgang. Dabei lassen sich diese Probleme wohl – hoffentlich – als Anfangsschwierigkeiten begreifen, da dieses Institut für das Jugendamt neu ist und erst einmal ein Konzept entwickelt werden muß, wie der betreute Umgang in der Praxis ausgestaltet werden soll.

Zwei weitere Teilnehmer hoben Mängel bei den Berichten oder bei der Qualität einiger Jugendamtsmitarbeiter hervor. Die Berichte seien oft zu kurz, und es würde keine Unterscheidung zwischen objektiver Darstellung und subjektiver Stellungnahme vorgenommen. Insgesamt sei der Aufbau der Berichte meist unzureichend. Die Jugendamtsmitarbeiter selbst würden daneben die Eltern teilweise nur unzureichend aufklären. Ein Teilnehmer bemängelte darüber hinaus die Schwierigkeit, zuständige Sachbearbeiter zu erreichen.

cc) Kontakt zwischen Jugendamt und Gericht

Am Kontakt zwischen dem Jugendamt und dem Gericht hat sich demgegenüber durch die Kindschaftsrechtsreform nach Aussage von fast 80% der befragten Richterschaft (78,9% oder 30 Teilnehmer) nichts geändert. Während 3 Teilnehmer (7,9%) angaben, seit der Reform in engerer Verbindung zum Jugendamt zu stehen, erklärten 5 Teilnehmer (13,2%), daß der Kontakt weniger geworden sei.

Dieses Ergebnis erstaunt insofern, als das Jugendamt nach der Reform nur noch an Sorgerechtsverfahren beteiligt ist. Scheidungsverfahren ohne Sorgerechtsantrag finden demgegenüber ohne die zwangsweise Beteiligung des Jugendamtes statt. Es wäre also zu erwarten gewesen, daß der Kontakt geringer wird. Andererseits ist durch die Reform die Bedeutung des interdisziplinären Zusammen-

---

[891] *Harnach-Beck*, FPR 1998, 230 (232).
[892] *Motzer*, FamRZ 2001, 1034 (1041).

wirkens zugunsten des Kindes betont worden. Beide Strömungen mögen sich im Endeffekt aufgehoben haben, so daß in der Praxis keine wesentlichen Veränderungen eingetreten sind.

dd) Rollenverständnis der Richterschaft

In der Literatur wird vertreten, daß durch die Reform ein Wandel im Rollenverständnis stattgefunden habe[893]. Die Kindschaftsrechtsreform habe die Entwicklung gestärkt, wonach dem Jugendamt eine selbstständige, eigenverantwortlich zu erfüllende Aufgabe im Sorgerechtsverfahren zugebilligt werde. Es sei nicht mehr nur der weisungsgebundene „Helfer der Gerichts"[894]. Dem Jugendamt komme vielmehr eine gleichberechtigte Aufgabe neben der Entscheidungsfunktion des Gerichts zu[895]. Einzelne Vertreter gehen sogar darüber hinaus und erklären die Aufgabe des Gerichts für subsidiär[896]. Der Gesetzgeber habe sich für die Priorität der Beratung entschieden[897]. Damit sei dem Richter in einer bestimmten Phase des Verfahrens nur eine Hilfsfunktion zugewiesen. Er habe seine Informationspflichten zu erfüllen und dafür zu sorgen, daß eine jugendamtliche Beratung nach Möglichkeit schnell zustande kommt. Eine juristische Intervention komme demgegenüber erst in Betracht, wenn die Beratung gescheitert sei[898], sozusagen als „ultima ratio"[899].

Mit der Frage IV 3 d) sollte herausgefunden werden, wie die Richterschaft das Verhältnis zwischen den Aufgaben des Jugendamtes und denen des Gerichts bewertet.

Fast zwei Drittel der befragten Richterschaft (27 Teilnehmer oder 65,9%) gehen von einem gleichberechtigten Nebeneinander von gerichtlicher Entscheidung und jugendamtlicher Beratung aus. Demgegenüber sehen 14 Teilnehmer (34,1%) Gerichtsentscheidungen als subsidiär an. Während ein Teilnehmer erklärte, daß die Beratung allerdings in angemessener Zeit unter Mitwirkung beider Elternteile stattfinden müsse, erläuterte ein anderer seine Aussage damit, daß sich durch die jugendamtliche Beratung zumindest eine gerichtliche Entscheidung erübrigen könne. Erstaunlicherweise handelt es sich bei den Teilnehmern, die sich für die Subsidiarität der Gerichtsentscheidung entschieden haben, nicht,

---

[893] *Willutzki*, Kind-Prax 1998, 135 (138); *Weisbrodt*, Kind-Prax 2000, 35.

[894] *Wabnitz*, ZfJ 2000, 336 (341); *Weisbrodt*, Kind-Prax 2000, 35; *Kaufmann/Plate*, Kind-Prax 2000, 113.

[895] So: *Wabnitz*, ZfJ 2000, 336 (341).

[896] OLG Zweibrücken, FamRZ 2000, 627 (628).

[897] *Gerth*, Kind-Prax 1998, 15 (16); *Willutzki*, Kind-Prax 1998, 135 (137); *Bergmann/Gutdeutsch*, FamRZ 1999, 422 (423).

[898] *Willutzki*, Kind-Prax 1998, 135 (138).

[899] *Gerth*, Kind-Prax 2001, 75 (76).

wie eigentlich zu erwarten gewesen wäre, um solche, die sich verstärkt um die Inanspruchnahme der Beratung durch die Eltern bemühen. Nur 6 Teilnehmer, und damit weniger als die Hälfte von ihnen (42,8%), raten den Eltern häufig oder öfter, die Beratung des Jugendamtes in Anspruch zu nehmen. Bei den Teilnehmern, die sich für ein gleichberechtigtes Nebeneinander von gerichtlicher Entscheidung und jugendamtlicher Beratung entschieden haben, sind es demgegenüber fast drei Viertel (20 Teilnehmer oder 74%). Lehnen die Eltern die jugendamtliche Beratung ab, so bemühen sich in beiden Fällen etwa zwei Drittel (64,3% bzw. 69,2%), die Eltern von der Inanspruchnahme der Beratung zu überzeugen. Die These, daß diejenigen, die eine gerichtliche Entscheidung als subsidiär ansehen, verstärkt auf die Wahrnehmung der jugendamtlichen Beratung durch die Eltern hinwirken, läßt sich nicht aufstellen. Der Stellenwert, der durch diese Aussage der jugendamtlichen Tätigkeit zugemessen wird, findet im richterlichen Verhalten – zumindest was das Hinwirken auf die Beratung angeht – somit keinen erkennbaren Niederschlag.

5) Entscheidungsgründe und Entscheidung

Nach dem Gesetz erfolgt die Entscheidung zugunsten der Alleinsorge eines Elternteils bei einem einvernehmlichen Alleinsorgeantrag ohne weitergehende Sachprüfung[900]. Bei einem streitigen Sorgerechtsantrag findet, zumindest nach der überwiegenden Ansicht, eine zweistufige Prüfung statt, in der der Richter zunächst festzustellen hat, ob die Alleinsorge generell, in einem zweiten Schritt dann, ob die Alleinsorge des konkreten Antragstellers dem Kindeswohl am besten entspricht[901]. Dabei hat der Gesetzgeber auf die Normierung von Kriterien für die gemeinsame bzw. die Alleinsorge bei der Ausgestaltung des Sorgerechtsverfahrens verzichtet. Vielmehr hat er sich damit begnügt, neben dem Elternwillen das Kindeswohl als Regulativ zu nennen. Dessen Konkretisierung liegt nunmehr in den Händen der Richterschaft.

Der fünfte Abschnitt des Fragebogens beschäftigt sich deshalb mit dem Themenkomplex, wann (Frage V 1) und aus welchen Gründen (Frage V 2) sich die Richterschaft für oder gegen das gemeinsame Sorgerecht respektive die Alleinsorge eines Elternteils entscheidet. Daneben wurden die Richterinnen und Richter nach Form und Inhalt der endgültigen Entscheidung gefragt. Besonderes Augenmerk wurde dabei auf die durch die Kindschaftsrechtsreform zumindest erweiterte, teilweise sogar ganz neu geschaffene Möglichkeit partieller Alleinsorgeentscheidungen gelegt (Frage V 3). Darüber hinaus sollten die Richterinnen und Richter zu der – allerdings stark kritisierten – Frage Stellung nehmen, wie ein Sorgerechtsverfahren generell endet (Frage V 4).

---

[900] S.o. § 3 IV 1 b) aa).

[901] S.o. § 3 IV 1 b) bb) (2).

a) Häufigkeit der Stattgabe eines Alleinsorgeantrags

In Anlehnung an die Frage III 3 b aa), bei der die Richterinnen und Richter danach gefragt wurden, wie oft sie einen Alleinsorgeantrag ablehnen, sollte die Richterschaft in der Frage V 1 darlegen, wie häufig sie einem gestellten Alleinsorgeantrag stattgibt. Dabei wurde danach differenziert, wie der Antragsgegner auf den Antrag reagiert hatte.

aa) Die Stattgabe des Alleinsorgeantrags in Abhängigkeit von der Reaktion des Antragsgegners

Stimmt der Antragsgegner dem Alleinsorgeantrag zu, so gibt über die Hälfte der befragten Richterschaft (55,8% oder 24 Teilnehmer) dem Antrag „immer" statt. Für die andere Hälfte ist diese Folge keineswegs zwingend. Obwohl das Gesetz der Richterschaft außerhalb der Grenzen der Kindeswohlgefährdung an sich keinen Spielraum gewährt, erklärten insgesamt 44,2% der Teilnehmer, dem Antragsteller das alleinige Sorgerecht in solchen Fällen zwar „überwiegend" (18 Teilnehmer oder 41,9%) oder „häufig" (1 Teilnehmer oder 2,3%), aber nicht immer zu übertragen.

Im entgegengesetzten Fall, wenn beide Elternteile sich widersprechende Alleinsorgeanträge stellen, entscheiden sich nur 3 Teilnehmer (7%) „immer" für die Alleinsorge eines von ihnen. Während jeweils 16 Teilnehmer (37,2%) einem der beiden Alleinsorgeanträge „überwiegend" bzw. „häufig" stattgeben, führten 2 Teilnehmer eine Zwischenkategorie zwischen den Antwortmöglichkeiten „häufig" und „selten" ein. 6 Teilnehmer (14%) erklärten, bei widersprechenden Alleinsorgeanträgen nur „selten" die Alleinsorge zu verfügen. Obwohl beide Eltern zumindest auf den ersten Blick die Alleinsorge wollen, verbleibt es letztlich trotz des entgegenstehenden Elternwillens in vielen Fällen bei der gemeinsamen Sorge.

Hat ein Elternteil einen Antrag gestellt, während der andere die gemeinsame Sorge wünscht, entspricht zwar noch die Hälfte der befragten Richterinnen und Richter dem Antrag „überwiegend" (2 Teilnehmer oder 4,7%) bzw. „häufig" (48,8% oder 21 Teilnehmer). Ein Großteil (18 Teilnehmer oder 41,9%) beläßt es in diesen Fällen jedoch bei dem gemeinsamen Sorgerecht und gibt dem Antrag nur „selten" statt.

bb) Die Ablehnung des Alleinsorgeantrags in Abhängigkeit von der Reaktion des Antragsgegners

Die Auswertung der Frage nach der Ablehnung von Alleinsorgeanträgen (Frage III 3 b aa) hatte erbracht, daß die Richterschaft in zwei gegensätzliche Lager gespalten ist[902]. Die eine Hälfte lehnt einen Alleinsorgeantrag grundsätzlich ab. Die andere Hälfte gibt ihm in der Regel statt. Setzt man diese Aussagen zu den eben gewonnenen Erkenntnissen in Bezug, so ist folgende Konkretisierung möglich:

Die Praxis innerhalb der Richterschaft unterscheidet sich nur in einem Fall gravierend, nämlich dann, wenn ein Elternteil an dem gemeinsamen Sorgerecht festhält. Sowohl bei einvernehmlichen als auch bei sich widersprechenden Alleinsorgeanträgen geben die Richterinnen und Richter den Anträgen ganz überwiegend statt. Diese Entscheidung ist unabhängig davon, welcher Gruppe sie in der Frage III 3 b aa) angehören, das heißt, ob sie „häufig" oder nur „selten" Alleinsorgeanträge ablehnten. Jeweils über die Hälfte der befragten Richterinnen und Richtern erklärte, einvernehmlichen Alleinsorgeanträgen „immer" stattzugeben (52,9% bzw. 58,3%). Mehr als drei Viertel der jeweiligen Gruppe sprachen sich dafür aus, entgegengesetzten Anträgen „häufig" oder öfter zu entsprechen (76,5% bzw. 87,5%).

Beharrt demgegenüber ein Elternteil auf der gemeinsamen Sorge, während der andere einen Alleinsorgeantrag stellt, dann wirken sich die unterschiedlichen Ansichten innerhalb der Richterschaft aus. Von den Teilnehmern, die Alleinsorgeanträge regelmäßig ablehnen, geben nur knapp ein Viertel einem Antrag in diesen Fällen statt (23,5%). Ganz überwiegend belassen sie es bei der gemeinsamen Sorge. Bei den Teilnehmern, die Alleinsorgeanträge „selten" bis „nie" ablehnen, folgen hingegen gut dreimal so viele, nämlich exakt drei Viertel (75%), dem Alleinsorgeantrag auch dann, wenn der Antragsgegner die gemeinsame Sorge begehrt. Der Grund für den konträren Umgang mit entsprechenden Alleinsorgeanträgen liegt in den unterschiedlichen Ansichten zur Stellung der gemeinsamen Sorge.

Diejenigen, die es trotz Alleinsorgeantrags bei der gemeinsamen Sorge belassen, gehen in der Mehrzahl sowohl von einem gesetzlichen Regel-Ausnahme-Verhältnis zwischen der gemeinsamen und der Alleinsorge (55,6%) als auch von einer gesetzlichen Vermutung zugunsten der gemeinsamen Sorge (72,2%%) aus. Hingegen lehnt der Großteil derjenigen, die Alleinsorgeanträgen häufig stattgeben, beides ab (59,1% bzw. 63,7%).

---

[902] S.o. § 6 III 3 c) bb) (1).

cc) Ergebnis

Einvernehmliche sowie sich widersprechende Alleinsorgeanträge betreffend, besteht eine weitgehend einheitliche Praxis der Gerichte. Den Anträgen wird zwar nicht immer, aber häufig bis überwiegend stattgegeben. Erst wenn ein Elternteil auf dem gemeinsamen Sorgerecht beharrt, was, wie bereits festgestellt, seit der Reform verstärkt der Fall ist[903], kommen die unterschiedlichen Ansichten zum Tragen. Wer dem Gesetz den Vorrang bzw. eine gesetzliche Vermutung zugunsten der gemeinsamen Sorge entnimmt, lehnt in diesen Fällen den Alleinsorgeantrag häufiger ab und beläßt es öfter bei der gemeinsamen Sorge als diejenigen Richterinnen und Richter, die in dem Gesetz keine Bevorzugung der gemeinsamen Sorge sehen.

b) Kriterien für die gemeinsame bzw. die Alleinsorge

Der Richter hat einem Alleinsorgeantrag stattzugeben, wenn „zu erwarten ist, daß die Aufhebung der gemeinsamen Sorge und die Übertragung auf den Antragsteller dem Wohl des Kindes am besten entspricht", § 1671 II Nr.2 BGB. Mit dieser offenen Formulierung hat der Richter nicht nur im konkreten Einzelfall die Entscheidung darüber zu treffen, wann die Alleinsorge des Antragstellers dem Kindeswohl besser entspricht als die gemeinsame Sorge. Darüber hinaus liegt es auch an ihm, allgemeingültige Kriterien aufzustellen, anhand derer eine einheitliche Rechtsprechung in diesem Bereich möglich wird. Es ist also in der Hand der Richterschaft, die offene Gesetzesfassung mit Richterrecht zu konkretisieren.

Erkenntnisse darüber, inwiefern in der Gerichtspraxis einheitliche Vorstellungen bezüglich der Voraussetzungen des gemeinsamen bzw. des Alleinsorgerechts vorherrschen und inwiefern man bereits jetzt von anerkannten Kriterien sprechen kann, sollten mit der Frage V 2 gesammelt werden. Dabei ging es in den Fragen V 2 a) und b) zunächst um die Abgrenzung von gemeinsamer und Alleinsorge – mit anderen Worten die erste Stufe der Entscheidung. Differenziert wurde zwischen generellen Kriterien (Frage V 2 a) und der Kooperationsfähigkeit und -bereitschaft im Speziellen (Frage V 2 b). Die Frage V 2 d) handelt demgegenüber von der zweiten Stufe, das heißt der Entscheidung zugunsten eines Elternteils. Vorher war jedoch zu klären, ob die Richterinnen und Richter überhaupt eine Trennung zwischen den in der Literatur herausgearbeiteten Stufen vornehmen (Frage V 2 c). Die Fragen V 2 e) und f) zielten auf eine abschließende Bewertung der offenen Gesetzesfassung, die der Richterschaft einerseits einen weiten Spielraum läßt, andererseits aber auch Rechtsunsicherheit provoziert.

---

[903] S.o. § 6 III 1 a) bb) (2)

aa) 1. Stufe: Abgrenzung zwischen gemeinsamer und Alleinsorge

(1) Generelle Kriterien für das gemeinsame Sorgerecht

Um herauszufinden, aus welchen Gründen sich die Richterinnen und Richter trotz eines Alleinsorgeantrags für das gemeinsame Sorgerecht entscheiden, wurden der Richterschaft in der Frage V 2 a) mögliche Begründungen vorgegeben, die sie nach ihrer Bedeutsamkeit bewerten sollten. Anhaltspunkte für eine mögliche Begründung ergaben sich dabei zum einen aus veröffentlichten Urteilsbegründungen und zum anderen aus in der Literatur hervorgehobenen allgemeinen Vorteilen der gemeinsamen Sorge.

(a) Gesamtbetrachtung

Bei einer undifferenzierten Betrachtungsweise der Antworten fällt zunächst auf, daß die Richterschaft tendenziell alle in der Frage genannten Antwortmöglichkeiten als bedeutsam einschätzt. Jeweils mehr als die Hälfte von ihnen bewertete die einzelnen Antwortmöglichkeiten mit „eher bedeutend“ oder „bedeutend“. Im Einzelfall können also durchaus alle in der Frage angeführten Gründe die Entscheidung beeinflussen. Dennoch ergibt sich aus den Antworten eine gewisse Wertigkeit der Kriterien, die einige bedeutender erscheinen läßt als andere. Im folgenden wird ein kurzer Überblick über die Rangfolge gegeben, wie sie sich aus dem Vergleich der Mittelwerte ergibt:

Weitgehend einig sind sich die Richterinnen und Richter darüber, daß beide Eltern bei der gemeinsamen Sorge erziehungsfähig sein müssen. Über drei Viertel der befragten Richterschaft (76,2% oder 32 Teilnehmer) erklärten diesen Umstand für „bedeutsam“. 30 bzw. 31 Teilnehmer (69,8% bzw. 72,1%) sprachen sich daneben auch für die erhebliche Bedeutung einvernehmlicher Regelungen während der Trennungszeit sowie eine sonstige Einigkeit zwischen den Eltern aus. Dabei ist gleichgültig, ob sich die Eltern über Fragen von erheblicher Bedeutung für das Kind einig sind oder ob zwischen ihnen ein Grundkonsens bezüglich der Kindeserziehung besteht.

Die baldige Volljährigkeit des betroffenen Kindes ist für immerhin 26 Teilnehmer und damit für über die Hälfte der befragten Richterschaft (61,9%) bei der Entscheidung zugunsten der gemeinsamen Sorge von Bedeutung. Ihr scheint zum einen die Erwartung zugrunde zu liegen, daß sich die Eltern für eine absehbare Zeit schon einigen werden. Zum anderen scheint es für den Jugendlichen regelmäßig am besten zu sein, wenn für diesen Zeitraum alles beim alten bleibt und nicht noch eine Alleinsorgeregelung ergeht.

Den Kindeswunsch bewerten nur noch 42,9% (18 Teilnehmer) als ein „bedeutendes“ Entscheidungskriterium zugunsten des gemeinsamen Sorgerechts. Immerhin sehen weitere 14 Teilnehmer (33,3%) in dem Kindeswunsch einen „eher bedeutsamen“ Grund.

Gleich viele Teilnehmer (18 Teilnehmer oder 41,9%) sehen auch in dem Umstand, daß sich die Streitigkeiten der Eltern auf die Paarebene beschränken, ein „bedeutendes“ Entscheidungskriterium für das gemeinsame Sorgerecht. Neben den 16 Teilnehmern (37,2%), die diesem Kriterium zumindest tendenzielle Bedeutung zumessen, sprechen sich allerdings 2 Teilnehmer (4,7%) für dessen Bedeutungslosigkeit aus.

Gegen die vorrangige Bedeutung der theoretischen Annahmen, daß das gemeinsame Sorgerecht dem Kindeswohl nach dem Stand der Entwicklungspsychologie am besten entspricht, sowie die Erwartung, daß sich trennungsbedingte Konflikte auf längerfristige Sicht lösen werden, wendet sich bereits ein Drittel der befragten Richterschaft (36,6% bzw. 33,3 %).

Noch knapp über die Hälfte der befragten Richterinnen und Richter bescheinigt der Begründung, daß gemeinsame Entscheidungen nach § 1687 BGB in nächster Zeit nicht anstehen sowie der Erklärung, daß sich die Eltern nicht ihrer Verantwortung entziehen dürfen, zumindest tendenzielle Bedeutsamkeit (54,8% bzw. 53,7%).

(b) Differenzierte Auswertung anhand der dem gemeinsamen Sorgerecht zugemessenen Bedeutung (Frage III 3 e)

Trägt man der Erkenntnis Rechnung, daß die Richterschaft die rechtliche Verankerung des gemeinsamen Sorgerechts unterschiedlich bewertet, so ergibt sich bei der Auswertung ein differenzierteres Bild. Tatsächlich hängt die Bedeutung einzelner Entscheidungsgründe davon ab, wie die Richterinnen und Richter zu der gemeinsamen Sorge stehen, ob sie also einen gesetzlichen Regelfall annehmen oder von der Gleichwertigkeit der Sorgerechtsformen ausgehen.

Auffällig ist, daß die Teilnehmer, die sich gegen den gesetzlichen Regelfall aussprechen, der Einigkeit der Eltern einen höheren Stellenwert zumessen. Stärker als die Vertreter der Gegenansicht, verlangen diese Teilnehmer Einigkeit über Fragen von erheblicher Bedeutung für das Kind (85,7% oder 18 Teilnehmer zu 55% oder 11 Teilnehmern) sowie einen Grundkonsens (76,2% oder 16 Teilnehmer zu 65 % oder 13 Teilnehmern). Andererseits sind sie optimistischer, was die Erwartung angeht, daß sich Trennungskonflikte auf längerfristige Sicht lösen werden. 76,2% (16 Teilnehmer) lassen diese Überlegung zumindest tendenziell in ihre Entscheidung mit einfließen, während es bei den Teilnehmern, die den gesetzlichen Regelfall propagieren, nur 52,6% (10 Teilnehmer) sind.

Demgegenüber scheinen die Verfechter einer zum gesetzlichen Regelfall erhobenen gemeinsamen Sorge praktischen Erwägungen mehr Raum zu geben. Besonders die baldige Volljährigkeit beeinflußt ihre Entscheidung maßgeblich. 73,7% (14 Teilnehmer) – im Gegensatz zu 52,4% (11 Teilnehmer) der Gegenansicht – halten diesen Umstand für „bedeutsam". Auch dem Kindeswunsch messen sie zumindest prozentual mehr Bedeutung zu (80% oder 16 Teilnehmer zu 71,4% oder 15 Teilnehmern). Neben der Annahme, daß Eltern zwischen Eltern- und Paarebene unterscheiden können, eine Annahme, die 85% von ihnen für zumindest tendenziell bedeutsam halten – im Vergleich dazu sind es bei den Anhängern der Gegenansicht nur 71,4% – , rechtfertigt sich ihre Entscheidung auch stärker aus der Elternverantwortung. 57,9% der Teilnehmer, die in der gemeinsamen Sorge den Regelfall sehen, halten dies für eine zumindest tendenziell bedeutende Begründung, während es bei den Vertretern der Gleichwertigkeit nur 50% sind.

In einer Tabelle gegenübergestellt ergibt sich folgende Rangfolge:

	Gleichwertigkeit	Mittelwert	Regelfall	Mittelwert
1	Einigkeit über Fragen von erheblicher Bedeutung für das Kind	1,1429	a) Erziehungsfähigkeit b) Einvernehmliche Regelungen während der Trennungszeit	1,3
2	Erziehungsfähigkeit	1,2	Volljährigkeit	1,4737
3	Grundkonsens	1,2857	Grundkonsens	1,5
4	Einvernehmliche Regelungen während der Trennungszeit	1,33333	Einigkeit über Fragen von erheblicher Bedeutung für das Kind	1,55
5	Volljährigkeit	1,8571	Trennung von Eltern- und Paarebene	1,7
6	Kindeswunsch	1,9524	Kindeswunsch	1,75
7	Trennung von Eltern- und Paarebene	2,0	Entwicklungspsychologie	2,1053
8	Konflikte werden sich längerfristig lösen	2,0476	Keine Entscheidungen nach § 1687 BGB stehen an	2,2632
9	Entwicklungspsychologie	2,1429	Elternverantwortung	2,3158
10	Elternverantwortung	2,5	Konflikte werden sich längerfristig lösen	2,4737

11	Keine Entscheidungen nach § 1687 BGB stehen an	2,5238		

Beim Vergleich der Mittelwerte fällt weiter auf, daß die Bedeutung der einzelnen Entscheidungsgründe bei den Vertretern des Regel-Ausnahme-Verhältnisses konstant abnimmt, während dies bei den Vertretern der Gleichwertigkeit der Sorgerechtsformen sprunghaft geschieht. Veranschaulicht wird dies in der folgenden Abbildung:

Abb.7

Entscheidungsgründe differenziert nach Regel-Ausnahme-Verhältnis
Vergleich der Mittelwerte

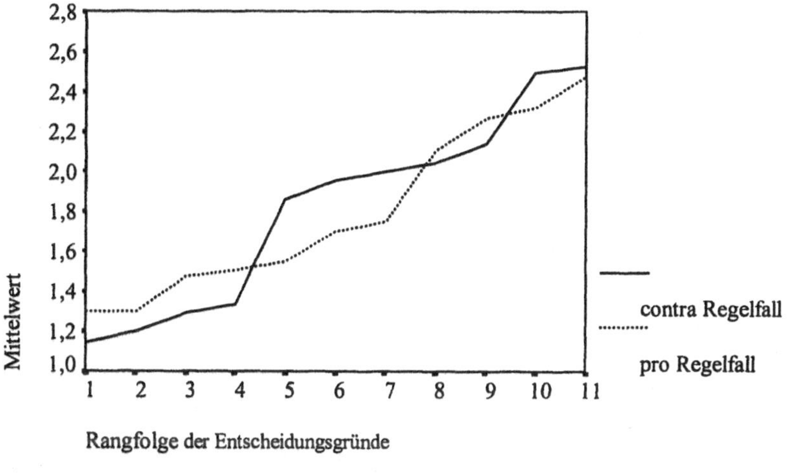

Für die Gegner eines gesetzlichen Regelfalles läßt sich die Schlußfolgerung ziehen, daß es für sie drei Gruppen von Entscheidungsgründen gibt, die untereinander in ihrer Bedeutung differieren. Innerhalb der Gruppen ist die Bedeutung der gruppenzugehörigen Entscheidungsgründe demgegenüber relativ gleich. Zweifelsohne bildet das Erfordernis der Einigkeit zwischen den Eltern für die Anhänger gleichwertiger Sorgerechtsformen das Hauptentscheidungskriterium für die gemeinsame Sorge (Kriterien 1-4 der Tabelle). Danach folgen Erwägungen, die vorrangig das Kind betreffen (Kriterien 5-9 der Tabelle). Von nur geringer Bedeutung sind hingegen ideologisch geprägte Gründe, bei denen die Bedenken gegen das gemeinsame Sorgerecht unter Berufung auf die Elternverantwortung bzw. auf die fehlenden Auswirkungen auf das Kind mangels gemeinsamer Entscheidungen nach § 1687 BGB fallengelassen werden.

Eine entsprechende Gruppenbildung ist bei den Vertretern eines Regel-Ausnahme-Verhältnisses nicht, zumindest nicht in diesem deutlichen Maß, auszumachen.

(c) Ergebnis

Bei der Untersuchung konnte eine Wertigkeit der einzelnen Entscheidungsgründe festgestellt werden, die im einzelnen davon abhängt, wie die Richterinnen und Richter zu der gemeinsamen Sorge und ihrer gesetzlichen Einbindung stehen. Wer dem Gesetz den Regelfall der gemeinsamen Sorge entnimmt, läßt eher Gründe einfließen, die für das gemeinsame Sorgerecht trotz Streits der Eltern sprechen. Demgegenüber ist die Einigkeit zwischen den Eltern das wesentliche Entscheidungskriterium für die Teilnehmer, die dem Gesetz dieses Regel-Ausnahme-Verhältnis nicht entnehmen.

Als einheitliche Linie läßt sich festhalten, daß die Erziehungsfähigkeit und die Einigkeit der Eltern – mit den oben beschriebenen Einschränkungen bei den Vertretern des gesetzlichen Regelfalls – die Entscheidung zugunsten des gemeinsamen Sorgerechts trotz Alleinsorgeantrags maßgeblich bestimmen. Im Einzelfall können andere Erwägungen hinzutreten und eine Abweichung rechtfertigen. Diese fließen bei den Vertretern des gesetzlichen Regelfalls häufiger ein als bei deren Gegnern.

(2) Die Kooperationsfähigkeit und -bereitschaft der Eltern im Speziellen

In seiner Entscheidung vom 3. November 1982, mit der es die zwingende Alleinsorge für verfassungswidrig erklärt hat, hat das Bundesverfassungsgericht als Kriterium für die gemeinsame Sorge der Eltern nach der Scheidung neben der Erziehungsfähigkeit und den nicht entgegenstehenden Gründen des Kindeswohls auch die Bereitschaft der Eltern hervorgehoben, die Sorge für das Kind weiterhin gemeinsam zu tragen[904]. Inwiefern das Merkmal der Kooperationsbereitschaft und die ihr zugrundeliegende Kooperationsfähigkeit der Eltern auch nach der Reform Gültigkeit beansprucht und zwingend vorliegen muß, damit den Eltern das Sorgerecht gemeinsam belassen werden kann, ist, wie oben ausführlich dargestellt, umstritten[905]. Teils wird es für unverzichtbar gehalten, teils wird es als ein Merkmal unter vielen angesehen, welches angesichts der Elternverpflichtung zumindest in gewissen Konstellationen vernachlässigt werden

---

[904] S.o. § 2 VI.
[905] S.o. § 3 IV 1 b) bb) (a).

kann – so zum Beispiel, wenn die Uneinigkeit keine Angelegenheiten von wesentlicher Bedeutung betrifft[906].

Welche Positionen – insbesondere nach der Entscheidung des BGH zugunsten der Unverzichtbarkeit von Kooperationsfähigkeit und -bereitschaft – von der Richterschaft vertreten werden, sollte mit der Frage V 2 b) herausgefunden werden. Dabei sollten die befragten Richterinnen und Richter in der Frage V 2 b) aa) zunächst definieren, was ihrer Ansicht nach überhaupt die Kooperationsfähigkeit und -bereitschaft ausmacht, bevor sie sich zu den unterschiedlichen Ansichten und damit zu der Bedeutung der Kooperationsfähigkeit und -bereitschaft für das gemeinsame Sorgerecht äußerten (Frage V 2 b) bb).

(a) Definition der Kooperationsfähigkeit und -bereitschaft

In der Literatur ist vertreten worden, daß unter Kooperationsfähigkeit und -bereitschaft der Eltern gerade die Fähigkeit zu kooperativem Verhalten in Bezug auf das Kind zu verstehen sei[907]. Die Eltern müßten im Interesse des Kindes eigene Differenzen übergehen können, den anderen Elternteil als Erzieher und Bindungsperson des Kindes anerkennen, tolerant und flexibel sein und sich selbständig über den Barunterhalt einigen können[908].

Die Richterschaft stimmt mit diesen Erwägungen weitgehend überein. Hält sie doch bis auf die Einigung über den Barunterhalt, die 51,2% von ihr als völlig „unbedeutend" ansieht, alle anderen Kriterien zumindest tendenziell für bedeutend. Eine Bedeutung die sich immerhin auf die Ansicht von jeweils über 80% der befragten Richterinnen und Richter stützen läßt.

So ist allgemeiner Konsens, daß unter Kooperationsfähigkeit die Fähigkeit zu verstehen ist, eigene Differenzen zurückzustellen und sich ganz auf das Kind zu konzentrieren. Fast drei Viertel der befragten Richterschaft (74,4% oder 32 Teilnehmer) bewerten dieses Kriterium als „bedeutend". Weitere 10 Teilnehmer halten es zumindest für „eher bedeutend" (23,3%). Für weitere 58,1% ist auch der Umstand „bedeutend", daß die Eltern hinsichtlich der Lebensgestaltung des Kindes zumindest einigermaßen ähnliche Vorstellungen haben. Einen Grundkonsens in allen fundamentalen Angelegenheiten des Kindes fordern dagegen nur 51,2% in jedem Fall. Auch die Anerkennung als Bindungsperson und Erzieher ist nur für 48,8% von entscheidender Bedeutung. Immerhin jeweils 6 Teilnehmer halten die beiden letztgenannten Erfordernisse für „weniger bedeutend", jeweils einer sogar für „unbedeutend".

---

[906] S.o. § 3 IV 1 b) bb) (a), insbes. Fn. 268.
[907] *Johannsen/Henrich-Jaeger*, § 1671, Rn. 36.
[908] *Johannsen/Henrich-Jaeger*, § 1671, Rn. 36.

Kooperationsfähigkeit heißt nach überwiegender Ansicht der Richterschaft also, daß die Eltern zwischen Partner- und Elternebene trennen und die Bedürfnisse des Kindes in den Vordergrund stellen können. Dabei ist es zumindest nach Ansicht der Hälfte der befragten Richterinnen und Richter nicht unbedingt erforderlich, daß sich die Eltern hinsichtlich aller Angelegenheiten von erheblicher Bedeutung geeinigt haben. Wichtiger ist vielmehr, daß die Eltern hinsichtlich der Kindeserziehung und der zukünftigen Lebensgestaltung des Kindes im wesentlichen dasselbe Verständnis haben.

(b) Die Bedeutung der Kooperationsfähigkeit und -bereitschaft

Ob der Kooperationsfähigkeit und -bereitschaft bei der Entscheidung zugunsten der gemeinsamen Sorge eine herausragende Bedeutung zukommt oder ob, und unter welchen Umständen die Richterinnen und Richtern den Eltern das gemeinsame Sorgerecht auch dann belassen, wenn in Teilbereichen Uneinigkeit besteht, sollte mit der Frage V 2 b bb) herausgefunden werden. In Anlehnung an die in Literatur und Rechtsprechung vertretenen Ansichten sind der Richterschaft deshalb Antwortmöglichkeiten vorgegeben worden, anhand derer eine Positionierung vorgenommen werden sollte. Da die Richterinnen und Richter bei der Beantwortung der Fragen vielfach Mehrfachantworten gaben, sind die Positionen nicht so ausgeprägt, wie erwartet. Dennoch zeichnet sich eine gewisse Tendenz ab.

(aa) Auswertung

Über die Hälfte der befragten Richterschaft hält die Kooperationsfähigkeit und -bereitschaft in Anlehnung an die Entscheidung des Bundesgerichtshofes für „unverzichtbar“ (55,8% oder 24 Teilnehmer). Dabei schränkte ein Teilnehmer seine Aussage allerdings dahingehend ein, daß nur die Kooperationsfähigkeit, nicht aber die Kooperationsbereitschaft bei der Entscheidung zugunsten der gemeinsamen Sorge eine Rolle spielten. Doch auch für viele andere Teilnehmer ist „unverzichtbar“ nicht gleichbedeutend mit „einschränkungslos“. 13 Teilnehmer, die sich zur Unverzichtbarkeit der Kooperationsfähigkeit und -bereitschaft bekannten, erklärten zugleich mit der Mehrheit der befragten Richterinnen und Richter (insgesamt 58,1% oder 25 Teilnehmer), solange von der Kooperationsfähigkeit und -bereitschaft der Eltern auszugehen, wie die Uneinigkeit keine Angelegenheiten von erheblicher Bedeutung für das Kind betreffe. Unverzichtbar heißt also für viele Richterinnen und Richter keineswegs, daß Kooperation in jedem Fall jeden Bereich betreffend möglich sein muß. Statt dessen differenzieren sie wie bisher nach der Bedeutung, die dem strittigen Bereich aus Sicht des Kindeswohls zukommt, das heißt danach, ob es sich um einen Streit in Angelegenheiten von erheblicher oder eher untergeordneter Bedeutung handelt.

Damit nimmt die Praxis weiterhin eine Differenzierung vor, die sich nicht aus dem BGH Urteil ergibt.

Einen strengeren Maßstab legen nur die 5 Teilnehmer (11,6%) an, die auf die Kooperationsfähigkeit und -bereitschaft allein dann verzichten, wenn ein Elternteil sie völlig willkürlich verweigert. In allen anderen Fällen ist danach einem Alleinsorgeantrag stattzugeben.

Im Gegensatz dazu senkt über ein Viertel der befragten Richterinnen und Richter (27,9% oder 12 Teilnehmer) die Anforderungen an die Kooperationsfähigkeit und -bereitschaft ab, wenn die Eltern objektiv, das heißt aus richterlicher Sicht dazu in der Lage sind, die Sorge gemeinsam zu tragen. Bemerkenswerterweise sind unter ihnen 5 Teilnehmer, die sich zuvor für die Unverzichtbarkeit der gemeinsamen Sorge ausgesprochen hatten. Zu den Zwölfen kommen 7 Teilnehmer (16,3%), die der Kooperationsfähigkeit und -bereit-schaft durchweg keine herausragende Bedeutung bei der Entscheidung zugunsten der gemeinsamen Sorge zumessen. Sie stellt ihrer Ansicht nach nur ein Merkmal unter vielen dar.

Insgesamt 16 Teilnehmer (37,2%) sehen die Eltern grundsätzlich in der Pflicht, einen Konsens zu suchen.

Während ein Teilnehmer die vorgegebenen Antwortmöglichkeiten um die Aussage ergänzte, daß ein Mindestmaß an Kooperationsfähigkeit und -bereitschaft vorhanden sein müsse, erklärte ein anderer Teilnehmer, von der Kooperationsbereitschaft der Eltern dann auszugehen, wenn Einigkeit über den tatsächlichen Aufenthalt des Kindes bestünde. Damit zeigen auch sie, daß elterliches Einvernehmen keineswegs in allen Bereichen vorliegen muß, um es beim gemeinsamen elterlichen Sorgerecht belassen zu können.

(bb) Verhältnis zu der Entscheidung zum Regel-Ausnahme-Verhältnis (Frage III 3 e)

Wie zu erwarten war, schlägt sich auch bei der Bewertung der Kooperationsfähigkeit und -bereitschaft die Ansicht zur Regel-Ausnahme-Problematik nieder.

Während die Mehrheit der Richterinnen und Richter, die sich gegen das gemeinsame Sorgerecht als gesetzlichen Regelfall aussprechen, uneingeschränkt die Aussage vertritt, daß die Kooperationsfähigkeit und -bereitschaft unverzichtbar seien (61,9%), läßt die Mehrheit der Verfechter eines gesetzlichen Regelfalls Einschränkungen zu. 60% von ihnen senken die Anforderungen an die Einigkeit der Eltern entsprechend der aus § 1687 BGB entlehnten Differenzierung dann ab, wenn Streitigkeiten keine Angelegenheiten von erheblicher Bedeutung für das Kind betreffen.

Die unterschiedlichen Ansichten wirken sich allerdings nicht nur auf die Verteilung der Mehrheitsverhältnisse innerhalb der jeweiligen Ansichten aus. Auch bei den einzelnen Antworten lassen sich Mehrheitsverhältnisse erkennen, die zeigen, daß unterschiedliche Prioritäten gesetzt werden.

Die Teilnehmer, die vom gleichberechtigten Nebeneinander der Sorgerechtsformen ausgehen, stellen die Mehrheit in den Antworten, in denen es um die relativ uneingeschränkte Geltung der Kooperationsfähigkeit und -bereitschaft für das gemeinsame Sorgerecht geht. Demgegenüber dominieren die Vertreter des gesetzlichen Regelfalls die Antworten, die Einschränkungen zulassen – die Dominanz wird stärker, je weiter die Eingriffe gehen. Dementsprechend stellen Letztgenannte nur 43,5% bzw. 40% der Teilnehmer, die sich für die Unverzichtbarkeit der gemeinsamen Sorge bzw. für Abweichungen nur bei erkennbar willkürlicher Verweigerung ausgesprochen haben. Bei der Beschränkung auf die Einigkeit in wesentlichen Bereichen für das Kind machen sie schon die Hälfte aus. 54,5% von denjenigen, die einer objektiven Kooperationsfähigkeit auch gegen den Willen der Eltern Rechnung tragen, gehen von dem gesetzlichen Regelfall der gemeinsamen Sorge aus. Bei der Aussage, daß die Eltern zum Konsens verpflichtet seien, sind es schon 56,3%. Schließlich sprechen sich 71,4% derjenigen, die in der Kooperationsfähigkeit und -bereitschaft nur ein Merkmal unter vielen sehen, für den gesetzlichen Regelfall der gemeinsamen Sorge aus.

(c) Ergebnis

Die Mehrheit der Richterschaft sieht in den Merkmalen der Kooperationsfähigkeit und -bereitschaft nicht nur irgendwelche, sondern die wesentlichen Kriterien für die Entscheidung zugunsten des gemeinsamen Sorgerechts[909]. Gestützt wird dieses Ergebnis durch die Gewichtung, die die Richterschaft in der vorangegangenen Frage der Einigkeit der Eltern zumaß. Einigkeit heißt allerdings nach den Ergebnissen dieser Frage nicht, daß gar kein Streit zwischen den Eltern vorliegen darf. Was sich aus den vorangegangenen Fragen nicht so ergab, zeigt sich nun hier: Die Mehrheit der Richterschaft läßt es ausreichen, daß in den Bereichen, die von erheblicher Bedeutung für das Kind sind, zwischen den Eltern Einigkeit erzielt wird. Wie zuvor ist dabei jedoch zu berücksichtigen, mit welcher Motivation die Richterinnen und Richter das gemeinsame Sorgerecht verfolgen. Die Versuchung, an die Einigkeit der Eltern geringere Anforderungen zu stellen, ist bei denjenigen größer, die dem Gesetz eine Präferenz für das gemeinsame Sorgerecht entnehmen. Indes beläßt die Mehrheit der Teilnehmer, die von gleichberechtigten Sorgerechtsformen ausgehen, es relativ uneingeschränkt bei

[909] So auch *Proksch*, Rechtstatsächliche Untersuchung, S. 216. 86,1% erklärten die Kooperation und Kommunikation zwischen den Eltern für wesentlich, ohne daß jedoch danach differenziert wurde, was Kooperation und Kommunikation für die Richterschaft bedeutet.

der Aussage, daß die Kooperationsfähigkeit und -bereitschaft unverzichtbar seien.

Absolut gesehen bleibt Fakt, daß die Mehrheit der Richterschaft entsprechend der Wertung des § 1687 BGB differenziert. Die meisten der Richterinnen und Richter vertreten insofern eine gemäßigte Linie. Sie zwingen die Eltern nicht zum gemeinsamen Sorgerecht. Sie sehen aber auch nicht gleich vom gemeinsamen Sorgerecht ab, wenn zwischen den Eltern in Teilbereichen Uneinigkeit herrscht oder die Eltern sich weigern, miteinander zu kooperieren. Auch wenn die Mehrheit dabei – anders als der BGH – eine Differenzierung nach Belangen von wesentlicher Bedeutung und Alltagsangelegenheiten vornimmt, scheint hinter allen Aussagen der Gedanke zu stehen, daß im Einzelfall aus Gründen des Kindeswohls sehr wohl von den Merkmalen der Kooperationsfähigkeit und -bereitschaft abgesehen werden kann. Es handelt sich somit keinesfalls um eine starre Einschätzung. Dies erklärt auch die teilweise auf den ersten Blick widersprüchlichen Mehrfachantworten.

bb) 2. Stufe: Entscheidung zugunsten der Alleinsorge eines Elternteils

Bereits vor der Reform hatte die Rechtsprechung in Sorgerechtsverfahren zu entscheiden, welchem Elternteil gegebenenfalls die Alleinsorge zuzuweisen war. Für diese Entscheidung waren in der Rechtsprechung Kriterien, wie das Kontinuitäts- oder das Förderungsprinzip, entwickelt worden[910]. Mit der Kindschaftsrechtsreform beschränkt sich die Möglichkeit der Übertragung der Alleinsorge zwar auf den Antragsteller, die Kriterien sind dabei jedoch nach Ansicht der Literatur die alten geblieben. Ob auch in der praktischen Anwendung die Kriterien im Verhältnis zu der Zeit vor der Reform gleich geblieben sind oder ob sich durch die Reform etwas an diesen Kriterien geändert hat, sollte mit der Frage V 2 d) herausgefunden werden. Bevor die Richterschaft allerdings zu dieser Frage Stellung nahm, ist sie danach befragt worden, ob sie überhaupt die strikte Zweiteilung, die sich in der Gesetzesfassung abzeichnet[911] und auch in Rechtsprechung und Literatur weitgehend so vertreten wird[912], vornimmt (Frage V 2 c).

(1) Differenzierung nach Stufen

Nur 6 Teilnehmer (14%) gaben an, bei ihrer Entscheidung danach zu differenzieren, ob Gründe für oder gegen die Alleinsorge bzw. für oder gegen den An-

[910] S.o. § 3 IV 1 b) bb) (2) (b).
[911] BT-Drucks. 13/4899, S.99.
[912] S.o. § 3 IV 1 b) bb) (2).

tragsteller sprechen. Für die überwiegende Mehrzahl der befragten Richterinnen und Richter (86% oder 37 Teilnehmer) ist die Gesamtschau der Umstände maßgeblich. Eine zweistufige Entscheidung in der Art, daß die Richterschaft zunächst generell danach fragt, ob die Alleinsorge dem Kindeswohl entspricht, bevor sie die Kindeswohlverträglichkeit der Alleinsorge des Antragstellers bewertet, findet in der Praxis in den meisten Fällen nicht statt. Vielmehr geht die überwiegende Mehrheit der Richterinnen und Richter mit Coester[913] davon aus, daß eine strikte Trennung der einzelnen Aspekte nicht durchzuhalten ist. Sie erscheint gekünstelt. Für eine Entscheidung zugunsten des Kindeswohls scheint die Berücksichtigung aller Aspekte von Bedeutung zu sein, ohne daß eine bestimmte Reihenfolge eingehalten werden muß.

(2) Änderung der Kriterien auf der zweiten Stufe

Obwohl die Richterschaft vorwiegend nicht zweistufig vorgeht, sondern eine Entscheidung anhand der Gesamtschau aller Umstände trifft, müssen am Ende letztlich alle Gründe, die für oder gegen das alleinige Sorgerecht des Antragstellers sprechen, berücksichtigt worden sein, damit eine tragfähige Entscheidung ergehen kann. Insofern setzt sich der Richter unabhängig von seiner Vorgehensweise bei einer Alleinsorgeentscheidung in jedem Fall damit auseinander, ob die Alleinsorge des Antragstellers dem Kindeswohl entspricht oder nicht. Die Frage V 2 d) nach einer Veränderung der Kriterien bei der Wahl des Alleinsorgeberechtigten infolge der Reform verliert also nicht bereits deshalb an Bedeutung, weil die meisten Richterinnen und Richter nicht zweistufig vorgehen.

Allerdings haben die Richterinnen und Richter die von einem zweistufigen Aufbau ausgehende Frage teilweise mißverstanden. So wurden trotz der Konkretisierung auf die Person des Antragstellers unter besonderer Hervorhebung der Kriterien wie das Kontinuitäts- und Förderungeprinzip ausschließlich generelle Veränderungen der Entscheidungspraxis angeführt. Alle 5 Teilnehmer, die Veränderungen festgestellt hatten, sahen diese in der Ausrichtung auf das gemeinsame Sorgerecht. Die Alleinsorge sei auf die Fälle beschränkt, in denen sich die gemeinsame Sorge verbiete. Damit bleibe es bei dem gemeinsamen Sorgerecht, solange keine wesentlichen Differenzen zwischen den Eltern bestünden, zum Beispiel den Wohnort oder die Schule betreffend. Veränderungen bei der Auswahl der Person des Alleinsorgeberechtigten wurden demgegenüber nicht erwähnt. Dem entspricht, daß der weit überwiegende Teil der befragten Richterschaft keine Veränderung festgestellt hat (33 Teilnehmer oder 86,8%), unter ihnen auch 5 der 6 Teilnehmer, die zweistufig vorgehen. Weitere 5 Teilnehmer enthielten sich meist aufgrund mangelnder Erfahrung mit Altregelungen (3 Teilnehmer) der Beantwortung der Frage.

---

[913] S.o. § 3 IV 1 b) bb) (2).

Insgesamt läßt sich also festhalten, daß hinsichtlich der Auswahl der Person des Alleinsorgeberechtigten in der Praxis alles beim alten geblieben ist. Eine Veränderung der bewährten, richterrechtlich entwickelten Kriterien hat nicht stattgefunden. Dabei ist hervorzuheben, daß selbst die 5 Teilnehmer, die im Einklang mit der Literatur zweistufig vorgehen und sich gesondert mit den Gründen auseinandersetzen, die für bzw. gegen das alleinige Sorgerecht des Antragstellers sprechen, keine Veränderungen festgestellt haben.

cc) Bewertung der offenen Gesetzesfassung

Der Gesetzgeber hat weder Voraussetzungen für die gemeinsame noch für die Alleinsorge normiert. Wie die Richterschaft mit dieser offenen Gesetzesfassung zurecht kommt, sollte mit den Fragen V 2 e) und f) geklärt werden. Ziel war es herauszufinden, inwieweit der Praxis mit einer konkreteren Regelung, in der der Gesetzgeber seine Vorstellungen veranschaulicht hätte, bei der Entscheidungsfindung eher geholfen gewesen wäre. In der Frage V 2 e) sollten die Richterinnen und Richter deshalb Stellung beziehen, ob sie eine konkrete Regelung für hilfreicher erachtet hätten, und im Anschluß daran ihre Ansicht begründen (Frage V 2 f).

(1) Auswertung

Nur 6 Teilnehmer (14%) erklärten, daß ihnen eine Regelung, in der der Gesetzgeber seine Vorstellung von der gemeinsamen respektive von der Alleinsorge konkretisiert hätte, bei der Entscheidungsfindung helfe. Seien doch – zumindest nach Ansicht von 5 von ihnen – die praktischen Schwierigkeiten bei der Feststellung des Kindeswohls auch nach der Reform geblieben. Nur für einen Teilnehmer von ihnen reichten die Kriterien des Bundesverfassungsgerichts, die ihre Bedeutung auch nach der Reform behalten hätten, als Grundlage für eine Entscheidungsfindung an sich aus.

Demgegenüber befand der Großteil der befragten Richterschaft eine offene Gesetzesregelung für ausreichend (37 Teilnehmer oder 86%). Auch wenn 19 Teilnehmer erklärten, daß die offene Gesetzesfassung bei der Entscheidungsfindung nicht unbedingt helfe, da die praktischen Schwierigkeiten geblieben seien, engten gesetzliche Kriterien nach Ansicht von 22 Teilnehmern zu sehr ein. Zwei Teilnehmer ergänzten unter der Antwortalternative „Sonstiges“ diese Aussage dahingehend, daß angesichts der Vielzahl von verschiedenen Kriterien und deren unterschiedlicher Gewichtung im Einzelfall eine konkrete gesetzliche Regelung praktisch unmöglich erscheine. Außerdem sei die „zunehmende Regelungswut des Gesetzgebers wenig hilfreich“, da zwischenmenschliche Gefühle nicht in einer gesetzlichen Regelung faßbar seien. 9 Teilnehmer gingen darüber hinaus davon aus, daß die Kriterien des Bundesverfassungsgerichts auch nach der Reform ihre Bedeutung behalten hätten.

Damit sprach sich insgesamt nur ein Viertel der befragten Richterschaft (10 Teilnehmer oder 26,3%) für die Fortgeltung der Kriterien des Bundesverfassungsgerichts nach der Reform aus.

(2) Ergebnis

Insgesamt sieht zwar die Mehrheit der befragten Richterinnen und Richter (24 Teilnehmer oder 63,2%) praktische Schwierigkeiten bei der Feststellung des Kindeswohls im Rahmen des Sorgerechtsverfahrens. Nur die wenigsten halten aber eine konkretere gesetzliche Regelung für geeignet, diese Schwierigkeiten zu beseitigen. Der überwiegende Teil geht davon aus, daß nur eine Einzelfallregelung, bei der den Besonderheiten des Falles Rechnung getragen werden kann, dem Kindeswohl gerecht wird. Mit konkreten gesetzlichen Regelungen würde der Spielraum des Gerichts nur eingeengt. Zwischenmenschliche Gefühle ließen sich nicht zufriedenstellend gesetzlich regeln.

c) Partielle Alleinsorge

Seit dem Inkrafttreten der Reform ist es im Rahmen des § 1671 BGB möglich, die Personensorge zwischen den Eltern aufzuteilen bzw. nur für Teilbereiche die Alleinsorge anzuordnen und es ansonsten bei der gemeinsamen Sorge zu belassen. Diese – zumindest für die Personensorge neu geschaffene – Möglichkeit ist in der Literatur begrüßt worden[914], ermöglicht sie doch, von der starren Zuteilung der alleinigen Personensorge abzusehen und zugunsten des Kindeswohls flexible Einzelfallregelungen zu treffen. Dadurch werde nicht nur der Perspektive des Kindes besser Rechnung getragen[915]. Im Sinne des Verhältnismäßigkeitsgrundsatzes würden auch die Eltern nicht mehr zu einer vollständigen Aufhebung des gemeinsamen Sorgerechts gezwungen, wenn nur hinsichtlich bestimmter Teilbereiche Uneinigkeit herrsche[916]. Diese neue Flexibilität ist als enormer Fortschritt der Reform gewertet worden[917].

---

[914] *Willutzki*, Kind-Prax 1998, 8 (10); *ders.*, RPfl 1997, 336 (338); FamRefK-Rogner, § 1671, Rn.14; *Mühlens*, Kind-Prax 1998, 3 (5); *Palandt-Diederichsen*, § 1671, Rn.4.

[915] *Willutzki*, Kind-Prax 1998, 8 (11); *Palandt-Diederichsen*, 59. Auflage (2000), § 1671, Rn.4.

[916] *Willutzki*, Rpfl 1997, 336 (338); *Palandt-Diederichsen*, § 1671, Rn.4.

[917] *Willutzki*, Kind-Prax 1998, 8 (11).

Ob die Möglichkeit der partiellen Alleinsorge die Sorgerechtspraxis verändert hat, sollte mit der Frage V 3 herausgefunden werden. Neben Fragen nach der Häufigkeit (Frage V 3 a) und dem Gegenstand (Frage V 3 b) partieller Alleinsorgeentscheidungen sollte die Richterschaft deshalb Stellung beziehen, ob mit Hilfe von Teilentscheidungen die Gefahr von Meinungsverschiedenheiten zwischen den Eltern und damit verbunden auch von Verfahren nach § 1628 BGB verringert werden könne (Frage V 3 c).

aa) Häufigkeit partieller Alleinsorgeentscheidungen

Bei den partiellen Alleinsorgeentscheidungen (Frage V 3 a) war danach zu differenzieren, wie oft der Richter das alleinige Sorgerecht zwischen den Eltern aufteilt bzw. wie oft er lediglich ein Teil abspaltet und es im übrigen bei der gemeinsamen Sorge beläßt.

Als Ergebnis läßt sich festhalten, daß die Richterschaft durchaus beide Konstellationen in der Praxis kennt, wobei jedoch die Möglichkeit, nur in Teilbereichen die Alleinsorge anzuordnen, weit häufiger genutzt wird als die Aufspaltung des Sorgerechts zwischen den Elternteilen. Über zwei Drittel der Teilnehmer (30 Teilnehmer oder 71,4%) gaben an, niemals das Alleinsorgerecht zwischen den Eltern aufzuteilen. Nur ein Teilnehmer erklärte, dies „häufig" zu tun. Die übrigen 11 Teilnehmer (26,2%) machten „selten" von der Möglichkeit Gebrauch.

Häufiger weisen die Richterinnen und Richter einem Elternteil demgegenüber das alleinige Sorgerecht für einen Teilbereich zu – unter Beibehaltung der gemeinsamen Sorge im übrigen. Auch wenn über die Hälfte der befragten Richterinnen und Richter diese Möglichkeit ebenfalls nur „selten" nutzt (24 Teilnehmer oder 55,8%), geben knapp 40% (39,5% oder 17 Teilnehmer) einer entsprechenden Ausgestaltung des Sorgerechts „häufig" den Vorzug. Ein Teilnehmer nimmt sogar überwiegend eine Abspaltung von Teilbereichen vor. Nur ein Teilnehmer erklärte, niemals Sorgerechtsteile abzuspalten.

Auffällig ist dabei, daß vorrangig die Teilnehmer das Alleinsorgerecht vollständig zwischen den Eltern aufteilen, die sich für die Gleichberechtigung der Sorgerechtsformen und gegen eine gesetzliche Vermutung zugunsten der Kindeswohlförderlichkeit der gemeinsamen Sorge ausgesprochen haben (jeweils 58,3%). Die Teilnehmer indes, die in der gemeinsamen Sorge den Regelfall sehen, insbesondere aber die, die von einer gesetzlichen Vermutung zugunsten der gemeinsamen Sorge ausgehen, nutzen eher die Möglichkeit, die Alleinsorge auf einen Teilbereich zu beschränken und es ansonsten bei der gemeinsamen Sorge der Eltern zu belassen (50% bzw. 61,1%). Tendenziell bevorzugen also die Teilnehmer, die dem Gesetz den Vorrang der gemeinsamen Sorge entnehmen, solche Regelungen, in denen so viel Gemeinsamkeit wie möglich aufrecht erhalten wird.

bb) Gegenstand der partiellen Alleinsorgeentscheidung

Gegenstand einer auf einen Teilbereich beschränkten Alleinsorgeentscheidung ist in den allermeisten Fällen das Aufenthaltsbestimmungsrecht. 97,7% der befragten Richterschaft (42 Teilnehmer) gaben an, in der Regel dieses abzuspalten. Denn, so erläuterte ein Teilnehmer, die Abspaltung des Aufenthaltsbestimmungsrechtes sei häufig die Grundlage für eine einvernehmliche Lösung.

Andere Teilbereiche werden daneben in der Praxis weitaus seltener auf einen Elternteil übertragen. So beschränkten 8 Teilnehmer (18,6%) das Alleinsorgerecht auf die medizinische Betreuung des Kindes. 4 Teilnehmer (9,3%) trennten bereits schulische Entscheidungen ab und übertrugen sie einem Elternteil. 3 Teilnehmer (7%) wiesen einem Elternteil die Vermögenssorge zu. Weitere 2 Teilnehmer nutzten die Möglichkeit, unter der Antwortmöglichkeit „Sonstiges" das Erziehungsrecht und die Gesundheitsfürsorge als Gegenstand partieller Alleinsorgeentscheidungen anzuführen. Weitgehend handelt es sich dabei um Teilnehmer, die zuvor erklärten, „häufig" Alleinsorgeentscheidungen zu treffen, bei denen einem Elternteil das Sorgerecht für einen Teilbereich zugewiesen werde und es ansonsten beim gemeinsamen Sorgerecht der Eltern bleibe.

cc) Verringerung von Meinungsverschiedenheiten und Verfahren nach § 1628 BGB

Daß das gemeinsame Sorgerecht nach der Scheidung oder Trennung der Eltern nicht zu einem Anstieg der Verfahren bei Meinungsverschiedenheiten geführt hat, sondern daß Verfahren nach § 1628 BGB höchst selten sind, ist bereits im ersten Abschnitt des Fragebogens (Frage I 3 c) herausgefunden worden[918]. Ein Grund mag darin liegen, daß die Richterinnen und Richter den Eltern das gemeinsame Sorgerecht relativ häufig nur partiell belassen. Können doch nach Ansicht des ganz überwiegenden Teils der Richterschaft (79,5% oder 31 Teilnehmer) durch die Zuweisung der Alleinsorge für strittige Teilbereiche Meinungsverschiedenheiten und damit auch Verfahren nach § 1628 BGB verhindert werden.

---

[918] S.o. § 6 III 1 b) cc).

dd) Ergebnis

Partielle Alleinsorgeentscheidungen kommen in der Praxis relativ häufig vor. Meist zielen sie auf die Aufrechterhaltung des gemeinsamen Sorgerechts. Strittige Teilbereiche werden, soweit es geht, einem Elternteil allein übertragen. Hinsichtlich der restlichen Sorge bleibt es bei der gemeinsamen Zuständigkeit der Eltern. Gegenstand der Alleinsorge ist dabei fast durchgängig das Aufenthaltsbestimmungsrecht. Die nur geringe Anzahl an Verfahren nach § 1628 BGB spricht dafür, daß auch partielle Alleinsorgeentscheidungen durchaus Bestand haben.

d) Das Ende des Sorgerechtsverfahrens

In der Frage V 4 ging es um die Beendigung des Sorgerechtsverfahrens. Ziel war es herauszufinden, wie häufig im Verlauf des Sorgerechtsverfahrens einvernehmliche Lösung gefunden werden. Aus diesem Grund sollten die Richterinnen und Richter bewerten, wie häufig ein Verfahren mit einem Urteil, mit der Rücknahme des Antrags oder mit einem Vergleich endet.

aa) Kritik an der Fragestellung

Die Fragestellung ist von der Richterschaft stark kritisiert worden. Mehrfach wurde hervorgehoben, daß Sorgerechtsverfahren statt mit einem Urteil mit einem Beschluß enden, zumindest dann, wenn es sich um eigenständige und nicht um Verbundverfahren handelt. Zudem sei, wenn das Verfahren auf die Änderung der gemeinsamen Sorge ziele, kein gerichtlicher Vergleich möglich. In diesen Fällen bedürfe es immer eines gerichtlichen Beschlusses. Inhalt könne dabei durchaus eine einvernehmliche Regelung der Parteien sein. Von den insgesamt 6 Teilnehmern, die die Fragestellung kritisierten, hoben jeweils 4 Teilnehmer einen der beiden, 2 von ihnen sogar beide Kritikpunkte hervor. Dennoch enthielten sich nur zwischen einem und 5 Teilnehmern einer Beantwortung der Fragemöglichkeiten. Mit bis zu 11,6% der Teilnehmer also keinesfalls eine erschreckend hohe Zahl.

bb) Konsequenz aus der Kritik

Trotz der geringen Enthaltungen konnte das Ziel der Frage nicht erreicht werden, nämlich eine Aussage über die Einigkeit der Eltern zum Zeitpunkt des Verfahrensabschlusses zu erhalten. Die Differenzierung zwischen Urteil und Vergleich ist nicht geeignet, streitige von nicht streitigen Verfahren zu trennen. Im folgenden sind daher die Ergebnisse der Auswertung nur kurz dargestellt.

cc) Auswertung

Am häufigsten endet ein Sorgerechtsverfahren mit einem Urteil respektive mit einem gerichtlichen Beschluß. 31% der Teilnehmer (13 Teilnehmer) sind der Ansicht, daß das Sorgerechtsverfahren „überwiegend“, weitere 12 Teilnehmer (28,6%) zumindest „häufig“ auf diese Art und Weise beendet wird. Diese Einschätzung teilen auch diejenigen, die an der Fragestellung Kritik übten.

Demgegenüber wählten 16 Teilnehmer (38,1%) die Antwortmöglichkeit „selten“. Sie sehen ganz überwiegend (15 Teilnehmer) in dem Vergleich die tendenziell vorrangige Beendigungsform eines Sorgerechtsverfahrens. 10 Teilnehmer schätzen ihn als „häufig“, weitere 5 Teilnehmer sogar als „überwiegend“ ein. Die Richterinnen und Richter, die auf die Unzulässigkeit eines gerichtlichen Vergleichs im Sorgerechtsverfahren hingewiesen haben, enthielten sich entweder einer Beantwortung (1 Teilnehmer) oder wählten die Antwortmöglichkeit „nie“ (3 Teilnehmer). Insgesamt äußerten sich 5 Teilnehmer nicht zu der Häufigkeit eines Vergleichs. Weitere 2 Teilnehmer – insgesamt also ebenfalls 5 Teilnehmer (13,2%) – sprachen sich gegen eine Beendigung durch einen gerichtlichen Vergleich aus. Hinzu kommen 10 Teilnehmer (26,3%), nach deren Aussage ein Vergleich „selten“ ist.

Eine Antragsrücknahme findet nach Ansicht von 12 Teilnehmern (30,8%) „häufig“ statt. Die Mehrheit unter ihnen (8 Teilnehmer) hatte sich bereits für die tendenzielle Vorrangigkeit des Vergleichs ausgesprochen – was angesichts der Tatsache, daß Vergleiche nur mit dem Inhalt des gemeinsamen Sorgerechts geschlossen werden können, nicht weiter verwunderlich ist. Zwei Drittel der befragten Richterinnen und Richter hielten die Antragsrücknahme hingegen für „selten“ (25 Teilnehmer oder 64,1%).

Insgesamt erklärte damit etwa ein Drittel der befragten Richterinnen und Richter das Gerichtsurteil bzw. den gerichtlichen Beschluß (34,2%) zum Regelfall bei der Beendigung eines Sorgerechtsverfahrens. Ein weiteres Drittel (39,5%) sieht demgegenüber eher den gerichtlichen Vergleich als Hauptfall an. In beiden Fällen wird der jeweils anderen Antwortmöglichkeit nur geringe Bedeutung zugemessen. Auch wenn sich keine generelle Aussage über die Einigkeit der Eltern am Ende des Sorgerechtsverfahrens treffen läßt, kann zumindest für ein Drittel der Teilnehmer festgehalten werden, daß sich die Eltern am Ende des Sorgerechtsverfahrens meist geeinigt haben. Andernfalls hätten sie sich nicht für die häufige Beendigung eines Sorgerechtsverfahrens durch einen gerichtlichen Vergleich ausgesprochen.

6) Bewertung der Rechtslage

Die Befragung der Richterschaft zu den Auswirkungen der Kindschaftsrechtsreform auf die gerichtliche Praxis bei Sorgerechtsverfahren schließt im sechsten Abschnitt des Fragebogens mit Fragen zu der Bewertung der neuen Rechtslage. Insbesondere ging es darum festzustellen, welche Verbesserungen die Reform aus Sicht der Richterschaft gebracht hat und wo ihrer Ansicht nach weiterhin Verbesserungsbedarf besteht. Bevor die Richterinnen und Richter allgemein zu den Verbesserungen (Frage VI 3), dem Verbesserungsbedarf (Frage VI 5) und der eigenen Zufriedenheit mit der Reform (Frage VI 4) Stellung nehmen sollten, wurde zunächst die Elternautonomie in den Blickpunkt gerückt. Die Richterschaft sollte einschätzen, ob von einer gestärkten Eigenverantwortung der Eltern positive Impulse zu erwarten sind (Fragen VI 1 und 2). Die abschließenden Fragen beschäftigten sich demgegenüber mit eventuellen Veränderungen, die den Richterinnen und Richter im Zusammenhang mit der Reform im Verhalten der Eltern aufgefallen sind (Fragen VI 6 und 7).

a) Bewertung der Elternautonomie

Mit der Kindschaftsrechtsreform sollten – wie wiederholt betont wurde – die Eigenverantwortlichkeit der Eltern gestärkt und Eingriffe des Staates auf ein Minimum reduziert werden[919]. Im Zuge der Reform sind den Eltern deshalb viele Entscheidungen in die Hand gegeben worden. Erinnert sei insbesondere an die weitgehende Dispositionsfreiheit der Eltern über die Einleitung eines Sorgerechtsverfahrens bei Trennung bzw. Scheidung sowie die Bindung des Gerichts an den einvernehmlichen Elternwillen[920].

aa) Einstellung der Richterschaft

Überwiegend steht die Richterschaft der erhöhten Elternautonomie positiv gegenüber. Über die Hälfte der befragten Richterinnen und Richter (24 Teilnehmer) bewerteten die verstärkte Eigenverantwortung der Eltern als „positiv". Für weitere 14 Teilnehmer ist diese Entwicklung sogar „sehr positiv". Vergleichbare Ergebnisse erbrachte die Befragung Bayrischer Richterinnen und Richter. Danach gefragt, ob sich die Aufhebung des Zwangsverbundes bewährt habe, entschieden sich 45% dafür, nur 24% verneinten die Frage, der Rest enthielt sich seiner Stimme[921].

---

919 *Buchholz-Graf*, ZfJ 2001, 209.
920 S.o. § 3 III 1, § 3 IV 1 a) und b) aa).
921 *Buchholz-Graf*, ZfJ 2001, 209 (210).

bb) Begründung

Zur Begründung berufen sich die Richterinnen und Richter vornehmlich darauf, daß die Eltern im Zweifel am besten wüßten, was gut für ihr Kind sei. So entschieden sich von den 14 bzw. 24 Teilnehmern, die sich zuvor für eine sehr positive bzw. eine positive Einschätzung der Elternautonomie ausgesprochen hatten, 12 bzw. 14 Teilnehmer für diese Begründung. Darüber hinaus machten insgesamt 7 Teilnehmer von der Möglichkeit Gebrauch, unter der Antwortmöglichkeit „Sonstiges“ ihre Ansicht näher zu begründen. Dabei wurde insbesondere hervorgehoben, daß die Elternautonomie nicht allein aufgrund einer Trennung bzw. Scheidung in Frage gestellt werden solle (2 Teilnehmer). Schließlich gebe es, so betonten 2 weitere Teilnehmer, auch sonst keinen „Eltern-TÜV“, bei dem die „Elternqualität“ überprüft werde. Eingriffe des Staates dürften deshalb nicht zu weitgehend sein. Es gelte der Rahmen des § 1666 BGB. Die Beratungsangebote nach dem SGB VIII reichten als Hilfe sowohl für das Kind als auch für die Eltern aus. Während ein Teilnehmer den Regelfall der gemeinsamen Sorge zu der besten Lösung in einer Vielzahl der Fälle erklärte, lobte ein anderer Teilnehmer den neuen Ansatzpunkt. Es diene dem täglichen Leben, wenn nicht mehr alle Bereiche unter dem Gesichtspunkt „Recht haben“ und „Interessen durchsetzen“ beleuchtet würden, sondern der Familie eine Chance für eine eigenständige Lösung gegeben werde. Immerhin bleibe das Jugendamt als Helfer ansprechbar.

Neben dieser Fürsprache wurde allerdings auch aus den Reihen derjenigen, die die erhöhte Elternautonomie positiv bewerteten, Kritik laut. Von den insgesamt 11 Teilnehmern, die Bedenken äußerten, stimmten 6 Teilnehmer dem Einwand zu, daß gerade in der Trennungs- bzw. Scheidungsphase gewisse Zweifel an der elterlichen Einigkeit angebracht seien. Eine maßvolle staatliche Kontrolle – und sei es nur durch die jugendamtliche Beratung – sei deshalb erforderlich. 5 Teilnehmer erklärten demgegenüber, der Gesetzgeber habe sich bei der Reform von Idealvorstellungen leiten lassen, die nicht der Realität entsprächen.

Denselben Vorwurf erheben auch 4 der 5 Teilnehmer (11,6%), die der erhöhten Elternautonomie „eher skeptisch“ (4 Teilnehmer) bis „skeptisch“ (1 Teilnehmer) gegenüber eingestellt sind.

cc) Ergebnis

Von knapp einem Viertel der befragten Richterschaft (9 Teilnehmer oder 22%) wird dem Gesetzgeber vorgeworfen, ein idealisiertes Wunschbild entworfen zu haben, welches die Realität verkennt. Der überwiegende Teil der Richterinnen und Richter bewertet die gestärkte Elternautonomie sowie den Rückzug des

Staates als Eingriffsinstanz allerdings als einen Schritt in die richtige Richtung. Denn zum einen könnten die Eltern zumindest tendenziell die Bedürfnisse ihres Kindes besser einschätzen als der außenvorstehende Richter, zum anderen gebe es immer noch die Hilfen des Jugendamtes. Die Richterschaft stimmt also weitgehend mit der Grundentscheidung des Gesetzgebers überein, den Eltern mehr Entscheidungen zu übertragen und die staatliche Funktion auf Unterstützung und Hilfsangebote zu beschränken.

b) Reformziele erreicht?

Wie oben bereits dargestellt[922], erschöpft sich das Ziel der Kindschaftsrechtsreform nicht in der Stärkung der Elternautonomie, dem Schutz der Eltern vor unnötigen staatlichen Eingriffen und der stärkeren Betonung des sozialpflegerischen Interventionsansatzes. Vielmehr ging es daneben vor allem darum, die Stellung des Kindes im Verfahren zu verbessern sowie rechtliche Unterschiede zwischen ehelichen und nichtehelichen Kindern abzubauen. In der Literatur ist mehrfach darauf hingewiesen worden, daß diese Ziele teilweise in einem Konflikt miteinander stünden[923], welcher verhindere, daß alle Ziele gleichermaßen verwirklicht werden könnten. Das Verhältnis zwischen Kindes-, Elternrechten und Staatsintervention ist prägnant als „magisches Dreieck“[924] beschrieben worden, bei dem die Stärkung eines Aspekts notwendigerweise zu Einschränkungen der beiden anderen Bereiche führe. Das gesetzgeberische Ziel – nämlich weniger Staatsintervention bei mehr Eigenverantwortung der Eltern sowie einer gestärkten Rechtsposition der Kinder – sei deshalb nicht vollumfänglich umsetzbar und bleibe weitestgehend Postulat[925]. Daß die Ziele eine unterschiedliche Gewichtung erfahren würden, stand somit von vornherein fest. In der Literatur geäußerte Kritik betraf deshalb auch gar nicht die Tatsache, daß eine Wertung zwischen den Zielen stattfinden mußte, sondern einzig die konkrete Umsetzung, das heißt wie der Gesetzgeber die einzelnen Bereiche letztlich im Verhältnis zueinander wertete. Bemängelt wurde insbesondere, daß die Reform Verbesserungen der Rechtsposition des Kindes zugunsten einer weitgehenden Elternautonomie vermissen lasse[926]. Bereits im Scheidungsverfahren verliere das Kind durch die Abkehr vom Zwangsverbund jeglichen Einfluß[927]. Die Verkürzung der Kindesrechte setze sich im Sorgerechtsverfahren fort. Durch die Reform würden allein die Entscheidungs- und Verantwortungskomptenz der Eltern im Sorgerechtsverfahren gestärkt, wohingegen Kindeswohlprüfungen reduziert worden

[922] S.o. § 3 II.
[923] *Willutzki*, Kind-Prax 1998, 8.
[924] *Wiesner*, Jugendhilfe 1998, 134 (135).
[925] *Wiesner*, Jugendhilfe 1998, 134 (135).
[926] *Kohler*, ZfJ 1999, 128 (129).
[927] *Bergmann/Gutdeutsch*, FamRZ 1996, 1187 (1188).

seien[928]. Aus diesem Grunde, so wurde kritisiert, sei es angebrachter, von einer Eltern- statt von einer Kindschaftsrechtsreform zu sprechen[929].

Inwiefern der Gesetzgeber nach Ansicht der Richterschaft seine Ziele erreicht hat, wie zufrieden die gerichtliche Praxis mit den Neuerungen ist und wo sie noch Verbesserungsbedarf sieht, sollte mit den Fragen VI 3, 4 und 5 herausgefunden werden.

aa) Erreichen der gesetzgeberischen Ziele ?

Nach überwiegender Ansicht der Richterschaft hat die Reform zu einer Stärkung der Elternautonomie geführt[930]. Jeweils 18 Teilnehmer (47,4%), insgesamt also 94,7%, erklärten dieses Reformziel zumindest tendenziell als erreicht.

Doch auch die Kindesrechte und die Position des Kindes haben nach richterlicher Einschätzung durch die Reform eine Verbesserung erfahren[931]. Dabei ist jedoch zwischen den Scheidungs- und Sorgerechtsverfahren zu differenzieren. Während insgesamt jeweils etwa zwei Drittel der Teilnehmer sowohl generell (61,5% oder 24 Teilnehmer) als auch speziell im Sorgerechtsverfahren (64,1% oder 25 Teilnehmer) eine stärkere Berücksichtigung der Kindesrechte und der Kindesposition in der Praxis konstatieren, hält die Mehrzahl der Richterinnen und Richter eine Verbesserung der Kindesposition im Scheidungsverfahren für gescheitert. Mit 17 Teilnehmern sprachen sich knapp 45 % (43,6%) zumindest tendenziell, weitere 3 Teilnehmer (7,7%) sogar einschränkungslos gegen eine Verbesserung in diesem Bereich aus.

Die Erfahrung der meisten Richter zeigt auch, daß die Reform nicht, wie angestrebt, zu einer Entlastung der Gerichte geführt hat[932]. So habe sich die Arbeit der Gerichte nach Einschätzung von 14 Teilnehmern (35,9%) durch die Reform zwar verringert. Fast gleich viele Richterinnen und Richter (13 Teilnehmer oder 33,3%) sprechen sich indes tendenziell gegen einen Arbeitsrückgang aus. 8 Teilnehmer (20,5%) verneinten eine Arbeitsentlastung sogar vollständig. Ein Grund mag darin gesehen werden, daß die Neuregelung für fast zwei Drittel der Teilnehmer (63,2% oder 24 Teilnehmer) keine Hilfe bei ihre Entscheidungsfindung bietet[933].

---

928 *Kohler*, ZfJ 1999, 128 (130).

929 DFGT, FamRZ 1997, 337; *Rehberg*, FuR 1998, 65 (69).

930 So auch *Proksch*, Rechtstatsächliche Untersuchung, S. 204, bei dem sich 57,5% für eine Stärkung der Elternautonomie aussprachen.

931 So auch *Proksch*, Rechtstatsächliche Untersuchung, S. 203 (54,8% sehr gut/gut)

932 anders *Proksch*, Rechtstatsächliche Untersuchung, S. 208, bei dem nach Ansicht von 73,3% der befragten Richterschaft die Reform sehr/ziemlich zu einer Entlastung geführt habe.

933 S.o. § 6 III 5 b) dd).

Darüber hinaus konnten die befragten Richterinnen und Richter eine grundlegende Hinwendung der Praxis zum sozialpflegerischen Interventionsansatz in der Mehrheit ebensowenig feststellen (25 Teilnehmer oder 69,4%) wie Verbesserungen in der Zusammenarbeit zwischen dem Jugendamt und dem Gericht (32 Teilnehmer oder 82%).

Als Ziele, die mit der Kindschaftsrechtsreform erreicht wurden, können somit aus Sicht der Richterschaft die Stärkung der Elternautonomie und – zumindest in einem gewissen Maße – die stärkere Beachtung der Kindesinteressen genannt werden. Weitergehende Verbesserungen werden zumindest von der Mehrzahl der befragten Richterinnen und Richter nicht bestätigt.

bb) Zufriedenheit mit der Reform

Trotz der eingeschränkt positiven Bewertung der verwirklichten Reformziele, ist die Richterschaft, wie sich aus den Antworten zu Frage VI 4) ergibt, mit der Reform insgesamt weitgehend einverstanden. 79,5% und damit mehr als drei Viertel der befragten Richterinnen und Richter gaben an, mit der Reform „zufrieden“ zu sein (31 Teilnehmer). Weitere 2 Teilnehmer erklärten sich sogar „sehr zufrieden“. Nur 6 Richterinnen und Richter waren „eher unzufrieden“ (15,4%).

cc) Hintergrund der unterschiedlichen Bewertung

Die unterschiedliche Einschätzung resultiert nicht allein daraus, daß diejenigen, die die Reform zumindest tendenziell ablehnen, gegenüber den Erfolgen der Reform, sprich den erreichten gesetzgeberischen Ziele, eine kritischere Position beziehen. Einigkeit herrscht nur dahingehend, daß die Elternautonomie durch die Reform in den Vordergrund gerückt wurde. Hinsichtlich der übrigen Ziele vertreten die Kritiker eine deutlich pessimistischere Sichtweise. Hintergrund der konträren Bewertungen ist vielmehr die unterschiedliche Stellung, die die Richterinnen und Richter der Elternautonomie zumessen. Während diejenigen, die die Reform gutheißen, im wesentlichen mit der Zielsetzung des Gesetzgebers übereinstimmen, daß eine Verbesserung durch die Stärkung der Elternautonomie erreicht werden kann, verneinen die Kritiker dieses. Kurz gesagt: Was die einen – in Übereinstimmung mit dem Gesetzgeber – als Fortschritt der Reform ansehen, wird von den anderen als ihr Defizit beanstandet.

dd) Verbesserungsbedarf

36 Teilnehmer sehen einen Verbesserungsbedarf.

Die Hälfte von ihnen (18 Teilnehmer oder 50%) spricht sich für einen eigenen Beratungsanspruch des Kindes aus. Die jetzige Regelung, wonach eine jugendamtliche Beratung der Eltern „unter angemessener Beteiligung des betroffenen Kindes oder Jugendlichen“ (§ 17 II 1.HS SGB VIII) stattfindet, ohne daß das Kind einen eigenen, von dem Beratungsanspruch der Eltern losgelösten Anspruch auf Beratung hat, scheint nach Ansicht eines Großteils der Praxis nicht auszureichen. Ein Grund dafür liegt darin, daß der vorgenannte Beratungsanspruch der Eltern freiwillig ist. Entscheiden sich die Eltern gegen die Inanspruchnahme jugendamtlicher Beratung, besteht weder für das Kind noch für das Jugendamt rechtlich eine Möglichkeit einzugreifen. Deshalb fordert die Hälfte der Teilnehmer, die einen Beratungsanspruch des Kindes befürworteten (9 von 18 Teilnehmern), zusätzlich die Normierung einer Zwangsberatung, das heißt die Verpflichtung der Eltern, die Beratungsangebote des Jugendamtes anzunehmen. Insgesamt hielten 14 Teilnehmer (38,9%) eine entsprechende Veränderung der Beratungspraxis für erforderlich.

Immerhin noch 10 Teilnehmer (27,9%) erhoffen sich eine Verbesserung der verfahrensrechtlichen Position des Kindes durch die Gewährung eines Antragsrecht für das Kind bzw. das Jugendamt in Sorgerechtsverfahren. Bisher besteht ein solches Recht nur unter den Voraussetzungen des § 1666 BGB. Bis zur Gefährdungsgrenze sind die Eltern in ihrer Entscheidung frei, ob das Gericht über das Sorgerecht befinden soll.

Weitere 8 Teilnehmer (22,2%) verlangen eine Änderung des Kindeswiderspruchs dahingehend, daß er als Vetorecht verstanden wird, wobei ein Teilnehmer an der jetzigen Altersgrenze von 14 Jahren ausdrücklich festhalten will. Folge wäre, daß das gemeinsame Sorgerecht für die gerichtliche Entscheidung gesperrt ist, wenn sich das Kind dagegen ausspricht.

Konträr dazu steht die Ansicht von 7 Teilnehmern (19,4%), die für die Abschaffung eines gerichtlichen Sorgerechtsverfahrens bei einvernehmlichen Alleinsorgeanträgen plädieren. Hintergrund dieses Verbesserungsvorschlags ist das Wissen darum, daß es dem Gericht bei einvernehmlichen Alleinsorgeanträgen ohnehin nicht freisteht, eine anderslautende Entscheidung zu treffen. Bis zur Grenze des § 1666 BGB ist es an den Antrag gebunden.

Klarstellende Regelungen für das Verhältnis zwischen Jugendamt und Gericht und das Verhältnis der Sorgerechtsformen zueinander wünschen nur 6 bzw. 4 Teilnehmer.

Da die übrigen Antwortmöglichkeiten von weniger als 3 Teilnehmern gewählt wurden, ist auf ihre Darstellung verzichtet worden. Hervorzuheben bleibt, daß zwei Teilnehmer unter der Antwortvariante „Sonstiges“ entsprechend der bereits zuvor geäußerten Kritik darauf hinwiesen, daß weitere Geldmittel für Personal beim Jugendamt erforderlich seien.

Im Ergebnis scheint der Ansatzpunkt für eine Verbesserung der derzeitigen Regelung nach Ansicht der Richterinnen und Richter in der Beratung von Eltern und Kind zu liegen. Praktisch scheitert dies an fehlendem Personal und fehlenden Geldmitteln beim Jugendamt.

c) Eingetretene Veränderungen

Die Mehrheit der befragten Richterinnen und Richter (52,6% oder 20 Teilnehmer) hat infolge der Reform Veränderungen im Denken oder Verhalten der Eltern ausmachen können. Am augenscheinlichsten ist dabei die Akzeptanz, die das gemeinsame Sorgerecht seit der Reform erfährt. 11 Teilnehmer hoben hervor, daß sich die gemeinsame Sorge innerhalb kürzester Zeit zum Normalfall, ja zu einer Selbstverständlichkeit entwickelt habe. Die Eltern seien vielfach bereit, es zumindest für den Anfang mit dem gemeinschaftlichen Sorgerecht zu probieren. Vereinzelt wurde der Grund für diesen Einstellungswandel bei den Rechtsanwälten gesehen (2 Teilnehmer), die ihr Beratungsverhalten durch die Reform geändert hätten und den Eltern von wenig aussichtsreichen Anträgen abrieten.

Weniger formal und starr an den Sorgerechtsformen ausgerichtet, dafür aber im Ergebnis in dieselbe Richtung zielt die Feststellung der 4 Richterinnen und Richter, die durch die Reform das Bewußtsein der Eltern für ihre, die Trennung überdauernde Mitverantwortung gegenüber dem Kind geschärft sehen. Die Eltern seien sich seit der Reform stärker bewußt, daß sie mit ihrer Trennung nicht aus ihrer Elternverantwortung entlassen würden. Dies habe, wie zwei Teilnehmer hervorheben, auch zur Folge, daß die Väter, die häufiger auf das Sorgerecht verzichten, verstärkt in der Pflicht seien und sich ihrer Verantwortung nicht mehr so leicht entziehen könnten.

Insgesamt herrscht nach Ansicht von 3 Teilnehmern seit der Reform ein entspannteres und gelösteres Verhältnis zwischen den Eltern. Mit der Deregulierung werde unnötiger Streit vermieden. Die Eltern würden nach Aussage zweier Teilnehmer stärker für das Kindesleid sensibilisiert. Teilweise gelinge es sogar, das Kind aus dem Streit der Eltern herauszuhalten. Ängste würden abgebaut, da es beim Sorgerecht nicht mehr um die Frage des „Gewinnens“ oder „Verlierens“ gehe. Trennung sei gesellschaftsfähig geworden und für die Kinder nicht mehr mit einem Makel behaftet.

§ 7 Fazit

Die Reform des Kindschaftsrechts war angesichts des provisorischen Zustandes, der vor der Kindschaftsrechtsreform herrschte, erforderlich.

Bei der Umsetzung hat der Gesetzgeber die grundgesetzlichen Vorgaben beherzigt. Seine Ziele, die Elternautonomie zu stärken und nichteheliche mit ehelichen Kindern gleichzustellen, hat er – insbesondere mit der Einführung eines Antragsverfahrens – erreicht.

Allein die Rechtsstellung des Kindes hat sich weder im Scheidungs- noch im Sorgerechtsverfahren merklich verbessert, auch wenn dies von der befragten Richterschaft in dieser Konsequenz nicht so gesehen wird. Während die Scheidung der Eltern das Kind gar nicht mehr betrifft, dem Kind im Scheidungsverfahren also auch keine eigenen Rechte zukommen, stehen im Sorgerechtsverfahren mit der Kindesanhörung, dem Kindeswiderspruch und der Verfahrenspflegschaft drei Institute bereit, von denen sich zwei in der Praxis jedoch als weitgehend unbedeutend erwiesen haben.

Daß sich in diesem Bereich wenig getan hat, liegt vor allem an der Sichtweise des Reformgesetzgebers. Er hält an dem Gedanken fest, der auch dem Grundgesetz immanent ist, daß nämlich die Interessen des Kindes, solange es sie nicht selbst wahrnehmen kann, durch Dritte wahrgenommen werden. Das Kind ist kein kleiner Erwachsener. Zur Kindheit gehört vielmehr dazu, daß dem Kind Entscheidungen abgenommen werden. Während allerdings das Bundesverfassungsgericht für die Wahrnehmung der Kindesinteressen im Fall der Scheidung den Staat in der Pflicht sah, bleibt die Verantwortung nach der Reform bei den Eltern. Gegenüber dem Urteil des Bundesverfassungsgerichts zeichnet sich die Reform mithin durch einen Wandel des Elternbildes aus, der sich sowohl auf das Eltern-Kind-, als auch auf das Eltern-Staats-Verhältnis auswirkt. Der Reformgesetzgeber geht von einem Idealbild der Eltern aus. Maßstab ist die „heile Familie“[934]. Vor diesem Hintergrund beläßt er den Eltern die Entscheidung über das Kindeswohl bis zur Gefährdungsgrenze. Die Hauptaufgabe des Staates liegt darin, die Eltern bei der Wahrnehmung der Kindesinteressen zu unterstützen.

Von der Praxis wird der Weg, den der Gesetzgeber eingeschlagen hat, im Großen und Ganzen begrüßt. Das Gesetz ist praktikabel und trifft den Geist der Zeit. Die Richterschaft hat mit der Anwendung des neuen Rechts trotz der gravierenden Neuerungen und der offenen Gesetzesfassung kaum Probleme. Weitestgehend herrscht Einigkeit. Allein der Streit um das Verhältnis der Sorgerechtsformen schlägt sich in der Anwendung der Rechtsvorschriften nieder. Praktisch hat sich das gemeinsame Sorgerecht dennoch durchgesetzt. Die Realität, zumindest

---

[934] *Deinert*, DAVorm 1998, 337 (351).

wie sie sich der Richterschaft darstellt, scheint von der Idealvorstellung, daß Richter, Rechtsanwälte, Jugendamt und – wenn alles gut läuft – auch die Eltern an einem Strang ziehen, nicht so weit entfernt zu sein. Ein Faktor mag sein, daß der Elternteil, der die Alleinsorge anstrebt, zunächst aktiv werden muß, während ihm das gemeinsame Sorgerecht nach der Scheidung automatisch verbleibt. Dies stellt ein psychisches Hindernis dar, das manch einen Elternteil von der Stellung eines Sorgerechtsantrags abhalten wird. Höchstwahrscheinlich ist aber auch das Bewußtsein der Bevölkerung, insbesondere der Eltern, für die kindlichen Bedürfnisse durch die Diskussion und die Reform gewachsen. Zumindest läßt sich bei allen Beteiligten ein großes Bemühen um kindeswohlverträgliche Regelungen feststellen.

Es ist nicht Aufgabe des Juristen herauszufinden, ob das gemeinsame Sorgerecht tatsächlich die Sorgerechtsform ist, die dem Kindeswohl am besten entspricht. Dies bleibt den Sozialwissenschaftlern vorbehalten. Auf dieser sozialwissenschaftlichen These aufbauend, ist es dem Gesetzgeber mit der Kindschaftsrechtsreform jedoch gelungen, die sozialwissenschaftlichen Erkenntnis zum praktischen Regelfall werden zu lassen. Ein möglicher – sich bisher jedoch nicht andeutender – Wandel der sozialwissenschaftlichen Prämissen wird zeigen, ob die Gesetzesfassung tatsächlich so offen ist, daß mit ihr auch der Regelfall der alleinigen Sorge vereinbar wäre.

Demgegenüber konnten sich einzelne Institute nicht etablieren wie die Elternanhörung – zumindest bei Einigkeit über das Sorgerecht – und die Verfahrenspflegschaft, was nicht allein finanzielle Gründe hat. Das Bedürfnis der Richterschaft an einer zusätzlichen Kontrolle scheint, trotz der vielfach bemängelten Überlastung des Jugendamtes, nur gering zu sein, insbesondere wenn es eine eigene Inpflichtnahme bedeutet. Nicht zu verkennen ist allerdings, daß die Richterinnen und Richter vielfach von sich aus eine Vermittlerrolle einnehmen und diese sehr ernst- und gewissenhaft ausfüllen. Ferner hat sich die fehlende Kontrolle bisher nicht merklich niedergeschlagen. Abänderungsverfahren sowie Verfahren bei Meinungsverschiedenheiten bleiben die Ausnahme.

§ 8 Ausblick

Die dringendsten Probleme bei der Sorgerechtsentscheidung scheinen durch die Kindschaftsrechtsreform gelöst. Der Systemwandel hat sich mühelos vollzogen.

I. Noch ausstehende Problembereiche

Konkret kommt es jetzt darauf an, wie verantwortungsvoll die Eltern mit ihren Freiheiten umgehen, insbesondere, ob das gemeinsame Sorgerecht allein auf dem Papier steht oder auch tatsächlich mit Leben gefüllt wird. Denn letztlich ist für das Kind maßgeblich, ob und wie oft es den Elternteil sieht, bei dem es nicht lebt. Die Frage des Umgangs hat auf das tägliche Leben des Kindes im Regelfall einen viel entscheidenderen Einfluß als die abstrakte Sorgerechtsform, durch die nur das rechtliche Gerüst zur Verfügung gestellt wird. Eine Verlagerung von streitigen Sorgerechtsverfahren auf streitige Umgangsrechtsverfahren wurde bei der Erhebung zwar nicht bestätigt, dennoch ist zu bedenken, daß ein funktionierendes Umgangsrecht die eigentliche Sorgerechtsform im täglichen Miteinander in den Hintergrund drängt. Auch im Umgangsrecht hat die Kindschaftsrechtsreform einiges bewirkt, erwähnt sei allein die Möglichkeit des betreuten Umgangs. Vereinzelt wiesen Richterinnen und Richter im Zusammenhang mit der Befragung auf diesbezügliche Unsicherheiten hin. Weitergehender Regelungsbedarf wurde ebenfalls im Rahmen des streitigen Umgangsrechts zwischen nicht verheirateten Eltern gesehen. Trotz dieser Anregungen habe ich mich auf die Untersuchung des Sorgerechts beschränkt. Eine zusätzliche intensive Befassung mit dem Umgangsrecht hätte den Rahmen der Arbeit gesprengt. Dennoch sollten die Anregungen nicht unerwähnt bleiben.

II. Längerfristige Perspektiven

Längerfristig ist an eine konsequente Fortführung des vollzogenen Systemwandels zu denken. Die positiven Erfahrungen, die in der Praxis mit dem gemeinsamen Sorgerecht gesammelt wurden, lassen eine einvernehmliche Alleinsorgerechtsentscheidung ohne gerichtliche Intervention nicht abwegig erscheinen – auch wenn dieser Schritt von den Richterinnen und Richtern in letzter Konsequenz (noch) nicht befürwortet worden ist. Da der Richter bei einem einvernehmlichen Sorgerechtsantrag an den Willen der Eltern gebunden ist und der gerichtlichen Anhörung in diesen Fällen praktisch keinerlei Bedeutung zukommt, erscheint eine gerichtliche Entscheidung über das Sorgerecht als reine Förmelei. Effektiver und zugleich auch konsequenter im Hinblick auf die Elternautonomie wäre die Einführung einer Sorgerechtserklärung entsprechend der Sorgeerklärung bei nichtehelichen Kindern gemäß §§ 1626 a ff BGB.

Literaturverzeichnis

AGJ, Reform des Kindschaftsrechts, Stellungnahme der AGJ zu den Konsequenzen für die Jugendhilfe, Zentralblatt für Jugendrecht 1999, S. 134-136

Baer, Ingrid, Verabschiedung des UN-Übereinkommens über die Rechte des Kindes im November 1989 in New York, Familie und Recht 1990, S. 192-199

Baer, Ingrid, Übereinkommen der Vereinten Nationen über die Rechte des Kindes, Neue Juristische Wochenschrift 1993, S. 2209-2211

Balloff, Rainer / Walter, Eginhard, Konzeptionelle Gedanken zur Trennungs- und Scheidungsintervention, Familie und Recht 1991, S. 63-69

Balloff, Rainer / Walter, Eginhard, Gemeinsame elterliche Sorge als Regelfall?, Zeitschrift für das gesamte Familienrecht 1990, S. 445-454

Balloff, Rainer, Die Anhörung des Kindes, Familie, Partnerschaft, Recht 1997, S. 73-78

Bäumel, Dieter / Bienwald, Werner / Häußermann, Röse / Hoffmann, Jörg / Maurer, Hans-Ulrich / Meyer-Stolte, Klaus / Rogner, Jörg / Sonnenfeld, Susanne / Wax, Peter, Familienrechtsreformkommentar, Bielefeld 1998

Becker, Walter, Zur Sache 1 / 78, Elterliches Sorgerecht, Hrsg.: Deutscher Bundestag Presse und Informationszentrum, Bayreuth 1978

Beitzke, G., Betrachtungen zum neuen Kindschaftsrecht, Zeitschrift für das gesamte Familienrecht 1958, S. 7-12

Benda, Ernst, Recht und Realität – Zur Funktion des Familienrechts –, in: Sechster Deutscher Familiengerichtstag vom 9. - 12. Oktober `85 in Brühl, Hrsg.: Deutscher Familiengerichtstag e.V., Bielefeld 1986, S. 9-22

Bergmann, Margarethe / Gutdeutsch, Werner, Der Anspruch des Kindes auf Beteiligung am Scheidungsverfahren, Zeitschrift für das gesamte Familienrecht 1996, S. 1187-1190

Bergmann, Margarethe / Gutdeutsch, Werner, Zur Anordnung der Kindesanhörung im Scheidungsverfahren ohne Sorgerechtsantrag, Zeitschrift für das gesamte Familienrecht 1999, S. 422-426

Bergmann, Margarethe, Zur Kindesanhörung in familiengerichtlichen Verfahren, Kindschaftsrechtliche Praxis 1999, S.78-82

Böckenförde, Ernst-Wolfgang, Elternrecht – Recht des Kindes – Recht des Staates, Zur Theorie des verfassungsrechtlichen Elternrechts und seiner Auswirkung auf Erziehung und Schule, in: Essener Gespräche zum Thema Staat und Kirche, Hrsg.: Krautscheidt, Joseph / Marré, Heiner, Band 14, Aschendorff, Münster Westfalen 1980, S. 54-93, zitiert: Essener Gespräche

Bode, Lutz, Die Fähigkeit zur Kooperation – und bist Du nicht willig..., Zeitschrift für das gesamte Familienrecht 1999, S. 1400-1403

Bode, Lutz, Anmerkungen zum BGH-Urteil vom 29.09.1999, Zeitschrift für das gesamte Familienrecht 2000, S. 478

Born, Winfried, Gemeinsames Sorgerecht: Ende der „modernen Zeiten"?, Zeitschrift für das gesamte Familienrecht 2000, S. 396-399

Borsche, Sven, Was lange währt, wird endlich gut? – Annäherungsversuche aus kinder- und jugendpolitischer Sicht an die Reform des Kindschaftsrechts, Theorie und Praxis der Sozialen Arbeit 1998, S. 135-142

Borth, Helmut, Erwartungen der Familienrichter an den Verfahrenspfleger, Kindschaftsrechtliche Praxis 2000, S. 48-52

Bosch, F.W., Anmerkung zum Urteil des AG Waldbröl vom 2.7.1954 in FamRZ 1955, 111, Zeitschrift für das gesamte Familienrecht 1955, S. 111-112

Bracken, Rudolf von, 10 Thesen zu der Position und den Aufgaben der Verfahrenspflegschaft nach § 50 FGG, Kindschaftsrechtliche Praxis 1999, S. 183-187

Brock, Otfried / Breideneichen, Ulf, Der „Anwalt des Kindes" in Fällen des Umgangsrechtsboykotts, Familie und Recht 2001, S. 399-403

Brock, Otfried / Breideneichen, Ulf, Der mit dem Kind spricht, Die Stellung des Verfahrenspflegers nach § 50 FGG, Familie und Recht 2001, S. 487-490

Brosius, Felix, SPSS 8.0: professionelle Statistik unter Windows, Bonn 1998

Buchholz-Graf, Wolfgang, Zur Praxis der Jugendhilfe bei Trennung und Scheidung nach der Kindschaftsrechtsreform, Zentralblatt für Jugendrecht 2001, S. 209-216

Bündenbender, Ulrich, Elterliche Entscheidungsautonomie für die elterliche Sorge nach geltendem Recht und nach dem Entwurf eines Kindschaftsrechtsreformgesetzes, Archiv civilistischer Praxis 197 (1997), S. 197-225

Bundesarbeitsgemeinschaft (BAG) Verfahrenspflegschaft für Kinder und Jugendliche e.V., Grundsätze für die Durchführung von Verfahrenspflegschaften für Kinder und Jugendliche, Kindschaftsrechtliche Praxis 2001, S.66

Bundeskonferenz für Erziehungsberatung e.V., Fürth, Stellungnahme zur Neuregelung des Kindschaftsrechts, Zentralblatt für Jugendrecht 1996, S. 509-510

Büttner, Helmut, Änderungen im Familienverfahrensrecht durch das Kindschaftsrechtsreformgesetz, Zeitschrift für das gesamte Familienrecht 1998, S. 585-594

Coester, Michael / Hansen, Kirsten-Pia, Das UN-Übereinkommen über die Rechte des Kindes und das KJHG: Impulse zur Kindeswohlverwirklichung, in: Vom Kindeswohl zu den Kindesrechten, Hrsg.: Caroline Steindorff, Neuwied/Kriftel/Berlin 1994, S.21-38, zitiert: UN-Übereinkommen

Coester, Michael, Elternrecht des nichtehelichen Vaters und Adoption, Zeitschrift für das gesamte Familienrecht 1995, S. 1245-1251

Coester, Michael, Das Kindeswohl als Rechtsbegriff, in: Sechster Deutscher Familiengerichtstag vom 9. bis 12. Oktober `85 in Brühl, Hrsg.: Deutscher Familiengerichtstag e.V., Bielefeld 1986, S. 35-51

Coester, Michael, Elternautonomie und Staatsverantwortung bei der Pflege und Erziehung von Kindern, Zeitschrift für das gesamte Familienrecht 1996, S. 1181-1187

Coester, Michael, Sorgerecht bei Elternscheidung und KJHG, Zeitschrift für das gesamte Familienrecht 1992, S. 617-625

Cuvenhaus, Hanspeter, Das psychologische Sachverständigengutachten im Familienrechtsstreit, Kindschaftsrechtliche Praxis 2001, S.182-188

Degenhart, Christoph, Staatsrecht I, Staatsorganisationsrecht, 16. Auflage, Heidelberg 2000

Deinert, Horst, Die Entwicklung des Kindschaftsrechts, Der Amtsvormund 1998, Teil I: Spalte 197-214, Teil II: Spalte 258-276, Teil III: Spalte 337-352

Derleder, Peter, Die Beratung von Ehegatten im Trennungskonflikt – Überlegungen zur Struktur ehelicher Trennungskrisen und zum erforderlichen Beratungsangebot –, Familie, Partnerschaft, Recht 1998, S. 213-219

Deutscher Familiengerichtstag, Empfehlungen des 11. Deutschen Familiengerichtstages, Zeitschrift für das gesamte Familienrecht 1996, S.337-340

Deutscher Familiengerichtstag, Stellungnahme des Deutschen Familiengerichtstages e.V. zu dem Entwurf eines Gesetzes zur Reform des Kindschaftsrechts (Kindschaftsrechtsreformgesetz – KindRG), Zeitschrift für das gesamte Familienrecht 1997, S. 337-343

Dickmeis, Franz, Das neue Kindschaftsrecht und seine Bedeutung für die sozialen Dienste, Zentralblatt für Jugendrecht 1998, S. 193-202

Dickmeis, Franz, Strukturen des deutschen Kindschaftsrechts im Kontext zur europäischen Rechtsentwicklung, Zentralblatt für Jugendrecht 1998, S. 41-53

Diederichsen, Uwe, Anmerkung zum KG-Beschluß vom 28.5.1980 in NJW 1980, 2419f, Neue Juristische Wochenschrift 1980, S. 2420-2421

Diederichsen, Uwe, Die Neuregelung des Rechts der elterlichen Sorge, Neue Juristische Wochenschrift 1980, S. 1-11

Diedrichsen, Uwe, Die Reform des Kindschafts- und Beistandsrechts, Neue Juristische Wochenschrift 1998, S. 1977-1991

Dinse, Hartmut, Sorgerecht zwischen Trauma und Chance?, in: Verlorene Liebe – gemeinsame Kinder, Elterliche Sorge nach der Trennung, Hrsg.: Brauns-Hermann, Christa / Busch, Bernd M. / Dinse, Hartmut, Reinbek bei Hamburg 1994, S. 146-169, zitiert: Verlorene Liebe – gemeinsame Kinder

Dolzer, Rudolf / Vogel, Klaus / Graßhof, Karin (Hrsg.), Bonner Kommentar zum Grundgesetz, Band 2, 104. Lieferung, März 2003, Heidelberg 1991, zitiert: BK-Bearbeiter

Dormann, Auguste / Spangenberg, Ernst, Anmerkung zum Urteil des OLG Frankfurt vom 24.6.1999, Zeitschrift für das gesamte Familienrecht 1999, S. 1294-1295

Eckert-Schirmer, Jutta, Gemeinsames Sorgerecht nach Scheidung: Leitbild oder soziale Realität?, Familie und Recht 1996, S. 205-213

Els, Hans van, Der Anwalt des Kindes, Zentralblatt für Jugendrecht 1984, S. 509-511

Engelhardt, Helmut, Offene Fragen zum Verfahrenspfleger für das Kind (§ 50 FGG), Zeitschrift für das gesamte Familienrecht 2001, S. 525-529

Erler, Adalbert / Kaufmann, Ekkehard (Hrsg.), Handwörterbuch zur deutschen Rechtsgeschichte, II. Band, Berlin 1978

Erman, Walter (Hrsg.), Handkommentar zum Bürgerlichen Gesetzbuch, 2. Band, 3. Auflage, Aschendorff, Münster Westfalen 1962, zitiert: Erman-Bearbeiter

Evans-von Krbek Franziska-Sophie, Gemeinsame elterliche Gewalt über das Kind nach der Scheidung, Zeitschrift für das gesamte Familienrecht 1977, S. 371-373

Evans-von Krbek, Franziska-Sophie, Gemeinsame elterliche Gewalt über das Kind nach der Scheidung, Zeitschrift für das gesamte Familienrecht 1975, S. 20-24

Fegert, Jörg M., Beratung heißt das Zauberwort, Jugendhilfe 1998, S. 145-152

Fehmel, Hans-Werner, Kindschaftsrecht und Gleichberechtigung, Zeitschrift für das gesamte Familienrecht 1983, S. 971-974

Fehmel, Hans-Werner, Ist das Verbot des gemeinsamen elterlichen Sorgerechts nach der Scheidung (§ 1671 Abs. IV S.1 BGB) verfassungswidrig?, Zeitschrift für das gesamte Familienrecht 1980, S.758-761

Fehmel, Hans-Werner, Bericht über die Tagung des Deutschen Familienrechtsforums, Zeitschrift für das gesamte Familienrecht 1981, S. 645-648

Finger, Peter, Das Übereinkommen über die Rechte des Kindes (UN-Kinderrechtskonvention) und sein Einfluß auf das deutsche Kindschafts- und Familienrecht, Juristische Rundschau 1992, S. 177-182

Finger, Peter, Gutachten in gerichtlichen Sorge- und Umgangsrechtsverfahren – Erwartungen an psychologische Sachverständige, Familie, Partnerschaft, Recht 1998, S. 224-229

Finke, Das Rechtsverhältnis zwischen Eltern und Kindern unter dem Grundsatz der Gleichberechtigung von Mann und Frau, Neue Juristische Wochenschrift 1953, S. 606-614

Fricke, Astrid, Sozialarbeiter als Verfahrenspfleger gemäß § 50 FGG?, Zentralblatt für Jugendrecht 1999, S. 51-58

Fthenakis, Wassilios / Walbiner, Waltraud, Eine Familie in der Sorgerechtsberatung, in: Wenn aus Ehen Akten werden: Scheidungsprotokolle, Hrsg.: Margarete Fabricius-Brand, Frankfurt am Main 1989, S.143-171

Fthenakis, Wassilios E., Zum Stellenwert der Bindungen des Kindes als sorgerechtsrelevantes Kriterium gemäß § 1671 BGB, Zeitschrift für das gesamte Familienrecht 1985, S. 662-672

Fthenakis, Wassilios E., Tanta panta rei: Auf dem richtigen Weg zu einer Kindschaftsrechtsreform?, Familie, Partnerschaft, Recht 1998, S. 84-90

Fthenakis, Wassilios E., Ehescheidung als Übergangsphase (Transition) im Familienentwicklungsprozeß, in: Familie im Wandel, Hrsg.: Perrez, Meinrad / Lambert, Jean-Luc / Ermert, Claudia / Plancherel, Bernard, Freiburg / Schweiz 1995, S. 63-87

Fthenakis, Wassilios E., Interventionsansätze während und nach der Scheidung, in: Archiv für Wissenschaft und Praxis der sozialen Arbeit 1986, S. 174-201

Fux, Beat, Der familienpolitische Diskurs, Berlin 1994

Gernhuber, Joachim, Lehrbuch des Familienrechts, München / Berlin 1964

Gerstein, Hartmut, Kinderrechte im Spannungsfeld zwischen elterlicher Sorge und staatlichem Schutz, Kindschaftsrechtliche Praxis1998, S. 106-110

Gerth, Ulrich, Erziehungsberatung und neues Kindschaftsrecht, Kindschaftsrechtliche Praxis 1998, S. 15-17

Gerth, Ulrich, Kinder als Subjekte, Kindschaftsrechtliche Praxis 2001, S. 75-82

Goldstein, Joseph / Freud, Anna / Solnit, Albert Jay, Jenseits des Kindeswohls, 2.Auflage, Frankfurt am Main 1991

Greßmann, Michael, Einführung in das Kindschaftsrecht (Teil II), Kindschaftsrechtliche Praxis 1998, S. 35-37

Haase, Uwe, Anmerkung zum Urteil des LG Hildesheim vom 5.1.1955 in FamRZ 1956, S.89, Zeitschrift für das gesamte Familienrecht 1956, S. 90

Haase, Wolfgang / Kloster-Harz, Doris, Gemeinsame elterliche Sorge – Ein Schritt vorwärts und zwei Schritte zurück?, Zeitschrift für das gesamte Familienrecht 2000, S. 1003-1006

Harnach-Beck, Viola, Zur Mitwirkung des Jugendamts im familiengerichtlichen Verfahren – diagnostische Aufgaben der Fachkräfte sozialer Arbeit – , Familie, Partnerschaft, Recht 1998, S. 230-237

Hauck, Karl / Noftz, Wolfgang (Hrsg.), SGB VIII, Kinder und Jugendhilfe Kommentar, 2. Band §§ 42 – 105, Materialien, 28. Lieferung, Januar 03, Berlin 1991, zitiert: Hauck/Noftz-Bearbeiter

Heumann, Friedrich-Wilhelm, Das Sachverständigengutachten im familiengerichtlichen Verfahren, Familie und Recht 2001, S. 16-20

Hoffmann-Nowotny, Hans-Joachim, Die Gesellschaft auf dem Wege zur individualistischen Selbstauflösung, i: Familie im Wandel, Hrsg. : Perrez, Meinrad / Lambert, Jean-Luc / Ermert, Claudia / Plancherel, Bernard, Freiburg / Schweiz 1995, S. 3-17

Hohmann-Dennhardt,Christine, Grundgedanken zu einer eigenständigen Vertretung von Kindern und Jugendlichen im familiengerichtlichen Verfahren, Zentralblatt für Jugendrecht 2001, S. 77-83

Holzhauer, Heinz, Verwandtschaftliche Elternstellung, verfassungsmäßiges Elternrecht und elterliche Sorge, Zeitschrift für das gesamte Familienrecht 1982, S. 109-118

Hoppenz, Rainer, Familiensachen, 6. Auflage, Heidelberg 1998

Isensee, Josef / Kirchhoff, Paul (Hrsg.), Handbuch des Staatsrechts der Bundesrepublik Deutschland, Band VI Freiheitsrechte, Heidelberg 1989

Jakobs, Horst Heinrich / Schubert, Werner, Die Beratung des Bürgerlichen Gesetzbuchs, Familienrecht II, §§ 1564-1921, Berlin / New York 1989, zitiert: Beratungen

Johannsen, Kurt H. / Henrich, Dieter, Eherecht, Scheidung, Trennung, Folgen, 1. Auflage, München 1987,

Johannsen, Kurt H. / Henrich, Dieter, Eherecht, Scheidung, Trennung, Folgen, 3. Auflage, München 1998

Kaufmann, Ferdinand / Plate, Klaus, Der Hausbesuch zur Überprüfung der örtlichen Verhältnisse, Kindschaftsrechtliche Praxis 2000, S. 113-116

Kilbinger, Reinhold, Die Umsetzung der Kindschaftsrechtsreform in der Arbeit der Familiengerichte, Zentralblatt für Jugendrecht 2001, S. 39-42

Klingemann, Veronica, Es ist vollbracht: Neuregelungen des Sorge- und Umgangsrechtes, Jugendhilfe 36 (1998), S. 173-178

Knieper, Rolf, Personensorge für Kinder und Scheidung der Eltern, Juristenzeitung 1976, S. 158-160

Knöpfel, Gottfried, Zum gemeinsamen Sorgerecht der Eltern nach Scheidung, Neue Juristische Wochenschrift 1983, S. 905-909

Köckeritz, Christine, Das Ende der Bescheidenheit, Kindschaftsrechtliche Praxis 2001, S.16-23

Koeppel, Peter, Die Stellungnahme von "Defence for Children International", Genf, zu der von der Bundesregierung geplanten Vorbehaltserklärung zur UN-Kinderrechtskonvention, Zentralblatt für Jugendrecht 1991, S. 355-358

Kohler, Mathias, Kindschaftsrechtsreform im Blickwinkel der Kinder, Zentralblatt für Jugendrecht 1999, S. 128-134

Krille, Thomas, Die Verfahrenspflegschaft in der Praxis des Familiengerichts, Kindschaftsrechtliche Praxis 2003, S. 12-17

Kropholler, Jan, Gleichberechtigung durch Richterrecht, Bielefeld 1975, zitiert: „Richterrecht“
Kropholler, Jan, Übereinstimmender Elternvorschlag und Sorgerecht, Neue Juristische Wochenschrift 1984, S. 271-276
Kunkel, Peter-Christian, Der „Anwalt des Kindes“ – deus ex machina im Hilfeplanungsverfahren?, Kindschaftsrechtliche Praxis 2000, S.139-141

Lampert, Heinz, Priorität für die Familie, Berlin 1996
Lauer, Hubertus, Neues Kindschaftsrecht - neue Wege für den Kinderschutz?, Jugendhilfe 1998„S. 179-185
Lee, Jin-Sook, Familie und staatliche Familienpolitik in Deutschland im Lichte der sozialwissenschaftlichen Diskussion, Würzburg 1999
Leibholz, Gerhard / Rinck, Hans-Justus / Hesselberger, Dieter, Grundgesetz für die Bundesrepublik Deutschland, 6. Auflage, Band I, Stand Oktober 2002, Köln
Lempp, Reinhart, Das Wohl des Kindes in §§ 1666 und 1671 BGB, Neue Juristische Wochenschrift 1963, S. 1659-1662
Lempp, Reinhart, Die Rechtsstellung des Kindes aus geschiedener Ehe aus kinder- und jugendpsychiatrischer Sicht, Neue Juristische Wochenschrift 1972, S. 315-319
Leutheusser-Schnarrenberger, Sabine, Das aktuelle Interview zur Kindschaftsrechtsreform, Kindschaftsrechtliche Praxis 1998, S. 21-22
Lidle-Haas, Kerstin, Das Kind im Sorgerechtsverfahren bei der Scheidung, Berlin 1987
Liermann, Stephan, Anmerkung zum Urteil des KG vom 10.2.1999, Zeitschrift für das gesamte Familienrecht 1999, S. 809-810
Limbach, Jutta, Die gemeinsame Sorge geschiedener Eltern in der Rechtspraxis, Bundesanzeiger, Köln 1989, zitiert: Rechtstatsachenforschung
Limbach, Jutta, Die Rolle des Bundesverfassungsgerichts bei der Entwicklung des Kindschaftsrechts, Kindschaftsrechtliche Praxis 1999, S.71-74
Linsler, Josef, Brauchen wir einen Anwalt des Kindes?, Zentralblatt für Jugendrecht 1997, S. 215-216
Lossen, Helga, Kindeswohl und Verbundverfahren im Kindschaftsrechtsreformgesetz (KindRG), Familie und Recht 1997, S. 100-103
Lüderitz, Alexander / Lenzen, Gerhard, Übertragung der elterlichen Gewalt an beide Elternteile nach der Scheidung?, Zeitschrift für das gesamte Familienrecht 1971, S. 625-628
Lüderitz, Alexander, Familienrecht, 27. Auflage, München 1999
Lüscher, Kurt, Familie und Familienpolitik im Übergang zur Postmoderne, in: Die „postmoderne“ Familie, Hrsg.: Lüscher, Kurt / Schultheis, Franz / Wehrspan, Michael, 2. Auflage, Konstanz 1990, S. 15-36

Luthin, H., Anmerkung der Redaktion zum Urteil des AG Berlin Charlottenburg vom 22.12.1982, Zeitschrift für das gesamte Familienrecht 1983, S. 420-421

Luthin, Anmerkung zum Urteil des OLG Karlsruhe vom 29.9.1999, Zeitschrift für das gesamte Familienrecht 2000, S. 1042

Magnus, Ulrich / Dietrich, Silvia, Gemeinsame elterliche Sorge nach Scheidung – eine Erhebung beim Familiengericht Hamburg-Mitte, Zeitschrift für das gesamte Familienrecht 1986, S. 416-420

Maunz, Theodor / Dürig, Günter / Badura, Peter / di Fabrio, Udo / Herdegen, Matthias / Herzog, Roman / Klein, Hans H. / Lerche, Peter / Papier, Hans-Jürgen / Randelzhofer, Albrecht / Schmidt-Assmann, E. / Scholz, Rupert, Grundgesetz Kommentar, Band I, Art. 1-11, 41. Ergänzungslieferung, Stand Oktober 02, München

Meyer, Karl E. / Scheffler, Georg (Bearbeiter), Das Bürgerliche Gesetzbuch, IV. Band 2.Teil, 10. und 11. Auflage, Berlin 1964, zitiert: RGRK-Bearbeiter

Meysen, Thomas, Kindschaftsrechtsreform – eine erste Zwischenbilanz nach zwei Jahren, Zentralblatt für Jugendrecht 2000, S.304-307

Moritz, Heinz Peter, Gemeinsame elterliche Sorge beider Elternteile nach Scheidung im bisherigen und neuen Recht, Zentralblatt für Jugendrecht und Jugendwohlfahrt 1981, S. 11-19

Motzer, Stefan, Die gerichtliche Praxis der Sorgerechtsentscheidungen seit der Neufassung von § 1671 BGB, Zeitschrift für das gesamte Familienrecht 1999, S. 1101-1106

Motzer, Stefan, Die neueste Entwicklung von Gesetzgebung und Rechtsprechung auf dem Gebiet von Sorgerecht und Umgangsrecht, Zeitschrift für das gesamte Familienrecht 2001, S. 1034-1044

Mugdan, Benno, Die gesamten Materialien zu, Bürgerlichen Gesetzbuch für das Deutsche Reich, Band 4, Familienrecht, Neudruck, Aalen 1979

Mühlens, Elisabeth / Kirchmeier, Karl-Heinz / Greßmann, Michael, Das neue Kindschaftsrecht, 1. Auflage, Köln 1998

Mühlens, Elisabeth, Einführung in das Kindschaftsrecht, Kindschaftsrechtliche Praxis 1998, Teil I : S. 3-7

Münch, Ingo von / Kunig, Philip (Hrsg.), Grundgesetz-Kommentar, Band 1, Präambel bis Art. 19, 5. Auflage, München 2000

Münchener Kommentar, Bürgerliches Gesetzbuch, Hrsg.: Kurt Rebmann / Franz Jürgen Säcker, Familienrecht Band 5, 2. Halbband, 2. Auflage, München 1987, zitiert: MüKo-Bearbeiter, 2. Auflage

Münchener Kommentar, Bürgerliches Gesetzbuch, Hrsg.: Kurt Rebmann / Franz Jürgen Säcker, Band 8, Familienrecht II, §§ 1589-1921, KJHG, 3. Auflage, München 1992, zitiert: MüKo-Bearbeiter

Münder, Johannes / Jordan, Erwin / Kreft, Dieter / Lakies, Thomas / Lauer, Hubertus / Proksch, Roland / Schäfer, Klaus, Frankfurter Lehr- und Praxiskommentar zum KJHG / SGB VIII, 3. Auflage, Münster 1998

Münder, Johannes, Das neue Kindschafts- und Beistandschaftsrecht, Jugendhilfe 1998, S. 152-160

Niepmann, Birgit, Die Reform des Kindschaftsrechts – Die wichtigsten Neuerungen für die Praxis, Monatszeitschrift für Deutsches Recht 1998, S. 565-570

Oelkers, Harald, Verfahrensfragen zur Übertragung der elterlichen Sorge, Familie und Recht 2002, S. 210-217

Oelkers, Harald, Die Entwicklung des Sorgerechts bis Ende 2001, Familie und Recht 2002, Teil 1 – S. 106-112, Teil 2 – S. 168-174

Oelkers, Harald, Das neue Sorge- und Umgangsrecht – Grundzüge und erste Erfahrungen, Zentralblatt für Jugendrecht 1999, S. 263-267

Oelkers, Harald, Anmerkung zum BGH Urteil vom 29.9.1999, Monatszeitschrift für Deutsches Recht 2000, S. 32-33

Palandt, Bürgerliches Gesetzbuch,
12. Auflage, München/Berlin 1954, zitiert: Palandt-Bearbeiter, 12. Auflage (1954)
59. Auflage, München 2000, zitiert: Palandt-Bearbeiter, 59. Auflage (2000)
62. Auflage, München 2003, zitiert: Palandt-Bearbeiter

Peters, Jennifer / Schimke, Hans-Jürgen, Die Verfahrenspflegschaft nach § 50 FGG – erste Erfahrungen und Konsequenzen, Kindschaftsrechtliche Praxis 1999, S. 143-149

Pfeifle, Bruno, Kindschaftsrechtsreform und Beistandschaftsgesetz – Herausforderung oder Überforderung des Jugendamtes?, Jugendhilfe 1998, S. 161-166

Pieper, Klaus, Die wichtigsten Änderungen durch das neue Kindschaftsrecht, Familie und Recht 1998, S. 1-5

Pieroth, Bodo / Schlink, Bernhard, Grundrechte Staatsrecht II, 18. Auflage, Heidelberg 2002

Proksch, Roland, Rechtstatsächliche Untersuchung zur Reform des Kindschaftsrechts, Bundesanzeiger Jahrgang 54, Band 239 a, Berlin 2002, zitiert: Rechtstatsächliche Untersuchung

Puls, Jutta, Beteiligung von Psychologen und Psychiatern als Sachverständige in familiengerichtlichen Verfahren, Zentralblatt für Jugendrecht 1984, S. 8-13

Rehberg, Jürgen, Kindeswohl und Kindschaftsrechtsreformgesetz, Familie und Recht 1998, S. 65-69

Renesse, Margot von, Die Kindschaftsrechtsreform – neue Erkenntnisse, neues Recht, Familie, Partnerschaft, Recht 1998, S. 59-61

Rexilius, Günter, Alles o.k. mit dem Kindeswohl?, Kindschaftsrechtliche Praxis 2001, S. 112-117

Rummel, Carsten, Die Freiheit, die Reform des Kindschaftsrechts und das „ganz normale Chaos der Liebe", Zentralblatt für Jugendrecht 1997, S. 202-214

Rummel, Carsten, Die Kindschaftsrechtsreform – ein einführender Überblick, Recht der Jugend und des Bildungswesens 1998, S. 156-178

Rummel, Carsten, Die Bedeutung des Verhältnismäßigkeitsprinzips für das Kindschaftsrecht, Kindschaftsrechtliche Praxis 1998, S. 77-81

Salgo, Ludwig, Brauchen wir den Anwalt des Kindes? – Vorüberlegungen – , Zentralblatt für Jugendrecht 1985, S. 259-270

Salgo, Ludwig, Der Anwalt des Kindes, Bundesanzeiger 1993, Jahrgang 45, Bd. 183 a, Köln 1993

Salgo, Ludwig, Zur gemeinsamen elterlichen Sorge nach Scheidung als Regelfall – ein Zwischenruf, Zeitschrift für das gesamte Familienrecht 1996, S. 449-454

Salgo, Ludwig, Einige Anmerkungen zum Verfahrenspfleger im Kindschaftsrechtsreformgesetz, Familie, Partnerschaft, Recht 1998, S. 91-94

Salgo, Ludwig, 10 Jahre UN-Übereinkommen über die Rechte des Kindes – Auswirkungen am Beispiel von Art. 12 –, Kindschaftsrechtliche Praxis 1999, S.179-183

Salzgeber, Joseph, Gedanken eines psychologischen Sachverständigen zur Kindschaftsrechtsreform, Kindschaftsrechtliche Praxis 1998, S. 43-45

Salzgeber, Joseph, Wird die Kindschaftsrechtsreform den Interessen der Kinder gerecht? Überlegungen aus der Sicht eines psychologischen Sachverständigen, Familie, Partnerschaft, Recht 1998, S. 80-84

Schade, Burkhard / Friedrich, Sigrid, Die Rolle des psychologischen Gutachters nach Inkrafttreten des neuen Kindschaftsrechts, Familie, Partnerschaft, Recht 1998, S. 237-241

Schellhorn, Walter (Hrsg.), SGB VIII / KJHG, 2. Auflage, Neuwied / Kriftel 2000

Schlegel, Christina P., Backe, backe Kinderrechte – eine deutsch-schweizerische Melange, Zentralblatt für Jugendrecht 1999, S. 383-391

Schmidt-Räntsch, Günther, Gemeinsame Sorge geschiedener Eltern – keine gesetzgeberischen Maßnahmen, Zeitschrift für das gesamte Familienrecht 1983, S. 17-19

Schnitzler, Klaus, Der Anwalt des Kindes auch im Sorgerechtsverfahren?, Zeitschrift für das gesamte Familienrecht 1995, S. 397-398

Scholz, Rupert, Kindschaftsrechtsreform und Grundgesetz, Familie, Partnerschaft, Recht 1998, S. 62-74

Schön, Birgit, Verfahrenspflegschaft – Chance für Kinder und Jugendliche?, Familie und Recht 2001, Teil 1: S.289-292, Teil 2: S.349-354

Schwab, Dieter / Wagenitz, Thomas, Einführung in das neue Kindschaftsrecht, Zeitschrift für das gesamte Familienrecht 1997, S. 1377-1383

Schwab, Dieter, Familienrecht, 11. Auflage, München 2001

Schwab, Dieter, Elterliche Sorge bei Trennung und Scheidung der Eltern, Zeitschrift für das gesamte Familienrecht 1998, S. 457-472

Schwab, Dieter, Wandlungen der „gemeinsamen elterlichen Sorge“, in: Festschrift für Hans Friedhelm Gaul, Hrsg.: Eberhard Schilken, Bielefeld 1997, S. 717-728

Schwoerer, J., Anmerkung zum Urteil des LG Tübingen vom 15.1.1960, Zeitschrift für das gesamte Familienrecht 1960, S. 122-123

Schwoerer; J., Anmerkung zum Urteil des OLG Hamburg vom 23.2.1956, Zeitschrift für das gesamte Familienrecht 1956, S. 242-243

Seibert, Helga, Verfassung und Kindschaftsrecht – Neue Entwicklungen und offene Fragen, Zeitschrift für das gesamte Familienrecht 1995, 1457-1463

Seidenstücker, Bernd, Zur Umsetzung des neuen Kindschaftsrechts in der Arbeit von Jugendämtern, Zentralblatt für Jugendrecht 2001, S. 88-97

Sittig, Christine / Störr, André, Das Ende einer Reform, Familie und Recht 2000, S. 199-201

Söpper, Silvia, Rechtsprechungsübersicht zur Vergütung von Verfahrenspflegern, Zeitschrift für das gesamte Familienrecht 2002, S. 1535-1541

Spangenberg, Ernst / Dormann, Auguste, Die Verfahrenspflegerin im Spannungsfeld: Eltern – Kind – Gericht, Zentralblatt für Jugendrecht 2002, S. 168-171

Staudinger, Julius von (Begr.), Kommentar zum Bürgerlichen Gesetzbuch mit Einführungsgesetz und Nebengesetzen,

IV. Band, Familienrecht, Teil 3 a, §§ 1589-1698b, 10./11. neubearbeitete Auflage, Berlin 1966

4. Buch, §§ 1666-1772, Redaktor: Helmut Engler, 12. Auflage, Berlin 1992

§§ 1638-1683, Redaktor: Helmut Engler, 13. Bearbeitung, Berlin 2000

§§ 1684-1717, Anhang zu § 1717: Artikel 223 EGBGB, Redaktorin: Lore Maria Peschel-Gutzeit, 13. Bearbeitung, Berlin 2000

Steindorff, Caroline, Die UN-Kinderrechtskonvention als Legitimationsgrundlage für Elternrechte?, Familie und Recht 1991, S. 214-216

Sternbeck, Elisabeth / Däther, Gerd, Das familienpsychologische Gutachten im Sorgerechtsverfahren, Zeitschrift für das gesamte Familienrecht 1986, S. 21-25

Stöcker, Hans A., Die UNO-Kinderkonvention und das deutsche Familienrecht, Zeitschrift für das gesamte Familienrecht 1992, S. 245-252

Stöcker, Hans A., Auslegung der Kinderkonvention, Recht der Jugend und des Bildungswesens 1991, S. 75-87

Struck, Jutta, Die UN-Konvention über die Rechte des Kindes – Impulse für eine Erneuerung unseres Kindschafts- und Jugendrechts, Zentralblatt für Jugendrecht 1990, S. 613-618

Tauche, Almuth, Kindesrechte und Elternvereinbarung, Familie und Recht 1996, S. 213-222

Tauche, Almuth, Synergieerzeugung, Kindschaftsrechtliche Praxis 1998, S. 110-113

Théry, Irène, Die Familie nach der Scheidung: Vorstellungen, Normen, Regulierungen, in: Die „postmoderne" Familie, Hrsg.: Lüscher, Kurt / Schultheis, Franz / Wehrspan, Michael, 2. Auflage, Konstanz 1990, S. 84-97

Törnig, Ulla, Anwalt des Kindes und Jugendamt – Ein Überblick, Zentralblatt für Jugendrecht 2001, S. 457-463

Treitz, Georg, Die Verteilung der elterlichen Gewalt bei Auflösung der Elternehe und bei dauerndem Getrenntleben der Eltern, Berlin 1973

Ullmann, Christian, Elterliche Sorge und Menschenrechte, 1. Auflage, München 1986

Ullmann, Christian, Diskussion: Die UNO-Kinderrechtekonvention und das innerstaatliche Recht, Erwiderung auf den Beitrag von Stöcker, FamRZ 1992, 245 ff, Zeitschrift für das gesamte Familienrecht 1992, S. 892-894

Wabnitz, Reinhard Joachim, Mitwirkung der Jugendhilfe im familiengerichtlichen Verfahren. Rechtsgrundlagen, Aufgaben und Selbstverständnis, Zentralblatt für Jugendrecht 2000, S. 336-343

Weber, Matthias, Beratung vor gerichtlicher Entscheidung bei Trennung und Scheidung, Zentralblatt für Jugendrecht 2000, S. 361-367

Weber, Matthias, Das neue Kindschaftsrecht – Herausforderung für die Beratungsstellen, Jugendhilfe 1998, S. 166-173

Weisbrodt, Franz, Familiengericht und Jugendamt in gemeinsamer Sorge um die elterliche Sorge, Kindschaftsrechtliche Praxis 2000, S. 35-44

Wiesner, Reinhard, Die Reform des Kindschaftsrechts – Auswirkungen für die Praxis der Kinder- und Jugendhilfe, Zentralblatt für Jugendrecht 1998, S. 269-285

Wiesner, Reinhard, Das Kindschaftsrechtsreformgesetz und seine Begleitgesetze, Jugendhilfe 1998, S. 134-144

Wiesner, Reinhard, Kindschaftsrechtsreform und KJHG – wechselseitige Reformanstöße, Kindschaftsrechtliche Praxis 1999, S. 44-48

Will, Annegret, Der Anwalt des Kindes im Sorgerechtsverfahren – Garant des Kindeswohls?, Zentralblatt für Jugendrecht 1998, S. 1-6

Willutzki, Siegfried, Die Novellierung des deutschen Kindschaftsrechts, Der Rechtspfleger 1997, S. 336-340

Willutzki, Siegfried, Kindschaftsrechtsreform Versuch einer wertenden Betrachtung, Kindschaftsrechtliche Praxis 1998, Teil I : S. 8-11, Teil II: S. 37-39

Willutzki, Siegfried, Zur Kooperation von Jugendhilfe und Justiz, Kindschaftsrechtliche Praxis 1998, S. 135-138

Willutzki, Siegfried, Kindschaftsrechtsreform und Verfahrensrecht – Ein Überblick über die wesentlichen Änderungen –, Familie, Partnerschaft, Recht 1998, S. 94-98

Willutzki, Siegfried, Kindeswohl zwischen Elternrecht und staatlichem Wächteramt, Der Amtsvormund 2000, S. 377-388

Willutzki, Siegfried, Umsetzung der Kindschaftsrechtsreform in der Praxis, Kindschaftsrechtliche Praxis 2000, S. 45-48

Willutzki, Siegfried, Güte und Vergütung, Kindschaftsrechtliche Praxis 2001, S. 107-111

Wolf, Joachim, Ratifizierung unter Vorbehalten: Einstieg oder Ausstieg der Bundesrepublik Deutschland aus der UN-Konvention über die Rechte der Kindes?, Zeitschrift für Rechtspolitik 1991, S. 374-378

Wolfrum, Rüdiger, Die Konvention über die Rechte des Kindes: Entwicklung, Inhalt und Einbettung in den internationalen Menschenrechtsschutz, in: UN-Konvention über die Rechte des Kindes, Hrsg.: Deutsches Kinderhilfswerk, München 1990, S. 7-19

Vom Elternrecht zum Kindesrecht, Deutsche Richterzeitung 1995, S. 490-491

Haben sich die durch die Kindschaftsrechtsreform eingeführten Regelungen zum gemeinsamen Sorgerecht geschiedener Eltern in der gerichtlichen Praxis bewährt?

I. Untersuchungsgrundlage

1) Fragen zum Scheidungsverfahren seit dem 1.7.1998

Scheidungen, bei denen minderjährige Kinder betroffen sind	über-wiegend	häufig	selten	nie
a) Wie oft verläuft eine Scheidung strittig?	☐	☐	☐	☐
b) Wie häufig ist in diesen Fällen die Regelung des elterlichen Sorgerechts strittig?	☐	☐	☐	☐

c) Haben Sie infolge der Reform eine Verlagerung von Sorge- auf Umgangsrechtsverfahren festgestellt?

☐ ja ☐ nein

2) Fragen zum Sorgerechtsverfahren nach § 1671 BGB seit dem 1.7.1998

a) Welcher Elternteil stellt im Fall der Trennung/ Scheidung einen Antrag auf Alleinsorge?	über-wiegend	häufig	selten	nie
Die Mutter	☐	☐	☐	☐
Der Vater	☐	☐	☐	☐
Entgegengesetzte Anträge beider Elternteile	☐	☐	☐	☐
b) Wie oft werden Anträge von Partnern aus nichtehelichen Lebensgemeinschaften gestellt?	☐	☐	☐	☐
c) Wie reagiert der andere Elternteil?				
Er stimmt dem Alleinsorgeantrag zu.	☐	☐	☐	☐
Er stellt einen Gegenantrag auf Alleinsorge.	☐	☐	☐	☐
Er beharrt auf der gemeinsamen Sorge.	☐	☐	☐	☐
d) Widerspruch des Kindes				
Wie oft widerspricht das mindestens 14 jährige Kind der Übertragung der Alleinsorge gemäß § 1671 II Nr.1 BGB?	☐	☐	☐	☐
e) Zeitpunkt der Antragstellung				
Wie oft werden Scheidungs- und Sorgerechtsverfahren im Verbund entschieden?	☐	☐	☐	☐
Wie oft wird über das Sorgerecht bereits vor der Scheidung entschieden?	☐	☐	☐	☐
Wie oft stellen die Eltern einen Alleinsorgeantrag erst nach vollzogener Scheidung?	☐	☐	☐	☐

f) Wie begründen die Eltern ihren Sorgerechtsantrag?	über-wie-gend	häufig	selten	nie
Die Eltern sind sich einig	□	□	□	□
Objektive Gegebenheiten (z.B. verschiedene Wohnorte)	□	□	□	□
Tiefgreifende Konflikte zwischen den Eltern	□	□	□	□
Keine Einigung in Erziehungsfragen	□	□	□	□
Mangelnde Erziehungseignung bzw. mangelndes Interesse des anderen Elternteils	□	□	□	□
Fehlende Verläßlichkeit des anderen Elternteils	□	□	□	□
Störung der Beziehung zwischen Kind und Antragsteller	□	□	□	□
Sonstiges:	□	□	□	□

3) <u>Fragen zu sonstigen Verfahren</u>

a) Änderungsverfahren nach § 1696 BGB				
aa) Wie oft ändern Sie gemäß § 1696 BGB Sorgerechtsentscheidungen, die *nach dem 1.7.1998* erlassen wurde,...	über-wie-gend	häufig	selten	nie
aufgrund eines Antrags von getrenntlebenden oder geschiedenen Ehegatten?	□	□	□	□
aufgrund eines Antrags von Eltern, die in einer nichtehelichen Lebensgemeinschaft verbunden waren?	□	□	□	□
bb) Wie oft müssen Sie Sorgerechtsentscheidungen ändern, die *vor dem 1.7.1998* erlassen wurden?	□	□	□	□
cc) Wie oft betreffen die Anträge eine Änderung...				
von gemeinsamer Sorge hin zur Alleinsorge?	□	□	□	□
von Alleinsorge hin zur gemeinsamen Sorge?	□	□	□	□
b) Einschränkung des Sorgerechts nach § 1687 II BGB				
Wie oft haben Sie Entscheidungen nach § 1687 II BGB auf Einschränkung der Sorgerechtsbefugnisse zu treffen?	□	□	□	□
c) Entscheidungen nach § 1628 BGB				
Wie oft müssen Sie gemäß § 1628 BGB über Meinungsverschiedenheiten entscheiden...				
von verheirateten Eltern?	□	□	□	□
von getrenntlebenden / geschiedenen Eltern?	□	□	□	□
d) Verfahren nach § 1666 BGB				
Wie oft erfahren Sie im Rahmen von Scheidungs- oder Sorgerechtsverfahren Umstände, die Sie ein Verfahren nach § 1666 BGB einleiten lassen?	□	□	□	□

II. Ablauf des Scheidungsverfahrens

1) Anhörung der Eltern im Scheidungsverfahren

a) Wieviel Zeit verwenden Sie im Durchschnitt für die Anhörung der Eltern zur Sorge gemäß § 613 I S.2 ZPO?

Bei Einigkeit bezüglich des Sorgerechts: __________ Min.

Bei Uneinigkeit bezüglich des Sorgerechts: __________ Min.

b) Welche der folgenden, das Sorgerecht betreffenden Umstände erörtern Sie vorrangig mit den Eltern bei *Uneinigkeit bezüglich des Sorgerechts*?	1 vorrangig	2	3	4 nachrangig
Tatsächliche Umstände	☐	☐	☐	☐
Arten des Sorgerechts (Alleinsorge / gemeinsame Sorge)	☐	☐	☐	☐
Gesetzliche Ausgestaltung der gemeinsamen Sorge (Alltagssorge / wesentliche Entscheidungen)	☐	☐	☐	☐
Weiterbetreuung/Aufenthalt der Kinder	☐	☐	☐	☐
Umgangskontakte mit dem Elternteil, mit dem das Kind nicht zusammenleben wird	☐	☐	☐	☐
Barunterhaltspflichten	☐	☐	☐	☐
Konsensfähigkeit der Eltern	☐	☐	☐	☐
Bindungen des Kindes	☐	☐	☐	☐
Beratung durch das Jugendamt	☐	☐	☐	☐
Sonstige:	☐	☐	☐	☐

c) Erörtern Sie diese Umstände auch bei *Einigkeit bezüglich des Sorgerechts*?

☐ ja
☐ ja, aber nur: ____
☐ nur bei vom Jugendamt geäußerten Zweifeln an der Einigkeit
☐ nein

d) Wie hoch schätzen Sie die Chancen ein, mit Hilfe der Anhörung sicherzustellen, daß sich die Eltern nicht nur aus vordergründigen Motiven (z.B. schnelle Scheidung) für die gemeinsame Sorge entscheiden?

sehr hoch ☐ 1 ☐ 2 ☐ 3 ☐ 4 sehr gering

e) Halten Sie eine Kontrolle der Motive der Eltern für...

☐ ...erforderlich? ☐ ...wünschenswert? ☐ ...überflüssig?

f) Falls Sie ein Erfordernis sehen: Wem fällt die Aufgabe zu?

☐ dem Gericht ☐ dem Jugendamt ☐ beiden Institutionen

2) Anhörung des Kindes im Scheidungsverfahren

a) Nehmen Sie Kindesanhörungen im *Scheidungsverfahren* vor, obwohl *kein Sorgerechtsverfahren* anhängig und obwohl dies nicht explizit im Gesetz geregelt ist?

☐ überwiegend ☐ häufig ☐ selten ☐ nie

b) Wie stehen Sie zu einer gerichtlichen Kindesanhörung...	im *Scheidungsverfahren*?	im *Sorgerechtsverfahren*?
Ich halte sie für sinnvoll.	☐	☐
Eine gerichtliche Anhörung der Kinder ist ab einem bestimmten Alter sinnvoll (ab __________ Jahren).	☐	☐
Eine gerichtliche Anhörung stellt eine zu große psychische Belastung der Kinder dar und ist daher im Regelfall nicht sinnvoll.	☐	☐
Bei einer Scheidung geht es um die Beziehung des Paares zueinander, so daß eine außergerichtliche Beratung der Eltern unter Beteiligung der Kinder ausreichend ist.	☐	
Die Kindesanhörung im Scheidungsverfahren ist eine unnötige und vom Gesetz nicht gewollte Einmischung des Gerichts in die Elternautonomie.	☐	
Sonstiges:	☐	☐

III. **Fragen zum Sorgerechtsverfahren nach § 1671 BGB**

1) Kindesanhörung

a) Wie intensiv nutzen Sie die Möglichkeit der Kindesanhörung in *Sorgerechtsverfahren* gemäß § 50 b FGG?	immer	überwiegend	häufig	selten	nie
Bei Kindern über 14 Jahren in streitigen Verfahren	☐	☐	☐	☐	☐
Bei Kindern über 14 Jahren in unstreitigen Verfahren	☐	☐	☐	☐	☐
Bei Kindern unter 14 Jahren in streitigen Verfahren	☐	☐	☐	☐	☐
Bei Kindern unter 14 Jahren in unstreitigen Verfahren	☐	☐	☐	☐	☐

b) Wieviel Zeit verwenden Sie im Durchschnitt auf die Kindesanhörung?

__________ Min. / Kind

c) Hören Sie die Kinder mit ihren Eltern oder getrennt von ihnen an?

☐ alleine ☐ ab __________ Jahren alleine ☐ mit Eltern

2) Bestellung eines Verfahrenspflegers

a) Wie häufig machen Sie von der Möglichkeit Gebrauch, in einem *Sorgerechtsverfahren* einen Verfahrenspfleger gemäß § 50 FGG für ein Kind zu ernennen?

☐ immer ☐ überwiegend ☐ häufig ☐ selten ☐ nie

b) Was hält Sie davon ab, einen Verfahrenspfleger zu bestellen? (Mehrfachnennungen möglich)

☐ Die wenigsten Fälle sind so strittig, daß es eines Verfahrenspflegers bedarf.
☐ Es gibt mangels einheitlicher Ausbildung keine qualifizierten Verfahrenspfleger.
☐ Die Kostenregelung ist ungenügend und wird von der Landeskasse nicht anerkannt.
☐ Es stellt sich niemand als Verfahrenspfleger zur Verfügung.
☐ Die Beachtung der Kindesinteressen im Sorgerechtsverfahren ist durch die vorhandenen Institutionen, insbesondere den Amtsermittlungsgrundsatz, sichergestellt.
☐ Sonstiges: ______________________________
____

c) Welche Person ernennen Sie / würden Sie zum Verfahrenspfleger ernennen?	immer	überwiegend	häufig	selten	nie
Engagierte Laien, insbesondere Verwandte	☐	☐	☐	☐	☐
Mitarbeiter des Jugendamtes	☐	☐	☐	☐	☐
Kinderpsychologen	☐	☐	☐	☐	☐
Sozialarbeiter / Sozialpädagogen	☐	☐	☐	☐	☐
Rechtsanwälte	☐	☐	☐	☐	☐
Sonstige:					

d) Ziehen Sie in strittigen Verfahren eher einen Verfahrenspfleger oder eher einen psychologischen Sachverständigen heran?

☐ vorrangig einen psychologischen Sachverständigen
☐ vorrangig einen Verfahrenspfleger
☐ abhängig vom Einzelfall, von: ______________________________
☐ beide

e) Warum? (Mehrfachnennungen möglich)

☐ Die Institution des Verfahrenspfleger ist überflüssig und ein reiner Kostenfaktor.
☐ Die Bestellung eines Sachverständigen hat sich bewährt.
☐ Der Sachverständige trifft objektive Aussagen, die für die Entscheidungsfindung hilfreicher sind als die vom Verfahrenspfleger vermittelte subjektive Sichtweise des Kindes.
☐ Angesichts der praktischen Schwierigkeiten bei der Verfahrenspflegerbestellung (Kosten, fehlende Personen) weiche ich auf die Bestellung eines Sachverständigen aus, um den Kindesinteressen zumindest einigermaßen gerecht zu werden.
☐ Nur mit Hilfe eines Verfahrenspfleger findet die subjektive Sichtweise des Kindes Eingang in das Verfahren.
☐ Der Verfahrenspfleger wird auch als Vermittler zwischen den Parteien tätig und fördert so die einvernehmliche Konfliktlösung.
☐ Sonstiges: ______________________________
____

3) Richterliches Verhalten im Sorgerechtsverfahren

a) Das Gericht darf von einem einvernehmlichen Alleinsorgeantrag gemäß § 1671 II Nr.1 BGB nicht mehr aus Gründen des Kindeswohls sondern nur noch bei einer Kindeswohlgefährdung abweichen, § 1671 III i.V.m. § 1666 BGB.

aa) Welche Möglichkeiten wählen Sie, wenn ein Elternteil dem Alleinsorgeantrag des anderen zustimmt, obwohl die Alleinsorge des Antragstellers für Sie erkennbar dem Kindeswohl widerspricht? (Mehrfachnennungen möglich)

- ☐ Es gilt der Vorrang der Elternautonomie. Ich gebe dem Antrag ohne weitere Sachprüfung statt. Es wird schon seine Gründe haben, daß die Eltern diese Regelung bevorzugen.
- ☐ Ich bitte das Jugendamt um weitere Mitwirkung.
- ☐ Ich weise die Eltern auf ihre Verantwortung gegenüber dem Kind hin.
- ☐ Ich appelliere an die Eltern, die Regelung noch einmal zu überdenken.
- ☐ Ich lege dem Antragsteller die Rücknahme seines Antrags nahe oder versuche den anderen Elternteil zur Antragsstellung zu bewegen.
- ☐ Ich leite ein Verfahren nach § 1666 BGB ein.
- ☐ Sonstiges: ______________________________

____

bb) Wie oft kommt dieser Fall in Ihrer Praxis vor?

☐ überwiegend ☐ häufig ☐ selten ☐ nie

cc) Begründet die weitreichende Bindung des Gerichts an den einvernehmlichen Antrag Ihrer Ansicht nach die Gefahr, daß die Anforderungen an eine Kindeswohlgefährdung im Sinne des § 1666 BGB sinken, um eine gewisse gerichtliche Kontrolle zu ermöglichen?

☐ ja ☐ nein

dd) Welche Bedeutung kommt dem Sorgerechtsverfahren bei einem einvernehmlichen Alleinsorgeantrag der Eltern zu? (Mehrfachnennungen möglich)

- ☐ Das Sorgerechtsverfahren begründet die Mitwirkung des Jugendamtes.
- ☐ Es tritt eine Statusänderung beim nicht mehr sorgeberechtigten Elternteil ein, die gerichtlich festgestellt werden muß.
- ☐ Der alleinsorgeberechtigte Elternteil erhält ein Nachweis über seine Berechtigung, die er gegenüber Dritten und für eventuelle Streitigkeiten mit dem anderen Elternteil benötigt.
- ☐ Keine. Das Sorgerechtsverfahren ist eine reine Formalität, da weder das Jugendamt noch das Gericht die Einigkeit der Eltern überprüfen können.
- ☐ Sonstiges: ______________________________

____

b) Alleinsorgeantrag gemäß § 1671 II Nr.2 BGB

aa) Wie oft lehnen Sie einen Alleinsorgeantrag ab und belassen es bei der gemeinsamen Sorge?

☐ überwiegend ☐ häufig ☐ selten ☐ nie

bb) Welche Möglichkeiten wählen Sie, wenn im Rahmen der zweistufigen Prüfung gemäß § 1671 II Nr.2 BGB zwar die Alleinsorge angezeigt ist, die Übertragung auf den Antragsteller jedoch nicht das Beste für das Kind ist? (Mehrfachnennungen möglich)

- ☐ Ich belasse es bei der gemeinsamen Sorge.
- ☐ Ich bemühe mich in einem Anhörungstermin um eine einvernehmliche Lösung.
- ☐ Ich lege dem Antragsteller die Rücknahme des Antrag nahe und belasse es bei der gemeinsamen Sorge, falls dieser nicht reagiert.
- ☐ Ich lege dem anderen Elternteil die Antragstellung nahe, belasse es aber bei der gemeinsamen Sorge, falls dieser nicht reagiert.
- ☐ Ich lege dem anderen Elternteil die Antragstellung nahe und leite von Amts wegen ein Verfahren nach § 1666 BGB ein, falls dieser keinen Antrag stellt.
- ☐ Ich bitte das Jugendamt um weitere Mitwirkung.
- ☐ Sonstiges: ____

____

cc) Wie häufig...	überwiegend	häufig	selten	nie
legen Sie dem Antragsgegner die Antragsstellung nahe?	☐	☐	☐	☐
regen Sie die Rücknahme des Antrags an?	☐	☐	☐	☐

c) Fühlen Sie sich durch die Reform dazu aufgefordert, intensiver auf eine gemeinsame elterliche Sorge hinzuwirken?

☐ ja ☐ nein

d) Wenn ja, warum? (Mehrfachnennungen möglich)

- ☐ Der Gesetzgeber hat deutlich gemacht, daß er die gemeinsame Sorge präferiert.
- ☐ Durch die Regelung des § 1687 BGB ist die gemeinsame Sorge praktikabler geworden.
- ☐ Ein großer Anreiz ist die Möglichkeit, die Alleinsorge auf strittige Teilbereiche (z.B. das Aufenthaltsbestimmungsrecht) zu begrenzen und es ansonsten bei der gemeinsamen Sorge zu belassen.
- ☐ Aufgrund der Beratung sind die Eltern eher bereit, die Sorge gemeinsam auszuüben.
- ☐ Sonstiges: ____

____

e) Stehen Ihrer Ansicht nach die gemeinsame und die Alleinsorge nach der Kindschaftsrechtsreform in einem *gesetzlichen – nicht einem rein quantitativen* – Regel-Ausnahme-Verhältnis?

☐ Regelfall der Alleinsorge
☐ Regelfall der gemeinsamen Sorge
☐ gleichberechtigt nebeneinander

f) Besteht Ihrer Ansicht nach eine gesetzliche Vermutung dafür, daß die gemeinsame Sorge dem Kindeswohl förderlicher ist als die Alleinsorge?

☐ ja ☐ nein

IV. Verhältnis zwischen Jugendamt und Gericht

1) Beratung durch das Jugendamt im Scheidungsverfahren gemäß § 17 SGB VIII

a) Erfahren Sie im Scheidungsprozeß, ob eine Beratung durch das Jugendamt aufgrund der gerichtlichen Mitteilung gemäß § 17 III SGB VIII stattgefunden hat?

☐ ja, ☐ aufgrund einer Mitteilung des Jugendamtes
☐ durch freiwillige Auskunftserteilung der Eltern
☐ auf Nachfrage bei den Eltern
☐ Sonstiges: ____________________

☐ nein

b) Halten Sie eine entsprechende Information für...

☐ erforderlich? ☐ wünschenswert? ☐ überflüssig?

c) Die jugendamtliche Beratung findet bei Scheidungsverfahren nur noch dann statt, wenn sich die Eltern freiwillig dazu bereit erklären.

aa) Wirkt sich die Beratung der Eltern durch das Jugendamt auf das Gerichtsverfahren aus?

sehr stark ☐ 1 ☐ 2 ☐ 3 ☐ 4 sehr gering

bb) Wie? (Mehrfachnennungen möglich)

☐ größere Rechtskenntnis der Eltern
☐ größere Konsensfähigkeit der Eltern
☐ Konflikte begrenzen sich auf bestimmte Teilbereiche
☐ Beschleunigung der Verfahren
☐ Sonstiges: ____________________

cc) Wäre eine gesetzliche Pflicht zur Inanspruchnahme der jugendamtlichen Beratung bei Scheidungsverfahren Ihrer Ansicht nach...

☐ erforderlich? ☐ wünschenswert? ☐ überflüssig?

dd) Warum? (Mehrfachnennungen möglich)

☐ Bei einer Scheidung besteht die Gefahr, daß die Eltern zu sehr mit sich beschäftigt sind und deshalb die gemeinsame Sorge nicht aus Kindeswohlgesichtspunkten beibehalten.
☐ Die Eltern können ohne jugendamtliche Beratung leicht aus Unkenntnis von den Anforderungen der gemeinsamen Sorge überfordert werden.
☐ Die Beratung führt zu einer Beschleunigung der Verfahren.
☐ Angesichts der anwaltlichen Vertretung zumindest eines Elternteils ist davon auszugehen, daß sich die Eltern nicht blind auf das gemeinsame Sorgerecht einlassen.
☐ Eine Änderung der gemeinsamen Sorge in Alleinsorge ist jederzeit möglich.
☐ Ein Beratungszwang wäre ein unzulässiger Eingriff des Staates in die Elternautonomie.
☐ Eine Beratung nichtehelicher Paare findet auch nur bei Freiwilligkeit statt.
☐ Eine Beratung verspricht nur dann Erfolg, wenn die Eltern sie auch wollen.
☐ Sonstiges: ____________________

d) Empfehlen Sie den Eltern, das Beratungsangebot des Jugendamtes in Anspruch zu nehmen?

□ überwiegend □ häufig □ selten □ nie

e) Versuchen Sie, eine ablehnende Haltung der Eltern gegenüber der Beratung durch das Jugendamt zu überwinden?

□ Ja,
- □ durch Aufklärung über die Bedeutung der Beratung
- □ durch einen Hinweis auf die Elternpflicht und die Verantwortung der Eltern gegenüber ihrem Kind
- □ durch einen Hinweis auf Sanktionsmöglichkeiten
- □ Sonstiges: ____________________

□ Nein
- □ Die Annahme der Beratung ist die private Entscheidung der Eltern.
- □ Es ist Aufgabe des Jugendamtes, auf die Annahme der Beratung hinzuwirken.
- □ Sonstiges: ____________________

f) Wie oft gelingt es Ihnen, die Eltern zur Inanspruchnahme der Beratung zu bewegen?

□ überwiegend □ häufig □ selten □ nie

2) <u>Mitwirkung des Jugendamtes bei Sorgerechtsverfahren gemäß § 50 SGB VIII</u>

a) Seit der Reform ist es dem Jugendamt freigestellt, ob es Empfehlungen für das Sorgerecht ausspricht oder nicht. Wie kommen Sie mit der neuen Praxis zurecht?

□ Das Jugendamt spricht weiterhin ganz überwiegend Empfehlungen aus.
□ Die Empfehlung ist ein guter Anhaltspunkt für das Gericht. Eine abschließende Empfehlung des Jugendamtes ist weiterhin wünschenswert.
□ Die Gutachten stellen den Sachverhalt umfassend dar, so daß auch ohne eine Empfehlung eine gerichtliche Entscheidung getroffen werden kann.
□ Sonstiges____________________

b) Wie oft nimmt das Jugendamt an streitigen Sorgerechtsverfahren teil?

□ überwiegend □ häufig □ selten □ nie

c) Von wem geht dabei die Initiative aus?

□ vom Jugendamt □ vom Gericht □ von beiden Institutionen □ abhängig vom Einzelfall

3) <u>Verhältnis der Institutionen</u>

a) Wie bewerten Sie Ihre derzeitige Zusammenarbeit mit dem Jugendamt?

sehr gut □ 1 □ 2 □ 3 □ 4 sehr schlecht

b) Wo sehen Sie noch Verbesserungsbedarf?

____

____

c) Ist der Kontakt und der Erfahrungsaustausch zwischen Jugendamt und Gericht nach der Reform intensiver geworden?

☐ ja ☐ gleich geblieben ☐ geringer geworden

d) In welcher Beziehung stehen die Aufgaben des Jugendamtes und des Gerichts seit der Reform zueinander?

☐ Die Entscheidung des Gerichts und die Beratung durch das Jugendamt sind eigenständig und stehen gleichberechtigt nebeneinander.
☐ Die Entscheidung des Gerichts ist subsidiär und soll erst nach dem Scheitern der sozialpflegerischen Intervention getroffen werden.

V. Entscheidungsgründe

1) Wie häufig geben Sie einem Alleinsorgeantrag, wenn er denn gestellt wurde, statt?	immer	überwiegend	häufig	selten	nie
Wenn die Eltern einen einvernehmlichen Alleinsorgeantrag gestellt haben.	☐	☐	☐	☐	☐
Wenn nur ein Elternteil einen Antrag gestellt hat und der andere die gemeinsame Sorge wünscht.	☐	☐	☐	☐	☐
Wenn beide Elternteile einander widersprechende Alleinsorgeanträge gestellt haben.	☐	☐	☐	☐	☐

2) Der Gesetzgeber hat weder für die gemeinsame noch für die Alleinsorge Kriterien normiert.

a) Welche Kriterien sind für Sie bei der Entscheidung zugunsten der gemeinsamen Sorge trotz Alleinsorgeantrags von Bedeutung?	1 bedeutend	2	3	4 unbedeutend
Die Eltern sind voll erziehungsfähig.	☐	☐	☐	☐
Es besteht ein Grundkonsens über die Kindeserziehung.	☐	☐	☐	☐
Die Eltern sind sich über Fragen von erheblicher Bedeutung für das Kind im wesentlichen einig.	☐	☐	☐	☐
Gemeinsame Entscheidungen nach § 1687 BGB stehen in der nächsten Zeit nicht an.	☐	☐	☐	☐
Die Uneinigkeit der Eltern betrifft nur die Paarebene.	☐	☐	☐	☐
Die Eltern waren während der Trennungszeit zu einvernehmlichen Regelungen fähig.	☐	☐	☐	☐
Die aus der Trennungssituation resultierenden Konflikte werden sich auf längerfristige Sicht lösen.	☐	☐	☐	☐
Die gemeinsame Sorge entspricht dem Kindeswunsch (evt. Kindeswiderspruch).	☐	☐	☐	☐
Die gemeinsame Sorge entspricht dem Kindeswohl nach dem Stand der Entwicklungspsychologie am besten.	☐	☐	☐	☐
Die Eltern dürfen sich ihrer Verantwortung gegenüber dem Kind nicht entziehen, wenn sie erziehungsgeeignet sind.	☐	☐	☐	☐
Das Kind ist fast volljährig.	☐	☐	☐	☐
Sonstiges:	☐	☐	☐	☐

b) Das BVerfG hob in seiner Entscheidung von 1982 für die gemeinsame Sorge unter anderem die objektive Kooperationsfähigkeit und subjektive Kooperationsbereitschaft der Eltern hervor.

aa) Wie bedeutend sind für Sie die folgenden Kriterien für die Kooperationsfähigkeit und -bereitschaft?	1 bedeutend	2	3	4 unbedeutend
Die Eltern müssen eigene Differenzen zurückstellen und sich auf das Kind konzentrieren können.	☐	☐	☐	☐
Der andere Elternteil muß als Erzieher und als Bindungsperson anerkannt werden.	☐	☐	☐	☐
Die Eltern müssen sich im wesentlichen über den Barunterhalt geeinigt haben.	☐	☐	☐	☐
Es muß ein Grundkonsens in Angelegenheiten von fundamentaler Bedeutung vorliegen.	☐	☐	☐	☐
Die Eltern dürfen keine völlig konträre Auffassungen über die zukünftige Lebensgestaltung des Kindes vertreten.	☐	☐	☐	☐
Sonstiges:	☐	☐	☐	☐

bb) Welche Bedeutung messen Sie der Kooperationsfähigkeit und -bereitschaft für Ihre Entscheidung zugunsten der gemeinsamen Sorge der Eltern zu?

- ☐ Kooperationsfähigkeit und -bereitschaft sind unverzichtbar für die gemeinsame Sorge.
- ☐ Nur die erkennbar willkürliche Verweigerung der Kooperation steht der gemeinsamen Sorge nicht entgegen.
- ☐ Solange die Uneinigkeit nicht Belange von wesentlicher Bedeutung für das Kind betrifft, gehe ich regelmäßig von der Kooperationsfähigkeit und -bereitschaft der Eltern aus.
- ☐ Die Eltern sind verpflichtet, einen Konsens zu suchen.
- ☐ Aus Gründen des Kindeswohls stelle ich die Anforderungen an die Kooperationsbereitschaft der Eltern zurück, wenn sie objektiv in der Lage sind, die Sorge gemeinsam auszuüben.
- ☐ Die Kooperationsbereitschaft ist ein Merkmal unter vielen. Ihm kommt keine herausragende Bedeutung zu, sondern ist in der Gesamtschau mit zu berücksichtigen.
- ☐ Sonstiges:____

____

c) Differenzieren Sie in Ihrer Entscheidung gemäß § 1671 II Nr.2 BGB danach, inwiefern Gründe für oder gegen die Alleinsorge und für oder gegen den Antragsteller sprechen?

☐ ja ☐ nein ☐ maßgeblich ist die Gesamtschau der Umstände

d) Haben sich die Kriterien, aufgrund derer Sie die Entscheidung zugunsten des Antragsstellers treffen (z.B. Kontinuitäts-, Förderprinzip, u.a.), nach der Reform gewandelt?

☐ ja ☐ nein

Wenn ja: Inwiefern?

____

____

e) Würde es Ihnen bei Ihrer Entscheidungsfindung helfen, wenn der Gesetzgeber seine Vorstellungen von den Voraussetzungen einer gemeinsamen Sorge näher konkretisiert hätte?

□ ja □ nein

f) Warum?

- □ Die praktischen Schwierigkeiten bei der Feststellung des Kindeswohls sind geblieben.
- □ Die Kriterien des Bundesverfassungsgerichts haben ihre Bedeutung behalten und sind als Grundlage für die Entscheidungsfindung ausreichend.
- □ Kriterien engen zu sehr ein. Mit flexiblen Regelungen kann man besser auf Besonderheiten des Einzelfalles eingehen.
- □ Sonstiges:______________________________

3) Seit Inkrafttreten der Reform ist es im Rahmen des § 1671 BGB möglich, die Personensorge zwischen den Eltern aufzuteilen, bzw. nur für Teilbereiche die Alleinsorge anzuordnen und es ansonsten bei der gemeinsamen Sorge zu belassen.

a) Wie oft nutzen Sie diese neue Möglichkeit...	über-wiegend	häufig	selten	nie
indem Sie beiden Elternteilen für Teilbereiche die Alleinsorge zuweisen?	□	□	□	□
indem Sie einem Elternteil für einen Teilbereich die Alleinsorge zuweisen und es ansonsten bei der gemeinsamen Sorge belassen?	□	□	□	□

b) Welche Teilbereiche spalten Sie in der Regel ab? (Mehrfachnennungen möglich)

- □ Aufenthaltsbestimmungsrecht
- □ Schulische Entscheidungen
- □ Medizinische Betreuung
- □ Vermögenssorge
- □ Sonstiges: ______________________________

c) Kann man Ihrer Ansicht nach mit einer Teilentscheidung die Gefahr von Meinungsverschiedenheiten verbunden mit einem erneuten Verfahren nach § 1628 verringern?

□ ja □ nein

4) Wie oft endet das Sorgerechtsverfahren...	über-wiegend	häufig	selten	nie
mit einem Urteil?	□	□	□	□
mit der Rücknahme des Antrags?	□	□	□	□
mit einem Vergleich?	□	□	□	□

VI. Bewertung der Rechtslage

1) Den Eltern sind im Zuge der Kindschaftsrechtsreform viele Entscheidungen in die Hand gegeben worden, ohne daß diese einer gerichtlichen Kontrolle unterzogen werden. Wie stehen Sie dieser erhöhten Elternautonomie gegenüber?

sehr positiv □ 1 □ 2 □ 3 □ 4 skeptisch

2) Warum?

- □ Die Eltern wissen im Zweifel besser als das Gericht, was für ihr Kind das Beste ist.
- □ Gerade im Zeitpunkt der Trennung und Scheidung der Eltern sind gewisse Zweifel an der Einigkeit der Eltern aus Gründen des Kindeswohls angebracht, die staatliche Kontrollen – und sei es nur eine Beratung durch das Jugendamt – erforderlich machen.
- □ Der Gesetzgeber hat eine Idealvorstellung von den Eltern, die der Realität bei Scheidungen und Trennungen nicht entspricht.
- □ Sonstiges: ______________________________

____

3) Wurden durch die Reform die folgenden Verbesserungen erreicht?	1 erreicht	2	3	4 nicht erreicht
Stärkung der Elternautonomie	□	□	□	□
Stärkung der Kinderrechte	□	□	□	□
Verbesserung der Rechtsposition des Kindes im Scheidungsverfahren	□	□	□	□
Verbesserung der Rechtsposition des Kindes im Sorgerechtsverfahren	□	□	□	□
Stärkung des sozialpflegerischen Interventionsansatzes	□	□	□	□
Verbesserung der Zusammenarbeit zwischen Jugendamt und Gericht	□	□	□	□
Entlastung der Gerichte	□	□	□	□
Hilfe bei der gerichtlichen Entscheidungsfindung	□	□	□	□

4) Wie zufrieden sind Sie mit der Reform?

sehr zufrieden □ 1 □ 2 □ 3 □ 4 unzufrieden

5) Welchen Verbesserungsbedarf gibt es?

- □ stärkere Einbindung der Kinder ins Scheidungsverfahren
- □ gerichtliche Anhörung von Kind / Jugendamt im Scheidungsverfahren
- □ Antragsrecht für das Kind / Jugendamt im Sorgerechtsverfahren
- □ Gesetzlich normierte Voraussetzungen für die gemeinsame Sorge
- □ Abschaffung des Sorgerechtsverfahrens bei einvernehmlichen Alleinsorgeanträgen
- □ Vetorecht des Kindes bei einvernehmlichen Alleinsorgeanträgen
- □ gerichtliche Kindeswohlprüfung bei einvernehmlichen Alleinsorgeanträgen
- □ Generalnorm, die Verhältnis der Aufgaben zwischen Jugendamt und Gericht normiert
- □ Pflicht der Eltern, die Beratung des Jugendamtes anzunehmen
- □ eigener Beratungsanspruch des Kindes
- □ Sonstiges: ______________________________

6) Haben Sie Veränderungen im Denken oder Verhalten der Eltern innerhalb der letzten zwei Jahre, d.h. seit Inkrafttreten der Reform, beobachten können, die Sie auf einen einsetzenden Einstellungswandel in bezug auf Trennungen zurückführen können?

☐ ja ☐ nein

7) Inwiefern?

____

____

____

VII. Fragen zur Person

1) Geschlecht

☐ männlich ☐ weiblich

2) Alter: __________ Jahre

3) Tätigkeitsbereich: ☐ Richterin / Richter am FamG
☐ Richterin / Richter am OLG

4) Berufsjahre:

a) als Richterin / Richter insgesamt: __________ Jahre

b) als Familienrichterin / Familienrichter: __________ Jahre

FSC
www.fsc.org
MIX
Papier | Fördert
gute Waldnutzung
FSC® C083411

Kolibri 360 GmbH
Ferdinand-Jühlke-Straße 7
99095 Erfurt, Deutschland
produktsicherheit@kolibri360.de

Druck:
CPI Druckdienstleistungen GmbH
im Auftrag der
Kolibri 360 GmbH
Ferdinand-Jühlke-Str. 7
99095 Erfurt